慶祝楊振寧先生百歲華誕文集

責任編輯：吳佰乘

裝幀設計：涂　慧

責任校對：趙會明

排　　版：周　榮

印　　務：龍寶祺

慶祝楊振寧先生百歲華誕文集

主　　編：《慶祝楊振寧先生百歲華誕文集》編輯委員會

編　　輯：吳念樂　張素芬

出　　版：商務印書館 (香港) 有限公司

香港筲箕灣耀興道 3 號東滙廣場 8 樓

http://www.commercialpress.com.hk

發　　行：香港聯合書刊物流有限公司

香港新界荃灣德士古道 220–248 號荃灣工業中心 16 樓

印　　刷：中華商務彩色印刷有限公司

香港新界大埔汀麗路 36 號中華商務印刷大廈

版　　次：2023 年 5 月第 1 版第 2 次印刷

© 2022 商務印書館 (香港) 有限公司

ISBN 978 962 07 5915 4

Printed in Hong Kong

封面背景圖像左上及右上分別為香港中文大學正門及清華大學
正門，右下方為 2010 年楊振寧教授在清華學堂物理班開班儀式
上致辭，左下方為楊–米爾斯方程。封底圖像左上及右上分別為
香港中文大學科學館中央演講廳及清華大學科學館正門。

慶祝楊振寧先生
百歲華誕文集

陳方正　葛墨林　顧秉林
潘國駒　楊綱凱　朱邦芬　主編

商務印書館

前對開左頁：諾貝爾獎章，1957 年（上），美國國家科學獎章，1986 年（中），沙特阿拉伯費薩爾國王國際獎章，2000 年（下）；右頁：攝於石溪辦公室，1993 年。

目　錄

前　言

　　楊振寧先生是當之無愧的科學偉人。他和合作者所建構的非阿貝爾規範場粒子理論，以及所提出的弱作用宇稱不守恆問題，從根本上改變了人類對於大自然的認識，他在統計力學、凝聚態物理學、場論等許多其他理論領域也有開創性貢獻；他領導頂尖物理研究所並致力於促進國際學術交流前後三十餘載；而自 1971 年以來，他大力推動中國物理學進步和提攜年輕學子成長的赤子之心更是眾所周知。為此之故，在先生百歲華誕即將來臨之際，清華大學、中國物理學會和香港中文大學於去年 9 月 22–23 日聯合舉辦學術思想研討會以致祝賀。與此同時，我們六人組成編輯委員會，發函邀請楊先生的親人、朋友、同事、同行、學生以及其他相關人士撰文，以彙編祝壽文集，藉此表達我們對他的敬愛和景仰。

　　這套祝壽文集分為兩卷：上卷刊載作者對楊先生為人、處事、治學等各方面之觀察以及根據本身經歷、回憶和印象而撰寫的文章，其中大部分（但非全部）為中文；下卷則刊載與楊先生工作大致相關之英文科學論文，包括在上述研討會次日發表的部分受邀學術報告。去年 9 月初我們曾經將當時收到的多篇上卷稿件不加潤色，編成預印本分發給作者和研討會的來賓。在此基礎上我們增加以下三部分內容編輯成本卷：楊先生本人以及相關珍貴歷史照片、上述研討會首日發言專輯（包括楊先生在會上的發言），以及研討會後收到的稿件；它主要為中文，有簡體字和繁體字兩個版本，內容基本相同。至於下卷則另由新加坡世界科技出版公司出版。所以，這

套文集是匯集了來自多個不同城市的編者、出版者和來自全球各地作者的心血而成。我們很高興，現在終於編成這套《慶祝楊振寧先生百歲華誕文集》敬獻給先生，以作為對他百歲生日和畢生成就的賀禮。我們更熱切盼望，它能夠增加社會各界對於先生行事為人，平生志業，以及在許多不同領域的成就之了解。

　　編輯委員會衷心感謝以下為這套文集作出了巨大貢獻的諸位：清華大學高等研究院吳念樂教授、翟薈教授、許晨女士、李麗女士、李家強先生；香港中文大學中國文化研究所張素芬女士和前任同事關小春女士；還有清華大學出版社王巧珍女士、商務印書館（香港）吳佰乘先生和世界科技出版公司林志福先生。沒有他們的不懈努力，它是不可能和讀者見面的。

《慶祝楊振寧先生百歲華誕文集》編輯委員會

陳方正　葛墨林　顧秉林　潘國駒　楊綱凱　朱邦芬　謹誌

2022 年 5 月 1 日

百載歷程留影

左上：與父親楊武之、母親羅孟華合攝於合肥四古巷舊居，1923
年。右上：與父母合攝於廈門，1929年。左下：廈門鼓浪嶼日光
岩，1929年。右下：（右起）母親、二奶奶、振銘、應生、振寧、
振聲，1925年。

扉頁：楊先生在清華校園散步，2017年。（高遠攝）

4

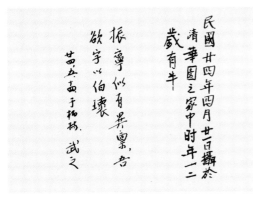

民國廿四年四月廿日攝於
清華園之家中時年一二
歲有半

振寧似有異稟吾
欲字以伯瓌

廿五西于柏林 武之

左上：（左起）楊振玉、楊振平、楊振漢、楊振寧，
1935年於清華園西院11號。右上：（左起）鄭師
拙、楊振寧、吳人勉、熊秉明，1931年前後於清華
園。左中、左下：清華園西院11號楊家院子中，
1935年；照片背面有楊武之手書：「振寧似有異
稟，吾欲字以伯瓌」。右下：（左起）楊振平、楊振
漢在曾經就讀的北京成志學校原址前，1998年6月。

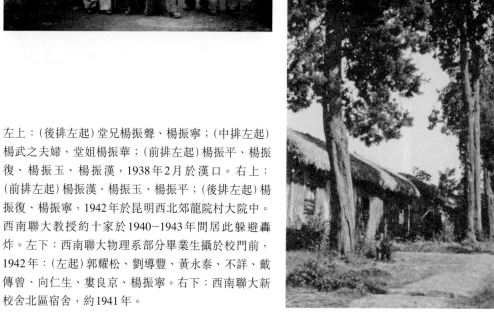

左上：（後排左起）堂兄楊振聲、楊振寧；（中排左起）
楊武之夫婦、堂姐楊振華；（前排左起）楊振平、楊振
復、楊振玉、楊振漢，1938年2月於漢口。右上：
（前排左起）楊振漢、楊振玉、楊振平；（後排左起）楊
振復、楊振寧，1942年於昆明西北郊龍院村大院中。
西南聯大教授約十家於1940–1943年間居此躲避轟
炸。左下：西南聯大物理系部分畢業生攝於校門前，
1942年：（左起）郭耀松、劉導豐、黃永泰、不詳、戴
傳曾、向仁生、婁良京、楊振寧。右下：西南聯大新
校舍北區宿舍，約1941年。

左上：1944年於昆明。左下：公費留美考試准考證，1943年。右上：遊歷美西出發前攝於芝加哥大學：(左起)凌寧、李政道、楊振寧，1947年8月23日。右下：在懷俄明州魔鬼絕壁(Devil's Tower)底端，1947年夏。

上：(左起) 朱光亞、張文裕、楊振寧、李政道，1947年於密西根州安娜堡。
左下：1948年攝。右下：(左起) 楊振寧、鄧稼先、楊振平，1949年於芝加哥大學。

老師們 上：1949年秋於吳大猷紐約家中：（左起）楊振寧、吳大猷、馬仕俊。左下：與論文導師泰勒（Edward Teller）合照，1982年。右下：另一位導師費米（Enrico Fermi），1940年代攝。

杜致禮　左上：1947年攝。右上：1949年於紐約。左下：婚紗照。右下：與楊振寧的結婚照，1950年8月26日於普林斯頓。

左上、左中：長子光諾出生後一
家合照兩幀，1951年。
左下：1955年夏於三藩市。
右：楊光諾與愛因斯坦，1954年
於普林斯頓。

11

上：與李政道在辦公室，1957年。下：與費曼（Richard Feynman）在演講廳，1957年於羅徹斯特。

上：與吳健雄在第二屆高能物理與核結構國際研討會上的合照，1967年2月。下：《紐約時報》1957年的兩則頭版消息，(左)證實宇稱性在弱作用中不守恆的實驗，1月16日；(右)兩位華人科學家獲頒諾貝爾物理學獎，11月1日。

斯德哥爾摩的盛會，1957年12月10日。

左上：楊振寧從瑞典國王手中接受諾貝爾獎章。右上：與夫人在晚宴後的舞會上。下：諾貝爾獎頒授大典。

左上：楊振寧偕夫人孩子與父親楊武之團聚，1957年於日內瓦。右上：與女兒又禮和幼子光宇，1966年於普林斯頓。下：1964年在香港與家人團聚：（左起）楊振漢、楊振玉、楊振寧、楊羅孟華、黃克蓀及家人、楊武之（最右）。

上：（左起）派斯（Abraham Pais）、李政道、楊振寧、戴森（Freeman Dyson），約1961年於普林斯頓。下：七位諾貝爾得獎人的合照：（左起）鮑威爾（C. F. Powell）、拉比（I. I. Rabi）、海森堡（Werner Heisenberg）、麥米倫（Edwin M. McMillan）、塞格雷（Emilio Segrè）、李政道、楊振寧、不詳，1962年於日內瓦歐洲核子研究組織（CERN）。

1971年初次回到中國
上：在南口長城上遠眺。
中：會見周恩來總理，8月4日。
下：在宴會前的接見：（左起）
岳父杜聿明、楊振漢、楊振玉、
岳母曹秀清、楊振寧、周總理、
郭沫若、劉西堯。

上：1973年會見毛澤東主席。下：在毛主席書房中：（左起）周總理、周培源、毛主席、楊振寧。

上：（左起）王承書、張文裕、楊振寧、鄧稼先、周光召，1972年於北京。

下：（右起）周光召、楊振寧、嚴濟慈、錢三強、米爾斯（Robert L. Mills），1984年。

與前輩科學家、作家和老朋友的合照

左上起順時針：與周培源，1977年於黃山；與姜立夫，1973年於中山大學；與吳有訓，1977年；與巴金，1980年；與鄧稼先，1986年。

鄧小平訪美時與楊振寧在宴會上的合照，何炳棣與杜致禮分別在上圖與下圖中央，1979年
1月30日於華盛頓希爾頓酒店。

上：1981年攝於紐約大學
石溪校園的辦公室。
中：紐約大學石溪校園的
數學大樓。
下：自1974年開始使用的
該大樓頂層辦公室。

上：六十歲生日宴後：（左起）杜致禮、楊振寧、楊光諾、楊又禮、楊光宇，1982年；下：（左起）楊振漢夫人譚莆芸、楊振玉與先生范世藩、楊振漢、杜致禮、楊振寧、楊振平與夫人史美，1997年5月攝於石溪家門前。

上起順時針：與張守廉、陳省身（中）合照，1985 年於石溪；王竹溪 1980 年初到訪石溪時攝；與吳大峻合照，1984 年於萊頓（Leiden）；與王淦昌在他家中合照，1997 年。

上：與提出夸克理論的格爾曼（Murray Gell-Mann）的合照，2002年6、7月間於清華大學。

下：分別與米爾斯（Robert L. Mills）（左）和巴斯特（Rodney Baxter）（右）合照，1999年5月22日於石溪。

與母親的三幀合照

左上：在香港中文大學教師宿舍十一苑，1983年。右上：1984年春於布魯克海文國家實驗室 (Brookhaven National Laboratory) 的辦公室前，那是楊振寧分別在1954與1956年撰寫一生最重要兩篇論文之處。

下：在香港中文大學的中央大道，1982年。

上：在香港中文大學科學館北座頂層辦公室，1990年代初。下：香港中文大學校園鳥瞰，攝於2000年前後，照片中央宏大的雙長條形建築物即為科學館。

上：在香港中文大學為楊振寧舉行的七十壽宴上：(左起)吳大猷、冼為堅(台上講者)、楊振寧、利國偉，1992年。

中：與金耀基(左)和陳方正在1997年6月30日午夜的香港回歸大典上，香港會議展覽中心大廳。

下：在香港中文大學頒授榮譽博士學位的典禮上與李國章校長(左)及何文匯教務長合照，1998年。

上：將多個獎章贈送給香港中文大學的儀式上與李國章校長以及眾嘉賓合照，1999年2月28日。
下：在「邵逸夫獎」成立的新聞發布會後合照：（前排左起）邵方逸華、楊汝萬、邵逸夫、楊振寧、馬臨、馮國培，2002年11月15日。

神州大地遊蹤

左起,自上而下:台灣
阿里山,1993 年 7 月;
澳門大砲台,同年 8 月;
吉林長白山,1992 年;
與杜致禮在長江三峽,
1995 年 6 月。

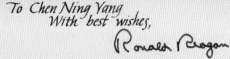

To Chen Ning Yang
With best wishes,

Ronald Reagan

自上而下：美國總統列根（Ronald Reagan）授予國家科學獎，1986 年；與教宗約翰保羅二世（Pope John Paul II）會面，2000 年 11 月於梵蒂岡；在費薩爾國王國際獎（King Faisal International Prize Award）頒授典禮上：（左起）楊振寧、哈立德親王（Prince Khalid Al-Faisal）、王儲阿卜杜拉親王（Crown Prince Abdullah bin Abdul Aziz）、英國王儲查理斯親王（Prince Charles），2001 年。

上：與江澤民總書記會面，2000年於北戴河。下：與溫家寶總理會面，2003年於北京。

上：胡錦濤總書記（中）接見楊振寧（左二）和姚期智（左一）；劉淇（右二）和劉延東（右一）在座，2011年4月於清華大學。

下：朱鎔基總理到訪楊先生和翁帆，約2005年。

自上而下：清華大學科學館，2007年攝；與江澤民主席暨其他嘉賓在清華高等研究中心的成立大會上，1997年6月2日於北京人民大會堂；慶祝高等研究院成立十五週年：（左起）翁征宇、顧秉林、楊振寧、聶華桐，2012年6月於清華陳賽蒙斯樓。

上：清華大學高等研究中心基金會第四次會議：（左下角起順時針）陳方正、王大中、楊振寧、聶華桐、
梁尤能、楊家慶、查懋聲，1999年10月於清華大學。
左下：與翁帆在清華理科樓（New Science Building）前，2004年8月；右下：陳賽蒙斯樓落成：（左二起）
楊振寧、賽蒙斯（Jim Simons）夫婦、聶華桐，2005年10月。

自上而下：王大中校長正式聘請
楊振寧為清華大學教授，1999
年；與老友黃昆（左）及其高足
朱邦芬合照，2000年（葉建平
攝）；在九十歲壽宴上與顧秉林
（左）和吳念樂合照，2012年。

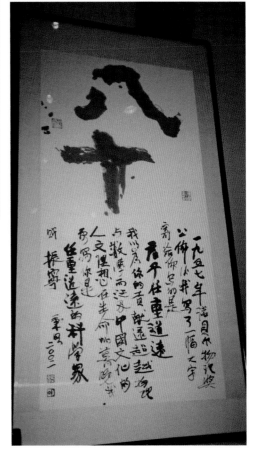

上：翁帆（左）與楊振寧夫婦，1995 年於汕頭。

左下：在老友熊秉明（左）巴黎郊外的家中。

右下：熊秉明為楊先生所書八十大壽立軸。

和翁帆一同開始新生活 左上：結婚照，2005年；右上：兩人相偕出席邵逸夫獎頒授典禮，2005年於香港；下：在楊先生八五華誕慶祝會上同切生日蛋糕，2007年於香港。

相伴左右 左上：在海南三亞，2004 年；右上：在青海，2006 年；下：在九十大壽宴席上私語，2012 年於香港。

左上起順時針：與好友賽蒙斯（Jim Simons），2008年於石溪；與葛墨林（右）和孫昌璞，1993年8月；與得意門生張首晟（中）及其學生祁曉亮，2012年於釣魚台國賓館；與密碼學專家王小雲，2017年12月於陳賽蒙斯樓。

上：楊振寧和翁帆賀林家翹（左二）九十華誕，坐者為林夫人，2006年。

與多位得意門生合影　左中起順時針：趙午，2016年；余理華，1984年；韋杰，2012年；翟薈，2004年。

上、中：為清華大學物理系一年級
本科生上普通物理課，2004年；
下：和1998首屆清華基礎科學班學
生的二十年重聚，2018年。

上：在國家天文台北京總部演講的盛況，2018年；下：參觀曾經努力推動的上海X光自由電子光源設備 SXFEL，2017年。

在慶祝九十大壽的宴會上與清華歷任校長和書記合照　上：(左起)陳吉寧、顧秉林、楊家慶、梁尤能、王大中、楊振寧、翁帆、賀美英、陳希、胡和平、陳旭，2012年6月於北京釣魚台國賓館。

在慶祝九五大壽的研討會入場前與來賓合照　下：(左起)：施一公、姚期智、陳佳洱、朱棣文夫婦、有馬朗人 (Akito Arima)、翁帆、楊振寧、邱勇、陳方正、張首晟、張綿福、顧秉林、張圖南、薛其坤、吳念樂，2017年7月於清華大學主樓。

左頁：在香港中文大學慶祝九十大壽的宴會上，2012年9月。

上：(左起)李華鍾夫人、徐冠華、李華鍾、楊振寧、沈祖堯校長、翁帆。

中：與何天倫(左圖)以及與潘國駒(右圖)的合照。

下：與香港中文大學物理系同仁合照：(後排左起)劉仁保、李泉、顧世建、吳恆亮、許伯銘、楊振寧、夏克清、楊綱凱、陳文豪、朱明中；(前排左起)王一、徐磊、王大軍、周琦、彭金滿。

楊振寧先生學術思想研討會——賀楊先生百歲華誕　2021 年 9 月 22 日

依次自後排以至前排，左起：

張亞勤、張翰、汪忠、陳靜遠、姚宏、王亞愚、白雪寧、Bartek Czech、不詳、段文暉、范寶龍、叢振濤

翟薈、劉峰、鄧至友、劉新元、鄧志平、唐傳祥、謝犁、李昕、柏勁鈍、劉鈍、徐國強、洪小文、方忠、Rafael von Kanel、管習文、翁征宇、王小雲、李家強

肖志剛、林開亮、馬中騏、施中躲、孔冬梅、徐湛、范守善、朱邦芬、熊家炯、趙越光、陳應堂、張杰、向濤、林海青、陳和生

楊國楨、陳森玉、饒毅、毛淑德、毛淑毅、錢穎一、孫昌璞、施郁、潘建偉、湯超、謝心澄、吳為山、徐榮凱、歐陽鐘燦、萬光烈、甘子釗、田剛、楊振漢、譚茀芸、石玉鋼、翁雲光、楊鏑

曾嶸、王恩哥、張禮、于淥、梁光能、范曾、王大中、陳佳洱、邱勇、陳立、陳旭、翁帆、楊振寧、楊家慶、王崇愚、賀美英、顧秉林、薛其坤、鄭力

祝賀楊振寧先生百歲華誕
研討會專輯

　　清華大學、中國物理學會、香港中文大學在 2021 年 9 月 22–23 日假座清華大學聯合舉辦「楊振寧先生學術思想研討會」。以「賀楊先生百歲華誕」為主題的首日聚會從下午三時開始，假座清華大學主樓後廳舉行，香港中文大學師生也在大學祖堯堂通過網路參加。此會由清華大學校務委員會主任陳旭主持，第十一屆全國人民代表大會常務委員會副委員長陳至立、清華大學校長邱勇、中國物理學會理事長張杰、香港中文大學校長段崇智，以及清華大學高等研究院院長顧秉林等分別致辭，此外還有多位海外學者、楊先生好友和學生或通過視頻或在現場致送生日祝賀。最後楊先生用至交鄧稼先在 1971 年給他一封信中的兩句詩「但願人長久，千里共同途」為題，表達了他在過去半個世紀間的人生經歷和感悟。以「世紀物理情」為主題的翌日大會假座清華大禮堂舉行，為時整日，由十數位著名物理學家通過演講和圓桌會議的方式，綜述楊先生在物理學上和對於中國科學和高等教育所作的貢獻，並展望物理學未來發展。除現場出席的四五百名代表之外，全球還有多達 10 萬人通過直播參加這一學術盛會。

　　首日大會的合照和五個發言刊載在本卷的專輯，至於次日大會的 14 個發言則刊載在祝壽文集的下卷，即科學論文卷。

功在世界　心懷家國

邱勇

清華大學校長

「日月宜長壽，天人得大通。」昨天我們剛剛度過了中秋佳節，今天我們又歡聚一堂共同慶祝楊振寧先生的期頤之壽，共同回顧和學習楊振寧先生卓越的科學成就、淵深的學術思想和通達的人生智慧。首先，請允許我代表清華大學向蒞臨清華園的各位領導、嘉賓致以熱烈的歡迎，向楊振寧先生致以最崇高的敬意和最美好的祝福！祝楊先生生日快樂！

楊先生是華人首位諾貝爾獎獲得者，獲獎時只有 35 歲。**他的獲獎向全世界表明，中國人在科學領域也能夠取得頂尖的偉大成就。他的獲獎為中國人贏得了巨大的榮譽，極大地增強了中國人趕上時代、趕上世界的信心。**除了宇稱不守恆定律外，楊先生還取得了楊－米爾斯（Yang–Mills）規範場理論、楊－巴克斯特（Yang–Baxter）方程及基本粒子、場論、統計物理、凝聚態物理等領域的諸多開創性成果，是二十世紀最偉大的物理學家之一。

楊先生涉獵廣泛、學貫中西。他的文集收錄了他關於文化藝術、科學史、哲學方面的文章。如在《《易經》對中華文化的影響》一文中，楊先生從自己獨特的角度闡述了《易經》與中國人的文字、思維、審美和「天人合一」觀念形成的關係，讓人深受啟發。他在一次題為「美在科學與藝術中的異同」的演講中談到，無論是星雲之大還是基本粒子之小，都受幾個基本科學規律控制，這是一種大美。2017 年，在高等研究院 20 周年院慶時，他說：「中華民族的巨大潛力將要在今後幾十年間再度發揮出來。將

要創造出遠遠超過盛唐文化的大時代！」我認為，**這是一位偉大科學家的文化自覺，也是一位偉大科學家對國家富強、民族復興的堅定信念。**

楊先生牢記父親楊武之教授「有生應感國恩宏」的囑託，始終擁有濃濃的家國情懷和拳拳的赤子之心。從 1971 年楊先生回國訪問到現在的 50 年裏，他為中國基礎科學研究發展、中國科教政策制定積極建言獻策，為籌款資助中國學者訪美、推動中美文化交流做了大量工作。1997 年，楊先生在清華創立高等研究院並擔任名譽主任，為清華大學、為中國高等教育開創了一段不同尋常的事業。當時楊先生說過這樣一句話：「清華園是我幼年成長的地方，我一生走了一個大圈，那麼我的最後事業也將是我一生中特別有意義的一幕。」2003 年，楊先生搬回清華園居住後曾寫過一首五言古詩《歸根》，其中有「神州新天換，故園使命重。學子凌雲志，我當指路松」的詩句。從帶領高等研究院發展到協助物理系建設，從給本科生講授普通物理課到指導一批優秀博士生，楊先生不愧為清華園裏的「指路松」。今年 5 月 14 日，清華大學 110 周年校慶日剛剛過去不久，楊先生又將自己收藏的圖書、文章手稿、來往書信、字畫雕像及影像資料等共二千餘件捐贈給清華，給母校送上了一份大禮。藉此機會，我代表學校向楊先生為清華大學所做的一切致以最誠摯的感謝！

楊先生把他自己的兩本文集分別命名為《曙光集》和《晨曦集》。2018 年，在《晨曦集》發佈會上，楊先生說到「十年間，國內和世界都起了驚人的巨變」，「曙光已轉為晨曦」，他還說「看樣子如果運氣好的話，我自己都可能看到天大亮。」

今年是中國共產黨成立 100 周年，黨團結帶領中國人民，以「為有犧牲多壯志，敢教日月換新天」的大無畏氣概，創造了中華民族發展史、人類社會進步史上令人刮目相看的奇跡，書寫了中華民族幾千年歷史上最恢宏的史詩。今年 4 月 19 日，習近平總書記在清華 110 周年校慶日前夕回母校考察時指出，清華大學秉持自強不息、厚德載物的校訓，深化改革、加快創新，各項事業欣欣向榮，科研創新成果與國家發展需要絲絲相扣，展現了清華人的勇毅和擔當。清華大學牢記總書記囑託，自信從容邁向未

來，自強創新不辱使命，奮力開拓世界一流大學建設新格局。我們衷心祝願楊先生身體健康，我們相信楊先生一定可以看到「日出天地正，煌煌闢晨曦」那種「天大亮」的光輝景象。

楊振寧先生具有令人高山仰止的大師風範，是我們心中真正的大先生、真正的大師。楊先生在一個世紀的歲月裏，取得了峙立如嵩、博觀如海的學術成就，書寫了功在世界、心懷家國的雋永篇章。讓我們再次祝賀楊先生百歲生日快樂！在楊先生 88 歲米壽的時候，我們約定：何止於米，相期以茶！現在我們再次與楊先生約定：何止期頤，相期以茶！期待楊先生茶壽之時，我們再次相聚，共祝楊先生生日快樂！

向楊振寧先生致敬！

陳至立

第十一屆全國人民代表大會常務委員會副委員長

尊敬的楊振寧先生、翁帆女士，

尊敬的各位來賓、專家學者們：

大家下午好！

欣逢楊振寧先生百歲壽辰，清華大學、中國物理學會和香港中文大學，聯合舉辦「楊振寧先生學術思想研討會」，我謹向先生致以熱烈祝賀和崇高敬意！作為一名曾經的物理學工作者，能夠參加今天的研討會，我感到十分榮幸。我清楚地記得楊先生和李政道先生 1957 年獲得諾貝爾物理獎的喜訊傳來時，我們廈門一中校園一片歡騰，同學們都激動萬分，對楊先生和李政道先生充滿了崇敬。先生的巨大成就鼓舞了無數莘莘學子走上了攀登科學高峰的崎嶇道路，也極大地增強中國科技工作者的自信心和自豪感。

從那時到現在，60 多年過去了。隨着時間的推移，我們對楊先生偉大成就和精神品格的認識日益加深，對先生的崇敬也不斷提高到新的高度。

我們崇敬楊先生，是因為他是當今在世的最偉大的物理學家，在世界科學領域享有崇高的榮譽。早在 1954 年，楊先生和米爾斯（Robert L. Mills）教授就共同提出楊－米爾斯非阿貝爾規範場理論。這是二十世紀物理學最為重要的成就之一，楊－米爾斯規範場理論已經與牛頓（Isaac

Newton）、麥克斯韋（James Maxwell）和愛因斯坦（Albert Einstein）的工作並列。令人驚歎的是，在此基礎上的相關研究還獲得了諾貝爾獎和菲爾茲獎。1956 年，楊先生和李政道先生合作提出弱相互作用中宇稱不守恆定律，並因此成為首位華人諾貝爾獎獲得者。1967 年，楊先生又和巴克斯特（Rodney Baxter）教授分別獨立提出了楊－巴克斯特方程，這個方程的提出大大促進了量子多體問題、線性物理和統計物理的研究，對物理和數學兩個領域的發展有重大影響。楊先生也因這些重大貢獻而被譽為二十世紀最重要的理論物理學家之一。

我們崇敬楊先生，是因為先生懷有深深的愛國情懷。楊先生雖身居海外多年，但始終心繫祖國。1971 年楊先生回國訪問，是美籍華裔知名學者訪問新中國的第一人，對海外華人影響極大，推動了大批華人學者回國訪問和學術交流，被周培源先生譽為「架設中美學術交流橋樑第一人」。此後數十年來，楊先生為促進中美科技和文化交流做了大量卓越的工作。比如，楊先生曾於 1977 年出任全美華人協會首任會長，並自費 8,000 美金在《紐約時報》上整版刊登「致美國卡特總統公開信」，敦促兩國建交；楊先生於 1979 年 1 月在華盛頓主持歡迎鄧小平的盛宴，並發表題為「建造友誼橋樑的責任」的歡迎詞，指出中美建交符合兩國人民利益，強調世界上只有一個中國，呼籲華人華僑為中國統一大業作出貢獻。

我們崇敬楊先生，是因為先生具有高瞻遠矚的戰略眼光和實事求是的科學精神。楊先生是一位站在科學高峰上的巨人，因此對世界科學技術的發展具有全面和深刻的認識，是一位具有遠見卓識的科學戰略家。楊先生多次就中國科研事業的戰略性問題及發展方向提出意見和建議，促進一些重要科研項目的開展及科技和教育政策的落實。例如，我國高增益自由電子激光今天的發展形勢和大好局面，就與楊先生的高瞻遠矚、戰略眼光、鼎力推動和長久支持密不可分。從 1997 年到 2005 年的八年間，楊先生先後數次寫信給宋健、光召、麗蘭、甬祥同志和我，力陳高增益自由電子激光的重要意義，力薦中國快速起步發展自由電子激光並迎頭趕上。2005 年，楊先生親自帶領高能所陳和生所長和陳森玉院士等同志和我探討建成

100 埃波長的 X 射線自由電子激光試驗裝置的意義和緊迫性，並提出了項目建議書。今天我國在這一領域已經取得了可喜的成就，楊先生對這一科學研究利器的歷史性貢獻隨着時代的發展愈顯彌足珍貴、意義重大。難能可貴的是楊先生還對一些大型科學基礎設施建設坦率表達自己的看法，體現了實事求是的科學精神。

我們崇敬楊先生，是因為先生身體力行、嘔心瀝血為國家培養、延攬了大批人才。2003 年，楊先生定居清華大學後，把建設清華大學高等研究院作為耄耋之年的新事業，並為此傾注了大量的心血。楊先生不僅為清華大學的學科發展和創新人才培養獻計獻策，還親力親為，活躍在科研和教學的第一線。先生還親自為大一本科學生講授基礎課，楊先生在課堂上所講授的不僅是科學知識和物理學之美，更重要的是傳播科學方法和科學精神，為廣大教師樹立了教書育人的楷模。楊先生基於對中國教育和美國教育的深刻認識，對兩國的教育進行了全面的分析和比較並提出了許多真知灼見。

今天，雖百歲之年，楊先生仍然身體健康、思維敏捷，還經常在深夜潛心思考物理學問題、推導公式和做計算，真是科學研究領域的常青樹，這種生機活力真是非凡人所有，令人欽佩！

值此楊先生百歲壽辰之際，我再一次衷心祝願楊先生福壽安康！我們共同期待為您慶祝茶壽壽辰！

最後請楊先生接受我作為晚輩以深深的鞠躬表示對您的崇高敬意！

制天命而用之

張杰

中國物理學會理事長

尊敬的楊振寧先生、翁帆女士、陳至立同志，
尊敬的各位來賓、女士們、先生們、老師們、同學們：

楊振寧先生是我極為敬仰的物理學家，在我的心目中，楊先生對科學的貢獻是巨大的，正是荀子所說「制天命而用之」之人。「從天而頌之，孰與制天命而用之」，出自荀子的《天論》，說的是人不光要尊重客觀規律，還要認識和利用客觀規律。胡適先生曾將這句話送給年輕的楊振寧先生，楊振寧先生在 2003 年又將這句話題贈給中國物理學會主辦的期刊《物理學報》，因此我今天特別用這一句話作為我敬賀先生百歲華誕的發言題目。

楊先生與中國物理學會歷來有着非常深厚的淵源。1938 年夏，楊振寧先生以優異的成績，被西南聯大錄取。圖 1 所示的是一張中國物理學會早期的老照片，拍攝於距離我們今天會場不遠的清華大學科學館，其中有楊振寧先生上大學一年級時教他「普通物理學」的趙忠堯先生，大學二年級時教他「電磁學」的吳有訓先生，教他「熱學」和「物性論」的葉企孫先生，和教他「力學」、「流體力學」及「相對論原理」的周培源先生。這些先生們都是中國物理學會的開創者和早期領導人。中國物理學會自 1932 年成立，明年就是 90 周年了。楊振寧先生入讀西南聯大的時候，正值民族危亡、物質生活極度匱乏的特殊歷史時期。在那段時期，日本飛機還不時轟炸昆明城，瘋狂屠殺中國人民。楊先生就是在這樣的條件下堅持學習

的，而中國物理學會的活動在戰火紛飛的抗戰期間也從來沒有停止過。
20 歲的楊振寧先生作為一名大四的本科生積極參加了 1942 年在西南聯大
舉辦的第 10 屆中國物理學會年會。兩年後，他以優異成績獲得了碩士學
位，1945 年赴美留學，從此開啟了他一生摯愛的物理學探索。

圖 1　中國物理學會成員攝於清華大學科學館門前，1930 年代。前排：趙忠堯（右一）、周
　　　　培源（右二）、葉企孫（右四）、吳有訓（右五）；第二排左一：余瑞璜。

　　楊振寧先生在美期間，始終關心祖國物理學的發展，積極組織和推動
中國物理學會和美國物理學會的交流與合作。上世紀 80 年代初，楊振寧
先生、周光召先生和當時的美國物理學會主席馬爾夏克（Robert Marshak）
教授共同發起和推動了原子、分子和凝聚態物理基礎研究合作計劃
（1983–1991 年）。這個計劃後交由中美雙方物理學會組織的委員會負責
組織和實施。在這個計劃的支持下，中方每年派出 10 名左右年輕物理學
家到包括哈佛大學、耶魯大學和普林斯頓大學等美國著名大學進行為期兩
年的合作研究，為改革開放初期的中國培養了大批人才。他們分別來自北
京大學、清華大學、復旦大學、中科院物理所、半導體所和理論物理所等
單位。此計劃的實施起到了良好的作用。例如，首批人員中包括甘子釗、
鄭厚植、蘇肇冰、楊國楨、張光寅、鄒英華、錢士雄和王文魁等諸位先生，

他們回國後在各自的工作崗位上都做出了很大的貢獻，推動了中國物理學研究的發展。

此外，在楊先生的倡議和具體主持下，1990 年中國物理學會與日本物理學會、韓國物理學會等聯合發起亞太物理學會聯合會（AAPPS），楊振寧先生擔任了第一屆主席。此後楊先生一直擔任理事會成員，直到 1997 年底卸任。長期以來，AAPPS 對促進亞太地區各國物理學會的交流與合作，起到了重要作用。後來陳佳洱先生、我本人和龍桂魯都分別擔任過 AAPPS 的主席。為了表彰楊先生對 AAPPS 發展所作出的巨大貢獻，AAPPS 決定將 AAPPS 獎更名為「亞太物理學會聯合會楊振寧獎」，獎勵來自亞太地區的有突出貢獻且有發展潛力的優秀青年科學家，每年評選一次，每次授予三位獲獎者。截止到 2020 年，中國物理學會推薦的多名青年學者曾榮獲 AAPPS 楊振寧獎。

楊先生多次參加中國物理學會組織的各項活動。2004 年 12 月，楊先生出席了中國物理學會主辦的教學委員會，來自全國大中學校的數百名物理教師參加了會議（圖 2）。楊先生在會上的講話，開拓了代表們的視野，代表們還旁聽了楊振寧先生為清華大學物理系本科生講的一堂課。

圖 2 2004 年 12 月，楊先生（前排右五）出席中國物理學會主辦的教學委員會。

圖3 2005 年 4 月 15 日，楊先生出席「世界物理年在中國」的啟動大會，並做了演講。

　　2005 年 4 月 15 日，楊先生出席了中國物理學會在人民大會堂舉辦的「世界物理年在中國」的啟動大會，並做了大會演講（圖3）。當時我也榮幸地作為六位大會報告人之一，代表青年科學家做了講演。楊先生還參加了 2006 年中國物理學會秋季學術會議、2012 年中國物理學會 80 周年慶祝會（圖4）等諸多物理學會組織的活動。由於時間關係，這裏我就不一一贅述了。楊先生這種為中國物理學的發展獎掖後進、默默奉獻、不求回報的品德，是我們每一位學者的榜樣。

圖4 2012 年中國物理學會 80 周年慶祝活動合影。

　　楊先生一直關注着中國物理學會主辦的學術期刊的發展，長期擔任《物理學報》、*Chinese Physics B* 和 *Chinese Physics Letters* 這三本期刊的編委會顧問。先生早年在西南聯大的研究生論文相關工作就發表在《物理學報》上。上世紀 70 年代，先生又受美國物理學會的委託，組織翻譯《物理學報》，為中國物理學研究成果在國際上的傳播和交流發揮了重大作用。中國改革開放以後，楊先生具有前瞻性地推進了中國物理學會英文刊物的發展。1999 年，先生親自向 SCI 數據庫推薦《物理學報》和 *Chinese Physics B*，促成兩刊被 SCI 收錄。圖 5 就是楊先生為《物理學報》創刊 70 周年的題詞。1945–2014 年間，先生在《物理學報》、*Chinese Physics Letters* 和《物理》雜誌上共發表 15 篇論文和文章，以實際行動支持中國物理學會主辦的期刊。

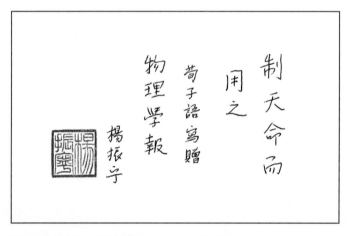

圖 5　楊先生為《物理學報》創刊 70 周年題詞。

　　最後，我想講一下我本人與楊先生的故事。第一次與楊先生近距離交流是 1999 年獲得香港求是科技基金會的優秀青年學者獎，楊先生對於幾位當年獲得物理獎的青年學者關愛有加。第二次是 2005 年，我陪時任中科院院長的路甬祥先生來清華大學拜訪楊先生，討論楊先生提出的關於在中國建造自由電子激光器的建議。後來，我有幸多次在不同場合近距離聆聽楊先生的教誨。2018 年 9 月 15 日晚上，香港求是科技基金會在中國科大主辦了「2018 年度求是獎頒獎典禮」，我領導的激光強場物理研究團隊

圖6 2018年，作者領導的激光強場物理研究團隊獲楊先生親自頒授「求是科技成就集體獎」。

榮獲當年唯一的「求是科技成就集體獎」（圖6），96歲高齡的楊先生親自上台用通俗的語言介紹了我們團隊的貢獻並親自為我頒獎，留下了珍貴的合影，這是我與團隊所有成員終身的榮耀。

楊振寧先生不僅取得了「制天命而用之」的卓越學術成就，而且以知識分子的擔當，傳承了父輩的「有生應感國恩宏」，對中國物理學界的健康發展做出了極大貢獻。先生的勇氣、毅力和決心是我們晚輩學人的楷模。作為中國物理學會的理事長，我謹代表全體同仁們對先生致以深深的謝意，並衷心祝願先生：福海朗照千秋月，壽域光涵萬里天！（圖7）

圖7 中國物理學會向楊先生祝壽致賀。

　　最後，在楊先生百歲壽辰之際，我們將先生在四刊發表過的文章彙編成集，謹作中國物理學會的生日獻禮，以表達對先生的感恩和祝福。

楊先生為學處世的精神

段崇智

香港中文大學校長

尊敬的楊振寧教授、楊夫人、陳至立副委員長、陳旭書記、邱勇校長、張杰理事長、顧秉林院士、各位嘉賓：

今天群賢薈萃，京港兩地連成一線，見證清華大學、中國物理學會和香港中文大學在這個難得的時刻，一起祝賀楊振寧教授百齡鴻慶，確實是學術界的一大盛事。我十分榮幸，在此代表香港中文大學全體員生向楊振寧教授送上最誠摯的祝福，敬賀楊教授茂如松柏、壽比南山！

今天在港中大這邊與我們一同為楊教授祝壽的還有：

中央人民政府駐香港特別行政區聯絡辦公室教育科技部部長**蔣建湘部長**；

香港中文大學前校長**劉遵義教授伉儷**；

香港中文大學前校長**金耀基教授**；

楊教授的好友**冼為堅博士伉儷**；以及

京港學術交流中心的代表。

楊振寧教授名震寰宇、譽滿士林，與香港中文大學淵源至深，與港中大同行將近六十載，對我校的貢獻浩如煙海。港中大創校不足一年（1964 年）即蒙楊振寧教授應邀來訪並作公開講學，此後，楊振寧教授與港中大結下不解之緣。從七十年代始，楊教授每次來港，均會到訪港中大。八十年代初，我們深感榮寵，獲楊教授俞允出任本校榮譽教授，後來

更出任特別為他以港中大校訓「博文約禮」命名之**博文講座教授**。楊教授在香港回歸以後，欣然接受港中大的**榮譽博士**學位，又以其嘉名成立獎學金，鼓勵本校學生努力科研，臂助我校倡學培賢，復於 1999 年，將其畢生所獲多項重要獎章，包括諾貝爾物理學獎章、著作、手稿、照片等無價之寶，慷慨贈予我校，促成**「楊振寧學術資料館」**之成立，嘉名顯赫，成就輝煌，啟迪後學，發揚蹈厲，傳承文化，繼往開來。能夠與楊教授結下如此甲子良緣，實為中大同人如天之福。我謹代表香港中文大學向楊教授多年來的支持眷顧，致以由衷謝忱。

楊教授在科研上成就卓越，他為學處世的精神更成為世所景仰的典範楷模，我謹以四字概括：**「智」**、**「勇」**、**「雙」**、**「全」**。

楊教授天資聰敏、機智過人，卻從不自滿，平易近人。他善用上天賦予的聰明睿智，治學勤奮，深研細究，鍥而不捨，於物理之精妙，發明創獲，層樓獨上，影響深邃，學界推尊，是為**「智」**。

楊教授慧眼高瞻，論證深微，科研路上，奮勇向前，無所畏懼，敢於挑戰舊有概念，突破僵框，不囿舊說，自出機杼，敢於闡發前人之所未達，暢言高論，啟迪後晉，實為科研治學之典範，堪稱學林之表率，是為**「勇」**。

楊教授曾說過，他是中國和西方文化的共同產物，結合中國傳統文化與現代科學精神。楊教授學貫中西，融會古今，因能成就輝煌，此恰正與港中大的創校使命「結合傳統與現代，融會中國與西方」不謀而合，是為**「雙」**。

蒼天有知，星塵無語；楊教授洞悉天機，從那比微塵更細的粒子中，得見浩瀚無垠的宇宙。偉論既成，舉世稱譽。楊教授飲水思源，歸根東籬，篤志力行，以科學報效祖國，為國家作育英才，展現了胸懷經緯，心納山河的赤子情懷，是為**「全」**。

今天由於疫情關係，我們未能前赴北京，親謁楊教授，敬致賀忱，特邀**林海青教授**代表港中大出席現場活動，港中大亦預備兩份賀禮，稍後送抵北京，敬呈楊教授。第一份賀禮是拙筆一副嵌名對聯：**「物理相推**

識守恆，鐸旗斯振；期頤孔樂因從善，壽考且寧。」這副對聯化用了杜甫《曲江》的詩句「細推物理須行樂」，上聯扣連楊教授在物理科研上的卓越成就，和教育事業上的無私奉獻，「物理相推識守恆」，呼應楊教授震古爍今的偉論「宇稱不守恆」，楊教授博通天人，萬物之守恆處、不守恆處，皆有卓識；楊教授杏壇講學，木鐸鏗鏘；桃李成蹊，旗鼓相望。數十年來，春風化雨，中外學子，同蒙沾漑。下聯緊扣孔子《論語‧雍也》「智者樂，仁者壽。」楊教授睿智不凡，超塵脫俗；期頤之年，樂以忘憂；依從善道，壽考安寧。

另一份賀禮，是港中大師生準備的一張心意卡，憶記楊教授數十年來在中大的足跡及美意，以感謝楊教授作育菁莪，孜孜不倦，為本校培育一代又一代的人才。希望楊教授喜歡這兩份心意。

最後，我謹再次代表香港中文大學全體同人，祝願楊教授鶴歲千秋、德壽延年。

謝謝。

但願人長久，千里共同途*

楊振寧

各位首長、各位來賓、各位朋友、各位親戚：

    我非常感謝清華大學、香港中文大學跟中國物理學會合辦的慶祝我農曆一百歲的生日。我沒有想到你們請到了這麼多、跟我在不同的時候有過很多交往的客人。我是在整整五十年以前 —— 1971 年，第一次訪問新中國。那次訪問是我人生中非常非常重要的一段經歷，因此使得我對於新中國第一次有了一點認識，而這個認識對於以後五十年我的人生軌跡有了非常大的影響。

    那次訪問，除了看望住院的父親外，我還看見了很多親戚和朋友，其中最重要的也是我最親近的朋友就是鄧稼先。他 1971 年給我寫的一封信，最近發表在一本書裏頭[1]。這裏頭的故事是這樣的，中國原子彈爆了以後，美國的報紙很快有種種的消息。其中一項我注意到，説是設計中國原子彈的人物裏頭有鄧稼先。鄧稼先是我中學、大學、在美國的知心朋友，我想他跟我的關係不止是學術上的關係，也超過了兄弟的關係，所以對於這個消息我當然非常注意。另外一個消息我也注意到，是美國報紙上説毛主席派了飛機到陝北把美國物理學家寒春（Joan Hinton）接到北京幫助中國製造原子彈。我認識寒春是因為我跟她在芝加哥大學同一個實驗室

---

* 本文根據楊振寧先生講話錄音整理，經翁帆審閲。

工作了二十個月，而且她還要我教她中文。她沒有告訴我為甚麼，一直到
1948 年 3 月她告訴芝加哥大學物理系裏所有的老師、學生，說她要到中
國去跟她的男朋友結婚，在陝北。

　　因為這個緣故，我一直很想知道這個消息是不是對的？很想知道中
國的原子彈是不是中國人自己造出來，沒有經過外國人的幫忙？所以我在
1971 年四個禮拜的訪問之中就非常想問這些問題，問寒春參加中國的原
子彈故事是真的還是假的？可是這是一個敏感的問題，所以我又不敢問。
最後在北京幾個禮拜後，我要到上海去，從上海再過幾天就飛回美國。離
開北京的時候，也就是去飛機場的時候，鄧稼先送我。那個時候北京的飛
機場很簡單，所以他陪我一直走到飛機的舷梯底下。我實在憋不住了，我
問他寒春有沒有參加中國原子彈的設計？他說他覺得沒有，不過他說要跟
組織上認證一下然後告訴我。

　　所以那天他就去跟組織接觸了，組織告訴他沒有外國人參加中國原子
彈的製造，除了在最先的時候略微有一些蘇聯人的幫助，後來基本上是中
國人自己做的。他就寫了一封信，這封信在第二天派專人送到上海，到的

時候我在上海大廈，正在吃飯的時候信差送來了這封信，這封信現在已經出版在我的一本新書裏頭[2]。這個信如果仔細看，很有意思，因為它除了講他驗證了中國的原子彈基本沒有外國人參與，當然沒有寒春，這封信後邊還有幾段顯示得很清楚，他在那幾個禮拜裏跟我見過好多次，他有想跟我說的話說不出來，所以他在信的尾巴上描述了一下他想要跟我講甚麼，可是不知道怎麼講。在這封信的最後他這樣給了我一個期望，是「但願人長久」，他把後面的「千里共嬋娟」改了一下，變成「千里共同途」。當時我看了信以後沒有看懂這句話。「千里共同途」是甚麼意思呢？我後來想了想，知道這是一個很深的意思。最近這個信發表了以後，仔細看了以後，我覺得，五十年以後的今天，我可以跟鄧稼先說：

　　稼先，我懂你「共同途」的意思。我可以很自信地跟你說，我這以後五十年是符合你「共同途」的囑望，我相信你也會滿意的。再見！

1　《晨曦集》(增訂版)，楊振寧、翁帆編著 (商務印書館，2021)。

2　同註 1，頁 92。

祝壽文章

高山仰止　楊振寧教授　百歲祝壽

查懋德

求是科技基金會

我想我與大多數 40、50 年代出生的華人一樣，到知事之年，楊教授已經是聞名遐邇，大名如雷貫耳。後來我唸的本科是科學，發覺差不多所有涉及科學的華人，乃至不唸科學的華人，楊教授都是大家的「天王巨星」、「rock star」、泰山北斗。

我第一次碰到教授本人，是在 1971 年。當時他在重回中國大陸訪問之後，在美國各地大學巡迴演講，分享他的觀感。當時我在卡內基梅隆大學（Carnegie-Mellon University）唸本科，聽了他的演講。他的號召力當然超強，幾百個座位的偌大演講廳，坐無虛席，我與其他數百名稍微遲來的「楊迷」，躡足而聽，全神貫注，不知不覺幾十分鐘已是晃眼而過。教授感性地介紹說，他當時作訪的中國，與他在成長時期認識的中國，已經有了翻天覆地的變化。數十年來，中國已經告別分裂和飢餓的困擾，銜接到自主和稍有溫飽程度的軌道。他表示，中華民族在百年之辱之後，現正重新復興。但是前路仍然漫漫，依然有待幾代人的共同努力。這是教授教誨我們下一代應該胸懷民族，放眼世界。

演說之後，我擠到前台教授身邊提問，我們年青的海外一代與他的經歷不同，較難體會到這個巨大的轉變。他語重心長地說，我應該多看幾本有關中國的近代史，以增見聞。這的確是一語中的，我受知於當時香港教育下的中國歷史教材，寫到清朝末年為止，便畫上句號。對此後的幾十年歷史，確實是一片空白，一無所知。教授一言，如醍醐灌頂，故這幾年下

來，自行補習了些近代史。我接觸到其中較好的一本書應是徐中約教授所著的《中國近代史》，藉此機會向大家推薦一下。

我第二次與教授見面，已是 1992 至 1993 年間。先父查濟民與我在數學泰斗陳省身教授其加州伯克萊的家中造訪，商討應該如何開展求是科技基金會，如何邀請德高望重的權威人士，投入求是事業。我父親介紹了當時的中國科學院院長周光召先生（後任全國人大副委員長），我提議紐約州立大學石溪分校的楊教授、加州大學伯克萊分校的李遠哲教授和加州大學舊金山分校的簡悦威教授。陳教授與楊公和李公都是知交。他十分爽快，即時給兩人各自撥了個電話，家父與我從旁幫助陳教授回答兩位教授有關求是的提問。三言兩語下來，陳教授和兩位諾貝爾獎得主就都成為了求是的創始科學顧問和基金信託人。邀請羅致簡教授的責任，則落在我身上。有了前三位教授如日中天的聲望，簡教授也欣然接受邀請。

求是基金會成立於 1994 年，秉承「只求雪中送炭，不作錦上添花」的立會宗旨，不斷順應世界科技和社會發展的需要，靈活調整獎助方向。多謝這幾位創始大師們的指引，加上此後多位大科學家顧問們的無私投入，27 年以來，獎勵了近四百名原創性基礎科研人才，為解決今後全球性議題作出了一定程度的貢獻，在科學家、教育家、實業家等各家各界中獲取了高度的肯定。其中，在醫療衛生方面，研發出青蒿素的屠呦呦女士，於 1996 年獲求是獎，比 2015 年獲得諾貝爾獎，早受膺賞了 19 年。另外在生物保健方面，得獎題目包括中醫藥現代化、人工合成牛胰島素、原核表達病毒顆粒疫苗研究、流感等重要病原致病機制與防控工作等項目。在環境保護方面，得獎題目包括延津改良環境生態、新疆塔里木盆地沙漠化防治工程（沙漠變綠洲）、水稻基因組分析工作、水稻分子遺傳學等。在物理學相關方面，還有鐵基超導、三維拓撲絕緣體、激光強場物理、深紫外非線性光學晶體 KBBF 的發現等多個得獎項目，楊教授的評斷理所當然是舉足輕重的。教授洞悉先機，自改革開放以來，憑藉海內海外華人數代的共同努力，成就了這時代中華民族前所未有的繁榮興盛。

　　教授治學嚴謹、一絲不苟，且思想縝密，考慮周到。與他的交談交往中，我認真領悟，努力學習，吸收他從文字言談中各方面表達出來的胸襟抱負、真知灼見，精確明了，獲益匪淺。我是個網球愛好者，教授年輕時也涉獵這項運動，但到 90 年代已掛拍退休。杜致禮師母與李遠哲教授也是網球好手，我們相聚時就組團雙打，其樂無窮。教授和我父親多次參與旁觀，為我們打氣加油。至於教授 82 歲時迎娶 28 歲的翁帆女士，更是轟動一時，傳為佳話。

　　教授關心國事天下事，更關心身邊的人。他得悉我是搞金融投資事業的，即介紹了他的好友賽蒙斯（Jim Simons）給我認識。此君是金融界的傳奇人物，年輕時師從陳省身教授，兩人共同撰寫了陳－賽蒙斯理論（Chern–Simons theory），奠定了他在數學界的地位。後來他改行成立了 Renaissance Technologies，旗下的「大獎章基金」（Medallion fund），30 年來的平均每年成長率超過 30%。我與 Jim 首次碰頭，他發現我不單是楊教授介紹的，原來也是被他恩師推薦，出任了陳教授創始的美國國家數學科學研究院（Mathematical Sciences Research Institute）的信託人之後，對我刮目相看。從此之後，我們互相投資，互補有無，相形得益。

　　楊教授和我，以至和求是基金會，攜手並進了凡數十年，是我們的福氣。藉此感謝教授對人、對家、對國、對民族乃至對全世界作出了無可磨滅的貢獻，或可以以司馬遷引用《詩經》之言概括我們對教授的敬佩之心：高山仰止，景行行止，雖不能至，然心嚮往之。

　　本人謹代表先父、我家、求是基金會，至誠祝賀教授福如東海，壽比南山。

Private Lessons from Professor Yang

Chan Hong-Mo 陳匡武

Particle Physics Department, Rutherford Appleton Laboratory

Tsou Sheung Tsun 周尚真

Mathematical Institute, Oxford University

In the summer of 1980 we were both spending the summer at CERN. Very luckily for us, Professor Yang was also spending the summer there. For some reason, perhaps because he was away from Stony Brook, he seemed to have a bit more time than usual, so that we were able to see quite a lot of him that summer. There was at CERN another Chinese-born physicist, and her mother also happened to be there. The mother was a pleasant cultured woman who had evidently travelled a lot. So we saw the pair quite a few times socially, and Professor Yang was also present some of the time. It was a very pleasant time for us, what with discussing new books and other Chinese news over a cup of tea. We particularly remembered an occasion when we were invited, because Professor Yang expressed a wish to see a particular film, to watch this film in the private cinema at the Chinese Embassy, accompanied by his Excellency and the Ambassador's wife.

But what was of huge significance and benefit to us was that Professor Yang actually offered to give us some private lectures on gauge theory! These lessons took place from the end of July to about mid-August, and over a period of a fortnight, we were lucky enough to receive 6 or 7 such

lessons. We remembered that they took place usually in a small lecture/ meeting room upstairs from the Theory Group. In the days before fire regulations and spreadsheets, we were able just to go to the room without booking or anything.

We were then getting interested in monopoles. In the first lecture Professor Yang started by saying that there existed three intimately related concepts:

- duality between $\vec{E}$ and $\vec{B}$
- definition of the lines of force
- uniqueness of the potential $\vec{b}$ given the field strength $\vec{f}_{\mu\nu}$

where the upper arrow indicates isospin. He went on to discuss deep and fascinating questions about the structure of nonabelian gauge theory, that is, Yang–Mills theory, including some which were generally not considered. For example, if a potential $\vec{b}$ gives rise to the field strength $\vec{f}_{\mu\nu}$, does there exist a $\vec{b}'$ which gives rise to the dual gauge field $\vec{f}^{*}_{\mu\nu}$? For us, this would turn out to be a crucial question when we tried later to study nonabelian monopoles using loop space techniques.

During these lectures, he covered so much material, ranging from what appeared to be pure mathematics such as the complex projective spaces CP^{n}, the characteristic classes (Chern, Pontriagin, Gauss–Bonnet), Einstein spaces, differential forms and integration, to more directly physics-related topics such as instantons, fluxes, patching, fiber bundles, and the classical Lie groups. What was more, he showed us how these diverse concepts and results were closely related. He also gave us a detailed account of the beautiful vierbein formalism in general relativity. We also learnt about the parallel displacement gauge fields and the symmetries they have. There were detailed accounts of his work with Wu

Tai Tsun and others on monopoles and their interactions, the e-g-γ system as he put it.

We felt particularly privileged that he shared with us some of his latest results, many of them not yet completely written up nor published. One example which interested us very much was connected to Wong's equation. Wong Seung Kai was a student of Professor Yang's, whom we both knew from Hong Kong. Here we could not help but make a digression. When we visited Stony Brook some years back, we asked Wong to try and get us a house to stay in. He went to one, owned by an elderly couple, and was asked "is that Chan of Birmingham?", little knowing that there would be hundreds if not thousands of Chans in Birmingham! Against the odds, it was the right Chan! Actually, they did meet some years ago during a cruise in Greece, with the result that we of course got the house, and they even went to meet us in New York at the pier! Now back to these Wong equations. It was a problem, we understand, which Professor Yang gave to Wong: to find the classical limit of the Yang–Mills equation, by letting $\hbar \to 0$. This problem Wong duly solved and the result is well known. Professor Yang then wanted to find the Lagrangian which gives rise to Wong's equation. He said that it took him a long time to figure out, but had just finished, and needed to write it up. The Lagrangian turned out to be of a rather unusual form.

Of course, we could never do justice to these beautiful lectures. They looked extremely well prepared, some with long calculations, and the diverse concepts were linked together in a seamless way hard to reproduce for anybody else. We knew that we were very lucky to have had this experience. Needless to say, we learnt so much from them. We noticed one thing though. We found that it was the custom of Professor Yang to make statements only once, each statement all precise and clearly sorted out. For poor slow-functioning brains like ours, however, such statements were hard to take in at one go. Thus it often happened that we were still trying to

absorb one statement when the next hit us. We therefore had to work rather hard in those weeks comparing with each other what we thought we heard.

However, this is not the end of the lessons we received from Professor Yang! Many years later, when we were at the conference celebrating the 60 years of Yang–Mills theory in Singapore in 2015, we were completely surprised when he told us smilingly that we didn't know the customs in the States. It happened about 45 years earlier when we were visiting Stony Brook. We once asked Professor Yang's daughter Eulee, then a very young teenager, to babysit for us. We did not, or rather dared not, pay her for the service, but according to Professor Yang, in the States we should have, and what's worse, Eulee was expecting us to! We were completely flabbergasted, not so much because we committed a social faux pas which we are sure that Eulee would forgive, but because Professor Yang had such an incredible memory!

In any case, we hereby formally and publicly apologize to Eulee for our ignorance of the US custom, in case she should read these lines. We shall not offer to pay her now for her kind service then, but if we ever meet again somewhere around the world, and if we are still physically fit to do so, we hope she can accept to have dinner with us for us to apologize in person.

When we were checking the internet to get the correct spelling of Eulee, we happened to notice that Professor Yang is exactly 11 years older than Hong-Mo: their birthdays are both on 22 September according to the Western calendar. What a surprise for us!

Professor Chen Ning Yang and the Shaw Prize

Chan Sin-wai 陳善偉*

School of Humanities and Languages,
Caritas Institute of Higher Education, Hong Kong

Kenneth Young 楊綱凱 #

Department of Physics, The Chinese University of Hong Kong

Introduction

The Shaw Prize, founded by Mr. Run Run Shaw 邵逸夫 and Mrs. Mona Shaw 方逸華 some eighteen years ago, has gained attention in the fields of Astronomy, Life Science and Medicine, and Mathematical Sciences. Professor Chen Ning Yang played a pivotal role in the inception and development of the Prize and was the architect of its main features.

Birth of the Shaw Prize

Mr. Run Run Shaw was a magnate of the film and television industry in Hong Kong. The artistic products and their cultural influence reached across Asia; some genres, for example, martial arts movies, enjoyed global recognition. Upon his business success, he became a generous philanthropist, and through the Shaw Foundation made major donations to education, the arts, healthcare, poverty alleviation and disaster relief

---

* Chan Sin-wai is the author of a forthcoming official history of the Shaw Prize.
# Kenneth Young is the Chairman of the Shaw Prize Council.

both in China and abroad. Many schools and universities in China are beneficiaries, and have buildings named in his honour. In 2002, he significantly extended the ambit of his philanthropy — in terms of the nature of the endeavour and in terms of the global reach — by establishing the Shaw Prize. In less than two decades, the Shaw Prize has gained recognition in the world of science.

The origin of the Shaw Prize can be traced to a conversation in 1989 between Mr. Shaw and Professor Lin Ma 馬臨 . Professor Ma, a distinguished biochemist, was former Vice-Chancellor (President) of The Chinese University of Hong Kong (CUHK), and at the time Chairman of the Board of Trustees of Shaw College in CUHK, the College itself having been created some years earlier through a major gift by Mr. Shaw. Mr. Shaw, then 82, asked why the hundred-year-old Nobel Prize was so successful and influential. Professor Ma passed the question to Professor Yang, who as Professor-at-Large usually spent several months a year at CUHK. Professor Yang quite promptly replied through a memo via Mrs. Shaw. There was no immediate reply, but in retrospect, it is clear that the message had started germinating in Mr. Shaw's mind.

It was a long gestation of thirteen years. In 2002, Mr. Shaw, by then 95, decided to plan in earnest for an international prize. In March that year, Mr. Shaw and Mrs. Mona Shaw again sought the advice of Professor Ma and Professor Yang.

In a note dated 21 March 2002, and in response to the initiative from the Shaws, Professor Yang set down his thoughts on the matter; this note was to shape the Shaw Prize. The success of the Nobel Prize, especially the three science prizes, was attributed to four factors: (1) long history, (2) rapid advances in the relevant fields, (3) substantial prize money, and (4) adjudication by subject specialists. Initially he suggested several fields

for consideration, including Astronomy, Mathematics, Medicine, and Chinese Literature.

The broad ideas were agreed to by the Shaws. Just a month later, on 15 April 2002, Mrs. Mona Shaw together with Mr. Raymond Wai-Man Chan of the Shaw Foundation met over lunch with Professor Yang, Professor Ma, and Professor Yue-Man Yeung 楊汝萬 , then Head of Shaw College in CUHK. It was decided that the proposed prize would be named The Shaw Prize 邵逸夫獎 .

A Preparatory Committee was set up and met four times in June and July 2002, with Professor Yang playing the central role in the selection structure and the fields to be chosen for the Prize.

To manage the Shaw Prize, the Shaw Prize Foundation was established in Hong Kong in November 2002. Under the Foundation, the Prize would be managed by the Council, the Board of Adjudicators, and the Selection Committees, all supported by a Secretariat.

The Council formulates broad policy in consultation with the Foundation, monitors the operation of the Secretariat in implementing the policies, confirms the awardees proposed by the Board of Adjudicators, and submits the financial plans to the Shaw Prize Foundation. The founding members of the Council were Mrs. Mona Shaw, Professor Lin Ma, and Professor Chen Ning Yang. Professor Yang stepped down only in 2015, at the age of 93.

The Board of Adjudicators is the key bridge linking the specialist Selection Committees to the Council and the Foundation. The Board decides on the prizes to be awarded, formulates the regulations and procedure of the nomination, the adjudication and selection of awardees, and sets up and monitors the Selection Committees. The Board of Adjudicators through the Council requests the Shaw Prize Foundation to confirm the list of laureates. Professor Yang served as Chairman of the Board of Adjudicators from 2004 to 2015.

The Selection Committee in each prize category processes the nominations to arrive at a single set of proposed laureates (a sole winner or the prize shared between two, occasionally three, laureates). The membership of the Selection Committee is endorsed by the Board of Adjudicators for Council approval. All Chairs of the Selection Committees are members of the Board of Adjudicators.

While the rules were not too difficult to write down, Professor Yang, in the key position for almost 12 years, ensured that a very healthy tradition took root. The donors, the Foundation, and the Council very wisely never participated in the selection, other than to set broad parameters (for example, that each Prize should not be shared among too many laureates). The three-tier structure made this division of duties manifest, which was important, especially in the early days, in giving confidence to the entire procedure. The Selection Committees have always been very distinguished, with members drawn across national boundaries and with an eye towards geographic balance — a feature not possible should the prizes be tied to particular nations.

The Prize Structure and Categories

The choice of Shaw Prize categories was a topic of serious discussion in the preparatory stage. Of the four factors thought to underpin the success of the Nobel Prize (see above), the first two are subject to historical vagaries, but the last two were consciously addressed in the design of the Shaw Prize.

Professor Yang also made a detailed analysis of the better-known international prizes. Some successful features were adopted, but a degree of differentiation was consciously sought, especially in prize categories. Some practices were deliberately avoided: not to space out awards beyond

one year, not to rotate among subjects, not to impose age limits, and not to associate with any ethnic group.

Based on the above understanding, the following principles for awarding the prizes were proposed:

> *The recipients of the Shaw Prize must be people who have made breakthroughs in the research and application of an academic discipline or science, outstanding achievements in culture and arts, or significant accomplishments in other areas, and the principle on which decisions are made is that what they do could promote the progress in society, elevate the quality of human life, or enrich the spiritual culture of mankind.*

(Translation of Item 3.5 of Proposal to Establish the Shaw International Prizes, drafted in March 2002, original in Chinese. Except for minor changes in wording, these principles still constitute the operative guidelines.)

It is not generally known that several subject domains were brought up for discussion but in the end not taken on board. Chinese literature was initially proposed as a possibility by Professor Yang, though he acknowledged difficulty with objective standards and therefore the possibility of controversies. In the end, he quoted Mrs. Shaw as being "120% against any type of Literature Prize". Film-making was also put forward, with the specialty of the donors in mind, but was likewise rejected, with the additional reason that there were already many well-known international film awards (even if these may sometimes show cultural biases). Agriculture was also discussed, but in the end also not included.

Professor Yang and members of the Preparatory Committee finally settled on the fields of Astronomy, Life Science and Medicine, and Mathematics for the Shaw Prize.

Astronomy has a long tradition, addresses some of the deepest questions about our world, and has seen explosive developments in the last few decades, in large part because of improved instrumentation; yet there were relatively few major prizes in this category.

Life science and medicine are also witnessing major advances across a wide front, propelled by the DNA revolution, developments in fundamental sciences, and dramatic improvements in instrumentation. There are also vast potential impacts on health — a domain close to the heart of the Shaws. The field is broad enough to afford room and a degree of differentiation from other major prizes.

Mathematics, sometimes said to be the queen of the sciences, is not associated with many international awards and is notably absent from the Nobel Prizes. The Shaw Prize in question is for mathematical sciences rather than mathematics, a distinction that was deliberate, with the vast range of potential applications in mind, with domains such as computer science, statistics, and information technology broadly within its ambit.

The three subjects, taken together, show a balance between tangible and relatively short-term applications (especially in Life Science and Medicine) and a celebration of those achievements that enhance humanity's purely intellectual life. There is no question that the decision made in the area of the award is one of the keys to the success of the Shaw Prize.

Bringing the Shaw Prize to Maturity

During the years when Professor Yang served as Chairman of the Board of Adjudicators, he was engaged enthusiastically in the activities related to the Prize. In 2004, in the "Message from Chairman of Board of Adjudicators", he made the remark that the Shaw Prize will be "one of the great permanent institutions in the history of the world". He stepped down

from his roles in the Shaw Prize in 2015, at the age of 93, and has continued his interest and support. The Shaw Prize would not have gained its stature were it not for some of the key decisions to which Professor Yang's insight has been pivotal.

Tribute to Honorable and Respected Professor and Friend, Chen Ning Yang

Chang Ngee-Pong 章義朋

Physics Department, City College of New York, CUNY

Thank you for your life of devotion not just to establishing new frontiers and foundations of physics and mathematics, but also to mentoring and encouraging the many many younger generations of scientists. It is such a blessing to have known you and seen you and talked to you and heard you give inspiring talks all over the world.

As a Singaporean, I was especially impressed when I read how on February 19, 1967 on your way from Australia to Israel, you stopped over in Singapore and you called up the Physics Department of Nanyang University for an impromptu visit to the Yunnan Garden campus.[1] The impact of that visit on Nantah (now Nanyang Technological University, NTU) is a 50-year relationship with the setting up of the Institute of Advanced Studies (IAS) under Professor K. K. Phua and the C. N. Yang Scholars program at NTU. Over these 50 years, you have visited Singapore more than 10 times, and each time you gave not just talks at international conferences hosted by IAS, but also popular talks to the university and high-school students.

As a member of the physics community in U.S., it would be remiss of me not to mention the impact you had on us. In 1990, a group of us (Leroy Chang, Chun-Shan Shen, Young Bing-Lin, Harry C. S. Lam & others)

formed the Overseas Chinese Physics Association (OCPA) in order to promote networking among us ethnic Chinese physicists in North America with our colleagues in the Chinese mainland, Taiwan, Hong Kong and elsewhere. For our first Outstanding Young Researcher Award in 1992, you consented to be a member of the Selection Committee with T. D. Lee, Paul Chu, and Patrick Lee, and the winner was Shou-Cheng Zhang (Fig. 1). The award was presented at the annual meeting (April 22–24, 1992) of the American Physical Society (APS) in Washington, DC.

Fig. 1   From left: N. P. Chang, C. N. Yang, S. C. Zhang, T. D. Lee, Paul Chu, and Patrick Lee.

OCPA also organized the biennial / triennial International Conference on Frontiers of Physics and Education. For the first OCPA Conference held on August 5–9, 1995 in Shantou, we were so honored to host you and the other Nobel Laureates T. D. Lee, Y. T. Lee, and Sam Ting.[2] You continued to support the subsequent OCPA2 Conference held August 12–15, 1997 in Academia Sinica, Taipei with Sam Ting, S. T. Yau, Paul Chu, Steve Chu, and Akito Arima to celebrate the 90th birthday of Ta-You Wu. And at our

OCPA3 Conference held July 31–August 4, 2000, at The Chinese University of Hong Kong, you chaired a memorable session in honor of Professor Ta-You Wu with Kun Huang, Chun-Shan Shen, and T. D. Lee.[3]

You also came to OCPA8 when it was held in Singapore, June 23–27, 2014 at Nanyang Technological University. It brought together on NTU campus, not just Chinese physicists from around the world, with Carlo Rubbia (CERN), Michael Turner (APS), and David Pritchard (MIT), but also budding physicists from ASEAN countries. The lecture was on "Conceptual Origin of Maxwell Equations and Field Theory".

Conference in honor of C. N. Yang's 85th birthday 2007

Conference in honor of C. N. Yang's 85th birthday held at NTU on October 31–November 3, 2007 was a festive occasion with M. Perl, Ludvig Faddeev, W. Kohn, T. Eguchi, van Hove, D. Thouless, M. Fisher, A. Tonomura, C. Cohen Tannoudji, Paul Chu, Kerson Huang, Andrew C. Yao, Mo-Lin Ge, En-ge Wang, Maw-Kuen Wu, A. Zee, Kasuo Fujikawa, L. N. Chang.[4]

During this conference, there was a most memorable public lecture by Professor Yang with Fan Zeng (artist). The audience of over 2,000 sat through almost two hours of dialogue between the physicist's view of beauty and the artist's concept of beauty.[5]

Conference on the 60th anniversary of Yang–Mills Theory 2015

There was also the memorable Conference on the 60th anniversary of Yang–Mills Theory held in Singapore on May 25–28, 2015 where pioneers David Gross, Ludvig Faddeev, Michael Fisher, T. T. Wu, Sau-Lan Wu, Kazuo Fujikawa, and others gave lectures.[6]

It was so inspiring to hear Professor Yang's remembrance of the early days of Particle Physics, especially when he referred to Marshak's talk at the conference of APS at the University of Chicago in 1947 putting forth the two-meson hypothesis "in a room full of young physicists".[7] As a faculty at the City College of New York, where Marshak later in 1970 came as President, it was a good reminder of the importance of holding conferences that bring frontier physicists into a "room full of young physicists". As Yang said, "I was really really lucky." That same summer in 1947, Professor Yang with T. D. Lee and Gilbert Ling (physiologist) bought a car and went on a seven-week tour of the Western United States.

At the same YM60 conference, there was a moving public lecture by Professor Yang on revisiting his "dialogue" with Feynman at 1961 MIT conference on the Future of Physics. Feynman was very very confident that a final solution would be found that explains all the data. Fifty years ago, "gauge theory was only a pretty idea". Now fifty years later, there is the Standard Model that "is one deeper level of penetration".[8]

During the YM60 there was also an interesting and collegial Round Table Q & A Public Session on the evening of May 25, 2015, with C. N. Yang, Michael Fisher, and David Gross[9].

As a follow up to Yang's dialogue with Feynman on the level of penetration in the pursuit of the Final Theory, Gross posed a query for further revelation on how and when to reach that fourth level. Yang confessed his pessimism and answered, "God is much much much much bigger than mankind." (5:36 / 43:39 of video)

Finally, I cannot end without expressing on behalf of our family our heartfelt gratitude for the many words of encouragement that you graciously spoke about the two Chang brothers when you visited Singapore in 1971. In 1983, on the occasion of the First Asia-Pacific Conference

June 1983 in Singapore, our family took the opportunity to invite you and other distinguished guests to a dinner at a local restaurant on Amoy Street, and you came with T. T. Chou, Ed Yen, Kenneth Young, Z. Maki, M. Kobayashi, T. Eguchi, and others. At this dinner, you stood up and posed a riddle, "30 not too late."

The entire restaurant fell silent until Kenneth stood up and said, " 章 ".

You have been our friend and professional patriarch. You have condescended to come to our homes in U.S., and I will end with this one occasion at a December 4–6, 1980 Virginia Tech Workshop on "Weak Interactions as Probes of Unifications", organized by Marshak and Laynam Chang. During this workshop, there was a night when Marshak hosted a private dinner with the other non-Chinese speakers, including Nambu, Okubo, Sudarshan, and others, but Laynam invited you, C. S. Wu, T. D. Lee, K. C. Chou, Dingchang Xian, Kerson Huang, Ling-Lie Chau, A. Zee, and many others to his home.

Fig. 2　Photo taken at the dinner hosted by Laynam Chang, December 1980.

The photo-op (Fig. 2) that Laynam managed to take at that night remains our Chang family treasure. If not for his passing away due to the pandemic, Laynam would have been pleased to share more of his memories of your friendship and mentoring.

In your many years of relationship with Singapore and Nantah, you have encouraged and been a valuable coach to so many of the C. N. Yang Scholars as well as students from NTU, and many Junior Colleges in Singapore, and neighboring ASEAN countries.

You have blessed us all with your lectures and friendship.

May you now enjoy the twilight years knowing that the future generations of physicists will remember you not just for the breakthrough discoveries and the depth of beauty of non-Abelian gauge fields but also for your gracious mentorship and encouragement.

Grace and Peace be with you.

Happy 100, Professor Yang!

1   *Professor Chen-Ning Yang at Nantah* (Chinese Edition: 《楊振寧教授於南大》), Global Publishing (11 May 2007), ISBN-13: 978-9814139847.

2   *Looking to the 21st Century, Proceedings of the First International Conference on Frontiers of Physics*, World Scientific, ISBN: 978-981-4546-23-2.

3   *Commemorating the Past and Looking to the Future (OCPA 2000) Proceedings of the Third Joint Meeting of Chinese Physicists Worldwide*, World Scientific, ISBN: 978-981-238-122-4.

4   *Proceedings of the Conference in Honor of C. N. Yang's 85th Birthday: Statistical Physics, High Energy, Condensed Matter and Mathematical Physics*, World Scientific, ISBN: 978-981-279-417-8.

5   *Public Lecture by Noel Laureate Professor C. N. Yang and renowned Artist Fan Zeng, 03 Nov 2007*, 01. YouTube. https://www.youtube.com/watch?v=SAaSLaBxG6A&t=13s&ab_channel=NTU-InstituteofAdvancedStudies

    Public Lecture by Noel Laureate Professor C. N. Yang and renowned Artist Fan Zeng, 03 Nov 2007, 02. YouTube. https://www.youtube.com/watch?v=webrcTRTiJs&ab_channel=NTU-InstituteofAdvancedStudies

Public Lecture by Noel Laureate Professor C. N. Yang and renowned Artist Fan Zeng, 03 Nov 2007, 03. YouTube. https://www.youtube.com/watch?v=YeqAZ7Mjx1Y&ab_channel=NTU-InstituteofAdvancedStudies

Public Lecture by Noel Laureate Professor C. N. Yang and renowned Artist Fan Zeng, 03 Nov 2007, 04. YouTube. https://www.youtube.com/watch?v=EzG5otqAdjo&ab_channel=NTU-InstituteofAdvancedStudies

Public Lecture by Noel Laureate Professor C. N. Yang and renowned Artist Fan Zeng, 03 Nov 2007, 05. YouTube. https://www.youtube.com/watch?v=eMcywwTJ-2M&ab_channel=NTU-InstituteofAdvancedStudies

6　*60 Years of Yang–Mills Gauge Field Theories, C. N. Yang's Contributions to Physics*, World Scientific, ISBN: 978-981-4725-57-6.

7　*Chen Ning Yang - Remembrance of Early Days of Particle Physics (Day1)*. YouTube, 25 May 2015. https://www.youtube.com/watch?v=fd6GyIzB1ag&ab_channel=NTU-InstituteofAdvancedStudies

8　*Chen Ning Yang - Future of Physics Revisited (Day 1)*. YouTube, 25 May 2015. https://www.youtube.com/watch?v=9bx2TS1tBV0&ab_channel=NTU-InstituteofAdvancedStudies

9　*YM60 Round Table Q &A with Yang, Fisher, Gross*. YouTube. https://www.youtube.com/watch?v=0FN49C3fK0k&ab_channel=NTU-InstituteofAdvancedStudies

楊振寧先生
推動加速器科學的獨特貢獻

趙午

斯坦福大學（Stanford University）SLAC 國家加速器實驗室

我們都熟知楊先生在物理學上和對社會國家作出的許多重大的貢獻和成就。相對說來，楊先生在其他一些方面也有重要的貢獻，或許並不為人熟知。其中一項就是他在加速器科學上長久以來的關心和推動。楊先生早在 1960 年代，見人之所不見，領先推動這個領域。加速器領域有今天的發展，楊先生功不可沒。

我是楊先生的學生。在加速器領域工作至今近 50 年，或者可以把我個人跟隨楊先生學習的經歷和所見所聞，對楊先生推動加速器領域的貢獻略作一個片面而零碎的敍述。

1972 年，我在石溪擔任楊先生的研究生。那一年，他建議我選了一門加速器物理課程，教課老師是柯朗（Ernest Courant）。當時我沒有注意，但是多年之後領悟到，這件事代表了兩層意義。比較明顯的，首先是楊先生特意指出這門新領域，要我學習，是他獨具的慧眼。在 1970 年代初期，這是極為難得的。

柯朗是當時加速器理論領域的最重要的領軍人物，楊先生在 1966 年把他請到石溪的理論物理研究所，就是為了在石溪培養加速器物理的根基。他看到這門學科發展的前景，早早地就部署起來。而當時的加速器物理在物理界頂多是一個冷僻的旁支，而不被視為一門學科，可以說是完全沒有得到應得的重視。柯朗的課程是當時世界上絕無僅有的加速器專業正式課程，當年這門課連我共有三名學生，另外兩名多半是湊學分，現今不知所蹤。

柯朗的主要貢獻是他於 1952 年提出的加速器強聚焦原理 [1]。當時做核物理需要的加速器極為笨重龐大，發展的道路基本上走到了盡頭。強聚焦原理的發明大大降低了加速器的限制，大大延緩了盡頭的到來。

楊先生早在 1960 年代，第一個意識到核物理研究存在的根本限制，又意識到要打破這個限制，必須繼續引入類似強聚焦原理的加速器理論，進行大刀闊斧的突破。當時的我正處在這樣的時間和地點，也就是「at the right time and the right place」，我再加上「with the right advisor」。

我非常喜歡當時柯朗的課程。在這一學期的課程裏，我驚喜地發現，原來這門我從前聞所未聞的不起眼的課程，竟然包含如此多彩多姿、深邃的物理，像發現了一個沒有預見的寶藏。我當時沒有預想到的是，我最後會走上加速器物理的道路，並以加速器學科為我的終身事業。

在強聚焦原理的突破之後，核物理和高能物理發展的瓶頸問題得到大大的緩解。強聚焦原理的發明讓核物理與高能物理有了延長半個世紀的發展機遇，其重要性不言而喻，但是當時楊先生對加速器物理前景的看法卻是絕無僅有。楊先生曾經提起，他 1963 年曾經提名柯朗得諾獎，可惜功敗垂成，令人惋惜。

在二十世紀的後半世紀，高能加速器經過強聚焦原理的加持，加上加速器界的努力，粒子對撞質心能量提升了約 10,000 倍，同時加速器的大小上升了約 1,000 倍，造價上升了約 100 倍。強聚焦原理將瓶頸大大地延後，但是指數增長的需求沒有停止，甚而愈演愈烈。有鑒於此，楊先生在 1981 年左右，就有關高能物理發展的討論會議上，提出「盛宴即將結束」（The party is over）的名言。這段名言後文還要提到。

在預見高能加速器發展的盛宴即將結束同時，楊先生對加速器物理和它在其他領域的發展和應用仍抱有很高的期望。在石溪，他大力鼓勵學生進入這個領域。1972 年，在鼓勵我選柯朗的課程之後，他又安排我到布魯克海文實驗室（Brookhaven National Laboratory）跟隨柯朗實習加速器的實際設計工作。在 1974 年，即我畢業的一年，楊先生為了我畢業之後的事業選擇，更是兩次找我深談，他給我的忠告是「要選擇一

個有發展潛力，僧少粥多的領域，不要選擇一個前途有限，粥少僧多的領域」。

兩次談話之後，我決定進入加速器領域並工作至今。我非常幸運，我的老師為了我的事業前景如此費心，為我設想了對我最有利的道路，讓我走入加速器領域的天地。以後的發展，誠如楊先生的預言，加速器學科大大發展，而不幸的是在高能加速器的發展方面，瓶頸依然。

楊先生早期在石溪有洞見地推動加速器物理，從聘請柯朗開始，繼之以鼓勵學生的加入。在我之後，他引導了多位出眾的學生，加入了加速器物理的行列。他們在加速器物理研究和加速器設計方面都作出了重要的工作。其中如余理華、翁武忠、李世元、韋杰、魯斯（Ronald Ruth）等，在加速器物理界都是獨當一面的佼佼者。

加速器物理領域之所以有今天的發展，實不可不提楊先生作出的貢獻，尤其是他見人之所未見，獨排眾議領先推動加速器物理的發展，這些事跡多不見明文，少人提及，但楊先生確是功不可沒。

今天的加速器界，在我畢業之後的近 50 年裏，從一條淙淙小溪流，匯聚成了物理界一支重要的主流。1974 年我畢業離開石溪的時候，加速器物理遠遠不是一門公認的物理學科，我離開後的第一份工作是在高能物理實驗組，從事的卻是加速器理論，因為當時沒有加速器這門行業。將近 50 年後的今天，加速器學科的發展完全印證了楊先生當年的洞見。

我畢業之後 20 年左右，楊先生曾告訴我，他認為當年把我勸進這門領域是他一生中最重要的貢獻之一。這是楊先生給的一個破格的鼓勵，但是在這裏，楊先生所指的不是針對某一位特定的學生如我，他指的貢獻是當年大力推動加速器物理的努力和取得的成功。他對我破格的鼓勵，說明了他是多麼重視推動加速器領域，並以之和他在其他方面作出的巨大貢獻並駕齊驅。

楊先生對加速器學科的看法最貼切的參考，來自楊先生自己。在 2019 年，我曾經邀請他為加速器界年刊《加速器科學與技術評論》（*Reviews of Accelerator Science and Technology*）的第十期（期刊的總結刊）寫了一篇

短文。他給的題目是〈Accelerators and I〉[2]。我將這篇精簡的短文全文附在文末的附錄裏。

前文提到，楊先生看到高能物理加速器的瓶頸，他把希望放在加速器原理性的突破，但是儘管加速器學科如他所預言的得到寬廣深入的發展，在高能加速器方面，在強聚焦原理之後，卻無法趕上高能物理需求快速指數增長的趨勢。在 1981 年左右，他針對高能物理實驗的前景提出了盛宴即將結束的名言。我們可以把 1993 年美國超導超級對撞機（Superconducting Super Collider, SSC）的失敗看作楊先生預言的知秋一葉。

比較為人所知的是，基於他對高能物理發展前景的看法，楊先生極力反對中國目前進行建造大對撞機的議案。然而他對加速器其他領域的前景仍然樂觀，完全沒有改變當初推薦柯朗到石溪，並且大力鼓勵學生進入這個領域的看法。

在他一向堅持反對大型高能對撞機的同時，楊先生深知我在前期多年以來的工作都集中在高能對撞機的方向。他曾不止一次告訴我，不要因為他反對大對撞機而使我在工作上有所顧慮。他還告訴我，他在反對的時候不會無意間讓我感到不適，更不會將我牽入論爭之中。多年以來，他果然準確地實現了他的原則。楊先生對學生的照顧，我深有無言的感激——儘管事實上，我依憑自己 50 年在加速器界工作的親身經歷，我完全贊同他的看法。對楊先生勇敢地執起大旗，不畏人言，登高一呼，實為學生最好的模範。

除了高能對撞機之外，楊先生對加速器其他應用均是大力推動與支持。尤其值得注意的，是他對中國推動加速器光源發展作出的一系列努力。與高能加速器同樣，這些光源加速器也引進並啟動尖端的科研發展。不同的是，它們對工業生產和其他科研項目上有即時和強大的應用價值，它們的造價也遠遠少於大對撞機。

自 1997 年起，楊先生先後多次建議中國發展高增益 X 光自由電子激光的研發與建造工作，由於他的努力推動，中國的高增益短波長自由電子激光研究得以起步，第一項自由電子激光的實驗裝置在 2005 年得到國家

批准，以後正式項目次第推進。目前上海的軟 X 射線自由電子激光已經在張江運行達標。

2020 年，楊先生訪問了上海軟 X 射線光源（見本書頁 43 下圖）。另外一個基於超導技術的上海硬 X 射線自由電子激光則正在建造中。從 1997 年至今，不論在中國乃至世界上，自由電子激光都發展成為尖端科學發展的領頭項目。這些裝置無疑會帶來技術革新和材料科學、生命科學大幅度的進展。對這些進展，我們拭目以待。

在自由電子激光之外，加速器在新光源的應用日新月異，最近清華大學提出「穩態微聚束」的研發是另一個比較突出的例子。楊先生同樣看重穩態微聚束的發展，多次建議清華大學重點支持它的研發工作，給穩態微聚束技術的順利進展鋪平了道路，我們同樣期待穩態微聚束技術的進展與它可能帶來的巨大工業應用效益。

1   E. D. Courant, M. S. Livingston, H. S. Snyder, "The strong-focusing synchrotron — A new high energy accelerator", *Physical Review*, 88 (5): 1190–1196 (1952).

2   Chenning Yang, "Accelerators and I", *Reviews of Accelerator Science and Technology*, vol. 10, 1 (Singapore: World Scientific, 2019).

附錄　楊先生為《加速器科學與技術評論》撰寫的短文

Reviews of Accelerator Science and Technology
Vol. 10 (2019) 1
© World Scientific Publishing Company
DOI: 10.1142/S1793626819300019

Accelerators and I

Chenning Yang

Tsinghua University, Beijing, China
frankcnyang@163.com

During the academic year 1952–1953 a famous paper by Courant, Livingston, Snyder and Blewett was published on how to strongly focus particle beams. I was fascinated by their brilliant idea and had tried to get into this area of research. It soon led me into the KAM theory which was deep, interesting but difficult. Nothing came out of this effort of mine, which I once described as a *flirtation*, but it led to my life-long respect for accelerator design. It also led to my advising my graduate students to go into this field of research. Several of them did listen to me, and have in time become important members of the international accelerator design community. I think I can be excused for claiming some credit in having given them good early advice.

Accelerators became famous and important with Lawrence's creation of the cyclotron in the early 1930s. Initially it was for research in nuclear physics. Later additional ingenious types of accelerators were developed, and were used not only in many fields of scientific research, but also in a great variety of medical, military and industrial fields. Furthermore, it is obvious that the usefulness of accelerators can only increase in future years.

At the same time, intellectually accelerator design remains a most stimulating and fruitful field of research. After all, of the four basic types of interactions, electromagnetism is the one that man has understood most thoroughly. Furthermore, man has also been able to use that understanding to better human lives — enormously. I personally believe that the challenge to search for additional beneficial usage of electromagnetism will continue in the remaining years of this century, if not beyond.

Happy 100, Professor Yang!

The Fundamental Theory for Star-like Matters[1] and Professor Yang's Important Contributions

Chau Ling-Lie 喬玲麗

Department of Physics and Astronomy, University of California at Davis

We are celebrating the auspicious occasion of Professor C. N. Yang's 100 anniversary, 1 October 2021. Happily it coincides with the early-2000's establishment of The Fundamental Theory for Stars-like Matters (The Theory) — a crowning achievement of mankind since Newton's discovery and use of calculus for his gravity theory in the late-1600s. I will highlight The Theory, the prior milestone theories, Professor Yang's important contributions, and future outlooks.

For celebrating this auspicious occasion, I have designed a poster (Fig. 1) to capture the essence of The Theory and Professor Yang's important contributions, which I will describe in more details in the rest of the paper.

We now, since the early-2000s, in fact, have the fundamental theory for particles, stars, planets, apples and living things! Thus, I give the name of The Theory in the poster and the title of this paper. We know the basic matter particles that make up all the stars, planets, apples and living things and the force fields/particles that mediate the interactions among them according to rigorous mathematical equations.[2]

Of course, Nature's manifestations of itself physically according to the rigorous mathematical equations in The Theory have been confirmed by the ingenious hard work of observers and experimenters. Without confirmation

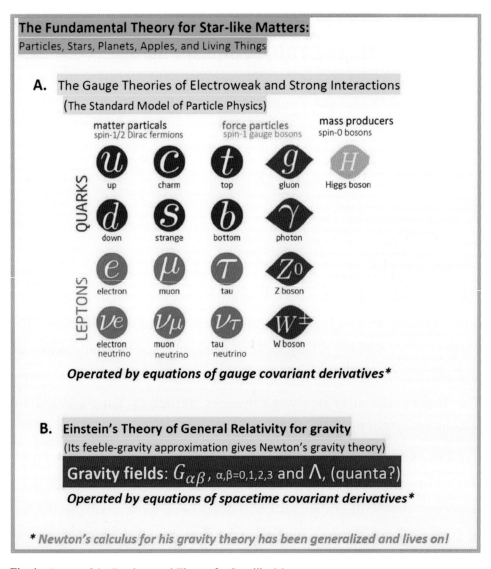

Fig. 1　Poster of the Fundamental Theory for Star-like Matters.

from experiments and observations, The Theory would not be a physics theory but would just be some of the infinite possible mathematics that Nature has out there but chooses not to use to operate the universe.[3]

By the early-1900s, it was established that there are four basic interactions: gravitational, electromagnetic, weak, and strong. The prior milestone theories that have paved the way for the latest theory, The Theory, are the following: the theory of gravitation pioneered by Newton in his 1687

publication; the electromagnetic theory expounded by Maxwell in his 1861 paper; the theory of special relativity by Einstein (1905) and Minkowski's formulation of it soon afterward, and the theory of general relativity by Einstein (1915) using the Minkowski spacetime as the starting formulation and including Newton's gravity theory as the feeble-gravity approximation; quantum mechanics initiated by Einstein and Planck and developed by Heisenberg, Schrödinger, and Dirac in the early-1900s; the quantum field theory for electromagnetic interactions (QED) by Feynman, Schwinger, and Tomonaga in the mid-1900s, and about the same time the development of quantum theories for the weak interaction and the strong interaction.

Professor Yang spearheaded the theoretical works with coworkers (1956; 1957, and 1964) that prompted the experiments that discovered Nature's parity (P) nonconservation (1956 led by Professor Chien-Shiung Wu 吳劍雄); and charge-conjugation and parity (CP) nonconservation (1964 by Professors James Cronin and Val Fitch, and coworkers) in the weak interaction, thus helping to develop the theory of weak interactions. He also made important contributions to theories for many body systems (1952, 1962, and 1967).[4]

As indicated in the poster, gauge theories are the mathematics that Nature uses to operate the electromagnetic and weak interactions in a unified way (therefore now named the electroweak interaction) and the strong interaction, i.e., three of the four basic interactions! The commonly called Standard Model of Particle Physics is in fact the gauge theories of the electroweak and strong interactions, as indicated in the poster.

Maxwell pioneered the use of the simplest gauge theory to yield the Maxwell equations for the electromagnetic interactions, unifying the electric and magnetic interactions and providing the mathematical description of light. Almost a century later, motivated by ingenious physics reasoning, Yang and Mills (1954) discovered the mathematically elegant

generalizations of the Maxwell equations. There are infinite possibilities according to the possible groups in group theory, like SU(n) where n=2,3,4…, etc. for possible new physics theories, although the example they used was for SU(2). The group for Maxwell's theory, U(1), is an Abelian group, the simplest kind. The groups for the Yang–Mills gauge theories are non-Abelian groups.

By the ingenuity and hard work of many theoretical and experimental physicists, the following facts were established from the mid-1900s to the early-2000s, spearheaded by the 1954 paper by Yang and Mills. Amazingly, Nature chooses to use the simplest groups U(1), SU(2), and SU(3)! The U(1)⊗SU(2) gauge theory, called the quantum flavor dynamics (QFD), describes the electroweak (EW) interactions, mediated by the U(1)⊗SU(2) gauge fields/particles, among the quarks (theorized and named by Gell-Mann in the early-1960s) and the leptons: the electron, the neutrinos, etc. The SU(3) gauge theory, called quantum chromodynamic dynamics (QCD), describes the strong interaction, mediated by the SU(3) gauge fields/particles, among the quarks (but not the leptons). The combination of the two quantum gauge field theories QFD and QCD, not yet unified, is the commonly called Standard Model of Particle Physics.

To sum up, in The Fundamental Theory for Star-like Matters, there are two types of basic forces: gravity forces and gauge forces, as described in the text as well as clearly shown in the poster of this paper.

Newton and Einstein are household names, also should be Maxwell, Yang and Mills. We are privileged to see the unfolding of these results and have Professor Yang among us to celebrate his centenary!

Happy 100, Professor Yang!

One hopes that someday, QFD and QCD will be found to be unified together with the gravity theory and become The Unified Theory of the gravity-electroweak-strong interactions (or simply the GEWS interactions,

signifying the four known fundamental interactions), or of the gravity-gauge interactions (or simply the GG interactions).

Amazingly, according to the observations made in the late-1990s, there is much more of the universe for which we still need theories — beyond the ~5% of the universe energy/mass that stars as well as humans are part of and that is operated by the theories mentioned above. They are the dark matter, ~25% of the universe's energy/mass, and the dark energy, ~70% of the universe's energy/mass. Potentially some "dark" correspondences of the gauge theories might be found to play a role in explaining the dark matter (some people use oxymoronic names like "dark lights"), in addition to the gravity theory, which has already been found to operate on both due to the fact that both have mass/energy. Let us look forward to more gauge theories used by Nature.[5]

Professor Yang is, and will always be, among the giants of theoretical physicists.

Happy 100, Professor Yang! and many many more!

---

1 The theory name I have made up, inspired by the invitation to write this paper for the *Festschrift for the Yang Centenary*.

2 One should realize that in spite of knowing all the fundamental particles and forces of Nature, we still have to solve the problems of complex matters: condensed matters, chemistry, biology, brains, the stock markets run by the human brains, etc. Newton, after he lost a lot of personal money by investing in the stock market bubble of the South Sea in 1721, made the profound statement, "I can calculate the motion of the heavenly bodies, but not the madness of men!"

3 We can hold it to be evident, according to our current understanding of Nature as overviewed here, that whatever the human brain can come up with is already out there in Nature. However, the human brain is endowed with such amazing capability to discover what Nature has to offer: mathematics, science, literature, music, paintings, sculptures...; as Michelangelo once said about his sculptures, "They are already there in the stones, all you have to do is to chip away the not-needed."

4 Chen Ning Yang, *Selected Papers 1945–1980 with Commentary* dedicated to his mother, published by W. H. Freeman and Company, and *Selected Papers II with Commentaries*, published by World Scientific. Both are in beautiful red covers with gold letters. I have two sets, one in the office and one at home. I have the good fortune of having known him since 1969.

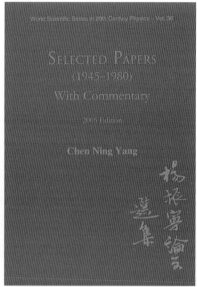
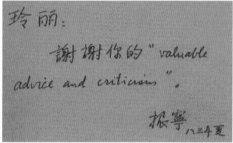

Photos from the slides of my talk celebrating Professor Yang's 95 at Tsinghua University 清華大學 , Beijing: a 1980's photo of him in his SUNY Stony Brook Office 1966–1999; the front page of my hardcover copy of his book; a photo of the note he wrote on the first inside page responding to my request for his autograph; a photo, courtesy of Tsinghua University, of presenting my gift to him at the end of my talk (with Professor Steven Chu seen seating at the front): A four-sided black Obsidian obelisk, with "Happy 95, Professor Yang! from Ling-Lie Chau" at the bottom and names—Newton, Maxwell, Einstein, Yang–Mills on the sides, carved on gold metal plates. This paper with my poster design gives an extended presentation of the theme conveyed by the obelisk gift, also my design.

5   In this internet age, fortunately for us, almost all the references to the original work as well as the topics mentioned in this writing are available on the web. However, it is important to avoid the junk and the fake!!! Therefore, learning from the learned and the experts is essential, so as not to be drowned in the sea of information, the true as well as the false, but to make best use of them. I hope I am doing my bit of help, by writing this short paper highlighting the progress made since the mid-1600s, in particular the gauge theories of electroweak and strong interactions (the Standard Model of Particle Physics), which I had the good luck of having a "front row seat" to observe and to contribute in small ways to their making and development.

有幸識荊四十載
—— 記我所認識的楊振寧先生

陳方正
香港中文大學中國文化研究所及物理系

　　首次提起筆來為楊先生寫點甚麼，是將近 20 年之前，先生年臻耄耋之際，當時我有幸被邀，在香港中文大學為先生所舉辦的八秩壽辰學術研討會上講話。如今時光荏苒，轉眼先生已年屆期頤了。這是國際物理學界和我國科學界罕有的盛事，大家聚會歡慶，撰文祝賀，我很高興躬逢其盛，有機會把我所認識的楊先生寫出來，和大家分享。

　　回想起來，有幸認識楊先生已經足足 40 年，也就是我的半生了。先生地位崇高，精力充沛，思想縝密，除了學術工作之外，還經常推動許多重大計劃，會見許多重要人物，這些我大都無緣參與，但在他閒暇之際，卻有不少過從傾談的機會，此外也曾為他有些工作稍盡綿力，並且承他囑咐，不時為他的文集和傳記寫點評介，由是增加了一點對他的認識，如此而已。楊先生是一位超凡人物，他思想、學問、行事、交往的方方面面猶如一座豐富而又複雜的大森林，並不是任何個人所能夠看得清楚或者全面了解。我在這裏能夠做的，只是把和他交往中的若干見聞、經歷和觀察記錄下來，以作為在這個歡慶日子敬獻給先生的一點心意罷了。

一　有幸識荊豈無緣

　　像大多數同輩一樣，我初次聽到先生的大名，自然是緣於 1957 年秋冬之際他獲得諾貝爾物理學獎而蜚聲國際。那年我剛好中學畢業，翌年很

幸運拿到獎學金赴美國麻省劍橋升學，隨即通過中學校友認識吳大峻兄。當時他已經是校內的電機工程教授，同時又在楊先生指導下自修理論物理學。對我這個小老弟他十分照顧，曾經建議合作做些研究，可惜我興趣過於廣泛而又固執呆板，竟然不懂得抓住如此天賜良機，平白錯失了認識楊先生的大好機會。所以，真正見到楊先生已經是十幾年之後，在 1979 至 1980 年之交的廣州粒子物理理論討論會上了。那是個空前盛會，海內外華人理論物理學者可謂少長咸集，群賢畢至，香港在這方面雖然只有初出茅廬的後生小子，卻也有五六人被邀出席。會場上楊先生和李政道先生兩位自然成為關注焦點，經常被包圍得水洩不通，可望而不可即，因此仍然未能識荊。

　　然而緣分委實是非常之奇妙的事情。半年後我受香港中文大學校長馬臨邀請，放下物理系的工作轉行去當秘書長；再過一年楊先生通過舊識陳耀華提出到中大來訪問 —— 耀華兄本在美國長島布魯克海文國家實驗室（Brookhaven National Laboratory）工作，此時已經轉到中大任教。對於楊先生來訪，校方自是求之不得，於是順理成章委派我安排一切，自此我就有許多機會和楊先生見面和交談了。最初他每年來港一兩趟，逗留一兩個星期左右，後來覺得香港交通方便，居住愉快，所以抵港之後就索性搬進大學宿舍，並且不時把母親從上海接來團聚。於是我建議，不如索性請老人家搬到香港定居，他覺得這主意不錯，欣然接納。此後沙田商場裏就往往出現他們母子同遊的蹤影，甚至照相館的櫥窗都展出了他們的大幅影像，一時傳為美談。

二　杯酒縱論香港前途

　　當時楊先生到東方來，主要目的自然是促進中國科學進步和從旁協助發展中美關係，同時探望親屬和故舊，但漸漸也對香港本身產生了相當大的興趣。這始於對香港社會的好奇，特別是它的繁榮和開放、寬鬆氣氛，所以會不時讓我帶領他到處遊覽，包括到尖沙咀、灣仔、銅鑼灣那些擁擠

繁華區域的橫街窄巷閒逛。但他最欣賞的，還是在寧靜夏日到隔着大埔公路與中大校園相望的雍雅山房酒家，在那樹木蔥蘢的清幽平台上吃午飯；或者在日落時分坐在尖沙咀麗晶酒店那個濱海大廳喝酒聊天，欣賞維多利亞港對面也就是香港島北岸，那無數大廈的璀璨燈光在漸濃的暮靄中逐一亮起。

記得有一趟在這樣輕鬆寫意的時刻他心血來潮問我：「英國人把香港治理得這樣好，中國人自己也成嗎？」我不假思索，衝口而出答道：「恐怕不成吧！」他大為驚奇，追問道：「為甚麼？現在香港政府裏面，不已經大部分是由中國人管事的了嗎？」我還是堅持：「他們都只是奉命行事而已，至於發號施令，和背後那些管治方針、策略卻都還牢牢掌握在少數英國人手裏，其中竅訣那些華人官員並不明白，也不是短期內能夠學得到的。」他沉默不再追問了，但顯然不大同意我這個政治很不正確的看法。說來，這還是 1983 年中國宣布將收回香港主權之前的事情。十幾年後，在 1997 年 6 月 30 日晚上，我和金耀基兄有幸被邀參加在灣仔會展中心舉行的香港回歸大典，意想不到當晚在會場上碰見了楊先生，於是一道拍照留念，更在午夜一同見證那個難忘的歷史時刻（見本書頁 28 中圖）。現在香港回歸已經四分之一個世紀了，從它回歸之後相當艱難曲折的這段歷程，特別是最近幾年的社會衝突和動亂看來，楊先生將近 40 年前的信念雖然不錯，但我的直覺顯然也不無道理。中國人的確是大費周章，走了許多冤枉路，這才開始摸索到一些竅訣，開始明白治理香港這個五方輻輳，背景和形勢都極其複雜的國際大都會，是必須應用多種不同策略方才能夠奏效的。

三 從融入社會到出任博文講座教授

楊先生每趟來港，不但在大學，就是在社會上也同樣引起注意。記得美麗華酒店的主人楊志雲經常為這位名揚四海的同宗大排宴席，影業鉅子邵逸夫則不時為他安排電影首映禮，在這些場合中大許多同事自然都沾光

奉陪（圖1）。楊先生願意和各方人士周旋，從而融入香港社會，主要是為了發展人脈以取得推動各種計劃的資源。這些努力持續了許多年，它最早的成果是1983年通過有心人士捐款而成立廣州中山大學高等學術研究中心，它由該校的李華鍾兄主持和推動，前後將近30年，成績斐然。但真正的成果豐收則要待香港行將回歸之際：1994年「求是」與「何梁何利」兩個大基金會相繼成立，此後它們通過多種不同方式來獎勵中國有傑出成就的科學家，為促進中國科學的發展而作出了長期和巨大貢獻。

圖1 與楊先生在酒會中，1986年。

到1986年初楊先生和中大已經來往多年，賓主相處一直非常融洽，所以馬校長有意聘請他為常任的訪問教授。為此我特地請他到香港賽馬會位於粉嶺雙魚河的郊區會所吃飯商談，他聽到建議之後毫不猶豫地說很好，對於待遇也沒有提出任何特殊要求，整件事情就在幾分鐘之內決定下來了。當年二月我去波士頓，他偕夫人在下榻的卡珀麗酒店（Copley Hotel）請我和我的外甥梁其姿吃晚飯，飯後就在酒店大堂簽署了受聘協議。楊先生自此變為中大一分子，經常參加校內各種活動，和物理系的關係也愈加密切。這自然是頭等大事，因此我們為他的頭銜考慮很久，最後

是教育學院的杜祖貽兄從校訓「博文約禮」四字得到靈感，建議稱為「博文講座教授」以彰顯他在校內的特殊地位。這在當時還是創舉，但大家都覺得很妥當，它由是演變成為大學最高等級教席的專稱，沿用至今。

四　在石溪的物理討論

　　對我自己來說，那年也是個重大轉捩點。年初父親辭世，年中我得到馬臨校長同意離開秘書處，轉到近在咫尺的中國文化研究所接替年邁退休的鄭德坤所長，自此從行政部門轉回學術單位，卻完全改變了專業。為了適應嶄新環境，我在 1987 年初請長假，由相熟的傅高義（Ezra Vogel）安排，到哈佛大學的費正清中心（Fairbank Center）訪問半年，從而回到闊別 20 載的劍橋，在此期間還曾經南下普林斯頓大學，向那裏的老朋友余英時請教研究所的發展方向。楊先生對我很客氣，早在 1983 年就把他為自己六十生辰所編的鉅著《楊振寧論文選集附題記 1945–1980》（*Selected Papers 1945–1980 with Commentary*）簽名本送我，此時又特地邀請我到他在石溪的理論物理研究所去，作為期一個月的訪問。

　　紐約大學在長島石溪的校園很大，附近人煙稀疏。但楊先生想得很周到，他不但早已經為我安排了住處，更為我借來一輛舊車以方便出行。此外從前在劍橋就已經認識的聶華桐兄當時就在石溪任教，在廣州粒子會議上認識的徐一鴻君也一度來訪問，所以客中殊不寂寞。安頓下來之後，某天下午楊先生忽然邀請我到他辦公室去，說要和我討論物理問題。此時我放下粒子理論工作已經十多年了，對此自不免感到有些忐忑。結果他很認真地為我講解了他和李政道那篇「弱作用的宇稱守恆問題」得獎文章的緣起和背後各相關問題的源流。我本來就不曾深入探究弱作用理論，因此很遺憾，他講的精微之處其實並不能夠充分領會，都猶如囫圇吞棗般浪費掉了。但由於上述那本《論文選集》的出版，楊李之爭此時已經盡人皆知，所以聽了他的解說之後總得作個回應。所以最後就只好大而化之地說，也許這個爭論並不是當代人所能夠清楚分辨的，只有留待日後科學史家通過

客觀研究去作出判斷了。這個大原則雖然不錯，卻難免搪塞之嫌，也辜負了楊先生講解的盛情，事後回想，真不勝慚愧之至。

五　參加《二十一世紀》編委會

楊先生是大忙人，但有事情請他幫忙，卻很少推託。例如我老家岑溪縣（現在已經升格為市）的第二中學在新校舍落成之後希望他為紀念先父陳克文的圖書館題辭和為校名題額，我冒昧代求，居然都如願以償，成為該校最珍惜也最感驕傲的墨寶（圖2）。更重要的是，他很慷慨地抽出寶貴時間，幫我推動《二十一世紀》雙月刊。

圖2　岑溪第二中學陳克文圖書館入口。

那是 1990 年底由我和金耀基、金觀濤、劉青峰等三位朋友共同發起，在中國文化研究所創辦的刊物，目的在於為海內外的中國知識分子提供一個討論學術、文化、中國發展和世界大勢的開放平台。它以思想性、原創性、學科綜合、兼容並包為宗旨，在創刊之初就獲得了一大批知名知識分

子出任編輯委員，故此聲勢浩大，發展迅速。我們自然希望楊先生也能夠加入，以借重大名。然而，起初他並沒有答應，只是很用心地為我們寫了一篇「二十世紀的物理學」發表在創刊號上。過了兩年，他看我們辦得很認真，言論雖然包羅廣泛，但宗旨、方針卻把握得十分穩妥，而且水準、發行量都不錯，已經建立起相當聲譽了，這才終於應允加入編委會，並且建議我們同時增聘自然科學方面的委員。這樣，在他的名聲號召下，編委會又陸續增加了王浩、陳省身、李遠哲、徐立之等好些名人，不過除了王浩之外，他們實際上都抽不出時間來為我們做些實際的事情。

楊先生自己可就完全不一樣了。首先，他是一位最熱心的作者，前後為我們寫過 12 篇文章，其中小半是對於物理學的宏觀看法，大半則是紀念他親近的人物，像父親楊武之、鄧稼先、熊秉明等，以及他敬佩的科學家如陳省身、施溫格（Julian Schwinger）、海森堡（Werner Heisenberg）、愛因斯坦（Albert Einstein）等。同時，他又是我們最認真的一位編委：只要人在香港，他是每逢編委聚會必到，到了又必認真參加討論和發表意見，其中予我們印象最深刻，對這本刊物影響也最大的，有虛實不同的兩個方面。

實的方面是一個具體建議，即我們除了發表有關科技的原創文章之外，還應該開設一個經常性的「科技訊息」欄，以報道最新科學發現和技術進展。這個建議雖然好，但大家都很遲疑，覺得難以實行。我作為執行編委中唯一具有專業科學背景者當仁不讓，就自告奮勇，從 1993 年開始獨力撰寫、編輯這個欄目。意想不到，結果非常之好。我每兩個月從《自然》、《科學》等前沿科學期刊中挑選、摘錄最新發現，然後略加背景資料和評論之後寫成的三四篇短文，不但大受普通讀者歡迎，就連行內人也都青眼相加 —— 理由很簡單，科技的進展委實太迅速了，有人肯花時間認真報道大家自然先睹為快，而作者本人也得益良多。諸如碳 -60 分子的發現、玻色－愛因斯坦凝聚體（Bose–Einstein condensate）的製成、智人的始祖確定為 10 萬年前出現於東非等消息，我們都在第一時間報道，而且使得楊先生也大感驚訝。可惜這個欄目只維持了不足 10 年，因為它實在太累人，我在本世紀初退休之後無人接替，就只好讓它結束了。

　　至於虛的方面，則是他所講一句很簡單的話，一直為本刊同仁所津津樂道和銘記於心：「一本好雜誌的影響力恐怕比不上一本不那麼好但更能持久的雜誌」。對我們來說，那既是鼓勵更是期望和鞭策。本來，在他的估計中，我們真能把這本雜誌辦到作為它名稱的本世紀，就已經可以算是及格了，所以每逢這本刊物慶祝生辰，他都光臨慶祝會或者撰文為它打氣。值得慶幸的是，去年這本刊物已經來到而立之年，不負楊先生的期望了。但今後它還能夠繼續走多遠，卻仍在未知之數，仍然需要同仁不斷努力（圖 3）。

圖 3　2007 年《二十一世紀》創刊 100 期慶祝會上合照。左起：金觀濤、陳方正、楊振寧、高錕、金耀基、劉青峰。

六　邵逸夫獎和清華高等研究院

　　到本世紀之交，楊先生開展了他回到東方來最重要的兩項工作。首先，上面提到的邵逸夫先生財力雄厚而且沒有子嗣，因此對於捐輸公益事業非常熱心，在 80 年代就向中大捐贈了以他自己命名的大禮堂和一所書院，後者就是和馬臨校長商議的結果 —— 他們不但向來相熟，而且同為浙江

老鄉。除此之外，他還一直抱着成立一個國際大獎項以媲美諾貝爾獎的願望。很自然地，這個大計也是通過馬校長去找楊先生來主持大局。此事的積極醞釀是在本世紀之初，當時楊先生一度希望我參與，我為此翻查了諾貝爾獎成立的歷史，然後寫了一份簡短的報告，指出穩固的財務基礎是這樣一個獎項成功的先決條件。但後來邵先生並沒有捐出基金，而是逐年撥款支持這個計劃，所以我打了退堂鼓。結果是物理系的老同事楊綱凱兄毅然挑起了這個擔子，而且幹得非常出色。現在 20 年過去，這個獎項名聲日高，影響日大，可以說已經成為由中國人發起，而國際上最有影響力的極少數盛事之一。回想起來，楊先生的高瞻遠矚以及從實際出發，因時制宜，自然是它成功的根本原因，而綱凱兄的勤謹和黽勉從事也功不可沒。現在楊先生已經把主持這個獎項的責任交付給他了，我衷心祝願也相信，它必然能夠行久致遠，成為中華民族在獎勵國際學術成就方面的一個里程碑。

在此之前不久，楊先生在香港開展了另外一樁重要工作，那是和清華大學密切相關的。在 1997 年他和清華校方以及當時在香港科技大學任職的聶華桐兄共同商議，以普林斯頓的高等研究院為原型，在清華大學內成立一所相類似的高等研究中心 (後來擴充成為研究院)，宗旨在於促進純粹的理論科學研究。中心成立之後，楊先生擔任名譽主任，而曾經在紐約大學石溪分校和楊先生長期共事的華桐兄則毅然擔起中心全職主任的工作，並且為此定居北京。為使中心擁有獨立資源以吸引優秀人才，楊先生又呼籲各地熱心人士募捐，為它專門成立了一個在香港註冊和獨立運作的基金會，以求能夠靈活處理資產的投資和應用。由於我在中文大學工作，有行政上的便利，所以楊先生讓我加入基金會和擔任義務司庫。我雖然毫無這方面的經驗和專業知識，但也很高興地冒險答應了，自此得以為他的事業稍盡綿力。幸虧 20 多年來這個基金會的資產一直能夠增長，算是不過不失，沒有辜負他的期望。前年楊先生自覺年紀大了，要找人接替基金會董事長的位置，由於各種原因，最後親自來電話讓我承乏。我雖然十分惶恐，但也無從推辭，只好硬着頭皮接下來。幸運的是，基金會裏面諸位同仁都十分支持我的工作，上面提到的老朋友綱凱兄也很夠義氣，慨然應

圖 4　2019 年 10 月清華大學高等研究中心基金會會議後合照。左起：楊家慶、梁尤能、蔡冠深、顧秉林、邱勇、楊振寧、王大中、湯家豪、陳方正、吳念樂。

允加入基金會，並且接過義務司庫這個擔子，使我再無後顧之憂，得以放下心頭大石（圖 4）。

七　四十春秋如電抹

現在我認識楊先生已經超過 40 年了，回想這段漫長的經歷，有時會泛起很奇特，不太真實的感覺。這一方面是因為不能不經常意識到他在科學上的歷史地位，那對於絕大多數人來說，都是遙不可及的；另一方面在相處之際他又那麼隨和，雖然輩分相去甚遠，卻總是輕鬆自在，以朋友之道相待，盡力消除彼此之間的隔閡。像他在 1983 年把剛出版的大部頭《論文選集》簽名送我，固然令我受寵若驚，而此後除了自己的著作之外，還陸續把許多物理學家的傳記和有關物理學的通俗著作相贈，又在我從中國文化研究所退休之際，特地到我的辦公室來看望等等，都是很用心思的（圖 5）。為此之故，逢年過節或者閒暇之際，我們經常會有來往，留下不少美好記憶。像 80 年代他到我在大學四苑的宿舍來，和先父、先姊，還有外甥們一起歡度中秋，看旅遊幻燈片；還有我們搬到大埔康樂園之後，

請他和夫人杜致禮到那裏的俱樂部去吃東星斑和大鬚眉魚，這是楊夫人最喜愛的海鮮，等等。但印象最深刻的，則是有一趟我和熟朋友——記憶中有港大的周肇平、劉威漢，中大的陳文婉、王于漸、關信基等在家裏餐聚，開席之後忽然間接到楊先生的電話，說剛剛從美國越洋飛抵香港。我覺得他精神不錯，就問他是否願意過來會會年輕朋友，他不假思索答應，結果來了之後興致勃勃地和大夥兒喝酒談天，追憶往事，直到凌晨仍然毫無倦容，最後反倒是年輕朋友們有點撐不住了，這才盡歡而散。

圖 5　在陳方正的辦公室中，2002 年。

到本世紀初楊先生慶祝八十大壽之後，夫人杜致禮去世，他回歸中國，落葉歸根清華園，然後在完全沒有人能夠預料的情況下，和翁帆女士結合，迎來了上天給他的最後禮物。此後他在沙田道風山附近買了房子，經常在冬天南下避寒，生活的中心開始擺動於北京和香港兩地之間。這樣我們見面也就更為頻繁，除了大年初一必定會同金耀基兄去他家拜年，春秋佳日也經常相約，到諸如西貢海旁的小館子那樣地方吃午飯閒聊。

應該是從研究生時代就已經養成的習慣吧，楊先生很喜歡自己開車，在到了香港之後不久，還未曾十分熟悉地理環境的時候，就已經開着陳舊

的老爺車很勇猛地在大街小巷闖蕩，甚至會鬧出笑話。據説他曾經堂而皇之地在單行道逆行，被警察攔截下來，待發現他的身份之後覺得不可思議，於是寬大放行，還指揮別的車輛讓路；另一趟他在地圖上仔細研究清楚了路線然後赴宴，但到達目的地之後繞來繞去，酒店大門卻始終可望而不可即，最後只好把汽車停在老遠的停車場然後叫出租車過去，遲到足足一個多小時。

到了本世紀，由於有翁帆作伴和代為駕駛，他的遊興更濃，像偏遠的西貢、鹿頸、石澳，甚至吐露港口外面的塔門島都是常遊之地。他不但在無意中發現了西貢海邊那家有美景的小館子（圖6），還曾經特地邀我一同到鹿頸去，拍攝那裏在淺海悠閒覓食的白鷺；更有一趟問我，我回憶錄中很漂亮的某張照片拍自何處，待知道是塔門之後很驚訝地説，「是塔門哪裏，怎麼我在那邊沒有見到呢？」至於石澳，他不僅僅去逛那個著名的大海灘，而且很得意地告訴我，從沙灘左邊的小路往上走，穿過小山坡上的別墅群之後，就會發現一個隱秘的漂亮草坪。他經常流露的那種青春活力、興奮與好奇，是永遠令人驚訝而又羨慕的。

圖6 在西貢有美麗海景的館子，2019年。

　　在北京，楊先生的工作和公開活動自然十分繁忙，但他仍然樂於和年輕朋友來往。陳越光是我在 80 年代認識的老朋友，他思想敏銳，見解獨到，對中國的了解尤其深刻，是出版和傳媒界一位傳奇人物，在 90 年代初來香港的時候就見到了楊先生。本世紀初我們合作出版一本《科技中國》月刊，邀請楊先生和許多科技界名人出任編委，又在 2004 年 10 月底假座清華大學的高等研究中心舉辦一場有關中國科學發展的論壇，由於邀得楊先生主講，所以轟動一時。自此他和越光兄漸漸相熟，大約從 2013 年開始，更不時和翁帆一道，到西海北沿一個四合院來，參加我們的聚會。此院主人屈向軍和謝犁都有科技背景，他們是始創投資的合作夥伴，座上常客則有從事醫療改革的劉江南、他的姐姐腦神經外科專家凌鋒、科學史家劉鈍、經濟學家錢穎一、金觀濤夫婦，還有越光和他的夫人尹捷等。聚會一般從下午 4 時左右就開始了，7 時入席，10 時左右盡歡而散，其間話題隨大夥興之所至不斷轉變，從民國掌故、個人經歷、野史軼事，國際大勢，乃至各種觀點、議論，都可以海闊天空，漫無限制地各抒己見。楊先生年紀不小了，但大部分時間仍然能夠迅速抓住話題加以發揮，或者轉向新話題。大家對他講故事最感興趣，總是聽得津津有味，卻並不一定都贊同他的見解，有時甚至會委婉地提出異議，他也一笑置之，不以為忤，對大家的熱烈爭論，更總是笑瞇瞇傾聽。席間我有時候不免神遊天外，從而想到，現代人已經再也沒有可能享受像《紅樓夢》所描寫的，大家庭團聚時那種「紅飛翠舞，玉動珠搖」的熱鬧和歡樂場面了，更何況古來聖賢皆寂寞，難得放下思想的重擔呢。所以，對於楊先生來說，這些聚會恐怕並不止於過眼雲煙，而還有更溫暖親切的意義吧。

八　文化、科學觀與家國情懷

　　楊先生是在五四運動和抗日戰爭中成長的，此後雖然在美國學習和工作大半輩子，但底子裏仍然是個深受傳統觀念影響而有血性的中國知識分子，這可以說是清華園和西南聯大的烙印。記得有一趟《二十一世紀》同仁在中

文大學教職員俱樂部二樓那個有漂亮海景的房間聚餐，由於受了所討論的不知甚麼問題激發，我心血來潮，很直接地問楊先生：「一生之中對你影響最大的，其實會不會仍然是孔子呢？」他毫不猶豫地回答：「那當然。」看來他對於這個問題早已經反覆思量過，否則恐怕難以立時斬釘截鐵地回應吧。

進入二十一世紀之後，中國經濟高速發展，朋友們都感到很興奮，經常討論其中原因何在。楊先生對於這個議題非常之感興趣，但始終認為答案很簡單，就在於中國傳統文化的力量和共產黨的強勢領導這兩個基本元素。這很乾脆利落也頗有說服力，卻不能夠解決一個基本問題，那就是70年代末的「改革開放」顯然是扭轉前此30年坎坷命運，從而帶來經濟起飛的關鍵，但這個政策和那兩個基本點似乎並沒有直接關係，甚至還有些衝突，那麼這三者的矛盾到底是如何得以調和的呢？為此他曾經在不同場合和許多朋友辯論，但都沒有得出結論。當然，這是個需要長期探索的大問題，沒有結論並不等於沒有認識上的進步。

中國科學發展的問題是楊先生所關心，而且為此提出過不少獨特見解的。另一方面，和許多年長科學家不一樣，他始終不相信中醫和進補觀念，也不願意嘗試傳統方劑、湯藥的療效。可以說，他在此問題上還保持着正統現代觀念，認為中醫唯一的出路是像西醫那樣與現代科學結合，也就是走上實證研究的道路。在上面提到的那個2004年論壇上我無意中提起了中醫藥，認為它是中國傳統科學一個少有的成功例子，而且至今還有很大發展潛力。我這傾向傳統的保守態度使得他大為驚訝，由是引發了我們之間的小小辯論，那自然也沒有甚麼結果。

另一方面，如他在前幾年出版的《晨曦集》中多篇文章（其中有早至60年代初發表的）顯示，他對現代科學發展前景的看法卻又非常之保守，在足足半個世紀之前，就已經認為高能物理學的「盛宴已經結束」，所以他最近高調反對中國建造大型對撞機絕非心血來潮之舉，而是歷來信念的貫徹。因此，毫不奇怪，四五年前由於「阿爾法圍棋」徹底打敗所有人類高手以及無人駕駛汽車之出現而掀起的人工智能熱潮並沒有觸動他。在他看來，高科技的進展雖然迅速，但離大自然的造化之功也就是他所謂

「初生之犢跟它母親之間的關係」仍然非常之遙遠，人類理智的力量比起宇宙的奧秘來其實微不足道，前者是永遠不可能完全破解和掌握後者的。這樣，和晚年的牛頓（Isaac Newton）一樣，在辛勤一輩子而且作出驚人的大發現之後，他也難免感到自己只不過是海邊拾貝的小孩子，面前還有浩瀚無邊的真理海洋等待發現，而心中更會不時泛起如莊子「吾生也有涯，而知也無涯」那樣的喟嘆吧！

楊先生是得到上天眷顧的幸運兒，也是我們中國人的光榮。這不僅僅是因為他的偉大成就，更因為他最終能夠落葉歸根，能夠徹底地在文化上、感情上和具體行動上，完全認同於中國 —— 那個古老，經歷無數曲折苦難，有光輝成就也有失敗恥辱的中國。我們可以毫不猶疑地說，他是屬於中國的。當然，他不僅僅屬於中國，也同時屬於世界，正如牛頓、愛因斯坦、德布洛依（Louis de Broglie）、海森堡、薛定諤（Erwin Schrödinger）、施溫格、格爾曼（Murray Gell-Mann）等是屬於全世界一樣。而且，也正是由於他個人的非凡成就與特殊經歷，使得我們能夠看見也感受到，古老中國奔向全球，融入現代世界的可能。楊先生，在這個歡欣的日子，我們謹此祝願你健康長壽，盡早見到中華民族的復興和強盛，也就是在迎來晨曦和曙光之後，能夠見到你所渴盼的日出。

2021 年 9 月 7 日於用廬

2022 年 3 月 7 日修訂

楊振寧教授與中國的大科學裝置

陳和生

中國科學院高能物理研究所

　　楊振寧教授是二十世紀全世界最偉大的物理學家之一，為物理學的發展做出了重大貢獻。作為一名炎黃子孫，楊教授一直非常關心中國的科技發展，為推動中國科技發展作出了巨大貢獻。

　　1971 年 7 月，楊振寧教授首次訪問新中國。此後，楊教授頻繁訪問中國。1973 年 7 月 19 日，毛主席接見了楊教授。他與多位中國政府領導人會面，呼籲恢復中國的教育系統，推動科技發展。他訪問了許多大學和研究機構，舉辦研討會和講座，為中國物理學家介紹全球粒子物理學和理論物理學的最新進展，為當時的中國科學界打開了一扇大門。楊教授也向西方科學家介紹中國的發展，推動中國與西方國家之間的科學交流。

　　1980 年，楊教授在紐約州立大學石溪分校（State University of New York at Stony Brook）發起成立中美教育交流委員會（CEEC）並親自擔任主席。該委員會的宗旨是資助中國學者作為訪問學者到該大學學習和工作，資金主要由楊教授從香港和美國籌集。從 1981 年至 1992 年，該委員會為來自不同領域的 80 多位中國訪問學者提供了經濟援助，他們中間許多人回到中國後成為各大學和研究所的骨幹。

一　中國的同步輻射裝置

　　1982 年，中國政府決定在北京的高能物理研究所建造具有同步輻射性能的北京正負電子對撞機（BEPC）。

　　楊振寧教授高瞻遠矚，認識到同步輻射裝置對於科技發展的重要意義。從二十世紀八十年代早期開始，他敏銳地建議中國高能物理學界研製基於加速器的大科學裝置，用於多學科交叉前沿研究。他鼓勵在北京正負電子對撞機上建造同步輻射裝置，開展同步輻射應用研究。楊教授為推動中國的同步輻射研究竭盡全力。他安排了多位科學家和工程師前往紐約長島的布魯克海文國家實驗室（BNL）下屬的國家同步輻射光源中心（NSLS）學習同步輻射研究與應用。通過 CEEC 的資助，這些訪問學者在 NSLS 參與了同步輻射束線和實驗站的設計和應用，積累了豐富的經驗，回國後為國內的同步輻射實驗裝置的建設做出了重要貢獻。

　　二十世紀九十年代初，基於北京正負電子對撞機的北京同步輻射裝置（BSRF）在高能物理研究所建成並向公眾開放。從九十年代初期到 2009 年上海同步輻射裝置建成對外開放，該裝置一直是中國主要的硬 X 射線光源裝置，獲得了許多一流的研究成果。如今，北京同步輻射裝置依然是華北地區的主要同步輻射光源裝置。這一裝置幫助培訓出大批科技人員，為此類光源裝置的建造、運行開放和管理提供了豐富的經驗。北京同步輻射裝置為培養大量的中國同步輻射光源裝置用戶起到關鍵作用。

二　中國硬 X 射線自由電子激光裝置

　　楊振寧教授預見到硬 X 射線自由電子激光裝置（HXFEL）將在很多研究領域發揮非常重要的作用，並有可能產生科學上的重要突破。國際上九十年代晚期硬 X 射線自由電子激光裝置才開始發展，楊教授相信中國應該開發一台硬 X 射線自由電子激光裝置以追趕前沿科學的最新發展。他還相信，中國科學家能夠「挖到」硬 X 射線自由電子激光技術應用的「第一桶金」。

　　楊教授大力推動研發中國的第一台硬 X 射線自由電子激光裝置。1997 年 5 月 20 日，他第一次給國務委員宋健和中國科學院院長周光召寫信，提議研發中國硬 X 射線自由電子激光裝置（CXFEL）。此後，楊教授一直大力推動中國硬 X 射線自由電子激光裝置的規劃和研發。他過去的

學生，如今任職美國布魯克海文國家實驗室的余理華提出產生硬 X 射線自由電子激光裝置的新想法，即利用高增益高次諧波放大模式（HGHG），獲得硬 X 射線自由電子激光。與現有的自放大自發輻射（SASE）法相比，高增益高次諧波放大模式具有若干突出的優點。楊教授支持這個想法，並在中國推進建造高增益高次諧波放大試驗裝置 —— 這是證明這項新概念的第一步，也是關鍵的一步，將為中國硬 X 射線自由電子激光裝置的建造堅定基礎。

研發高增益高次諧波放大試驗裝置的最快途徑就是使用高能物理研究所北京正負電子對撞機上已有的直線加速器。從 2004 年到 2005 年，楊教授多次造訪高能物理研究所，探討基於升級後的北京正負電子對撞機直線加速器，為中國硬 X 射線自由電子激光裝置建造一台試驗裝置的可能性。高能物理研究所的陳森玉院士提出了升級北京正負電子對撞機的直線加速器，用於高增益高次諧波放大的試驗裝置的建議。2004 年 4 月 27 日，楊教授在高能物理研究所作了題為「愛因斯坦對 21 世紀理論物理學的影響」的報告，並參觀了北京正負電子對撞機直線加速器隧道和北京同步輻射裝置（圖 1）。我們討論了將北京正負電子對撞機直線加速用作

圖 1　2004 年 4 月 27 日，楊教授參觀高能物理研究所北京正負電子對撞機直線加速器隧道。

高增益高次諧波放大試驗裝置的可能性。2005 年 2 月 28 日，楊教授再次到訪高能物理研究所討論上述事宜，並出席了北京同步輻射裝置用戶中心的開幕式。（圖 2）

圖 2 2005 年 2 月 28 日，楊教授出席高能物理研究所北京同步輻射裝置用戶中心的開幕式。

在此期間，我們與楊教授開展多次深入探討，繼續推進高增益高次諧波放大試驗裝置的研製，包括起草他給國務委員陳至立的信件。2005 年 3 月 2 日，這封信件最終定稿。這是楊教授第七次就中國硬 X 射線自由電子激光裝置寫信給中國政府領導人。2005 年 3 月 3 日，國務委員陳至立接見楊教授，討論中國硬 X 射線自由電子激光裝置試驗裝置事宜。國家發改委高技術司許勤司長、高能物理研究所的陳森玉院士、美國布魯克海文國家實驗室的余理華博士以及我本人出席了會議。我們提出了建造高增益高次諧波放大試驗裝置的想法。國務委員陳至立詢問了這個裝置的具體情況，並表示支持這項裝置的研發。

2005 年 3 月 10 日，我前往國家發改委高技術司，討論利用北京正負電子對撞機直線加速器為中國硬 X 射線自由電子激光裝置建造試驗裝置的可行性。

　　2005 年 5 月 13 日，國務院副總理黃菊會見楊教授，國務委員陳至立、科技部部長徐冠華、中國科學院院長周光召和中國工程院院長徐匡迪出席了會議。我也出席了會議。黃菊副總理表示了對中國硬 X 射線自由電子激光裝置試驗裝置的支持。

　　然而，將北京正負電子對撞機直線加速器升級為硬 X 射線自由電子激光裝置試驗裝置面臨若干困難，未能實施。中國科學院決定轉而在上海應用物理研究所建造這台試驗裝置。在楊教授的鼓勵下，試驗裝置的概念設計和方案出爐，研發工作很快啟動。2011 年 2 月，國家發改委批准了上海軟 X 射線自由電子激光試驗裝置（SXFEL）的建造方案。這是實現中國硬 X 射線自由電子激光裝置的第一步。本文集中趙振堂院士的文章將談到上海軟 X 射線自由電子激光試驗裝置研發過程。

三　中國散裂中子源

　　位於廣東東莞的中國散裂中子源（CSNS）由 80 MeV 質子直線加速器和 1.6 GeV、25 Hz 的快循環同步加速器（RCS）和功率為 100 kW 的靶站系統組成，可支持 20 台中子散射譜儀。中國散裂中子源工程始建於 2011 年 10 月，2018 年 3 月按時竣工，達到全部設計指標。

　　楊教授非常支持中國散裂中子源的建設。他相信這一大科學平台將對中國科技發展發揮非常重要的作用。他對中國散裂中子源的建設提供了許多幫助。2007 年 1 月，他從香港企業家獲得資助，支持海外科學家到中國散裂中子源工作。

　　作為東莞理工學院的名譽校長，楊教授特別關注中國散裂中子源與東莞理工學院之間的合作。2012 年 4 月，在東莞理工學院建校二十周年的慶祝活動中，楊教授表達了對建造中國散裂中子源的支持。他指出在東莞建設中國散裂中子源是一項很有遠見的長期投資。這個平台將吸引不同領域的頂級專家前來東莞，將中子散射技術運用於工程技術和科學研究。楊教授希望東莞理工學院能夠把握這次機遇，與中國散裂中子源優勢互

補，建設成為研究型大學。他還表示希望中國散裂中子源建成後能夠前去
參觀。

中國散裂中子源的中子散射儀器從 2018 年 3 月開始向用戶開放，用
戶人數很快就超過 1,000，獲得了中子散射應用領域大批重要研究成果。
2019 年 2 月 19 日，楊教授夫婦訪問了中國散裂中子源。他們參觀了中國
散裂中子源的沙盤，詳細詢問了很多技術細節。他們還饒有興趣地聽取了
我做的中國散裂中子源及其應用的報告。我們討論了中國散裂中子源的未
來發展及其應用前景。在中國散裂中子源的園區內，他興致勃勃地參觀了
直線加速器、快循環同步加速器、靶站系統和實驗大廳。那時通往直線加
速器隧道的電梯已經安裝好，楊教授下到地下 19 米深的直線加速器隧道
參觀。圖 3 是在隧道內的照片。中國散裂中子源的成功建造給楊教授留下
深刻印象，他盛讚這項重大成就。

楊教授一直鼓勵中國散裂中子源開展中子散射相關的研究與應用。中
國科學院成立了中國散裂中子源和香港城市大學中子散射科學技術聯合
實驗室。實驗室揭牌儀式 2019 年 2 月 27 日在香港城市大學舉行，楊教授

圖 3　2019 年 2 月 19 日，楊教授和夫人參觀中國散裂中子源直線加速器隧道。

圖 4　2019 年 2 月 27 日，楊教授出席中國散裂中子源和香港城市大學共建的中國科學院中子散射科學技術聯合實驗室的揭牌儀式。

出席了儀式（圖 4）並發表熱情洋溢的致辭，回顧了香港城市大學的歷史，鼓勵中國散裂中子源與香港各大學在中子散射應用方面加強合作。

　　楊教授高瞻遠矚，預見到諸如同步輻射光源、散裂中子源和硬 X 射線自由電子激光等大科學平台對中國科學技術發展的重大意義。幾十年來，楊教授嘔心瀝血，推動中國大科學裝置的建造、開發和應用，並推進了相關人才的培養。這份堅持是他對中國科學技術界最重要貢獻之一。值此楊教授百歲誕辰之際，我衷心感謝楊教授對中國大科學裝置建造的歷史貢獻，並祝願楊教授健康長壽。

感謝楊振寧先生對我的栽培

陳佳洱

北京大學物理學院

楊振寧先生雖然在年齡上只比我大一輪，但在學識與水平上我卻望塵莫及。特別是他在 1954 年與米爾斯（Robert L. Mills）一起提出的楊－米爾斯理論，以及 1956 年與李政道先生合作發現的宇稱不守恆定律等，都是震驚世界的偉大成就！一系列事實表明，他是一個與愛因斯坦等齊名的世界一流偉大物理學家！

另一方面，楊先生又是一個偉大的愛國學者。楊先生早在二十世紀 70 年代初就多次回國訪問，幫助祖國科學、教育與人才的發展。1980 年他在紐約州立大學石溪分校創建了「與中國教育交流委員會」（Committee on Educational Exchange with China, CEEC），從我國香港和美國籌措資金、策劃和資助了 CEEC 計劃（中國學者訪問項目），幫助我國中、青年學者以 CEEC Fellow 的名義到美國大學進行訪問研究。到二十世紀 90 年代初，共有 80 餘名中國學者得到該計劃資助成功赴美深造，其中絕大部分按時回國到原單位服務，許多學者後來還成為各相關研究領域的領軍科學家。

1982 年，有幸得到楊振寧先生從香港方潤華先生處募集到的一筆資助款項，讓我以 CEEC Fellow 的名義到紐約州立大學石溪分校進行射頻超導加速器物理與技術的學習和研究。當時石溪校方對 CEEC Fellow 很重視，學校原子核結構實驗室的主任斯普羅斯（Gene Sprouse）教授親自到美國紐約的機場，將我接到學校。

　　到了石溪之後，原子核結構實驗室讓我參加他們正在建造的超導重離子直線加速器 SUNYLAC 的研製工作。當時分配給我的具體任務有三項：一是安裝、調試分離環式超導加速腔；二是安裝調試超導加速器前的雙諧波聚束器；三是設計、安裝並調試加速器後的高能量束流掃描切割器。當時楊先生對 CEEC Fellow 的要求是很嚴的。剛到校工作一個月，他就要求我們向他提交研究工作進展情況和存在問題等的工作報告。此後，仍堅持要求我們定期向他書面匯報研究工作的進展情況以及對未來工作開展的思路等。另外，他在生活上對我們十分體貼照顧，不定期地宴請我們，還邀請我們到他家裏作客。

　　在這樣的環境下，我自然十分努力地完成實驗室分配給我的任務。除了和美國同事共同拼搏，確保超導加速器能按既定計劃投入運行外，我還將我在國內提出的束流脈衝化的二維相空間理論以及所發展的相關技術，拓展到石溪的加速器系統上，並取得了很好的成果。我們成功地將 64MeV 的碳離子壓縮到 100 皮秒，達到當時國際先進的水平。1983 年9 月中，學校物理系主任保羅（Peter Paul）教授在給北京大學重離子物理研究所所長盧福春教授寫的信中，對我的工作給了相當好的評價：「陳是我們工作中的推動力量，他不知疲倦地投入了直線加速器的全部束流實驗工作。我們大家全都十分讚賞陳的勤奮而高效率的工作以及科學的洞察力。你的實驗室有這樣一位在加速器動力學方面如此具有豐富經驗的人是十分值得慶賀的。」

　　為了方便用戶使用這台超導加速器，當時我還專門為用戶們編製了一套軟件，只要用戶輸入對需要加速的離子的種類、能量和脈寬等性能參數，就可以通過計算機自動操控整個加速器的各項相關設備的參數，得到用戶所需要的束流。這種運行方式具有操作方便、精確、可靠等優點，在當時是一種相當先進的加速器運行模式，石溪同事們高興地稱之為「陳氏模式」（Chen Mode），並一直沿用了 20 多年之久。我記得，2008 年 7 月，當 *Physical Review Letter*（*PRL*）雜誌在北京舉辦創刊 50 週年慶祝會時，我又遇到了 26 年前石溪的核結構實驗室主任、時任 *PRL* 總主編的斯普羅

斯教授。他見到我時高興地說出的第一句話是：「Chen Mode 仍在石溪運行着！」

　　1983 年末我從石溪回國，在向楊振寧先生告別時，他專門叮囑我，回國後一定要把中國的射頻超導加速器建設起來。所以我從 1984 年 9 月起，就立即着手在北京大學從無到有地籌建我國第一個射頻超導加速器研究室。為了加強我們在這方面的研發力量，我向楊先生推薦研究室的青年教師趙夔，作為 CEEC Fellow 去石溪學習射頻超導加速器物理與技術。這一請求得到了楊先生的首肯。另外，考慮到超導加速器的核心和基礎是超導加速腔，我與同事們就策劃第一個國產超導加速腔的研製。我們因地制宜採用國產鈮材作為加速腔的主體材料，經過五、六年的奮鬥，成功解決了國產鈮材中雜質含量高等難題，使超導加速腔的品質因數和加速電場強度分別達到 $6{\times}10^9$ 和 20MV/m。這是當時的國際先進水平，因而獲得了 1996 年的國家科技進步二等獎。在此期間楊先生多次來北京大學重離子物理研究所，視察並指導超導加速腔的研究發展工作，並與從事超導加速器工作的有關教師及研究生們合影，鼓勵我們大家做好研製工作（圖 1）。

圖 1　1995 年秋楊先生與北京大學超導加速器團隊合影留念。

　　1997 至 1998 年間，美國布魯克海文國家實驗室 (Brookhaven National Laboratory) 和阿貢國家實驗室 (Argonne National Laboratory) 等都在大力部署發展基於加速器的自由電子激光。這一種激光在波長、亮度及相干性等方面都具有獨特的優點。楊先生看準了國際強激光領域發展的這一新趨勢，所以就讓當時負責上海同步輻射中心的陳森玉以及在美國布魯克海文實驗室的余理華和我們北京大學的超導研究室合作，抓住機遇，盡快研製出中國的短波長、高亮度自由電子激光來。他還向我們指出，這項工作如果能快速進行，達到世界第一的可能性很大。為此他專門寫信給中科院和科技部的主要領導，請他們關注世界科技發展的新動向，抓緊推動短波長、高亮度自由電子激光工作的開展。他在信中明確指出「快做可以搶先，否則就要吃虧」。

　　當時楊先生分配給我們北京大學的任務是：同時進行非超導與超導電子槍的研發。因此我們絲毫不敢怠慢，努力開展電子槍的研究工作。起初我帶着我的博士生進行激光驅動光陰極高亮度電子槍的研製，經過兩年多的努力，結果很成功。我們的研究成果獲得中國粒子加速器學會「希望杯」一等獎。受到鼓舞的我等超導科研團隊，在此基礎上又創造性地提出了一種新型直流－超導 (DC-SC) 光陰極注入器，成功地解決了光陰極直流電子槍與超導加速腔的相容性問題，而且結構緊湊，可以在連續波的工作模式下，獲得高流強、高亮度的電子束。這項成果後來於 2004 年被美國國家科學基金會編撰的《射頻超導》一書收錄，並列為最有發展前景的四種超導注入器之一。此時我們的科研團隊既享受到勝利的喜悅，又受到了向前奮進的更大鞭策。在研製成先進的 DC-SC 光陰極電子槍後，我們又與地處寧夏的東方鉭業公司合作，利用他們生產的大晶粒純鈮材研製成諧振頻率為 1.3 GHz、品質因數 Q 高達 10^{10}、加速電場強度高達到 40 MV/m 的射頻超導加速腔，並在此基礎上研製成功國內第一台太赫茲 (THZ) 的自由電子激光器。

　　在這一系列成果的基礎上，2007 年 10 月，第 13 屆國際射頻超導加速器大會決定在北京大學舉行，並推舉我擔任大會的主席。兩年一度的系

列學術大會是國際射頻超導界的隆重盛事，且那一屆大會的規格比過往歷屆有過之而無不及。來自 20 多個國家的大學、研究所以及美國能源部的 270 多位學者，包括國際上幾乎所有著名的射頻超導加速器專家都來北京大學出席會議。國際超導加速器界對此次大會的高度重視，表明了國際同行對我們射頻超導研究成果和水平的肯定和認可。

楊先生除了引領我們的科學研究之外，還特別關心我國的人才培養與教育質量。1999 年初，他在我國的大學校長論壇上，專門做了中國與美國教育下學生特點對比的報告，引起我國教育界的強烈關注（表 1）。為了培養更優秀的學生，我們國內的有關學校都根據楊先生的意見，研究如何進一步改善和提高我國的教育質量。

表 1　中美教育下學生特點對比

中	美
Solidly drilled 嚴格、堅實的訓練	Spottily trained 不規範的訓練
Comparatively narrow focused 興趣集中於相對較窄的領域	Jump around with wide interests 隨心涉足寬闊領域、興趣廣泛
Modest & quiet 謙虛和循規蹈矩	Arrogant & exuberant 自大並充滿活力
Timid & diffident 小心謹慎、缺乏自信	Bold & confident 勇敢、自信
Passive 相對被動	Aggressive 主動進攻

總之，從我的切身體驗感到，楊先生不僅是一位偉大的科學家，也是一位偉大的教育家。他的光輝一生造福全人類，我更由衷地感激他對我一生的栽培與教誨！在楊先生百年華誕之際，我衷心祝願他壽比南山、福如東海，恭祝楊先生和夫人闔家幸福安康！

圖 2 2005 年初應邀訪問楊振寧先生在清華的新家。

楊振寧印象

江才健*

　　1985 年 6 月 5 日，一個星期三，我在紐約大學石溪分校頭一次見到楊振寧。那是一次長程採訪之旅的一站，後來我寫了一篇〈石溪行　會見楊振寧〉，刊登在《中國時報》的人間副刊，可以說開始了往後同楊先生愈益深遠的長久交誼，其中包括 1998 年正式開始的《楊振寧傳》的寫作，確都是當時始料未及的。

　　36 年前與楊先生的頭次印象，是他雖然穿着整齊，但顯然不講究細節，因為頭一次他同我見面時，打的領帶是歪的。2017 年為了楊振寧的 95 歲，同樣在北京清華大學有一個半天的小研討會，在中午的一個不講究的午宴中，我有機會上台說幾句話，我在「楊先生的幾個印象」中先打出一張照片，是他那次同我見面站在辦公室裏照的，領帶明顯的歪向一邊，當時我用了一個「asymmetric」（不對稱）來形容，而楊先生一生物理思想最重要的核心概念，乃是「對稱決定交互作用」。

　　〈石溪行　會見楊振寧〉在同他見面半年多後才刊出，是一篇比較成功的文章，我把文章寄給他後，他馬上給我回了信，信的內容很短，只說「謝謝你寄來你的文章。我覺得寫得很好。」充分顯現他的平實個性，不過信後倒是花了一些筆墨，介紹新出版的兩本談二十世紀物理學的書給我。

---

*《吳健雄傳：物理科學的第一夫人》及《規範與對稱之美：楊振寧傳》作者。

此後我同他開始有較多的通信，每次他都很快的回信給我，信封也都是自己動手寫的。那幾年間他就鼓勵我寫吳健雄的傳記，1989 年我到紐約一年開始寫吳健雄傳，同他來往見面甚多，有在石溪，也有在紐約曼哈頓市區，可以說已是無話不談。

1992 年我頭一次到大陸，除了在北京、天津的活動，我還同楊先生一起坐夜車到太原，坐山西大學的小汽車北遊五台山到大同，回到北京再去了合肥以及上海，有兩個多禮拜時間。那年正好是楊先生的 70 歲，在上海新錦江飯店的慶祝晚宴後，楊振寧跟我說，「我們出去散散步。」他的汽車送我們到人民廣場，我們下來繞了一圈，還在路邊用了一個收費的廁所。路上他背了韋莊的詞《菩薩蠻》，開頭是「人人盡說江南好，遊人只合江南老」，楊振寧還說，許多年後你一定會記得這一天晚上。他說的不錯。

1998 年我再到美國，開始寫《楊振寧傳》的工作，多次同他在紐約石溪的辦公室談話。記得一次談話中，他突然向我提起，說希望以後我的傳記寫出一章後，能給他看看。我當場沒有吭氣，他立刻知道我並沒有同意，就沒有再說，但是卻沒有放棄這個想法。到 2001 年 9 月，我已經回到台北，《楊振寧傳》也寫了兩年多，一次我同他為傳記的事通傳真信，他簡單說了那些事後，接着寫道，「我想了一下，覺得你最好把你的稿子給我看一下，因為

（1）可以避免錯誤。

（2）可以對輕重與辭意，我會提出好的意見。

他在最後還加上了一句話：「你不採取我的意見，我不會在乎。」因為有這樣的一個但書，我同意了，因為他知道這個傳記是我的著作，理當操之在我。

事後來看，楊振寧的看法對不對呢？就第一項來說，應該絕對是對的，我極可能有過一些事實的錯誤，也更正了。就第二項來看，他有沒有對輕重與辭意提出意見呢？有的，但是不是好的意見呢？我以為未必盡然，因為事涉複雜，不適合在這短文中來討論。

我之所以要提出這樣一個傳真信的事，因為這正顯現出楊振寧雖然是一個大科學家，卻也是一位極能尊重他人，沒有身份架子的平易人物。我認識的著名華人科學家不少，能夠像他這樣的不講究身段，沒有架子，其實很少。我也好些次看到他在一個研討會休息時間，被一個年輕學生纏着討論問題，不克分身的場面，因為他多不會拒人於千里之外。

2000 年我隨他一起到雲南，出席昆明旅遊節，由於他是受邀參加的貴賓，因此後來旅遊有一位保護他的警官隨行。我們到了麗江，也要坐纜車上有冰川的玉龍雪山，因為海拔較高，那位警官不准他跟他的兩個弟弟和我一起上山，楊振寧居然說他可以做伏地挺身，證明他身體很好，那警官也不為所動。那天天氣極好，我們下來後楊振寧一再追問山上情形，還對那位警官說，下次我還要再來，而且不要你們保護。後來他果然再去了兩次麗江，也都上了玉龍雪山。

平易和懂得人情世故，確實是楊振寧令人仰望的特質，我想與他自幼因父親出國留學五年，與母親在大家庭中成長的早熟有關。他的個性也反映在他的近友與門生之上，我認識他的一些學生，多是寡言沉潛個性，他的故友，如最近他提到的鄧稼先，還有西南聯大的同窗黃昆，清華園一起長大的熊秉明，都有他所喜歡的「寧拙勿巧」。

除了這些知名之士，寫《楊振寧傳》時，我在加州柏克萊後山一間有許多雜誌的小屋中，訪問過他一位也做物理的老友黃長風，獨身的黃長風那時總還走到學校做些實驗工作。黃長風過世後，楊振寧以黃長風的名字成立了一個獎學金。

附記

這篇〈楊振寧印象〉是 2021 年 9 月底應香港《亞洲週刊》總編輯邀稿而寫。那段時間因楊先生將屆百歲之齡，楊先生又出席在北京清華大學的學術思想研討會，先後有多篇文章討論楊先生的學思行誼。

　　我與楊先生當時已有 36 年交誼，因為寫楊先生傳記，得有更多的深入認識，乃撰成〈楊振寧印象〉一文，文章雖不長，但似有楊先生文章一貫的簡潔之風。文章在《亞洲週刊》刊出時，用了〈楊振寧 100 歲傳奇〉的文題，開頭加了一小段文字，現恢復文章原本題目與面貌，也得《亞洲週刊》同意，轉刊於《慶祝楊振寧先生百歲華誕文集》。

A Congratulatory Message to Professor C. N. Yang*

Steven Chu 朱棣文

Departments of Physics, Molecular and Cellular Physiology, and
Energy Sciences and Engineering, Stanford University

Hello. My name is Steven Chu. I'm a professor at Stanford University, in the Physics Department and also the Department of Molecular and Cellular Physiology in the Medical School. It's my great honor to be asked to say a few words in celebration of Professor C. N. Yang's 100th birthday.

I've long been an admirer of him ever since I was a school child. My mother was a classmate in the same year; both he and my mother were in Tsinghua University at the time when Tsinghua had united with two other universities and had gone to Kunming. My mother would tell us stories about how brilliant he was, and everybody knew that this person was so special that someday, she recalls much, much later, that he would surely get a Nobel Prize in Physics. And, of course, that happened. He has had such a long and luxurious career, making many contributions in many areas of physics, most notably in the symmetry in physics, parity non-conservation, Yang–Mills theory, and also many incredible contributions in statistical mechanics and other areas.

---

* This is an edited transcript of a video message by Professor Steven Chu shown at the Forum on September 22, 2021, in honor of Professor C. N. Yang's one hundredth birthday.

But, of course, that is all on the public record. I just want to make a few personal remarks, in addition to my mother and father telling me what a great eminent scholar he was. I found him also to be a very generous person scientifically. I recall the first time I met him, it was during a scientific conference in Japan, and Mrs. Chih-li Yang, a lovely woman, comes up to my wife and said, "Professor Yang would like to be introduced to Steven Chu. Would that be possible?" When my wife relayed the message, I said something like "This is incredible. He's got the sign wrong. He was such a famous world-renowned physicist. I'm just, whatever ... nothing compared to him. And so, of course, I'd be delighted to be introduced to him and to meet him." And so, we were introduced. And I remember later, we were on a bus, which may not be at that conference, but at a later conference, where he was telling me about his early career, when he first came from China to the University of Chicago. He told me how much he wanted to be an experimental physicist. I said, "How can this be? You are such a brilliant mathematician. You were such a great theoretical physicist. Why were you interested in doing experiments?" And he said, "Well, experimental physics, and experiments, are the heart of physics. And so, I really wanted to be at the heart of physics, but I failed." In fact, he began to tell me stories from the very beginning of his graduate student days working in experimental physics. He was helping to build a vacuum chamber and was looking for leaks. And in those days looking for leaks meant you had a little squirt bottle, and you would spray little corners of the vacuum apparatus with acetone. And as acetone leaked into the system, it would actually enter into the gas, and a thermal couple vacuum gauge would actually register a little flicker as the acetone would interact and cool the thermal couple.

Anyway, he said there were two parts of the job. The person who would squirt the acetone and the other person would look at the meter and kind of tap it to make sure when the needle was flickering. One was a highly

skilled job, and the other was a low-skilled job. And he said, "They would only trust me with the low-skilled job. And in fact, occasionally there would be a vacuum failure and there will be a loud bang. And it got to be known in this laboratory that 'when there's a bang, there's Yang.'" Anyway, it was a very touching story. And so finally, he says, "Edward Teller finally goes up to me and says, I know you have your heart set on experimental physics. But if you work with me, you can get a theoretical degree. I can guarantee you it can happen very quickly." And I think within a year he got his Ph.D. with Edward Teller at the University of Chicago. It was a very touching story. For an experimentalist, it's wonderful to hear this coming from such a renowned theoretical physicist. And it shows you a lot of his character and his nature.

Anyway, I close by saying, Professor Yang, happy birthday. It's a wonderful achievement to not only live to 100, but to do all the things you've done, to have such a generous nature, and to have been an inspiration to so many scientists, including myself.

Yang, happy birthday!

楊振寧先生與我談「美」
—— 為慶祝楊振寧先生百歲吉日作

范曾

中國藝術研究院

在科學家心目中的美，大至宇宙，小至微觀，楊振寧先生都有極精闢的見解。在宇宙萬有前面，最懂得謙卑的人，無疑是科學家。楊振寧先生的名言：「科學家從來沒有發明任何定理，而僅僅是發現。」倘使十九世紀的麥克斯韋（James Maxwell）沒有發現他的方程組，那麼今天從麥克風到宇宙航天皆付闕如。然而麥氏發明了甚麼沒有？沒有，他只有發現。在他發現之先億萬斯年，這個方程組早在運行。楊振寧先生使我們知道只有技術可以發明。在楊振寧先生看來，宇宙有着無窮極的智慧，而它們的運行不殆，達到「恰到好處」之境，增之一分則過，少之一分則不及，過猶不及，無過無不及的相互作用，使宇宙得以百億光年自在地運轉，這種運轉是天地大美的存在狀態。莊子所謂：「天地有大美而不言，四時有明法而不議，萬物有成理而不說」，這不言、不議、不說的大美是那樣地和諧，人類所謂的天地不和諧，譬如地震、海嘯、山崩地裂等等，在無窮極的宇宙中僅僅是大和諧的需要，在宇宙中的小調整只是為着那「恰到好處」的大目標，這樣的事在宇宙中完全算不了甚麼，於是康德（Immanuel Kant）說：「本體甚麼也沒有發生。」因為人的生命比起宇宙真是曾不能以一瞬，今人不見古時月，古月曾經照今人。康德當然不是靜止地看宇宙，十八世紀末，康德的望遠鏡遠不如今天，當然他知道宇宙瞬息萬變，楊振寧先生心目中的大美正是恰到好處地變化着。康德用「合目的性」來概述宇宙的一切，人們不免追問康德，那麼，這「目的者」是誰？康德早有準備，他

說，我的「合目的性」只能「調節性使用」而不可以「結構性使用」。因為倘「結構性使用」，人們會問：誰的目的？那便會歸結到上帝，而康德是不相信上帝的存在的。楊振寧先生則很坦誠地概言之，當他看到微觀世界的奇妙的、合目的性的、恰到好處的存在時，他內心很有宗教性的感動。當然，和康德一樣，楊振寧先生絕不相信有上帝的存在。

而我對美的認識，美，是一種合乎宇宙大秩序的創造，這種創造唯一的可靠的來源是宇宙的纖屑無遺的、無疵無垢的存在。我永遠相信柏拉圖的名言：「宇宙萬有是永恆理念的摹品，而藝術是摹品的摹品。」如果沒有天生麗質的美女，就不會有米羅島的維納斯雕像，沒有悄焉動容的靜如止水的蒙娜麗莎，就不會有達·芬奇（Leonardo da Vinci）卓絕千古的「蒙娜麗莎之微笑」。即使法國十九世紀莫奈（Claude Monet）的「日出印象」，倘使沒有日出的美妙存在，莫奈的印象何來？二十世紀初以來的現代派直至抽象派所以失敗的原因，乃是因為他們的理念先行，以為自己的智慧超越了自然，那麼醜陋與荒誕齊飛、巧言令色與狂妄自大並驅，其結果是美的失落。當印象主義的音樂大師德彪西（Claude Debussy）誕生之時，古典主義音樂仍然永葆厥美，而德彪西可以和繪畫上的莫奈並駕齊驅，他們都是大自然的追隨者。

以為臨摹就是笨拙嗎？你就大錯特錯了。有天才的臨摹，這包涵了藝術家的心智體悟；有笨拙的臨摹，畫出葉脈的每條線，兔子的每一根毛。當然，真正投入自然懷抱的偉大藝術家，絕不會如此。我們可以看一看八大山人的花鳥，那是與大自然神遇而跡化的極精妙的藝術品，同樣我們可以看一看南宋大畫家梁楷的潑墨仙人，那是畫家對大自然回歸的勝果。我與楊振寧先生 1971 年第一次相逢的原因是楊振寧在中山公園的一個畫展中看到我的一幅潑墨畫，他十分欣賞，表示很有梁楷的意味。一位偉大的科學家對藝術品的眼力，竟是如此地精準，使我大為驚訝，原來科學與藝術的相逢在天地大美之中。

楊先生談到科學與藝術的相逢時，畫了兩個相疊交的圓，一邊是科學，一邊是藝術，而中間重疊的部分是「天地大美」，這是楊振寧先生何等

敏妙的徹悟。我曾對很多藝術家談起他的美學觀，大家以為這是論述科學和藝術之間關係的不二法門。

楊先生在談到科學的種種分類，如化學、物理、生物等時，説它們都是一棵大樹上的柯幹，枝繁葉茂，愈到主幹愈接近，最後歸到根部合而為一，這「根」照楊先生的理解便是宇宙本體，這是所有天地大美的源頭。在西方邏輯的演繹中離不開「數」，這是自然科學的終極語言。在中國感悟的歸納中也談「數」，但中國哲學家如北宋理學象數學派的大師邵雍將談到的「數」，進一步演化為「象」，再進一步演化為「器」——物質，顯然這種天才的唯心的感悟，似乎有與西方的唯物的「數」有着不可名狀的諧合和差異。於是畫家作畫，無論是西方的或東方的，必須「心中有數」，那「心中無數」的畫家所創製的，大體會失卻宇宙的秩序，遠離天地的大美。

以上便是楊振寧先生和我在新加坡理工學院的一次同台對話演講時的大體內容。我想那是很少有過的巨大的演講會，室內 2,000 個座位，座無虛席，而室外的大屏幕的聽眾也多達 2,000 人，聽眾則包括幾位諾貝爾獎得主、科學院院士、教授、研究生、學生，演講完掌聲頓起，我第一次看到甚麼叫「經久不息」。

我們為何不遠萬里到新加坡作報告，那是為了慶祝楊振寧先生的八十五壽辰。今年十一是楊振寧先生的一百歲生辰，舉世同慶，期在必然。在此我恭祝先生遐齡一百二十歲不為上限，僅為下限。

Congratulations to Professor C. N. Yang on his 100th Birthday*

Richard L. Garwin

IBM Fellow Emeritus, IBM Thomas J. Watson Research Center
P. O. Box 218, Yorktown Heights, NY 10598

I am Dick Garwin, and I thought I would take the opportunity to record a brief greeting to my friend and colleague, Chen Ning Yang. I've known Frank since we were graduate students together at the University of Chicago, with all kinds of interesting interactions there. But nothing tops my engagement with him following the publication of his article in *Physical Review*, October 1956, with T. D. Lee, also a close friend for many years. That article submitted in June 1956 was entitled "Question of Parity Conservation in Weak Interactions". Once submitted, it became the pursuit of physicists worldwide to see whether the τ–θ puzzle could be solved in this way.

In particular, Chien-shiung Wu at Columbia University began to grow crystals containing Co^{60} suitable for demagnetization cooling, so that she could look at the asymmetry in the decay electrons from Co^{60} radioactive decay. She ultimately collaborated with the capable counterparts at the National Bureau of Standards (NBS) in Washington, to conduct that experiment.

---

* This is an edited transcript of a video message by Professor Richard L. Garwin shown at the Forum on September 22, 2021 in honor of Professor C. N. Yang's one hundredth birthday.

I was working for IBM at the time, no longer a particle physicist, and would regularly have a Chinese lunch on Friday with members of the physics department who were interested in Chinese food. I missed the Friday lunch on January 4, 1957, because I was working on a superconducting computer program that I had organized at IBM with about 80 people at three centers, and was driving back that afternoon from up the Hudson River. My wife, Lois, told me that Leon Lederman had called, and I returned his call. He said that Ms. Wu had reported at lunch that they had good results from their Co^{60} experiment at the NBS. Hearing this, Leon thought up really how to do the π–μ–e decay experiment for parity non-conservation by using electronic counting, rather than photographic emulsions; he had the insight that the muon beams emerging from the Columbia Nevis cyclotron were formed by forward decay in flight of pions, and so if Lee and Yang were right, would already be polarized. If so, we would only need to look at the asymmetry in decay versus angle in the rest frame of the stopped muons.

I told him that after dinner I would meet him at the cyclotron, and at 8 pm we began looking for equipment that could do this experiment. Finding nothing to move a counter in angle, I decided I would precess the muon spin population, and wound a coil of fine copper wire on a Lucite cylindrical shell surrounding the graphite block that was already in use by Leon and his student, Marcel Weinrich, to stop the muons. Indeed, by Saturday morning, we had a strong positive result from this experiment, but it vanished in the hour before the cyclotron had to be shut down for its weekend maintenance. In this case, the maintenance was longer than usual and the cyclotron could not resume until Monday evening when we began to take data, and by 3 or 4 am Tuesday morning we had really all the data. We also had a draft of the paper that was submitted January 15 to *Physical Review Letters*, along with the paper about Co^{60}. So here is the result,

obtained together with Leon Lederman, and Marcel Weinrich, whose work was delayed by this important discovery.

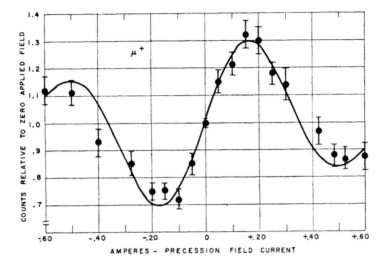

Fig. 1 Variation of gated 3–4 counting rate with magnetizing current. The solid curve is computed from an assumed electron angular distribution $1-\frac{1}{3}\cos\theta$, with counter and gate-width resolution folded in.

We were able to draw strong conclusions from this result about the gyro-magnetic ratio, that is g minus two for the muon. In particular, we got from the precession curve a new technique enabled by the failure of parity conservation in regard to the π–μ–e decay.[1]

So, I congratulate my good friend, Frank Yang, on his lifetime of achievements, and look forward to celebrating his 100th birthday. I thank him for the exciting interval in my life, that began January 4, 1957, and lasted for some years before I dropped particle physics again, leaving it to my dedicated betters. Congratulations, Frank!

---

1 The work referred to above is R. L. Garwin, L. M. Lederman and M. Weinrich, "Observations of the failure of conservation of parity and charge conjugation in meson decays: the magnetic moment of the free muon", *Physical Review*, 105 (4): 1415–1417 (1957).

楊先生與高等研究中心的創立

顧秉林

清華大學高等研究院

1997 年 6 月 2 日，75 歲的楊振寧先生從王大中校長手中接過了清華大學高等研究中心名譽主任的聘書，標誌着「他這輩子最後一件值得做的事情」的正式開始。

現在回顧楊先生創立高等研究中心的這一歷程，感慨頗多。

我們都知道清華大學曾是一所綜合性大學，1952 年院系調整後，清華變成了以工科為主的大學，重新把清華大學恢復為綜合性大學一直是清華歷屆領導的宿願。可直到改革開放後的 1982 年，才恢復了分別由張禮與徐亦莊教授負責的物理系一、二部，1984 年，學校請周光召先生幫助清華理科的復建工作，在他建議下一、二部合併為現代應用物理系，簡稱物理系，周先生親自任主任，劉乃泉教授任常務副主任。後來，周先生任理學院院長，熊家炯、陳皓明教授先後擔任物理系主任，期間在全系教職工的努力下，整個物理系取得了長足的進步。

我是 1994 年 4 月擔任物理系主任的，當時正值國家要啟動「211 工程」，即面向 21 世紀，在全國範圍內重點建設 100 所左右的高等學校及一批重點學科，使之在教學質量、科學研究、管理水平和辦學效益方面都有較大提高，在高等教育改革特別是管理體制改革方面有明顯進展，這是國家在世紀之交實施的「科教興國」的重大戰略。

1993 年學校開始討論理科發展思路，制定了〈加強理科建設的幾點措施〉，清華認識到建設世界一流大學必須有一流的理科，必須有一定經費、

編制，營造寬鬆的學術環境，支持少量教師從事純基礎理論研究，從而在理科建設方面異軍突起，形成清華大學特色，再現理科輝煌。

根據這一精神，1994 年 6 月，我在專門向王大中校長匯報關於物理系的發展規劃時，其中我也談到在美國的普林斯頓高等研究院的體制及研究模式，建議成立類似普林斯頓高等研究院那樣的中心，吸引各個領域的最一流學者、做最純粹的尖端研究。王校長高度重視這一建議，希望我們理學院繼續做出具體方案。1996 年 2 月熊家炯、陳皓明等人詳細研究普林斯頓研究院模式，在此基礎上，1996 年 4 月，熊家炯等起草了〈關於建立我校理學院基礎性研究機構方案的設想〉。1996 年 5、6 月份，清華大學校務會經過幾次討論，起草並修改完成了〈關於建立清華大學高等研究中心的方案設想〉；正式將中心定名為：「Center for Advanced Study, Tsinghua University（清華大學高等研究中心）」，擬決定聘請楊振寧先生為中心主任或學術委員會主任。這期間清華大學校長王大中與楊振寧先生取得了聯繫，楊振寧先生答應盡快來清華大學專門商定籌建高等研究中心事宜。

1996 年 6 月中旬楊振寧夫婦回到清華，與清華大學校長王大中、副校長梁尤能及理學院的領導進行了三次深入的座談。之後，楊先生在許多場合都高度評價了清華這一想法，並談到他在芝加哥和普林斯頓高等研究院學習、工作的體會，以及他在石溪分校對中國學者的建議。他說：我1949 年前在芝加哥大學的那幾年，就經常參加物理系和化學系教師的討論會，而由於費米、泰勒和 H. Urey 出席，討論會總是談笑風生、氣氛活躍，絕對不會出現冷場。1949 年春，我特別渴望到普林斯頓高等研究院做博士後，因為那裏有泡利和朝永振一郎等著名學者。同時還有許多才華出眾的青年理論物理學家，費米、泰勒好心地推薦了我，使我在那裏取得了一系列突破性的成果。他還說，我在石溪分校時曾對中國訪問學者說，要盡量把自己的知識面變廣一些，不要鑽牛角尖，要注重滲透性的學習。我想，楊先生講這段經歷是希望將高等研究中心建成一個高水平的純學術性單位，營造一個寬鬆的學術環境，使得高水平的研究者能在其中潛心科

研。正如高研中心前主任聶華桐所説：「這是楊先生對高研中心最主要的貢獻。」

此外，楊先生還特別強調了要有充足的經費等。王大中校長表態説：要把高等研究中心作為清華特區來抓。楊先生曾詢問：為甚麼叫「研究中心」而不叫「研究院」，王校長説用「中心」體制靈活、便於交叉，國內用得較多。楊先生對擔任主任一事表態説：「我目前還在國外，任務較多，不一定作中心的主任，還是加上『名譽』為好。」為了消除我們的疑慮，他説他會幫清華物色主任人選。

既然楊先生表示不做主任，那麼要成立高等研究中心，首當其衝的就是要盡快確定主任的人選，期間我們提出過許多人，包括請周光召先生出任，但他也覺得自己不合適，而向我們推薦了著名物理學家聶華桐教授。1997 年 1 月，楊振寧先生第二次來清華談高等研究中心的籌備，我們向他匯報了周光召先生的提議，聽後他説：「光召和我想到一起了！」並表示聶華桐教授誠懇、認真，是完全可以勝任的。當時聶華桐正在香港科技大學任職，楊先生立刻與聶華桐聯繫，2 月 27 日聶華桐教授就從香港來到清華大學，我陪華桐與王大中校長進行了商談，他表示非常願意協助楊先生搞好高研中心、接受這個聘任。

3 月中旬我和尚在香港工作的聶華桐教授一起住進深圳的一家賓館，華桐教授專門帶來了普林斯頓高等研究所的手冊和一大堆資料，我也帶去了學校事先起草的章程草案，根據楊先生確認的原則，經過三天時間，一點一滴琢磨推敲修訂了中心的章程。我回學校向領導匯報後，形成定稿，由我電郵給了華桐教授，華桐教授隨即電郵給了楊先生，楊先生表示同意，這樣才形成了可以保證學術環境寬鬆，引進人才一流，評價標準國際化，人事制度獨特的章程。章程中確定了很重要的一條就是強調人員聘任要「堅持一流、堅持流動」。要遵循「精幹、擇優、流動」的原則和「創新、交叉、綜合」的主導思想，積極招聘國內外的科學英才，保證人員結構合理和高活力、高效率。之所以採取這樣的機制，楊先生有他獨特的見解。他認為，一般來説一個研究領域的活躍期大約有 20 年，一個研究機構要始終

保持很高的學術水準，需要不斷有新鮮血液的注入，這就要保持機構人員的流動性，否則這個機構的學術研究就無法活躍起來。同時，高等研究中心要為研究人員提供優異的工作條件、寬鬆的學術環境和最優秀的生源。

章程還包括中心運作機制的內容，對此，楊先生特別強調了要保持中心良好的學術氛圍，為此這裏的研究人員要有高度的學術自由，不需要有申請經費的要求，也不需要有發表文章的要求，所有的事情都以學術為標準來討論和處理。

從中心建立之初到現在，我們能築就一個以學術為中心的活潑寬鬆的工作環境和研究氛圍，使它獨具特色和魅力，這一切都與楊先生的堅持密不可分。

章程制定並經楊先生肯定後，學校就進入了高研成立儀式的程序，經過一番緊鑼密鼓的籌備，1997 年 6 月 2 日，清華高等研究中心正式成立。時任國務院副總理的李嵐清到會祝賀，稱讚清華大學成立高等研究中心「非常有意義、有遠見」。國務委員宋健，全國政協副主席朱光亞，中國科學院院長周光召等，與來自美國、日本的 3 位諾貝爾獎獲得者，近 50 名中國科學院、工程院院士以及清華大學師生代表共 400 多人出席大會。清華大學校長、中科院院士王大中在會上表示，這個高等研究中心要努力發展成為具有國際水平的基礎研究基地，同時積極推動基礎科學與其他相關學科的交叉、滲透，促進清華大學整體學術水平的提高。在隨後進行的「21 世紀基礎科學的展望研討會」上，楊振寧和兩位美國國家科學院院士斯坦福大學物理教授朱棣文、伯克利加州大學物理教授沈元壤作了精彩的學術報告。楊先生在大會發言中說「我覺得清華大學高等研究中心在以後10 年、20 年、50 年之間，有在世界科技領域作出重大貢獻的可能。」當晚，江澤民主席親切接見應邀出席清華大學高等研究中心成立大會暨 21世紀基礎科學的展望研討會的中外科學家，對清華高等研究中心成立表示祝賀和支持。（2001 年 04 月 29 日清華新聞網）

從 1996 年 6 月到 1997 年 8 月楊先生多次不辭辛苦來清華為高研的事情從選人、籌經費到專業方向規劃，都積極出謀劃策。整個籌建過程中

他與清華有關方面的通信、傳真及電子郵件就有幾十封。這一切足可見高研中心在他心目中的位置。正如他在 1998 年從王大中校長手中接受清華大學名譽教授聘書時表示的，「願在有生之年盡力幫助清華大學發展，尤其是使清華大學的理科重新建立起來。」

中心成立後，楊先生馬上開始為籌款操勞，他在討論高研籌建時就談過「如果看世界上各個辦得很成功的地方，不管是學校、系或者是研究所，基本上最重要的一點當然是得有經費，沒有充足的經費是不可能成功的。」他為此積極在香港與美國為高研籌集資金，正是在他的努力下，1997 年在美國註冊了清華大學北美基金會，1998 年在香港註冊了「清華大學高等研究中心基金會有限公司」。（由於北美基金會業務主體發生變化，2015 年北美基金會高研分賬戶與北美基金會分離，合併到香港基金會。）這一過程中，他一開始就帶頭捐了他和杜致禮在美國部分積蓄，後來又捐了一部分美國房地產，以及他來清華工作前期的全部工資。正是楊先生榜樣的力量，許多楊先生的朋友都向高研中心捐了款。

圖 1　鐫刻在科學館門廳墻上的高等研究中心基金會奠基贊助人和資助人名單。

　　楊先生親自找他的朋友、陳省身的學生賽蒙斯（Jim Simons）於 2005 年捐建了一座三層小樓，這為來高研中心工作的學者提供了很好的住宿條件。正是有這一資金和住房的保障，高研中心才可能得以順利運轉。

　　除了籌款，楊先生對高研大大小小的事情都非常用心，高研成立之初，開始是借經管學院新樓辦公的，理科樓建成後才搬進理科大樓。他與聶華桐商量，經過全面比較，決定請著名書法大家啟功先生為中心題名。於是聶華桐請朋友董秀玉牽線聯繫，啟功欣然寫下了「清華大學高等研究中心」幾個大字，並在楊先生到北師大演講時親自交給了他。後來隨着高研規模的擴大和國際學術交流日益頻繁，2007 年高研搬到科學館，並於 2009 年更名為高等研究院。大家都知道科學館是清華早期四大建築之一，文革時清華兩派「百日武鬥」屋頂被燒毀。早在 1971 年楊先生回清華時就想看看父親曾經工作過的、也是他經常到過的科學館，據說當時掌權的遲群沒有讓他看。2005 年學校決定修繕科學館，並把科學館給高等研究中心使用，楊先生非常高興，親自參與了科學館維修改造的方案設計，例如，他提到：高等研究中心是國際學術交流平台，國外來訪學者最受不了的是衛生間氣味，一定要設計好。為了要做到衛生間無氣味，他親自動手畫設計圖送給我看。

　　高研中心搬到科學館後，楊先生經常會過來，正是在那間掛着「仰觀宇宙之大，俯察粒子之微」對聯的辦公室裏，他或潛心研究，或指導學生，或與同事及到訪學者共同討論……

　　楊先生說過，高研有了經費以後，最重要的一點是找到幾名傑出人才，有的說一名就可以，不過至少得有一名，當然最好是有幾個關鍵性人物，並列舉了一些成功的範例。他自己首先在高研做了名譽教授，親自帶博士生，並提出了一些可聘請的人選，像林家翹、方聞曾先後受聘於高研。

　　高研中心後來聘請過許多著名學者來工作，而最為典型的是曾經榮獲「圖靈獎」，相當於「計算機科技界諾貝爾獎」的姚期智教授。2004 年 6 月 26 日，姚教授度過他在普林斯頓大學的最後一天，也告別了在那裏長達 18 年的教學和研究生涯，應邀前往北京清華大學。在談到為甚麼選擇去

清華任教，他說：「清華大學高等研究中心主任聶華桐教授和楊振寧教授一直盡心竭力的邀請我回去，我們暢談過很多次，我深深的為他們那種振興中國科學的精神所感動。同時，中國近年來的發展態勢實在令人刮目相看，要用發展的眼光看中國，我很願意把自己投入到一個有發展的事業中去。」(《華聲報》2004 年 7 月 2 日)

記得那是在 2003 年 10 月，姚教授在清華任計算機系講席教授組成員時，楊先生與聶華桐教授就與我談起，應爭取姚教授全時回國工作，楊先生說：「姚先生是國際知名計算機科學專家，『圖靈獎』得主；他們熱愛中國，在美國無後顧之憂，喜歡高研這裏的學生和氛圍。」為此，我專門與姚先生談過，正式邀請他能在年富力強的時候回到清華工作。我請華桐帶他看看可能住的房子。後來，華桐和我說姚先生對房子很滿意，說可以為他喜歡音樂的夫人擺放鋼琴呢。

姚先生回到美國後，就辭去普林斯頓教職，賣掉了房子，接受高研的邀請回清華做全職教授。眾所周知姚教授到高研後，除了大大促進高研中心的發展，還為清華創立了交叉信息學院、為全國計算機領域的發展及人才培養做出了巨大的貢獻，更為重要的是他的加盟，為後來清華引進高端人才起到了十分重要的作用。像獲得了 2019 年未來科學大獎 (數學與計算機類) 的王小雲，就是他向我們推薦的，楊先生高度重視此事，很快把王小雲請了過來，聘請她為「楊振寧講座教授」。這麼多年以來，高等研究院曾聘請了姚期智、翁征宇、王小雲、張首晟、張壽武、文小剛、何天倫、華泰立、李東海、林潮、趙午、于淥、蘇肇冰、歐陽鍾燦、沈向洋、郭百寧、翟薈、姚宏等多名各領域的頂尖人才。

很難通過公開的資料去統計，有多少位具有國際影響力的學者回清華或者回國任教是受楊振寧邀請。但可以肯定的是，楊先生深知，這樣的學術回流有多麼重要，因為這些學者會帶來國際上最新的發展、最值得注意的領域，帶來最稀缺、也是最重要的科學的「空氣」，抑或說是培養科學的「傳統」。他曾告訴澎湃新聞，這也是他認為中國科學在發展路徑中以前所沒有的，現在還未建立起來的。(澎湃新聞 2017 2-23)

正因為有了一流的高端人才，高研才能夠在不太長的時間裏取得了令人矚目的成就，逐步在世界範圍內延聘青年英才，並在理論凝聚態物理、冷原子物理、理論計算機、天體物理、密碼學等領域形成了一批重要的研究成果，匯聚了一批國際一流學者，在國際上開始擁有舉足輕重的地位和影響。如祁曉亮師從清華高等研究中心翁征宇教授攻讀博士學位，畢業後到美國斯坦福大學物理系張首晟教授處做博士後。主要研究方向為凝聚態物理中的拓撲現象和量子糾纏問題，在量子自旋霍爾效應、拓撲絕緣體及相關領域做出一系列原創性工作。楊先生十分強調高研院重質不重量的發展思路，他說：「中國尖端科技的發展，一個非常容易犯的錯誤，就是質量的把關不夠。清華的校領導與我都很清楚，科學研究的發展要重質不重量，高研院不要變得太大，我們在這上面要把好關。現在高研院的學術研究氛圍很活躍，經常請學者過來訪問，這才是正確的發展道路。」（2012清華高等研究院成立15周年專題新聞）

2012年高研院以系列學術活動紀念高研成立15周年暨楊先生90歲華誕。那次有25名高研的院友或教師做了高水平的學術報告。而曾在高研院師從楊振寧完成博士階段學習、如今又回到高研院任職的翟薈說：「在一個強調快速發展的時代，這裏允許較慢地發展，這是非常不容易的。這對於有意願、有心思潛心做學術研究的年輕人，是非常有吸引力的。」而到了2017年，高研院成立20周年暨楊先生的95歲華誕系列學術活動中，姚期智、張首晟、王小雲等名師與高研畢業生共近50人做了學術報告。從中我們可以看到高研院的健康發展。

所以說，楊先生對高研院最關鍵的貢獻在於他所堅持的學術第一，質量第一，氛圍第一。楊先生會對中心要聘任的每位研究人員，認真篩選，並總在我們向他介紹情況後的第一時間做出評價與回覆；他非常關心高研是否提供了寬鬆的學術氛圍。而正是在這樣的氛圍下，無論是學者還是學生都特別專心的致力於自己的研究。記得，有一次，我中午遇見翟薈與他的學生在科學館外討論區的黑板上邊寫邊爭，直到下午5點來鐘，他們還在那裏……還有一次，高研中心組織大家乘坐高鐵去參觀紅旗渠，我時不

時地看看車窗外的風景，可坐在我前邊的翁征宇教授卻一直邊思考，邊在一個硬殼本上寫寫畫畫。我想這就是楊先生制定的學術準則與楷模榜樣的力量。也更是高研要一直傳承並發揚光大的。楊先生說：「我認為高研院自成立以來，路走的是非常正確的，而且也是非常成功的。」新技術革命向科學界提出了一系列挑戰性新課題，也為廿一世紀的基礎科學研究提供了新的機遇。相信我們沿着這條道路，面對挑戰和機遇，高等研究院將努力加快前進步伐，逐步發展成為具有國際水平的、在國內外有重要影響的基礎研究基地，最終成為世界性的學術研究中心。

2019 年，楊振寧先生獲得了香港求是科技基金會授予的「求是終身成就獎」。「求是終身成就獎」是一個極具份量的獎項，此前的 2012 年，僅有求是基金會元老顧問、「兩彈一星」元勛周光召先生獲此殊榮。這次楊振寧先生以「最高的科學成就、令人高山仰止的家國情懷以及為祖國科學事業所做出的貢獻，榮獲「求是終身成就獎」。我想楊先生獲此獎項，完全是實至名歸：楊先生不僅在科學領域不斷突破，作出不朽的貢獻，他的人格魅力、家國情懷也令人高山仰止，他的學術成就、精神和風範深深影響了幾代中華學人。特別是從七十年代初至今的半個世紀裏，可以說，他以個人的影響力推動着中國的科學發展。作為高等研究院的名譽院長，他 20 多年來一直踐行着「願在有生之年盡力幫助清華大學發展，」特別是「使清華大學的理科重現輝煌」，這正是他在努力做好「這輩子最後一件值得做的事情」，「為祖國科學事業所做貢獻」的最好詮釋。

楊先生引領我砥礪前行

顧秉林

清華大學高等研究院

　　楊振寧先生作為第一位華人諾貝爾獎獲得者之一，是我從小就非常崇拜的人，也是我特別喜歡物理，並報考清華大學工程物理系的重要原因。從 70 年代楊先生第一次回國開始，我的命運就似乎與楊先生緊密相連，他使我有了非常非常幸運的機遇，成為我人生的幸運之星。1972 年，楊先生向周總理提議要重視基礎理論研究，之後不久，清華大學組建了基礎理論研究生班，我成為第一批研究生中的一員，由此奠定了我 1979 年得以到丹麥去攻讀博士學位的基礎。1984 年，謝希德先生力薦我到美國做高級訪問學者，也是源於楊先生積極推動的中美物理學會高級學者交流協議。1997 年楊先生接受了清華的聘任，成為清華高等研究中心的名譽主任，聶華桐教授受聘為高研中心主任，我做了副主任。2009 年 4 月，高等研究中心更名為高等研究院，楊先生擔任名譽院長，之後 2012 年我接替聶先生擔任清華高等研究院院長，在 20 多年的時光裏我有幸親聆楊先生教誨、指導和幫助，更深深感受到他所具有的偉人和卓越科學家的品德。他堪稱是一面旗幟，一個楷模，他對中華民族的無比熱愛和奉獻精神砥勵着一批批年輕人潛心學術，致力於基礎理論研究，為我們國家的騰飛奠定基礎。正是他的光輝榜樣和卓越的領導力使清華物理系再現輝煌，使今天的清華高等研究院在某些領域有了舉足輕重的國際影響。對我而言，楊先生更是在許多關鍵時刻影響我命運的引路人。

一　楊先生開啟了我的學術生涯

1971 年楊先生回中國訪問，對仍處於文革中的各個大學產生了深刻影響。1972 年楊先生再次回到中國，他在西安交通大學訪問時，看到老教授們圍坐一圈在分揀電阻。他覺得這很荒唐，讓這些老教授作這樣的簡單勞動是大材小用，與他們的物理學識一點關係都沒有。於是在周總理向他徵求意見時坦誠提出：中國在教育科研中重視理論和實際的結合，這是很好的，在經濟比較落後的條件下，也是必需的，但是目前中國不重視基礎教學和理論研究，這是目光短淺的表現，應引起重視。周恩來總理很重視這一意見，向幾所主要高校負責業務的領導指示，要重視和加強基礎研究。此後，北大周培源先生發表了要重視基礎研究的文章，清華大學則在何東昌、滕藤主持下創辦了「固體物理」「物質結構」等四個與基礎理論相關的研究生班。1973 年 3 月，我在熊家炯老師的舉薦下成為固體物理研究生班的首批學員。我們比 1978 年才復課的大部分同學提前五年開始了專業學習，這也是 20 世紀 50 年代高校院系調整後清華變為多科性工業大學以來，第一批開始學習基礎理論的人。

我是 1965 年從安徽蕪湖一中考入清華大學工程物理系的，入學不到一年就因「文革」中斷了正常的學習。1970 年我畢業留校時，主要是從事同位素分離工作。所幸，我曾在學校兩派武鬥時回到家中自學了大學物理和數學。這個研究生班的成立使我有機會步入凝聚態物理這一學術前沿的研究領域。學校非常重視這個研究生班，從校內選派了一批強有力的教師，還請了一批北大、科學院的著名導師，具體指導並隨時解決我們學習中的問題。這個班在「四人幫」干擾下，1975 年曾被迫解散，到文革結束後的 1978 年才又恢復，並擴招 5 人。1978 年暑期，我在包頭休假，返回清華後，還沒等進家，就見門上貼着張宏濤老師給我寫的字條，讓我第二天去參加教育部的英語考試。原來，國家正要選派教師赴美國、歐洲等進修或留學。我和陳皓明通過考試，於 1979 年被派往國際物理學界著名的

哥本哈根學派所在地丹麥。我在奧爾胡斯大學攻讀博士並於 1982 年完成了論文答辯，我的論文得到了國外同行知名學者的讚譽，在獲得博士學位的同時，丹麥外交部還特別向我授予了榮譽證書。這是令我非常激動的事情：我成了改革開放後清華乃至全國首批獲得國外博士學位的人之一，這是改革開放時代給我帶來的歷史機遇，更是楊先生在中國科教事業百廢待興的關鍵時刻倡導重視基礎理論研究的直接成果。這是我始終銘記於心的恩德，也是激勵我在學術征程上不斷前行的動力。「固體物理」這個研究生班歷經艱辛最終獲得了成功，這個班的大部分同學留在物理系從事科學研究，成了清華恢復物理系的重要基礎，另有一些人（如趙南明、隋森芳、張秀芳等）參加了生物系的恢復建立工作。我們這個研究生班的 18 人當中已有 4 人成為中科院院士。現在清華理科能在國內有一席之地，最大的推動和貢獻者無疑是楊先生。

二 楊先生架起的交流橋樑使我的學術水平更上層樓

回國兩年後的 1984 年，我去西安參加了一個謝希德先生主持的學術會議。在會議期間，謝希德先生聽完我的發言後不久，就與我討論了有關「穆斯堡爾 Sn 原子」注入到元素半導體 C、Si、Ge、Sn、Sb 以及 III-V 族半導體中來觀察同質異能移的變化，以及雜質對能帶結構的影響等問題。談話中她向我介紹了中美物理協會關於培養原子分子和凝聚態物理高級訪問學者的計劃。她說：「這一計劃是楊先生牽線達成的。第一批訪問學者 1983 年底已經去了美國，但目前的派出人選中缺少計算物理學科的人。而計算物理是與理論物理、實驗物理並列的第三個物理學分支，應大力加強這方面人才的培養。你恰好從事這一研究，又拿到了國外博士學位，工作很出色，我準備推薦你參加這一計劃。」謝先生的這番話讓我感到有些意外，一方面能有機會再去美國工作兩年，當然是好事，但另一方面，我確實有些為難：我們研究生班的許多同學還都在排隊等待出國深造呢，而我作為改革開放後第一批出國學者到歐州學習，回國還不到兩年，

工作上的貢獻並不大，現在又要出去，好機會一再落在我的頭上不大合適；二是我在美國沒有特別熟悉的教授，聯繫起來會很麻煩；再有清華校方會不會同意也是個問題。所以我對謝先生說：「非常感謝您對我的關心、器重和培養，我現在還無法直接做出決定，得再考慮考慮。」沒想到，我回北京不久，物理系黨委書記張宏濤老師就找到我，對我說，復旦大學校長謝希德先生直接與高景德校長商量，希望你再次出國，參與訪問學者計劃去美國深造。高校長從清華及全國物理學的長遠發展出發，考慮到這是楊先生親自推動的，欣然接受了謝先生的建議。當我把學校的這一決定告訴謝先生時，她很高興，並說，「其餘的事你就不用管了，都由我來辦。」她直接聯繫了 Notre Dame 大學的 J. D. Dow 研究組，並親自為我寫了推薦信，希望在這一研究組裏與 K. E. Newman 一起研究半導體摻雜的能帶結構。正是在謝先生非常細緻的安排下，我於 1985 年又一次踏上了出國留學的歷程。楊先生與謝希德先生是同輩人，他對謝希德先生在半導體方面的貢獻曾給予了高度評價。楊先生 1971 年率先回國後不久，就在許多場合表示：「作為一名中國血統的美國科學家，我有責任幫助這兩個與我休戚相關的國家之間建立起一座了解和友誼的橋樑，在中國科技發展的路途中，我應該貢獻一份力量。」（《楊振寧文集》上 p223）1980 年，楊振寧先生在紐約州立大學石溪分校發起成立「與中國學術交流委員會」，資助中國學者去該校進修；1981 年，楊先生在該校又設立了 CEEC 獎學金，從美國和香港募集資金，專門支持中國各大學、各研究所人員到石溪做訪問學者，12 年時間裏有包括陳佳洱院士等 80 多位學者受益。中美物理協會 1983 年開始的高級學者訪問計劃，也是由楊先生出面牽線，謝先生與美國物理學會主席馬爾夏克簽訂的。這一過程中，謝先生與楊先生也有過許多溝通、聯繫。許多著名學者，如甘子釗、楊國楨、蘇肇冰、鄭厚植、鄭有炓都曾得益於此項交流計劃。我有幸參與到此計劃中，使自己的學術水平得到進一步提高，這同樣離不開楊先生的推動、幫助和扶持。

三 楊先生與物理系的再造輝煌

80 年代清華物理系還處在初創階段，每次楊先生來清華都會詢問物理系的情況，學校就要求我們準備材料向他匯報。要我們去向獲得諾貝爾獎的楊先生匯報工作，開始大家還有些緊張，但楊先生總是隨手抓起筆來，就讓我們談具體內容，他會很仔細地聽我們講，並輕鬆插話提出些問題，這使我們感到非常溫暖、親切。有一張照片記錄下這個場景，記得那是在八十年代末期，在聽我向他匯報清華開展鐵基複合鈣鈦礦材料奇異導電特性以及超導天線等問題時，他非常認真地與我們進行了討論。中科院物理所趙忠賢先生告訴我，「你們清華真是得天獨厚，楊先生在科學院物理所專門提到了你們的工作，所以我們讓清華參與到全國超導研究的攻關項目裏了。」在這之前，清華的超導研究是沒人關注認可的。

1993 年學校開始討論理科發展思路，制定了《加強理科建設的幾點措施》，清華認識到建設世界一流大學必須有一流的理科，必須支持少量教

圖 1 照片中楊先生正指着我畫的鐵基複合鈣鈦礦結構詢問。從右至左：楊先生，梁尤能副校長，何豫生，顧秉林，李志堅。

師從事純基礎理論研究，從而在理科建設方面異軍突起，形成清華大學特色，再現理科輝煌。

我是 1994 年 4 月擔任物理系主任的，當時正值國家要啟動「211 工程」，即面向 21 世紀，在全國範圍內重點建設 100 所左右的高等學校及一批重點學科，使之在教學質量、科學研究、管理水平和辦學效益方面都有較大提高，在高等教育改革特別是管理體制改革方面有明顯進展，這是國家在世紀之交實施的「科教興國」的重大戰略。

為了發展清華物理學科，我們組織全系師生員工認真討論，制定了一個 100、10、1 的「111」振興物理系計劃。這個計劃提出：到 2000 年，每年發表 100 篇以上 SCI 論文；累計有 10 項左右省部級以上大獎；努力爭取從本系產生 1 名院士。為了實現上述三項目標，我們建議學校成立普林斯頓模式的高等研究中心，請楊振寧先生回國來主持，同時為了吸引優秀學生，聯合數學系成立數理基礎科學班。到 2000 年，我們的各項目標均已實現並超額完成。我們物理系被 SCI 收錄的物理學科論文，2001 年以 339 篇名列全國各高校和科研機構第四；2002 年以 374 篇躍居全國第一；1994−2000 年間有 16 個項目獲得了國家、省部級獎。1999 年我準備申報中科院院士，當時我對自己的科研成果還是滿有信心的，也有不少院士鼓勵我去申請，但我對這一目標是否能實現，心裏確實沒底，畢竟競爭是非常激烈的，幸運的是這一目標也成功了！後來中科院的師昌緒先生向我提起，此前楊先生曾向他介紹過我的工作，但楊先生從未向我說過這事。我想在此關口又是楊先生在為我默默助力，為清華默默助力！

回過頭來看，這一期間清華物理系確實實現了超常的發展。現在我們說不要追求論文數量，確實很對。可復系之初，200 多名教師，一年發表的 SCI 論文僅十幾篇，不能不說這水平也太差了些。記得八十年代末，有一次我去南方開會，和一位南京大學的教授坐在一起，他問我是哪個單位的，我說是清華物理系的，他非常驚愕，反問道，清華還有物理系？這件事對我刺激很大。

上世紀九十年代清華物理系的超常發展與全系教師的努力分不開，更與楊先生這面旗幟分不開。1994 到 1997 經過三年時間努力，清華高等研

究中心成立（另有文章專門記述），楊先生成為高研中心名譽主任，這在國內外產生重要影響，為在國內外吸引頂尖人才起到了非常重要的作用。1997 到 2000 年物理系先後有李家明、王崇愚、陳難先、朱邦芬等學科帶頭人加盟。

物理系復系初期，招生分數線低於學校平均水平，在討論理學院物理系再造輝煌時，熊家炯、尚仁成、白峰杉、徐湛教授針對這一情況，在楊先生關於培養優秀人才途徑的啟發下，建議設立數理基礎科學班，吸引最優秀學生，1997 年經學校批准並於 1998 年開始招生。這個班的創立，受到楊先生的贊成和青睞，他時常去參加學生討論，以自己的親身經歷啟發學生如何確定研究方向，選擇研究課題。楊先生回國後帶的唯一一名博士生翟薈就畢業於這個基科班。楊先生在 2011 年接受，《中國新聞週刊》時談到「我們訓練出來的本科生，出國以後，都在國外嶄露頭角。特別是凝聚態物理方面，今天在美國，這個領域最著名的 20 個年輕科學家中，幾乎一半都是清華出去的。」

1999 年理科樓啟用時，我請楊先生題字，他高興地揮筆寫下了「重振輝煌」四個字。至今轉瞬又是 20 餘年過去了，楊先生一方面在為優秀人才的培育竭心盡力：他在給本科生上課時，總是把已經整體把握的物理知識融會貫通地講述出來，讓學生能夠更好地理解其中的相互聯繫與實質，為了了解學生的學習效果，他除了在課堂上經常提出問題外，還親自出試卷，並監考。另一方面，楊先生回國後仍然辛勤從事着他所關注的研究領域，並發表多篇文章。

更重要的是楊先生為物理系的發展把握方向：記得 2000 年我到學校負責教學和人才培養工作，2002 年，工業工程系的系主任薩文迪針對國內的評估往往講成就多，找問題少的情況，建議學校應請國際學術權威，對學科發展及教學進行國際評估。王校長指示我協助他組織了本科教學國際評估，當時選了工業工程、物理、經管三個學科做為試點，楊先生幫我找了沈元壤、沈志勛、沈平組成物理學科評審組，我開玩笑說「三『審』一『揚』嘛」，他們很負責地寫出國際評估報告，我印象最深的有三條：

（1）要高度關注本科教學，名教授要給本科生講課；（2）要加強實驗物理研究，要聘請實驗物理學家；（3）要把握好學科方向，順應物理學發展。學校認為評估報告一針見血，第一條，實際上是全校共同存在的問題，學校發文要求全校教授必須重視教學，為本科生上課；另外兩條實際上是為清華理科今後發展指明了方向，清華理科雖然在八、九十年代從無到有，得到快速發展，但由於經費有限，實驗研究很難大規模高水平開展，該評估報告使學校意識到：發展理科也和工科一樣要有一流的實驗室，一流的實驗人才，理科和工科一樣也要花大錢的。為了落實楊先生的評估意見，我想到我在日本東北大學做日立講習教授時就認識的薛其坤是加強實驗物理的合適人選，於是 2003 年開始與他聯繫，他剛好有事情找我，我們談得非常開心，最終他於 2005 年全時受聘來清華做凝聚態物理實驗方面教授，2013 年，薛其坤帶領其研究團隊，在量子反常霍爾效應研究中取得重大突破，從實驗上首次觀測到量子反常霍爾效應。此成果在美國《科學》雜誌發表後，引起國際學術界的震動，楊先生稱其為「諾貝爾獎級的物理學論文」，高興地要請他吃飯。

可見正是在楊先生的引領下，我們物理系、高研院、清華大學乃至全國兩岸四地的整個學術水平都有了極大提高。而特別難能可貴的是，當我們在總結多年來物理系培育優秀人才的經驗時，他清醒地指出「對於創建一流科學家不太成功這件事，是值得討論的。」並提出了「是不是有這個現象？有沒有可以改進的地方？到底重要不重要，值不值得去研究？」三個嚴肅的問題。他總是在肯定成就的同時，提出新的問題，這實際上是引領着我們踏上了繼續探索改革的新征程。

四　楊先生是我們的愛國榜樣

自從楊先生開始回國訪問並工作以來，時不時有人說，他是在美國不那麼被人重視，回來養老了。對此我是非常反對的，可以說這些人根本不理解楊先生獨特經歷下的家國情懷。楊先生從風華正茂的少年起到現

在的白壽之年，一直是一位非常執著的愛國者。楊先生與我聊過，他早在 13、4 歲上中學時，就是一個熱血少年。他家與朱自清教授家同住清華，他與其長子朱邁先在同一所中學讀書。朱邁先比他年長幾歲，如同兄長，他們關係特別密切。邁先當時是學校裏學生運動積極分子，積極投入到「一二·九」學生運動之中，楊先生自己也以《中學生的責任》為題，發表了演講。1937 年盧溝橋事變後，楊先生一家回到合肥。有一天楊振寧出去辦事，他回家後，被告知邁先來找過他。沒想到這之後就再也沒有了邁先的消息，楊先生說邁先肯定是共產黨員。所以楊先生回國後除了尋找鄧稼先外，也在尋找朱邁先，卻一直沒有尋找到他的下落。有次江澤民主席來清華丙所請楊先生吃飯，我向楊先生建議：江、朱兩家是世交，可以向江主席打聽打聽。後來，我們知道了朱邁先的情況，他確實早在 1936 年就秘密加入了共產黨。我想，這正是楊先生在聯大讀書時會常常唱起他父親教給他的這首歌：「中國男兒，中國男兒，要將隻手撐天空。長江大河，亞洲之東，峨峨昆侖。古今多少奇丈夫。碎首黃塵，燕然勒功，至今熱血猶殷紅」；也正是他獲得諾貝爾獎後發表的感言中會講起中國從 1840 年開始的苦難的命運，並在結尾處特別強調了他「為我的中國淵源與背景而感到驕傲」。1957 年，楊先生的父母到瑞士見到了他，父親給他寫下了「每飯勿忘親愛永，有生應感國恩宏」，那時父親雖然也透露出希望他能回到大陸的意思，但他們也知道，當時的中國還沒有他繼續進行研究工作的條件。事實表明，楊先生在美國所做出的一系列劃時代的重大成果，是對整個世界科學的貢獻，但更如他自己所說，「我一生最重要的貢獻是幫助改變了中國人自己覺得不如人的心理作用」。可以說，他和鄧稼先一樣都是「要將隻手撐天空」的中國好男兒。他雖然身在美國，但卻時時在關注着中國的變化，1970 年他正是從《紐約時報》的一條政府公告中看到了中美關係鬆動的可能，由此開啟了他回國探親的破冰之旅。回想起來，楊先生七十年代以來對中國的種種貢獻，都是在踐行其父的囑託。2004 年他 82 歲時，在「中國科學與人文論壇」上充滿感情地說：「我的一生走了一個大圈，在清華園長大，於六十多年以後，又回到了故園」。他深情地朗

誦了《歸根》：「昔負千尋質，高臨九仞峰。深究對稱意，膽識雲霄衝。神州新天換，故園使命重。學子凌雲志，我當指路松。千古三旋律，循循談笑中。耄耋新事業，東籬歸根翁。」接着他又談到二十年代，三十年代中國知識分子的絕望，結合中國今天的巨大變化，批判了英國歷史學家湯因比關於中國不可能發展出內在潛力成為世界強國的觀點，並滿懷信心地指出，「我認為再過一百年，如果討論 20 世紀最重要的，對人類歷史有最長遠影響史實的，將不是兩次世界大戰；將不是希特勒的興起與滅亡；也將不是蘇聯之崛起與解體，而是在此世紀中（一）人類利用科技大大增強了生產力；（二）中華民族真的『站起來了』。」（楊振寧著　翁帆編譯《曙光集》p400，406 頁）楊先生在與我們的接觸中總是發自內心的為我們民族的振興和國家的巨大成就而自豪和驕傲。記得有一次我到他家裏去，他正看中國航天飛船上天的消息，他興奮地對我說，「真了不起，他們都很年輕！我們國家的未來真的大有希望！」2015 年 9 月 3 日，我在凌晨 4 點來鐘到了天安門北廣場準備去觀看紀念抗日戰爭勝利 70 周年的閱兵式，正要進觀禮台，發現北廣場東面有人推着輪椅，仔細一看，竟然是楊先生！93 歲的楊先生在翁帆的陪同下，和我們一樣早早來到了這裏，等待着參加盛大的閱兵式。2019 年，97 歲的楊先生又參加了慶祝中華人民共和國成立 70 周年的盛典。之後，我問他：「感覺怎麼樣？」他非常興奮地說「太震撼了！」他的愛國之情發自內心，溢於言表。他會在很多場合談到中國百年來的巨大變遷，偉大成就，我們有時也會與他討論中國目前還存在的許多問題，他總是非常深刻的指出，中國這麼大，有這麼長的歷史，有這樣那樣的問題很正常，這些問題並不比過去 100 年間中華民族所經歷的巨大問題更為嚴重，既然我們能夠將那些問題解決，那麼今天的中國，憑藉內在的韌性，完全可以克服困難，要相信已經站起來了的中華民族，一定會迎來曙光、晨曦、天大亮！關於這一提法，楊先生在 2007 年楊振寧著翁帆編譯的《曙光集》，和 2017 年他們又編著的《晨曦集》，這兩本書的序言中做了解釋。這兩本書的發行式，我都參加了。關於「曙光」楊先生談到，上世紀是中華民族史上的長夜，我和聯大同學正成長於這個似無止盡

的長夜中。幸運的是，中華民族終於走過了漫漫長夜，看見了曙光。關於
「晨曦」他解釋道：改革開放 30 年，讓我看見了曙光，雖然我自己恐怕看
不到天大亮了。可是現在曙光已轉為晨曦，天大亮就在眼前。楊先生始終
不渝的愛國之情感人至深，永遠是我們學習的榜樣。一個世紀以來清華大
學的物理系，清華的理科伴隨着時代的跌宕起伏經歷了從輝煌到失落又重
振輝煌的過程，楊先生是難得親身經歷了這一全過程的偉人。非常感謝並
慶倖這半個世紀以來能與楊先生為伴，共同走過了重建清華理科，特別是
創立高等研究院再造輝煌的過程。楊先生一直在引領着我，也引領着整個
清華理科砥礪前行。楊先生是我人生路上難得的貴人，也是助力清華大學
走向世界的貴人。

歸國
—— 感謝楊振寧先生指引我走上了正確的人生歸宿

管習文

中國科學院精密測量科學與技術創新研究院

　　我的科研之路可以說充滿了坎坷與曲折。從 1986 年大學畢業，我一直在青島一所職業學校執教，一幹就是九年。那時從沒想過 2009 年我會被澳大利亞國立大學物理與工程研究院提升為高級研究員。人生的機緣有時就是這麼偶然，2010 年 2 月，一次機緣巧合，中科院高能物理研究所馬中騏教授推薦我認識了楊振寧先生。在與楊先生愈來愈多的交流過程中，我能夠幸運地領略到世界級物理大師崇高的智慧、至美的科學境界和高尚的為師品德。楊先生對我的科研指導使我受益匪淺，對我的工作和生活都給予了鼎力支持，他一再鼓勵我回國工作，在楊先生的推薦下，2012 年 10 月，我選擇中國科學院武漢物理與數學研究所，即現在的中國科學院精密測量科學與技術創新研究院工作。回國於我而言，是一次無比正確的人生選擇。這八年來，我收穫了成功、自信和尊重，我的人生也由此發生了巨大的轉變。

一　選擇出國 —— 錯失清華

　　回望往昔，人生的軌跡有時真的會因一念之差而徹底改變。自 1986 年 7 月我從曲阜師範大學畢業一直到 1992 年，我從沒想過要從事科學研究。1992 年 6 月，因為一個偶然的機會，我參加了由山西大學主辦的國際量子

圖 1　1992 年 6 月山西國際量子物理前沿課題研討會合影。諾貝爾獎獲得者楊振寧先生出席了會議（前排中間位置）。作者參加了會議（後排左起第 11 位置）。

物理前沿課題研討會。這次會議邀請到了許多世界級著名科學家，包括諾貝爾獎獲得者楊振寧先生、普林斯頓著名數學物理學家利布（Elliott Lieb）教授，以及其他先前我僅在文獻中熟悉的多位世界著名科學家（圖 1）。正是在這次會議上，我第一次近距離地接觸到楊先生，有幸聆聽了他的報告。儘管在整個會議過程中我能聽懂的報告數幾乎為零，但是這次會議在我心中種下了種子：讀博。

隨後幾年，我聯繫了多位國內教授表達了自己希望讀博士的心願。三年後，讀博的想法終於得以實現：在山東大學全殿民教授的推薦下，我於 1995 年 9 月考取了吉林大學物理學院核物理學家楊善德教授的博士研究生。

讀博時我已是兩個孩子的父親，從青島到長春，在科研和生活上自然有相當大的壓力。我的恩師楊善德教授除了在學習和生活中給了我許多幫助，在科研上也給了我最大的自由。在三年的博士學習期間，我收穫頗豐，在一些國際重要物理期刊上發表關於量子可積系統的第一作者署名論文共七篇，這在當時整個吉林大學研究生院算是相當出色的。同時我也收穫了多項獎勵，包括寶鋼教育基金一等獎。隨之而來的，我收到了多所大學進行博士後研究的邀請。

1998 年 1 月，我收到了清華大學高等研究中心的博士後入站正式通知書。這一研究中心是由剛回國的楊振寧先生一手創立的，葛墨林先生是其中的兼職教授。

對於清華大學的博士後邀請，我猶豫了。當時我對國外充滿好奇，並且已經答應去德國開姆尼茨工業大學（Chemnitz University of Technology）做博士後的訪問研究，那時自信加幼稚的我更覺得要到世界上看看。跟葛先生溝通後，他非常支持我到國外待一年看看的想法，並許諾為我保留清華大學博士後位置一年。然而，一年之後，我並沒有選擇立即回國，主要原因是我感到在國外的一年沒有做出令自己滿意的成果，心中有些忐忑，同時還有不甘。實在沒想到的是，我就這樣錯失了清華大學的博士後機會，也錯失了能在楊先生和葛先生的指導下學習的機會。

二 曲折的科研之旅 —— 從博士後到研究員

90 年代起，世界數學物理的研究情勢發生了根本性變化，傳統上重要的數學物理研究領域受到一些時髦的科研領域的衝擊。2000 年後，像我這樣從事量子可積模型的研究者在德國已經很難找到工作，那時，聖卡洛斯聯邦大學（Federal University of Sao Carlos）物理系馬丁斯（M. J. Martins）教授從聖保羅州給我申請到了當時待遇相當高的博士後基金。就這樣，1999 年初，我幾經波折來到了聖保羅附近的小城聖卡洛斯市，在聖卡洛斯聯邦大學物理系做博士後。半年後我也適應了與馬丁斯教授的合作，幫他解決了一個困擾他很久的難題 —— 精確得到 OSP(2|2) 頂角模型的反射矩陣，後來又同他在 *Nuclear Physics B* 合作發表了兩篇文章。同時，我通過量子反散射方法精確求解了一維開邊界條件下的赫巴德模型（Hubbard Model），作為文章的唯一作者將研究工作發表在英國物理學雜誌 *Journal of Physics A* 中。

正當自己的科研路看起來順風順水之時，某日接到妻子電話，告知父親罹患肺癌正在醫院接受治療。得知消息後，我再也無法集中精力做科

研，兩次回到中國看望父親。我的研究只能斷斷續續進行。然而，這位巴西教授根本無法理解中國人的家庭情感，第二次回國不久，我突然收到他的電子信件，告訴我他已經通知聖保羅州的基金委終止我博士後的位置。那段時日異常難熬和悲傷，我失去了工作不久後又痛失了自己深愛的父親。悲傷、憤怒以及對夫人和孩子的內疚沉沉地壓在心中。就在我無比消沉準備放棄科研時，我收到了國內幾所高校的加盟邀請。然而在自己「虛榮的信念 ── 不甘心」驅使下，2000 年初，我再一次回到巴西，不過這次是在巴西南大河州聯邦大學（Federal University of Rio Grande do Sul）做助理研究員。

南大河州聯邦大學坐落在巴西南方一座歐式風格的城市阿雷格里港（Porto Alegre）。我的合作導師是福斯特（Angela Foerster）教授。當時關於量子可積系統的研究成果非常多，在這個領域，許多科學家都在關注其優美的數學結構以及求解模型的方法。量子可積系統的奠基性工作除了貝特（Hans Bethe）所提出的波函數構造方法（Bethe's Hypothesis）外，就是楊－巴克斯特方程（Yang–Baxter equation）的發現，這個方程是統計物理發展史上的里程碑，它對數學的發展也影響深遠。在阿雷格里港的那段時間，我更喜歡研究一些基於楊－巴克斯特方程的量子可積模型的物理特性，從微觀哈密頓量到多體波函數再到宏觀熱力學，無不展現了楊－巴克斯特方程的寶貴財富以及量子多體物理的簡潔和優美[1]。

對於機遇而言，或許努力和等待是最好的方式。2002 年，在我以前的碩士導師周煥強教授的推薦下，我獲得了參加澳大利亞國立大學物理與工程研究院理論物理系研究員面試的寶貴機會。這次面試我被安排訪問默里‧巴切洛（Murray Batchelor）教授一個月，初次見面交流後，他問了我一個專業問題：如何用量子可積模型研究自旋梯子模型的熱力學？由於我之前沒有研究過自旋梯子模型，這個問題使我在那裏一個月的訪問變得非常艱難。當時我非常渴望來到離中國更近的澳洲工作，因此多方壓力讓我根本無暇走出校園看看澳洲首都是甚麼樣子，幾乎天天待在數學系的辦公室裏嘗試如何用量子轉移矩陣方法解決其熱力學問題，直到快要回巴西

時我才得到了一些關於這一問題滿意的結果。就這樣，我回到巴西幾個月後，我收到了這所世界名校的正式工作合同 —— 研究員（level B），相當於一名講師的職位。

三　升職 —— 奮鬥的異國經歷

始建於 1946 年的澳大利亞國立大學是澳洲第一所研究型大學，坐落在首都坎培拉。作為澳洲的政治和多元文化中心，坎培拉自然環境恬靜，市民生活安逸。這所世界頂尖的研究型大學擁有非常先進的科研設施以及亞洲藏書體系最大的圖書館，具有傳統的英式科研和教育體系。不得不說，這種濃郁的科研環境極有利於人們單純地從事研究。

2003 年 2 月，來到澳大利亞國立大學不久，我便把上次訪問期間關於自旋梯子模型的研究工作完成，並與默里和其他合作者將結果發表在 *Physical Review Letters*，自然，默里對我初始階段的工作進展很滿意。半年後，我的妻子和小女兒來到澳洲與我團聚並很快喜愛上澳洲的環境，妻子覓得了工作，女兒在家附近的小學讀書。那時在我看來，工作和生活都很舒心，我也決定要在這裏生活下去，再也無需四處漂泊。

2003 至 2005 年期間，我的科研方向主要是將量子轉移矩陣方法巧妙地應用到真實的自旋梯子準一維材料、自旋軌道耦合體系以及一維自旋鏈的熱力學研究之中。在發表了多篇研究論文後，2007 年，我與默里及合作者在物理學重要期刊 *Advances in Physics* 發表了一篇 78 頁的科研論文 [2]。這項工作完全由我主導完成，我們成功地將熱力學貝特方程（Bethe equation）和量子轉移矩陣方法應用到了物理材料的研究之中。

2005 年後，我的科研方向轉入到一維超冷原子氣體的研究，進展得更加順利。進入這個方向後，我完成的第一個工作，是通過一維 delta 函數相互作用的玻色氣體嚴格證明了由意大利科學家提出的超 Tonks–Giradeau 高激發亞穩態的存在性，並揭示了其微觀機制，結果發表在 *Journal of Statistical Mechanics: Theory and Experiment*。後來，我們的研究結果被

奧地利因斯布魯克（Innsbruck）的哈勒（Elmar Haller）與其合作者及美國的列夫（Benjamin L. Lev）實驗團隊證實，相關實驗結果分別於 2009 年和 2021 年發表在 *Science* 上。2006 到 2009 年期間，是我與默里合作的巔峰時段，我們在 *Advances in Physics*、*Physical Review Letters* 等重要期刊發表了多篇頗具影響力的論文，包括精確求解一維 delta 函數相互作用任意子模型、得到了多分量吸引費米氣體的 Cooper 對機制以及關聯函數、量子相變和熱力學等等，這些成果成為一維超冷費米原子理論和實驗的重要參考。

歷經六年奮鬥，2009 年 1 月，我終於被提升為這所世界著名學府的高級研究員（Fellow, level C）。然而，我並沒有沉浸於升職的興奮之中，通過基金申請，我隱約意識到我在科研上的獨立性和創造性並沒有被很多澳洲同行了解。此外，由於澳大利亞國立大學是一所相當保守的學校，在英式傳統中只有教授才有足夠的權利和保障，而大學沒有所謂的終身制度（tenure track system）。六年多來，我所在的整個物理與工程院沒有開放任何新的永久職位，很多資深科研人員也不得不選擇離開這裏。另外，我意識到在科研領域，西方的文化與中國的傳統禮儀思想註定無法共存，而科研上的成就並不是獲得教授職位的保障。這一切讓我心裏很鬱悶，理想與現實在這裏註定有差異。

四 機緣與幸運 —— 遇見楊振寧先生

2010 年，可以說是我人生中無比重要的一年。這一年的 2 月到 5 月，美國俄亥俄州立大學物理系理論物理學家何天倫教授邀請我訪問三個月，這也是我第一次訪問美國。三個月時間裏，我不僅跟何天倫教授建立起愉快的合作，重要的是我學會了如何建立自己在科學領域的信譽（credit）。

跟何天倫教授合作研究的科學問題非常好，由於臨界現象是由普適類決定的，一維量子相變必定能為高維同一普適類的量子相變提供重要參考。當時，這方面的研究極少，三個月後自己也非常高興能圓滿完成這一

任務 —— 借助楊先生和楊振平教授的楊－楊熱力學方法，利用臨界區熱力學勢的生成函數，精確求解了量子臨界區的標度函數，由此得到了一維量子臨界現象的微觀機制和普適規律。由於陰差陽錯，這一結果一年之後才在 *Physical Review A* 上發表，但令人欣慰的是，這項工作中所發展的方法，為後來這方面的研究提供了基礎。

2010 年 2 月，中科院高能物理研究所的馬中騏教授介紹我認識了楊振寧先生。同年 7 月 19 日至 23 日，楊振寧先生和馬中騏教授受邀出席在澳洲凱恩斯舉行的第 24 屆世界統計物理大會。我作為當地組織者負責一些會議招待工作。此次大會非常成功，550 餘名與會者中，有許多世界著名的科學家，包括楊振寧先生和美國的克特勒（Wolfgang Ketterle）教授兩位諾貝爾獎獲得者。會議期間，我非常幸運地獲得了很多與楊先生交流我在一維量子氣體方面所做工作的機會，他對我們在玻色和費米氣體方面的工作給予很高的評價。

藉此機會，我與楊先生討論了他與其弟弟楊振平教授在 1969 年發表的關於一維玻色氣體熱力學的文章 [3]，這個工作可謂是可積系統中的開創性工作。對此，楊先生介紹了他們如何將優美的數學應用到物理問題中，兩次應用貝特方程將玻爾茲曼熵和熱力學勢函數完美地用數學表達式寫出來，這個方程優美地刻畫了多體相互作用如何影響單體準粒子。後來日本東京大學高橋実（Minoru Takahashi）教授稱之為楊－楊方程，它不但優美地展現出相互作用玻色體系的玻色統計、費米統計和分數量子統計，更重要的是可以給出 Luttinger 液體和量子臨界性的普適規律。這裏優美的多體物理現象，在我回國之後與中國科學技術大學潘建偉院士及苑震生教授的實驗團隊合作的實驗工作中被證實 [4]。現在楊－楊熱力學已成為統計物理和超冷原子實驗的範例。

21 日晚，楊先生做了題為「Fermions and Bosons in 1D Harmonic traps」的大會特邀報告，報告之前楊先生和巴克斯特教授這兩位共享楊－巴克斯特方程之名的物理大師交談了十幾分鐘（圖 2）。楊先生當時已近 90 高齡，但他的思路清晰，表述精準，演講非常富有感染力，另外，楊先生

圖 2 楊振寧和巴克斯特（Rodney Baxter）在第 24 屆世界統計物理大會報告現場。

在報告中提到了我和默里關於玻色和費米氣體的工作，這使我感到非常榮幸。

在第 24 屆世界統計物理大會之後，楊先生順訪了悉尼。27 至 30 日在澳大利亞國立大學訪問了三天。第二天馬中騏教授作報告，楊先生也來到理論物理系，來到我的辦公室，讓我倍感親切。7 月 29 日下午，楊先生在我們物理與工程學院的 Leonard Huxley Theatre 作了題為「How Mathematics and Physics Got Together Again」的精彩報告。報告中，楊先生講述了二十世紀上半葉數學和物理都非常抽象地獨立發展，而到了後半葉這種情形發生了徹底改變。整個可容納 200 多人的會場全場爆滿（圖 3）。在這三天的訪問行程中，澳大利亞國立大學校長、諾貝爾獎獲得者布施密特（Brian P. Schmidt）會見了楊先生，會談時楊先生建議他要支持我們數學物理的研究。楊先生確實是「對朋友、人情都照顧得很好，是一個最正常的天才」[5]。後來我有幸陪伴楊先生夫婦和馬中騏教授夫婦出席了中國駐坎培拉大使館的招待宴，其間楊先生講了很多中美早期外交的故事，並向領事館推薦我回國工作。

圖 3   楊振寧先生在澳大利亞國立大學物理與工程研究院的演講現場。

楊先生回香港後不久，就給國立大學物理與工程研究院院長威廉姆斯（Jim Williams）教授寫了一封信。在信中，先生對我的科研給予了高度評價，並且敦促院長早日解決我永久職位問題。這使我深刻感受到楊先生對晚輩的用心關懷和照顧。

2010 年 8 月 25 至 27 日，清華大學高等研究中心組織了題為「超冷原子中的人造規範場」的國際學術會議，會議最後一日下午的議題，是關於冷原子中的一維物理的新進展。楊先生當時作的報告題目是關於一維 SU(N) 費米氣體在 N 趨向無窮大時的基態性質。隨後我也作了一個報告。會議過後，楊先生讓我前往他的辦公室，了解我在澳洲的工作和生活狀況。我未曾想到，這樣一位世界級的偉大科學家，竟如此呵護一名不曾有師徒之緣的晚輩！自此以後先生把我工作的事記在了心裏，在我後來回國的道路上更是給了我全心的幫助。當我離開時，楊先生特意送給我一套華東師範大學出版的《楊振寧文集》（上下兩集）[6]。對我而言，這是非常珍貴的禮物，它不僅帶給我知識，也寓意永恆的鼓勵。

這段時間與楊先生的接觸，讓我深切感受到楊先生是少有的能夠看透別人心靈、並不斷激勵人進步的科學家。

五　品味與信念 —— 楊振寧先生的教誨

自 2010 年 8 月見到楊先生後，與楊先生的書信交流愈來愈多。起先主要是討論關於一維超冷原子氣體的問題，後來我們討論的問題也愈來愈深入。

我慢慢體會到，楊先生關注的問題是如此與眾不同，他問的問題往往非常「基本、直接」。在物理研究中，很難說清楚甚麼是「基本問題」，但在交流中我深深感悟到楊先生對於「基本問題」的探尋所體現的獨特品質：睿智、品味和人文情懷。

8 月 26 日，楊先生給我發電子郵件，提出了一個關於一維多分量玻色子的問題：

I shall show tomorrow that for Bosons, repulsive interaction, any number of components, the ground state energy per particle is the same as the 1 component result of Lieb-Liniger. I suspect that is true also for any T. I propose that we collaborate on this problem. CNY

一維多分量玻色子的基態問題備受關注，顯然楊先生不滿意已有文獻關於這方面的研究。其實證明有限溫度下楊先生的預言是否成立是個極其困難的問題；即使對兩分量體系，由於鐵磁行為，其熱力學方程涉及無窮多自旋波束縛態，至今仍沒有任何好的方法得到解析結果。非常遺憾，關於這個問題，我至今還沒能跟楊先生合作成功。

楊先生的科研風格是，對於他認為重要的問題總是要去得到滿意的答案。2010 年 9 月初我收到楊先生的多封電子信件，他連問了五個問題，其中包括一維冷原子實驗進展、關於一維 delta 函數吸引相互作用費米氣體和 SU(N) 吸引費米氣體基態能量的一些問題。記得第四個問題是：如何證明兩分量的玻色氣體的基態是一個鐵磁態？第五個問題是：關於聲速的計算公式，有兩種方法可以計算，在甚麼條件下它們是等價的？

　　關於兩分量玻色氣體的基態，我跟東京大學高橋実教授和默里在
2006 年合作發表過一篇一維兩分量玻色氣體熱力學的鐵磁行為的論文。在
這篇論文中，借助於自旋波我們得到了兩分量的玻色氣體的基態是一個鐵
磁態的結論。當然，自旋波是一種近似，可能楊先生不滿意這樣的答案。
不久楊先生跟他的學生尤亦莊借用優美的數學，證明了他對基態的猜想是
嚴格成立的，從中足見楊先生的「秋水文章不染塵」的風格 [7]。當然第五個
問題是可積模型中非常微妙和專業的問題，對於具有內在自由度的費米氣
體，聲速的計算是一個相當複雜的問題，至今我還在理解聲速的微妙性 [8]。

　　隨着同楊先生的交流愈來愈深入，我幸運地見識到他更多關於一維玻
色和費米氣體的獨特見解。讓我尤為敬佩的是，90 歲高齡的楊先生在學
術上還能保持高度的敏銳和專注。

　　對我來說，收到楊先生的電子郵件是非常開心的事情。2010 年 10 月
6 日，我特別高興地收到楊先生邀請馬中騏教授和我合作的電子信件 (圖 4)。

Dear ZQ and XW,

I propose that we work on a Guan-Ma-Yang paper about the asymtotic behavior in 4 regions of Fermions with multicomponents:

Fix c, fix rho=N/L, and let N go to infinity. Study 4 regions:

A. c goes to + infinity.

B. c goes to 0+

C. c goes to 0-

D. c goes to negative infinity. In this region the system becomes a dilute mixture of molecules of various sizes. expansion

of the energy to first order of N/(cL) shows that the inter molecule force is repulsive.

I suspect comparison of regions B and C will show that some derivatives do not match between the 2 regions.

cny

圖 4　楊振寧先生信件原文，提議與馬中騏教授和我合作研究。

在這封郵件中，楊先生提議與馬中騏教授和我三人一起研究（一維）多分量費米氣體在四個相互作用區域的漸進行為，也就是解析計算在相互作用 c 趨於：A. 正無窮大；B. 正無窮小；C. 負無窮小；D. 負無窮大極限下的基態能量，簡稱 ABCD 問題。楊先生在最後特意指出一個非常基本的問題：基態能量在相互作用為零附近是否解析。ABCD 問題展現出楊先生一貫的數學風格，試圖通過簡潔的數學計算來理解多分量費米氣體的基態。

90 歲高齡的楊先生很快親自動手計算了起來，不過幾天就寄來了他的算稿。能看得出楊先生在拾起他在 60 年代發展的技巧來求解該模型非常複雜的超越代數方程。馬中騏教授和我也努力跟上楊先生的思維。楊先生除了自己計算，每次對馬中騏教授和我的算稿都給予細緻的指正（圖 5）。我確實想不到楊先生在 90 歲高齡還如此專注。

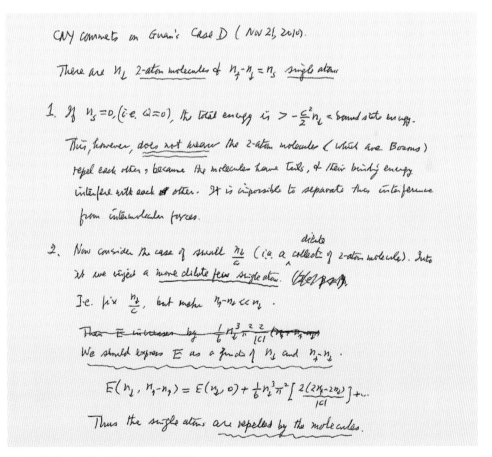

圖 5 楊先生在信件中指正我的計算。

隨着問題研究的深入，楊先生不時也會更正自己的計算錯誤。一段時間後我們的工作遇到難題。10 月 23 日，楊先生來了一封信，給我們打氣，再次告訴我們 ABCD 問題的重要性及其難度：

The A B C D problems are important because they are necessary in order to complete our understanding of the ground state energy problem for Fermions and Bosons. A lot of algebraic calculations are needed for the B and C regions. Also some computer work for both sides.

楊先生對認為重要的問題一定會鍥而不捨要得到答案。這封信件又提到基態能量在 c=0 的解析性問題：

I continue to believe the B and C sides have perhaps different second derivatives, because if the 2 sides give the same analytic curve, then the Fredholm equations for the 2 sides should be transformable to each other by some functional relationship between the rhos on one side and the rhos on the other. I tried to find such functional relationship and failed.

在楊先生的指導下，馬老師和我已經基本得到 A 和 D 問題的結果。從數學的角度來看，楊先生認為 BC 問題更重要。2010 年 7 月 19 日，楊先生在從協和醫院發來的郵件中寫到：

The Fredholm equations cannot be continued analytically in the neighbourhood of small complex c. Instead, they can be analytically continued in the small complex neighbourhood of small 1/c!!! I.e. the continuation is not from region B to C, but from A to D. Please check the energy expressions. Thus Takahashi's analyticity statements cannot be correct.

可見，即便楊先生身體欠安，仍專注科學研究，真是科學工作者的榜樣。

隨後，我們又花費很多時間研究 BC 極限下的解析性問題，但沒有得到滿意的結論，楊先生就直接寫信邀請美國哈佛大學已退休的吳大峻教授加入討論解決這個問題。2011 年 2 月，在給吳教授的信中楊先生寫道：

In 1966 PR 150 327 CP Yang and I had learned from you and Kac how to use the W-H equation to solve a problem. (Please see p.64 in my Selected Papers) Now with 2 collaborators, Ma ZQ and Guan XW, we are stuck on a similar problem. Do you want to join us to tackle this problem?

對於這個解析性的問題，我們又耗費了幾個月的時間，還是沒有解決。5 月 7 日，楊先生來信寫道：

I am still interested in the W-H equ. problem and the analyticity problem for 3 component unbalanced case. But my ability to do calculations without mistakes is now low and my attempts in the past year on these problems had been frustrating. I would encourage you and Ma ZQ to continue.

每個人都會「服膺自然」，楊先生真的感到累了[9]。楊先生提議的 ABCD 問題的難度超乎原初的想像。因為常出錯，他不再參與計算了，楊先生建議我們繼續完成。當時，我對自己的科研狀態很失望，不過馬老師和我決定不辜負楊先生的期望，繼續做下去。儘管楊先生不再做具體計算了，他還是在關注和指導我們的研究。到 2011 年 5 月，我們終於把 ABCD 問題完成，楊先生非常滿意我們的結果，鼓勵我們進行發表。我自己後來也證明了在 c=0 附近存在着嚴格函數對應關係（單獨發表在 *Frontiers in Physics*），對此楊先生非常讚賞。楊先生花了很多心血及寶貴

時間指導我們完成相關研究，自然我們邀請楊先生作為合作者共同署名，
他在 2011 年 5 月 26 日來信中告訴我：

> *Please do not include my name as an author in the paper you
> will write with Ma. Just thank me in the paper.*

楊先生這種高尚的為師品德讓我由衷敬佩！他的精神深深地激勵着
我們，最後我們在 *Physical Review A* 背靠背發表了兩篇文章 [10]。我們給出
了兩分量及多分量的一維費米氣體在 ABCD 四種極限情形下的精確的漸
進表達式，其結果為後來發表在 *Nature Physics* 、 *Physical Review X* 等一
維冷原子的實驗工作提供了有意義的指導。

楊先生提議的研究工作，我們經過一年多圓滿完成了。儘管非常遺憾
沒能與楊先生合作成功，但馬老師和我都深切感受到了楊先生「從優美的數
學到簡潔的物理」的研究風格，也學習到楊先生很多超越計算的科學思想。

不僅如此，楊先生一如既往地指導我的科研。2011 年 11 月，楊先生
建議我關注核物理散射矩陣問題：

> *I attach a paper coauthored with Gu Chao-Hao in 1988. It used
> Bethe's hypothesis to EXACTLY SOLVE a 1D fermion model of light
> nuclei. It is interesting but not well known. Please look at table 1, and
> also read the last paragraph of section 8.*

作為晚輩，我對楊先生的敬畏不只是在他的天才的學識，還包括他那
至美的科學境界和高尚的為師品德。

六　歸國 —— 新的機遇與選擇

幸運與不幸在每個人的一生中都可能出現。正如前文提到的，2010 年
到 2012 年，我在澳洲的工作並不順暢。2011 年 1 月，澳大利亞國立大學

物理與工程研究院終於開放了大概五至六個永久位置，這是我入職學院以來的首次。我們學院共有九個系，研究人員 200 多人，自然很多資深研究員都來競爭這幾個位置。楊先生、何天倫教授和我們當時的系主任巴切洛教授都為我寫了非常強有力的推薦信。但是，幾個月之後結果出來，我的申請沒有成功，整個理論物理系沒有人獲得永久位置。後來，我們的院長威廉姆斯教授找我談話，讓我以後在科研領導（leadership）方面提升一下，並告訴我在兩三年內還會有其他機會。隨後研究院把我的職位提升為類似於理論物理系中的永久職位（Level C4, continuing），讓我能安心地工作。

當然楊先生對這樣的結果也很失望，後來他給巴切洛和巴克斯特教授分別寫了信，建議幫助我盡快獲得永久工作位置。3 月 25 日楊先生來信鼓勵我：

With your productivity I am sure you will find a suitable position in time.

Scientific papers are, in the final analysis, more permanent than gold.

他的那句「歸根結底，科學論文比金子還要永恆」，使我堅定了自己的信念：做好有自己特色的科研。

當時在詢問我的工資待遇後（當時我的工資為 12 萬多澳幣的年薪），他隨即給新加坡南洋理工大學董事會的潘國駒教授（同時抄送給我）寫了一封推薦信，為我尋找更好的工作位置：

He is VERY PRODUCTIVE in a hot area of physics, and is very independent. If he comes to Singapore, he will put Singapore immediately on the map of Cold Atoms research. He is among the few persons in the world who really know the intricacies of Bethe's ansatz.

　　楊先生的這些信件給了我極大的鼓舞。5 月 11 日，他告訴我可以安排我在清華大學做一年的訪問教授。後來清華大學高等研究院院長聶華桐教授發給了我為期三年的訪問教授合同，每年訪問清華大學四個月。我非常感激高等研究院一直待我如家人！

　　2011 年 11 月我收到楊先生一封對我來說非常重要的來信：

> *I think you should apply for the Chinese U. position, giving my name as a possible referee. CNY.*

　　隨後 2012 年初，楊先生邀請我訪問了香港中文大學，並精心安排了我在那裏的學術活動（圖 6）。可見當時楊先生是如何為我的工作操心。

圖 6　2012 年 3 月作者在香港中文大學訪問楊振寧先生。

　　2012 年 5 月至 9 月，在得到澳大利亞國立大學方面的批准後，我在清華大學高等研究院訪問了四個月。在這期間，我向楊先生表示希望去北京中科院物理研究所工作。楊先生聽後，第一時間親自去物理研究所找到王玉鵬所長談論關於我工作的事宜，王所長當場表示願意支持我去那裏工

作。後來中科院武漢物理與數學研究所理論與交叉研究部的嚴宗朝和熊宏偉兩位主任邀請我去訪問。訪問之前，熊宏偉研究員做了許多詳盡安排。訪問期間，葉朝輝院士、詹明生書記和劉買利所長給了我熱情的接待，他們真誠地邀請我加入武漢物理與數學研究所。我確實被葉先生及兩位領導的真誠所打動，尤其是他們對人才的渴望和想建立以原子分子和光物理及波譜學的世界級科研平台的願望。恰巧自己的專長也比較適合這裏的科學研究，尤其在跟華中科技大學吳穎教授交談之後，我更堅定了這一想法。回北京後，我向楊先生表達了去武漢工作的意願，馬上得到了他的支持，並很快給葉朝輝先生寄去一封推薦信。

在清華大學的那段訪問時間裏，我在澳大利亞的合作者、當時的系主任巴切洛教授了解到我要回中國工作，給我發了一封非常友好的信件，很有誠意地挽留我。我轉發給楊先生看了默里的來信，記得他只在回我的信件中寫了一句話，問我：不是只想要一個愉快工作的地方嗎？我能完全理解楊先生的意思，那就是讓我回到中國工作。

2012 年 10 月，我正式加入中國科學院武漢物理與數學研究所，楊先生一直為我操心的工作事宜終於可以放下了，他在信件中寫道：

Dear XW,

Congratulations!

You have spent more than 10 years in Brazil and in Australia. Your feelings today is similar to Du Fu's: 漫卷詩書喜欲狂　cny

來到武漢物理與數學研究所後，在葉朝輝院士及研究所領導支持下，我很快建立了自己的研究團隊，壓抑了兩年多的科研激情得到了徹底的釋放。半年後，楊振寧先生獲知我在武漢的工作很順利非常高興。2013 年 6 月 20－23 日，在武漢我和同事組織了一場「低維量子多體系統理論及實驗國際研討會」，大會期間，楊先生特意讓馬中騏教授從北京帶給我一份特殊而又珍貴的禮物 —— 范曾先生親筆為物理學家楊振寧先生和數學家陳省身先生這兩位科學大師作的畫《奇文共欣賞　疑義相與析》。

　　我感慨萬分，懷着謙卑而又激動的心境接受了楊先生珍貴的禮物，感激和敬仰之情溢於言表。范曾先生畫中的藝術之美和他畫裏的詩引起了我的共鳴，讓我深深地感受到了楊振寧先生和陳省身先生科學發現的崇高魂魄和洞穿自然奧妙的深邃力量，這種令我敬畏的科學境界一直鼓勵着我「真情妙悟鑄文章」。

紛繁造化賦玄黃
宇宙渾茫即大荒
遞變時空皆有數
遷流物類總成場
天衣剪掇叢無縫
太極平衡律是綱
巨擘從來詩作魄
真情妙悟鑄文章

—— 范曾

　　緊接着 6 月 23 日楊先生的來信寫到：

　　I am very happy that you have finally found the place where you can develop your talents.

　　正如楊先生所預料的，武漢物理與數學研究所是我發展自己才華的理想地方。我在科研上很快取得一些重要進展，在一些世界頂級期刊，如 *Reviews of Modern Physics*、*Physical Review Letters*、*Nature* 子刊等發表了一系列關於嚴格可解的量子多體物理的頗有影響力的論文，同時也跟國內外幾位理論物理學家和幾個實驗團隊建立了合作。2013 年和 2016 年，我和我的團隊分別獲得了中科院武漢物理與數學研究所「科技突破獎」。2018 年，我本人獲得研究所的「突出貢獻獎」。2020 年，我和我的團隊再次獲得中科院精密測量科學與技術創新研究院的「科技突破獎」。八年來，

我培養了七名博士研究生，他們多人多次獲得中科院院長獎學金及國家獎學金，二人獲得意大利高等研究院的博士後位置，三人獲得國內頂尖研究所的博士後位置。來自斯里蘭卡的國際學生，回國後獲得其國家總統獎。此外，澳大利亞國立大學物理與工程研究院至今為我保留着榮譽副教授和後來的榮譽教授的位置。

回國以來，我用自己的真誠、誠信和努力使我收穫了國內外同行的尊重。妻子和小女兒於 2020 年 1 月回到了中國，和我及大女兒在武漢團聚，終於全家能在一起生活。正如楊先生今年 5 月 17 日發給我的電子郵件中所說：

> *Sincere, honest, and hardworking people are entitled to such good fortunes.*

回國確實是我的「good fortunes」，十分感激楊先生的教誨、呵護和指引，使我的理想成為現實。

致謝

作者真誠感謝楊振寧先生、葉朝輝先生、朱邦芬先生和馬中騏先生對本文所提的寶貴建議，並十分感激嚴宗朝、張天才、翟薈、楊婷婷、周章、張曼舒、蔣少劍等老師的指正及我弟弟管習會的支持。

---

1 Chen Ning Yang, *Selected Papers (1945–1980)* (Singapore: World Scientific, 2005); X. W. Guan, M. T. Batchelor and C. H. Lee. *Review of Modern Physics*, 85, 1633 (2013).

2 M. T. Batchelor, X. W. Guan, N. Oelkers and Zengo Tsuboi. *Advances in Physics*, 56, 465 (2007).

3 C. N. Yang and C. P. Yang. *Journal of Mathematical Physics*, 10, 1115 (1969).

4 B. Yang, Y. Y. Chen, Y. G. Zheng, H. Sun, H. N. Dai, X. W. Guan, Zhen-Sheng Yuan and Jian-Wei Pan. *Physical Review Letters*, 119, 165701 (2017).

5　楊振寧著、翁帆編譯：《曙光集》（北京：三聯書店，2007）；錢樣：〈科學家楊振寧：洞穿宇宙的秘密之後〉，《人物》，2015 年第 07 期。

6　楊振寧：《楊振寧文集》（上海：華東師範大學出版社，1998）。

7　見註 1 Chen Ning Yang。

8　Feng He, Yu-Zhu Jiang, Hai-Qing Lin, Randall G. Hulet, Han Pu and Xi-Wen Guan. *Physical Review Letters*, 125, 190401 (2020).

9　見註 5 錢樣。

10　X. W. Guan and Z. Q. Ma. *Physics Review A*, 85, 033632 (2012); X. W. Guan, Z. Q. Ma and B. Wilson. *Physics Review A*, 85, 033633 (2012).

談談李政道、楊振寧發現宇稱不守恆的工作方法和思想方法上的一些特點*

何祚庥

中國科學院理論物理研究所

著名科學家李政道和楊振寧發現相互作用下宇稱不守恆是科學上的一個重大貢獻。不過，我們感到，李和楊的發現除了在科學知識上提出的原理有重要的價值以外，他們在處理這一類問題所採用的方法也能對我們有不少啟發。現在來談一談我對這個問題的認識。

甚麼是宇稱？通俗一點說，就是左和右之間的對稱；或者說物體的原形和鏡裏的映像之間的對稱。舉例來說，炮彈在空中飛行的軌跡和鏡子裏飛行的映像都是合乎力學規律的。這就是說，對於牛頓力學，存在着空間反演對稱性，宇稱是守恆的。再如電磁相互作用，如法拉第電磁感應定律，在鏡子外的線圈切割磁場的行為和鏡子裏的映像，所服從的是同樣的法拉第定律。這就是說，對於電磁相互作用的定律，也存在左和右的對稱，宇稱是守恆的。從以上兩個例子可以看出：(1) 宇稱守恆的觀念是以大量的科學實驗事實為根據的；(2) 左和右的對稱是很基本而且是相當普遍適用的觀念。可是，到了 1956–1957 年，這一傳統的觀念卻被李政道、楊振寧這兩位物理學家「打破」了。

在 1956 年，實驗曾證實有兩種粒子 θ 和 τ 的存在，並且它們的質量、自旋、奇異數等等性質都完全相同。但是，它們的衰變方式卻是：

---

* 此文是筆者在 1957 年「弱相互作用問題科學討論會」上的發言，在此基礎上做了一點修改，以慶祝楊振寧先生百歲華誕。

$$\tau^+ \rightarrow \pi^+ + \pi^- + \pi^+$$
$$\theta^+ \rightarrow \pi^+ + \pi^0$$

如果 τ^+ 粒子的 3π 衰變反過來推斷 τ^+ 介子的宇稱，可定出 τ^+ 粒子的宇稱是負（即在鏡反射下要出現一負號），由 θ^+ 介子的 2π 衰變，可定出 θ^+ 介子的宇稱是正（即在鏡反射下不改號）。但是 τ 粒子和 θ 粒子除了宇稱不一致以外，其他性質都完全相同，或在實驗誤差範圍內完全相同。這就提出一個問題：τ 和 θ 究竟是同一種粒子的不同表現，還是它們是不同粒子？為甚麼這兩種粒子在其他性質上又如此相近？這就是當時存在的一個著名的理論上的疑難「$\tau\!-\!\theta$ 之謎」。

李政道和楊振寧力圖從理論上解釋這一疑難，曾先後提出了不少假說，並從實驗上加以檢驗，但都失敗了。這時，李政道和楊振寧便創造性地提出一個新的假說，τ、θ 實質上是一種粒子，它們在表觀上的宇稱的差別，反映了弱相互作用過程中的宇稱不再守恆。

李政道和楊振寧的工作給予人們的一個突出的印象，便是理論上的敢於破除成見的獨創精神。要提出宇稱可能在一定條件下不守恆的觀念確實是需要一些勇氣的。宇稱守恆的觀念的醞釀在科學上由來已久，正式在量子力學中加以確認也早在 1927 年。這個觀念看來也十分合理，我們很難設想物理的規律在左手座標系和在右手座標系中會有甚麼不同。事實上也有大量的科學實驗證明宇稱守恆定律的正確。在李和楊提出弱相互作用下宇稱可能不守恆的假設時，那時實驗上還只有 τ 介子和 θ 介子宇稱互相相反一個實驗事實。在當時，實驗上雖然指出 τ 介子和 θ 介子具有差不多相等的壽命、質量以及相等的電荷、自旋等性質。不過，人們盡可以設想 τ 和 θ 是兩種不同的粒子，只是他們具有不同的宇稱而已。可是李、楊卻從這樣一個實驗事實所給予的啟示出發，深入地分析了宇稱是否在一切條件下都守恆的問題，從而提出了宇稱可能不守恆的觀念，這確實需要很大的勇氣。著名的物理學家泡利（Wolfgang Pauli）一直被公認為物理學界優秀的批評家，很多人認為泡利所認為重要的工作大概就是很重要的了。

可是，當李、楊剛提出他們的假設時，泡利就不信這件事情是可能的。泡利在他給著名的原子核物理學家韋斯荷夫（Victor Weisskopf）的一封私人的通訊中寫道：「我不相信上帝是一個左撇子，同時我準備用一筆很大的金錢和你打賭，實驗的結果將一定是電子的球形對稱的分佈。我看不出相互作用的強度與鏡像對稱性之間有任何邏輯上的聯繫。而且，即使在 β 衰變中拋棄了左右的對稱性，也不見得會對 k 介子問題的解決有所幫助」。後來當他得到吳健雄的實驗測量到電子的不對稱分佈的消息時，他又寫信給韋斯荷夫說：「真是驚人！難道這個消息是確實的嗎？」直到後來，實驗已經完全證實李、楊的假設的正確以後，他才又寫信給韋斯荷夫說道：「幸虧我沒有和你打賭，否則我將損失一大筆我所不能負擔的財富。現在我只是在信中或口頭上說了一些胡話而失去了我的名譽，然而這還是我付得起的。不過，我是十分驚訝為甚麼上帝是一個左撇子，但是當表現得十分『強壯』的時候，他又是左右對稱的了！」

泡利是物理學上有很重要的創造性貢獻的物理學家，他自己推翻過物理學上不少老的見解。然而他在這個問題上，還是抱着成見。由此可見，打破物理學上這種老的成見確是很不容易的。顯然，李和楊的這種不為成見所束縛的創造性的精神，確實是從事科學工作的可貴品格。

不過，如果把李、楊在科學上這種大膽創造和胡適所倡導的「大膽的假設，小心的求證」的治學方法混為一談，那就大錯特錯了。李和楊並不是為了達到某一目的而隨隨便便「大膽地」假設了宇稱可能不守恆，然後再東拉西扯一些所謂材料和理由來湊合一下。如像胡適曾在美國做過某種考證，他考證了半天，「證明」他的老朋友，北京師範大學校長陳垣寫的一封公開信是由別人偽造的！而相反，李和楊之所以能提出這個假設是經過多次的失敗，經過仔細對實驗事實加以分析和查對以後才得出的。

楊振寧自己敍述他的工作過程時說道：「我們並沒有這種準確的預想。講起來，我們不過是通過對於 $\tau-\theta$ 疑難已經作過的各種不同嘗試的失敗而被迫走到這一點」。

在物理文獻上，我們可以找到李和楊對於解決 $\tau-\theta$ 疑難的種種嘗試，例如，李政道曾經提出 θ 可以轉化為 τ 並放出一個光子的假說。

李政道和楊振寧還曾經共同提出「宇稱雙重態」的假說，其他的人也有類似的嘗試。不過，所有以前的這些嘗試都是在想努力保存宇稱守恆定律的條件下來進行的。然而所有這些嘗試都遭到了失敗，這才被迫做出宇稱在弱相互作用下可能不守恆的結論。由此可見，李、楊的工作並不是甚麼大膽的任意的假設的結果。

李、楊工作的可貴之處還不僅僅在於以上我們所說的他們在理論上的勇氣。能夠想到 $\tau-\theta$ 粒子在衰變時宇稱可能不守恆這一思想雖然不是一件容易的事，不過，根據以上所說的事實，也還是較容易聯想到或懷疑到宇稱是否一定守恆的問題。事實上，在第六次羅卻斯特的會議上就有人提出過這樣的懷疑。不過，李、楊工作的可貴之處，就在於他們並不停留在抽象的懷疑或猜想上，他們把宇稱可能不守恆的假想和實驗的事實聯繫起來。他們仔細地檢查了所有有關這種問題的實驗事實。結果發現：(1) 過去對於弱相互作用所做的實驗對於宇稱守恆問題毫無關係；(2) 在強相互作用中，確實有許多實驗高度精確地證實了宇稱守恆，不過，他們的實驗精確度還沒有精確到足以顯示出在弱相互作用中是否宇稱守恆的證據。

李政道和楊振寧對待實驗事實的這種有分析有批判的態度確實給予人們鮮明的印象。在他們發表在《物理評論》(*Physical Review*) 第 104 卷第 254 頁上的〈弱相互作用中的宇稱守恆問題〉的論文中，他們逐個逐個地分析所有的實驗事實，指出這些實驗的精確度，也就是指出他們在多大精確度內證實了宇稱守恆。而檢查結果確是實驗上並沒有證明弱相互作用下宇稱守恆。於是，李和楊就在檢查了所有實驗的基礎上提出了弱相互作用下宇稱可能不守恆的假設。

可以看出，李和楊尊重實驗事實而又不迷信實驗事實的態度，正是他們之所以獲得成功的最重要原因。

李和楊在提出弱相互作用下宇稱可能不守恆的假設以後，並沒有只停留在假設的階段。他們又進一步設計了種種的實驗，來設法檢證他們的假

設是否正確。既然過去所有的實驗都不能證明宇稱是守恆或是不守恆，那末當然就需要採用新的辦法來設計一些新實驗了。而這個任務是差不多由李、楊兩人全部完成了的。幾乎是所有可能做的實驗，都由他們詳加討論。他們設計這些實驗時所採用的思想原則也是值得我們注意的。直到現在為止，基本粒子理論一直存在着很大困難，換句話說，現有的理論並不是很可靠的。當然，在設計一些新的實驗時，就會遇到設計這些實驗所要依據的思想是否正確的問題。可是李、楊所採用的卻是另一種辦法，他們並不根據現在不甚可靠的理論作為設計實驗的根據，而是分析了足以檢證宇稱守恆問題的各種因素，從現有理論中抽出其中最可靠的部分，從理論的高度抽象的角度來設計實驗。這樣，他們就捨棄了大量複雜的因素，從而設計出可以不依存於現有理論具體形式來驗證宇稱是否守恆的實驗。後來由著名科學家吳健雄所從事的證明宇稱不守恆的確證實驗，就是李、楊所設計的一系列實驗之一。

在實驗證實了弱相互作用下宇稱不守恆以後，李、楊又進一步討論了其他守恆定律，如時間反演守恆，電荷共軛守恆定律在弱相互作用下是否正確的問題。當然，這是理論成就的進一步推廣了，也是理論向前發展的必然的邏輯。不過，這裏值得提出的仍然是他們所使用的理論和實驗相結合的方法，他們對各種理論因素在實驗上可能產生的影響的分析，以及各種實驗結果能在哪些範圍內驗證哪些理論因素的分析，是很值得我們注意的。

我感到，李政道和楊振寧創造性的分析理論因素和實驗結果的方法，正是他們的工作方法上最可貴的地方。

在 1957 年 5、6 月間，有一些青年同志認為李政道和楊振寧的成功是他們的「獨立思考」和進行純理論探討的結果，是推翻了馬克思主義的認識論。我感到這個觀點是極大的錯誤。從以上的分析看來，李和楊的成功主要是理論和實驗的創造性的結合而獲得的結果，是批判地分析了理論和實驗的關係而獲得的結果。由此可見，李和楊的工作一點也沒有「推翻」馬克思主義的認識論，而是證實了馬克思主義認識和實踐的關係學說的光輝。

Brief Message of Congratulations

Gerardus 't Hooft

Institute for Theoretical Physics, Utrecht University

Dear Frank,

My most sincere congratulations regarding your 100th birthday.

Like many other participants of the scientific quest to find out about the way nature's laws are functioning, I stand in awe of what you have achieved, in many different areas, connecting statistical mechanics with elementary particle physics and more general mathematical physics. I hope you will stay with us in good health to witness where all of this knowledge is heading.

楊振寧論科學技術史

厚宇德

山西大學科學技術史研究所

摘要：楊振寧關注和研究科技史，尤其物理學史、數學史，主要出於兩個目的：物理學研究的需要，以及深入了解和認識科技史尤其物理學發展史的需要。在二十世紀 80 年代，楊振寧多次向國內同行強調科技史、物理學史研究的重要性，並推薦優秀的科技史研究者及科技史著作。當時這對於影響中國學者，尤其物理學專業人士從事科技史研究，具有積極的鼓舞和推動作用。楊振寧在中國近現代科技史、量子力學史、美國科技史等領域有深入的研究及非凡的造詣。他很在意著述的文風，也形成了自己獨特的文風 —— 文章追求表述之簡潔、邏輯之嚴謹，並富有文學美感。他在科技史領域的相關著述與他的科學貢獻一樣，是值得反覆體味的珍貴科技文化遺產。

在研讀楊振寧的著述時我一再意識到，以物理學史為基礎的科學技術史研究工作，在楊振寧的學術世界裏，尤其後期學術生涯中，佔有獨特的地位。要全面了解楊振寧的學術思想、學術貢獻與學術風格，很有必要在科技史視角下，對他的著述作進一步的再解讀。

一　楊振寧從事科技史研究的兩個維度

楊振寧對科技史的關注與研究，可以分為兩個維度。第一維度很難確定標誌性起點，幾乎伴隨其整個科學生涯。基於這一維度他對科技史（以

物理學史及部分數學史為主）的關注，主要是基於其理論物理學研究之需要。

　　科學史理論家克拉夫（Helge Kragh）說：「在古典時期和中世紀，通常的科學修習形式包括與更早的思想家有關的內容。人們對古典著作加以批判評註和分析，以此作為新思想的出發點，並對人們當時關心的問題有所貢獻。……十六和十七世紀，當新科學形成之時，歷史仍然被認為是科學知識的一個必不可少的組成部分。……從十七世紀末開始，對古典權威的態度發生了變化。」[1] 雖然如此，認真研讀牛頓（Isaac Newton）、麥克斯韋（James Maxwell）、赫茲（Heinrich Hertz）、馬赫（Ernst Mach）、愛因斯坦（Albert Einstein）直至楊振寧等人的著述，不難發現回顧科學概念、科學思想發展史仍然是他們創新的重要途徑，甚至是創新的重要動力來源。他們在回顧、思考與自己當下研究有關的前人思想觀念及其演變過程中，獲得啟發與感悟，不斷明確並調整自己的前進方向，並在前人思想所能抵達的極限處拓展，從而做出重要的科學貢獻。就楊振寧在規範場領域的研究而言，在物理學方面他要回視牛頓的引力場、研究法拉第（Michael Faraday）、麥克斯韋締造電磁場理論的關鍵創新理念、思考愛因斯坦的引力理論與量子力學的基本概念及其數學結構，還要研究韋耳（Hermann Weyl）、福克（Adriaan Fokker）、倫敦（Fritz London）、泡利（Wolfgang Pauli）等人的研究成果；而從數學的角度，他要關注列維－奇維塔（Levi-Civita）、嘉當（Élie Cartan）等數學家關於現代幾何學的經典著述。經歷迂迴曲折，在數學家賽蒙斯（Jim Simons）的幫助下，深入清晰理解「纖維叢」和「聯絡」等基本概念、徹底搞明白了陳省身－韋伊（André Weil）定理之後，他才「真有觸了電的感覺」[2]，終於意識到物理學普遍的規範場等同於數學纖維叢上的聯絡。根據楊振寧對他自己每項重要研究的回憶，讀者能感受到他基於歷史維度、站在前人肩膀上的智慧探索，也隱約可見他在物理學、數學思想史上連貫攀登的足跡。在這一維度，楊振寧主要是通過閱讀有關物理學家、數學家的專業著述而不是科技史著作，從而釐清重要概念的產生與演變過程，經過思索對其產生深刻之認識，並基於自己有力的創造性工作，將相關領域的研究推進到一個新的高度。

　　第二個維度是楊振寧以純粹研究物理學史為目的，而研讀和撰寫專業物理學史著述。這一工作至今未曾停止。雖然他較早就曾撰寫物理學家傳記及紀念性文章，但筆者認為這一維度下標誌性的第一篇文章，是發表於1986年的〈王淦昌先生與中微子的發現〉一文[3]。1986年，楊振寧回國時向國內同行推薦了多本專業物理學史著作，這説明在此之前他已經認真研讀這類著述；而在前一維度，他的歷史性跋涉，主要是通過閱讀此前物理學家、數學家的原始著述來實現的。基於這一思考，筆者曾在較長時間裏將楊振寧開始從事專門科技史研究的時間確定為二十世紀80年代中期。

　　然而一旦將楊振寧第二維度下的科技史研究突破物理學史的局限，這個時間點就不夠準確，而會大大提前。1982年楊振寧寫下了這樣的回憶文字：「1972年夏天作第二次（回國）旅行時，我已經拿定主意，作為一名中國血統的美國科學家，我有責任幫助這兩個與我休戚相關的國家建立一座了解和友誼的橋梁。我也感覺到，在中國向科技發展的道途中，我應該貢獻一些力量。」[4]楊振寧為中國科技發展貢獻力量的方式多樣，其中之一是他開始留意總結美國科技發展的成功經驗，並考察美國一些著名科研機構的內部運作模式等等；他還特別留意日本的經濟與科技發展情況，因為在他看來日本在學習發展現代科技與保護本國傳統文化方面都是成功的楷模。然後，他通過演講、發表文章等方式，將自己研究的心得介紹到國內。現舉一例。1982年3月5日《光明日報》發表了楊振寧撰寫的〈對於中國科技發展的幾點想法〉[5]，文中指出中國科技體系中存在一個問題：「在物理學科內，傾向於走兩個極端：或者太注意原理的研究，或者太注意產品的研究（製造和改良）。介於兩種研究之間的發展性的研究似乎沒有被注重。」[6]楊振寧強調發展性研究極其重要：「發展性的研究則是一種中期的投資，希望五年、十年或二十年內能成功增強社會生產力。這種投資我覺得是當前中國科技研究系統中十分脆弱的一個環節。」[7]文中以美國貝爾實驗室、通用電器公司研究實驗室等五家著名實驗室為例，指出中期發展性研究經費與長期的原理性研究經費比例約為10：1；還指出：「中國需要一個新的、效率高的發展性物理研究中心。很多在美國的中國

血統的科研人員都同意這一看法。」[8] 顯然楊振寧在正式發表這些看法之前，已經做過深入的考察和思考，並曾與一些在美華裔科學家們討論過相關議題。

在 1982 年這篇短文中，楊振寧還介紹了貝爾實驗室研發人員（科學家、工程師）數量（1.2 萬），以及這些人員中具有博士學位者的數量（3,000），總結了美國這類研究機構的經費來源，並歸納總結了這類研究機構取得成功的三個原因。毫無疑問，驅使楊振寧撰寫發表這篇文章的根本動機，是他想為中國的科技與經濟發展「貢獻一些力量」。這篇短文的內容與楊振寧的理論物理學專業研究沒有直接關係。這是他對國內科技發展狀況有了較為充分的了解、對美國一些研究機構做了比較詳細的關注與考察之後，才有針對性給出的建議。這種有明確目的性的前期準備工作應該是從 1972 年夏天就已開始。在較為寬泛意義上，這類對科技政策、科研理念等的考察、比較與分析，是科學技術史學科的份內之事。在此意義下，楊振寧在第二維度對科技史的專業研究就應該上溯到二十世紀 70 年代初期。

二　楊振寧較早推動國內現代科技史研究

二十世紀 80 年代回國時，楊振寧在與國內同行座談以及做學術報告時，曾多次強調科技史的重要性，並為國內開展科技史研究提供良好建議。他是二十世紀較早（很可能是最早）向國內介紹國外現近代科技史研究狀況的著名科學家。

1986 年 6 月 7 日在南開大學與物理系同行座談時，楊振寧介紹當時國際物理界一些熱門研究方向後，特別指出[9]：

> 西方對科技史愈來愈注意。……（我）建議（大家）讀三本書：《愛因斯坦傳記》、《向裏頭走》和《第二次創生》（後兩部書是寫二十世紀物理學發展史的，本文作者註）。現在美國人愈來愈重視物理學史。王淦昌先生快 80 歲了，我與李炳安一起寫了〈王淦昌先生與中微子的發

現）。另一個是關於趙忠堯先生的工作，他圍繞檢驗狄拉克（Paul Dirac）的理論，發現了兩件事，做了兩個實驗，他做得最準確。南開大學文獻資料多，應該做點這方面的工作。我再講一個例子，關於蘭姆實驗問題，發現謝希德的父親謝玉銘先生做的實驗比蘭姆早好多年。研究一些中國科學家的貢獻是很值得的。（中國）科技大學錢臨照先生很關心此事。

關於《第二次創生》，楊振寧在 1987 年發表的文章中說：「1986 年 3 月，我在紐約買到一本新書，名叫 *The Second Creation*（《第二次創生》），是兩位研究物理學史的作家寫的，他們是克里絲（Robert P. Crease）與曼恩（Charles C. Mann）。書中描述了本世紀許多重大的基本物理學發展，全書二十章中有三章專門討論發現重整化概念的實驗與理論經過。」[10]《第二次創生》這本書極為推崇加州理工學院的豪斯頓（William V. Houston）和謝（Y. M. Hsieh）發表在《物理評論》（*Physical Review*）上的一篇實驗文章。楊振寧說：「豪斯頓和謝的工作我從來沒有聽說過。看了《第二次創生》中對他們工作的推崇以後，我想到謝也許是現任復旦大學校長謝希德的父親謝玉銘教授。」[11] 後來楊振寧從謝希德那裏證實了他的猜測。基於此楊振寧撰寫了一篇令人動情的文章 [12]。

1986 年在中國科技大學研究生院（北京）做系列學術報告時，楊振寧建議研究生同學們要注意拓展自己的學術視野和興趣點，他給出的方法之一是：「物理學史也應該去注意一下。」[13] 在報告中楊振寧還推薦了梅拉（Jagdish Mehra）等人撰寫的多卷本《量子力學發展史》（*The Historical Development of Quantum Mechanics*）：「如果大家有興趣，可以看梅拉和端肯伯（Helmut Rechenberg）合寫的量子力學史。這本書很多人不喜歡，它是有可以批評的地方，但是這本書是很重要的。」[14]

在回顧楊振寧給予中國學者和學生們這些學習、關注和研究科技史、物理學史的建議時，我們有必要簡單了解一下當時國際及國內科技史、物理學史的發展狀況。中國科學技術史學會成立於 1980 年，美國物理

學會物理史分會（The Division of History of Physics of American Physical Society）成立於 1982 年 3 月，而中國物理學史專業委員會成立於 1982 年 11 月。楊振寧以上建議，雖然是在小範圍，但是稍後作為學術報告的內容也都曾正式發表。因此可以説，楊振寧呼籲學習物理學史、建議開展物理學史研究等主張，並推薦具體的該領域優秀著述，這些言行出現在中國科學技術史及中國物理學史發展的重要時期，對於當時中國科技史與物理學史專業研究者與愛好者而言，是令人振奮的鼓舞。

　　與楊振寧在二十世紀科技界的特殊地位有關，也與「楊振寧博士近年來十分關注中國科學史研究事業和中國科學院自然科學史研究所的工作進展」有關，1996 年中科院自然科學史研究所聘請楊振寧為名譽研究員。在名譽研究員授予儀式上楊振寧指出：「現代科技的發展同二十世紀世界的局勢有極為密切的關係，所以要想了解二十世紀的世界的發展情況，以及對二十一世紀的前景作出展望，必須對科技的發展歷史有一個正確的認識。」[15] 這一表述展現了楊振寧學而致用的科技史觀。

三　楊振寧的科技史造詣

　　閱讀楊振寧的著述能感受到，他研讀過的物理學史著述遠遠不限於他提到並推薦的這幾部著作。楊振寧對科技史，尤其對近現代物理學史有透徹、專業而十分獨到的認識。1997 年 1 月在香港做學術報告時介紹了海森堡（Werner Heisenberg）關於矩陣力學的首篇文章後，楊振寧指出：「可是這篇文章只開創了一個摸索前進的方向，此後兩年間還要通過玻恩（Max Born）、狄拉克、薛定諤（Erwin Schrödinger）、玻爾（Niels Bohr）等人和海森堡自己的努力，量子力學的整體架構才逐漸完成。量子力學使物理學跨入嶄新的時代，更直接影響了二十世紀的工業發展，舉凡核能發電、核武器、激光、半導體元件等都是量子力學的產物。」[16] 在楊先生關於量子力學史的這一描述中，顯然沒有提及玻恩帶領弟子們為建立量子力學（玻恩在海森堡文章發表前一年，即 1924 年，就已經為原子新力學

取了「量子力學」這個名字）的幾年探索，對於海森堡這篇文章誕生的重要影響。雖然如此，對國內外量子力學發展史著述有一定關注的讀者都可以發現，楊先生的這一描述，將玻恩排在狄拉克、薛定諤以及玻爾之前，這是極為大膽的做法，但也是十分正確的做法。在諸多其他相關文獻中，描述這段歷史時，玻恩總是作為最後的配角，甚至在有的著述中，玻恩被徹底忽視而沒機會出現。因此，楊振寧先生對於量子力學史的這一簡短描述，說明他對量子力學發展史比中西方物理界、科技史界很多學者的認識更為客觀而深刻。

楊振寧對美國科技史有深刻而獨特的認識。學術界有一種認識，正如潘教峰、劉益東等人的文章所説：美國「於 1920 年取代德國，成為保持至今的世界科學中心」。[17] 但是楊振寧卻將重整化理論的成功建立作為物理學開啟美國新時代的標誌：「從歷史的觀點來看，我認為，重整化在理論上和實驗上的進展，是第二次世界大戰以後第一個最激動人心的事件。它也標誌着歐洲在基礎物理學上一統天下的時代的結束，顯示一個新時代、美國時代的開始。打個比方，重整化是本世紀基礎物理學發展中的一座高峰。」[18] 1965 年，美國物理學家費曼（Richard Feynman）、施溫格（Julian Schwinger），與日本物理學家朝永振一郎（Shinichiro Tomonaga）由於對量子電動力學的基礎貢獻而分享了當年的諾貝爾物理獎，他們的重要技術手段就是重整化。費曼、施溫格與朝永振一郎三個人，各自的相關的主要研究工作均完成於二十世紀 40 年代後期。以此項研究為標誌，則美國成為世界物理學研究中心的時間比 1920 年代要至少延後 20 年。而在此之前，美國已經將近有 10 位諾貝爾物理獎獲得者，美國的原子彈、氫彈也已研製成功，當然美國還取得了一系列物理學以及其他科學技術上的成就。

筆者認為，楊振寧的這個觀點是他對美國科學技術史尤其物理學發展史深思熟慮之後做出的斷言。關於此説法的合理性值得專門撰文分析探討；楊振寧提出這一説法本身，足以證實他是對美國物理學發展史有透徹

認識的專業科技史家。與他相反，很多人無法拂去那些足以迷惑人的表面現象：此前美國有近 10 位物理學家獲得了諾貝爾獎，但是有兩個事實必須面對：第一，這些諾貝爾物理獎獲得者多數在國外，尤其在歐洲國家受過高等教育，多數獲得過博士學位或者有博士後研究經歷，甚至有的人如斯特恩（Otto Stern）的主要研究工作都不是在美國完成的；第二，顯然楊振寧重視這樣一個事實：在重整化研究之前的那些獲得諾貝爾獎的美國物理學家的工作，雖然均屬一流，但是唯有費曼和施溫格這兩位美國本土物理學家的工作（楊振寧還曾特別強調過：美國物理學家戴森〔Freeman Dyson〕雖然沒獲得諾貝爾獎，但是他在重整化理論建立過程中的作用不可或缺、無可替代），是 1945 年以後「第一個最激動人心的事件」，是整個二十世紀「基礎物理學發展中的一座高峰」。而在此之前，物理學此等數量級的傑作還未曾出現於美國。因此，楊振寧的説法不是由於他對美國科技史的無知，而是因為他對美國科技史做過深入的思考。

　　楊振寧更加用心關注並對中國近現代科技史有透徹了解。在一次接受訪談時楊振寧對兩個問題的回答，可以充分展示出他在中國近現代科技史領域的不凡造詣。採訪者張奠宙教授想必知道楊振寧不善於做實驗的故事，因而提出的問題是：「是否中國人的動手能力比較差？」楊振寧的回答如下 [19]：

　　　　這話看來不對。中國早期的物理學家，多是實驗物理學家（因為「科學救國」需要更多的實際貢獻）。中國第一個物理學博士學位是 1908 年由李復幾在波恩大學獲得的，他是做光學實驗的。而第一個以理論物理工作獲博士學位的是王守競先生，他是 1927 年在美國哥倫比亞大學獲得的。我是理論物理方面獲博士學位的第 16 名中國人。總體上説，中國實驗物理學家成就很高。如吳有訓在芝加哥大學對康普頓效應的驗證，就是由於動手好，比否定康普頓（Arthur Compton）的那位做得精細，所以贏得很高聲譽。……這樣的例子舉不勝舉，如趙忠堯、吳健雄、丁肇中等都是以實驗物理著稱的名家。前些年，中國學者一度搞理

論的居多，主要是教育方面的問題。大學裏動手機會太少，出國後駕輕就熟，就都在理論上下功夫。其實，並非中國人沒有動手的能力，只要條件具備，中國人是善於做實驗的。

如果一個人對於中國早期物理學科的留學群體沒有細緻的關注，是無法做出這樣精彩答案的；而楊振寧完全是基於中國近現代物理學精確史料作答的。張奠宙教授還曾問：「是不是中國的物理學發展得特別好，首先取得成功？」此問中的成功指首先獲得諾貝爾獎。楊振寧對這個問題的精緻答案，說明他不但用心關注中國物理學留學群體，還深入研究整個中國留學科技群體 [20]：

> 好像不是這樣。我的印象是，中國學者最先進入世界學術的主流圈，得到同行公認的學科是工程，早期留美學生多數讀工科。有的理科，如化學，實際上也以實驗為主，近於工科。我在 1946 年到美國時，工科的中國學者已經很有名氣，受到美國人的重視，如錢學森。另外，許多中國學者已在麻省理工學院獲得終身教職，如朱蘭成、李郁榮等，後來有林家翹。那時在數學和物理方面獲得終身教職的中國學者還很少，所以曾是非常令人羨慕的。在美國國家科學院 1,672 名院士中華人有 30 人，佔 0.18%，而在美國工程科學院 1,348 名院士中有華人 43 人，佔 0.32%，比例較科學院為高。然後是數學，先後來美國的陳省身、華羅庚、許寶騄等，聲望很高。就華人獲諾貝爾獎而言，50 年代由物理學開始，然後是化學，而生物學方面現在還沒有。但今後這 10 年，我想生物方面會有中國人得諾貝爾獎，因為目前在國內和世界各地生物學界的中國人非常之多。

這個答案涉及物理、化學、生物、數學及工科學科，一些留學者的具體名字，以及其中的一些數據，筆者相信即使今天的中國科技史專業研究者，如不做針對性研究，答不上來者恐怕十佔八九。綜上所述，筆者認為

楊振寧對於中國近現代科技史、量子力學史、以及美國科技史有深透的研究，造詣頗深並有自家獨到之見解。

四　楊振寧讚許的科技史研究者

楊振寧在與筆者的交流中，讚揚和肯定過三位科技史研究者，他們是派斯（Abraham Pais）、德累斯頓（Max Dresden）和彭岳。對此做些介紹，有助於了解楊振寧的科技史品味與好惡。

關於派斯的著作，楊振寧在較早的演講中就有過好評。1986 年在中國科技大學研究生院（北京）作報告時，楊振寧曾指出 [21]：

> 我介紹大家去看派斯在四年前所寫的愛因斯坦的一個科學傳記。以前雖然有過很多愛因斯坦的傳記，但都不是真正深入做理論物理的學者所寫的。這卻是第一次，所以立刻就成了一本非常重要的書。……派斯是 1918 年生的，在普林斯頓高等研究所我們同事了十六七年，後來他到洛克菲勒大學做理論物理方面的主任。最近幾年，他致力於寫科學史。上述的這本書使他一舉成名。

關於德累斯頓的科學史研究方法與風格，楊振寧更為欣賞和推崇，但是筆者在楊振寧的著述中沒有找到相關評價。2018 年 9 月 17 日筆者在致楊振寧的郵件中提到了德累斯頓撰寫的一篇文章的節錄中譯文 [22]，次日楊先生在回函（圖 1）中高度評價德累斯頓的這篇科技史文章：

> 德累斯頓很長時間裏是我在石溪的同事。他的這篇文章收錄於 1992 年我的紀念文集裏，這個文集是由劉（兆玄）和丘（成桐）編輯的。這是一個最後沒有完成的關於物理研究風格的非常有趣的分析。這一研究如果徹底做完，我相信將為物理史研究確立一個重要的新方向。（他

最重要的一本書是他撰寫的很成功的克拉默斯〔Hans Kramers〕傳記）。
你信函附件中的漢譯部分太短了，失去了德累斯頓所做的分析及論點的
精髓。

Dresden was my long term colleague at StonyBrook. His article was published in the 1992 Festschrift for me, edited by Liu and Yau. It was a very interesting unfinished ananlysis of STYLES in physics research. If finished, I belive it could establish an important new direction in studying the history of physics. [His most important book was his biography of Kramers, a very successful book.] The translation you attached to your message was too too short, missing the essence of Dresden's arguments and analyses.

圖 1 楊振寧來函剪切圖，2018 年 9 月 18 日。

楊振寧提到的德累斯頓撰寫的這篇文章，題目為〈試論物理學中的風格和品味〉，原文較長，在漢譯本《楊振寧：20 世紀一位偉大的物理學家》[23]一書中，頁 144 至 186。甘幼坪翻譯發表的〈試論楊振寧的研究風格〉，僅是該文中很短的一個環節。德累斯頓原文除了開場白，正文有以下幾個部分：

一、為甚麼風格是一個正當的論題
二、風格多樣性之芻議
    1. 不同風格的基礎；2. 一些個人的觀點及期望
三、對風格進行分類的嘗試
    1. 奧斯特瓦爾德的舊門類；2. 朗道圖；3. 戴森門類；4. 克雷默斯分類；5. 其他評論
四、風格的差異：某些實際的效果
    1. 費米和海森堡；2. 烏倫貝克和楊振寧
五、結論、鳴謝和祝詞

德累斯頓首先是一位專業的物理學家，其次才做物理學史研究。可以看出為了撰寫這篇文章，他閱讀了很多物理學家的科學著述，並對其做了深入細緻的分析，從而對這些物理學家的工作特點及研究風格有通透的認

識。筆者認為，楊振寧之所以非常推崇這篇文章，原因之一是文中對他的風格等的描寫得到了他的高度認可。有趣的是德累斯頓的觀點與楊振寧自己此前有的說法並不完全一致。如楊振寧說自己的風格是狄拉克、費米、愛因斯坦三個人風格的組合（平均值），但是德累斯頓認為這種說法並不確切。原因之二是德累斯頓的這篇文章從頭至尾以分析物理學家的風格與品味為主旨，而這恰恰是楊振寧非常感興趣的話題，他曾在不同的場合多次暢談科學家的 style 和 taste。因此，兩個人在研究物理學史時，有相同的旨趣。

在楊振寧與筆者的幾次會面時，他曾多次提到彭岳，而在楊振寧的著述中，也多處出現關於彭岳的文字。1986 年 6 月 7 日在與南開大學物理系老師座談時，楊振寧說：「蘭州大學研究生彭岳研究荷蘭的科技史，兩個月內寫出了論文，我給改了改，在去年 5 月的（上海）《自然雜誌》上發表了。後來彭岳去了美國，我又建議他研究原子彈發展史，他看了 100 多本書，用 10 個月時間寫了五篇論文。他可以獲得高能物理學學位，但他很可能要做科學史方面的工作 [24]。」[25] 而同年在中科大研究生院（北京）做報告時，楊振寧關於他如何與彭岳相識、給彭岳提過甚麼建議，以及他對彭岳物理學史研究工作的讚許等描述得更為詳細 [26]。

由於有楊振寧的多次推薦，筆者曾留意過彭岳的相關著述。大體是這樣的：

1. 彭岳、應純同：〈近代幾位傑出的荷蘭物理學家〉，《自然雜誌》，1985，8 (5)，頁 369–373。該文未列參考文獻，但是在文末指出：「本文是楊振寧 1984 年 7 月訪問荷蘭時建議作者寫的。」
2. 彭岳：〈走向核時代〉，《自然雜誌》，1986，9 (9)，頁 663–668。
3. 彭岳：〈納粹德國核計劃的失敗〉，《自然雜誌》，1986，9 (9)，頁 669–676。
4. 彭岳：〈英國戰時核研究〉，《自然雜誌》，1986，9 (10)，頁 761–767。

5. 彭岳：〈原子彈在美國誕生〉，《自然雜誌》，1986，9（10），頁 768–776。

6. 彭岳：〈奧本海默與美國核計劃〉，《自然雜誌》，1987，10（1），頁 45–51。

7. 彭岳：〈原子彈、氫彈研究的歷史教訓〉，《自然雜誌》，1987，10（1），頁 16、52–54。

8. 彭岳：〈物理學研究和菲利浦公司的發展〉，《物理》，1988，17（1），頁 27–30。

　　彭岳關於原子彈與氫彈的文章如上所列，有五篇發表於 1986 年，還有一篇總結性闡述核武器研製的教訓，發表於 1987 年，故共六篇。這六篇文章主要參考文獻是國外已經公開出版的著作，其中包括幾位著名物理學家（玻恩、海森堡、康普頓等）的回憶錄，還有物理學家撰寫的物理學史類著作，如派斯撰寫的愛因斯坦傳記，以及塞格雷（Emilio Segrè）的《從 X 射線到夸克》等，共列參考文獻 29 條。這六篇文章對於二十世紀 80 年代的中國讀者以及科技史研究者而言，都是需要的、值得閱讀的。但是按照科技史學科對研究成果的認定，六篇文章都是基於他人研究著作（即二手文獻）而整理出來的介紹性文章，並不具備足夠的科技史研究工作的原創性。

　　前面已經說明為甚麼楊振寧欣賞德累斯頓的物理學史研究論文，那麼楊振寧讚揚和肯定派斯和彭岳是出於甚麼思考？事實上從前文所引楊振寧對於彭岳的介紹即可以看出，他欣賞彭岳是因為彭岳為撰寫這幾篇文章讀了很多書（他跟楊振寧說讀了 100 多本），另外能夠較快寫出讓楊振寧認可的文章。讚揚派斯的物理學史著述時，與讚揚彭岳的共同之處是肯定派斯做了大量文獻工作，言之有據、言之有理、言之可信。幾乎每次在讚揚派斯和彭岳的同時，楊振寧對國內有些科技史著述缺乏文獻支撐等有所批評。從這個意義上看，楊振寧推薦的他認可的科技史著述，有為我們提供科技史研究範本的寓意。

五　楊振寧談文章撰寫風格

楊振寧明確表示他極為欣賞狄拉克的文風而不喜歡海森堡的文風。

那麼具體是狄拉克文章的甚麼特點打動了楊振寧，又是甚麼原因令他對海森堡的文風生厭？楊振寧對此直言不諱，他說狄拉克的文章「沒有一點渣滓」[27]，而給人以「秋水文章不染塵」的美妙感受[28]。然而，「海森堡的文章則完全不同。二者對比清濁分明」[29]。在楊振寧看來，海森堡所有的文章都有共同的弱點：「朦朧、不清楚、有渣滓。」[30]朦朧指的是文章寫得不清晰；有渣滓指的是文字不簡潔、不精練，文中「對的東西和錯的東西都有」，「有時甚至是前後矛盾的」[31]。通過這樣的對比，可以得出一個結論：楊振寧欣賞精雕細刻、表達清晰簡潔、邏輯嚴謹、結構清晰有條理的文章。他欣賞這樣的文章，他寫文章時也總是爭取達到這個要求。1982 年，他說：「在用詞上我喜歡改來改去，直到今天還是依然故我，絲毫未變。」[32]

寫文章遣詞造句反覆推敲的結果，造就了楊振寧文章的獨特風格。筆者認為楊振寧的文章多可以稱之為「學術報告體」（很易於以現在 PPT 文件形式展示）：清晰而凝練的詞語表述、階段性精彩概括的小結（有時是他自己做出，有時是他引用一段簡短的經典語句），其間綴以考究的展示觀念間邏輯關係的插圖或表格。將這一切貫穿起來的是明晰的思想理念。事實上，楊振寧的很多文章，確實是為了做學術報告而撰寫的。楊振寧的這一文風，在其科技史類文章中表現得尤其淋漓盡致，〈幾何學和物理學〉[33]、〈愛因斯坦對理論物理的影響〉[34]、〈對稱和物理學〉[35]、〈近代科學進入中國的回顧與前瞻〉[36]等文章，都屬於這種典型的「學術報告體」風格。

然而再深入考察發現，楊振寧評判文章優劣並不僅僅以簡潔和邏輯嚴謹為尺度，因此對楊振寧文風的探討不能到此終止。楊振寧喜歡用一些特殊的詞語評價文章，如 1964 年楊振寧對奧本海默的文風做出過這

樣的評價：「他用優美而富有說服力的語言向大眾講解深奧的科學新發現。……對他的著作不能淺嘗輒止，優雅、富有韻律、文體之豐富都表現在他的著作中。他的著作以難以置信的完美和豐富的資料，揭示出人類在科學時代所面臨的多種多樣的複雜問題。」[37] 在這個例子中，楊振寧評價文章用到了「優美」、「難以置信的完美」、「優雅」、「富有韻律」等修飾詞語。對一篇文稿反覆推敲，可以達到語句清晰簡潔、文章邏輯嚴謹，但是卻不能使文章必然地優美、優雅並富有韻律，反而可能會出現語言單調乏味僵硬等問題。因為有此困惑，筆者曾多次與楊振寧談論其文風。2015 年 12 月 10 日筆者再次致函楊振寧表達對其文風的新感受。在次日回函中，楊振寧說：「謝謝你對我寫作風格的評價。很巧，最近我與台灣大學的高湧泉教授在信函中談論了這一話題。我把相關信函附件給你。」（圖 2）

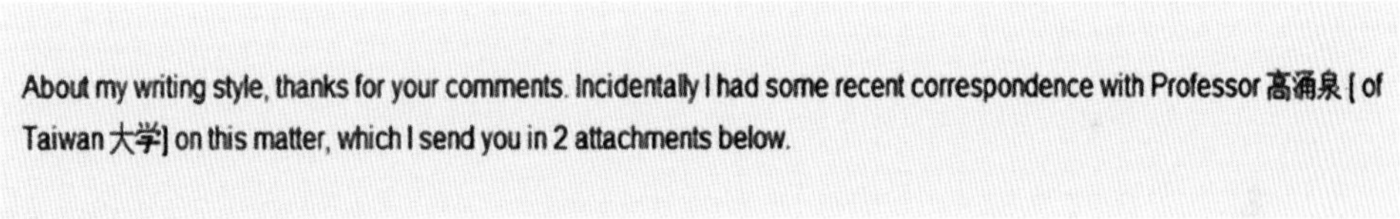

About my writing style, thanks for your comments. Incidentally I had some recent correspondence with Professor 高涌泉 [of Taiwan 大学] on this matter, which I send you in 2 attachments below.

圖 2 楊振寧來函剪切圖，2015 年 12 月 11 日。

在楊振寧轉來的附件中，有他 2015 年 12 月 5 日寫給高湧泉教授的郵件，其中有這樣的話（圖 3）：

我來美國早期，常閱讀發表於《讀者文摘》的海明威（Ernest Hemingway）的小說。我想這種閱讀對我的文風有影響。「寧拙毋巧，寧樸毋華」的家庭傳統對我的文風也有影響。賈平凹編寫過《優雅的漢語：影響了我一生的三十二篇美文》這本書，我的〈鄧稼先〉一文被選入其中。我為此而高興。

在 2015/12/5 下午 2:16，frankcn yang 写到：

YC,

I am of coursed pleased that you like my style of writing. I think i was inflenced in my early
days in the US through reading the novels of Hemingway, and through regularly reading
<Reader's Digest>.

A family tradition also influenced me: 宁拙毋巧　宁朴毋华。

I was pleased when 贾平凹 in choosing articles for a book he was editting: <优雅的汉语，
影响了我的三十二篇美文>, included my <邓稼先>　as one of his choices.

Regards,　cny

圖 3　楊振寧來函剪切圖，2015 年 12 月 5 日。

在 2015 年 12 月 21 日與筆者談話時，楊振寧對他受海明威影響有更
多的説明 [38]：

> 我喜歡讀海明威的作品。為甚麼喜歡海明威呢？因為他的句子都
> 不長，喜歡他可能與我喜歡濃縮有密切關係。我知道簡潔是一種文學的
> 美，比如在詩詞裏；但是相反的情況也能成為一種文學美，比如漢賦用
> 詞就似乎存在堆砌，就是説特殊的重複和堆砌也可以具有很強的文學效
> 果。但是囉嗦而不簡潔的描述不符合科學美，這是毫無疑問的。文章我
> 沒有事先考慮寫成甚麼樣，寫出來並修改到一定程度後，本能會讓自己
> 覺得滿意。

這段文字讓筆者茅塞頓開：楊振寧所説的文章表達之優美，應該是
指文章的作者以某種特殊方式賦予文章的文學藝術美！在另外一個場合
楊振寧曾説：「韋耳的文章寫得很美，我不知道他是否也寫過詩，但是他
確實很喜歡讀詩。」[39] 顯然楊振寧認為韋耳的文章充滿詩意，詩意是一種
文學之美。因此筆者認為楊振寧追求的上乘文章，就是表達簡潔、邏輯嚴

謹，而又具有一定文學美感（如詩意）的文章。楊振寧對於文學的鍾愛，皆因他對文學美有特殊感受。除了前文提到楊振寧閱讀並喜愛海明威的小說外，他也喜歡優秀的中國古典小說。如他認為《紅樓夢》是一部了不起的著作：「它細緻而巧妙地把那麼多錯綜複雜的人際關係與家庭糾紛安排得無懈可擊，讓人物的性格在字裏行間及人與人互相交往中表露無遺，栩栩如生。」[40] 楊振寧對中國的詩歌更是有特別的愛好：「中國的詩，由於它的語言文字在音律上的結構有許多西方的詩歌不能達到的地方。……當我們看一首中文詩與一首英文詩歌時，最大的感覺是西洋詩太明顯，東西都給它講盡了，講盡了詩意也沒有了。」[41] 因此，中國古詩與西洋詩的重要區別是中國古詩更富有詩意，也即中國古詩具有其獨特的美妙：「我覺得中國的詩是非常美妙的，它美妙的地方，我們應該讚揚及加以保持，因為太明顯的詩是乏味的。」[42] 在楊振寧對於中國古詩特點的這些認識之上，我們有理由做個推論：楊振寧所說的中國古詩之美，所指即古詩所蘊含或表達的意境。

楊振寧喜歡中國古詩，在特別的情境下他也偶爾自己寫詩。1978年7月，乘機飛越雅魯藏布江時，他因「奇景難忘」有感而作一首七言八句的〈時間與空間〉詩[43]。1983年他曾撰寫五言八句的〈贊陳氏級〉詩，送陳省身先生。1983年他飛越瑞士中部的阿爾卑斯山脈時，有感而撰寫七言絕句〈瑞士仙境〉[44]，其中的「霧上白垛悠然飄，淺是雪山深是雲」，悠美而富有禪意。

筆者有一種感覺，閱讀楊振寧的文章，應該想像着他的樣子，最好是聽過他講話的聲音，然後想像他本人朗誦這篇文章。他的朗誦一定不是急促而是和緩中有一種節奏 —— 稍許的抑揚頓挫，因思索或回味而明顯的停頓；然後轉入思想遞進而形式並列的下一個環節……當文章戛然而止時，意猶未盡，或回味無窮或思緒飄遠。筆者不懂音樂，但是覺得這樣的朗讀如果配以節奏適當的鋼琴曲，更能在哲思與天籟合一的氛圍中助人感受其思想境界。無論他朗誦的是〈鄧稼先〉還是《曙光集》前言，都會展示出情感與思想張力交織的一種獨特韻律，筆者認為這種韻律就是詩意借助

語言和聲音的表達。正因為楊振寧科技史文章中散發着詩意的感染力,使
〈鄧稼先〉一文被賈平凹收錄於《優雅的漢語:影響了我一生的三十二篇
美文》[45]。

六　結語

從動機上看,楊振寧研究科技史,尤其物理學史、數學史,出於兩種
考量:物理學研究的需要,以及深入了解和認識科技史尤其物理學史本身
的需要。從二十世紀 70 年代起,楊振寧就開始從第二個目的出發關注科
技的發展史;自 80 年代初,楊振寧多次向國內同行強調科技史、物理學
史研究的重要性,並具體推薦優秀科技史研究者以及他們的著述。楊振寧
對於中國近現代科技史、量子力學史、美國科技史之研究都有深厚之造
詣。他很在意著述的文風,也形成了自己獨具特色的文風 —— 文章追求
表述簡潔、邏輯嚴謹,並富有文學美感。他的相關文字與他的科學貢獻一
樣,是值得反覆深入體味的珍貴科技文化遺產。

1　克拉夫(Helge Kragh)著,任定成譯:《科學史導論》(北京:北京大學出版社,2005),頁
　　1–2。

2　楊振寧:《楊振寧文集》(上海:華東師範大學出版社,2000),頁 741。

3　李炳安、楊振寧:〈王淦昌先生與中微子的發現〉,《物理》,1986,15(12),頁 738、
　　758–761。

4　見註 2,頁 223。

5　見註 2,頁 274–377。

6　見註 2,頁 374。

7　見註 2,頁 374。

8　見註 2,頁 375。

9　見註 2,頁 582–589。

10　見註 2,頁 651。

11　見註 2,頁 652。

12 楊振寧：〈一個真的故事〉，《物理》，1987，16(3)，頁 146。

13 見註 2，頁 545。

14 見註 2，頁 548。

15 于生：〈中國科學院自然科學史研究所聘請楊振寧博士榮譽研究員〉，《自然科學史研究》，1996，15(2)，頁 130。

16 見註 2，頁 845。

17 潘教峰、劉益東、陳光華、張秋菊：〈世界科技中心轉移的鑽石模型〉，《中國科學院院刊》，2019，34(1)，頁 10–21。

18 見註 2，頁 822。

19 見註 2，頁 827–828。

20 見註 2，頁 826。

21 見註 2，頁 547。

22 馬克斯‧德累斯頓 (Max Dresden) 著，甘幼玶譯：〈試論楊振寧的研究風格〉，《廣西物理》，1997，18(3)，頁 5。

23 丘成桐、劉兆玄編，甘幼玶譯：《楊振寧：20 世紀一位偉大的物理學家》(桂林：廣西師範大學出版社，1996)，頁 144–186。

24 楊振寧先生曾對本文作者說，彭岳最後既未以研究物理學為業，也未選擇研究科技史，而是婚後與家人在國外從事餐飲行業為生。

25 見註 2，頁 528。

26 見註 2，頁 545–546。

27 見註 2，頁 556。

28 見註 2，頁 846。

29 見註 2，頁 846。

30 見註 2，頁 846。

31 見註 2，頁 553。

32 見註 2，頁 14。

33 見註 2，頁 281–292。

34 見註 2，頁 305–316。

35 見註 2，頁 687–704。

36 見註 2，頁 782–796。

37 見註 2，頁 136。

38 厚宇德：〈楊振寧與科學技術史研究〉，《中國科技史雜誌》，2017，38(2)，頁 256。

39 見註 2，頁 497。

40 見註 2，頁 674。

41 見註 2，頁 668。

42 見註 2，頁 670。

43 見註 2，頁 462。

44 見註 2，頁 464。

45 賈平凹選編：《優雅的漢語：影響了我的三十二篇美文》(天津：百花文藝出版社，2005)，頁 172–178。

楊振寧的百歲人生：
記一位偉大科學家的心路歷程

金耀基

香港中文大學*

一　百歲人生的心路

　　楊振寧先生是二十世紀居世界學術巔峰的中國科學家。1957 年當他與李政道榮獲諾貝爾物理學獎時，我正是台灣大學畢業之年。聞訊，同學無不雀躍、振奮，但「楊振寧」三字畢竟是個遙遠的光輝符號。上世紀 80 年代，楊振寧先生多次來香港中文大學訪問、演講。1986 年他成為中大第一位博文講座教授，每年定期來中大三個月，自此，我有了就近向他

圖 1　楊先生在 80 年代初訪問新亞書院時與金耀基院長、夫人以及哲學系主任劉述先（右一）合照。

---

* 社會學榮休教授、前新亞書院院長、前校長。

圖 2　2021 年 2 月 26 日於西貢海鮮酒家，左起：陳方正、楊振寧、金耀基。

請教的機會，日子久了，對這位前輩學人也多了貼近的親切感。特別是我2004 年自中大退休後，每年他與翁帆來港，我與陳方正兄必會與他有數次餐聚，年年如是，十餘年不變，每次餐聚必有長談、暢談，我充分享受到這樣忘年的言談之樂。2020 年新冠病毒爆發後，楊先生再無踏足香港。在電話中，他表示很希望疫情消後能再去新界西貢海邊的那家餐館，說那是他與翁帆第一次共餐的地方。與楊先生談天是很快樂的，他不但善談，也特別善聽，他喜歡講，也喜歡問，難得的是，意見不同調時，他也坦然。我充分理解翁帆所說，「楊振寧是一個很有意思的人」。多年中，楊先生送我江才健所著《規範與對稱之美：楊振寧傳》（這是一本十分出色的傳記，我之認識楊振寧，得益於此書者甚多）、他與翁帆合著的《曙光集》、《晨曦集》等書，很幫助我窺見到這位二十世紀科學大師的心路歷程。

　　楊振寧的百歲壽宴是我們早有預待的。在中大為他舉辦的九五慶典中，我曾書蘇東坡的《浣溪沙》一詞以賀，中有「誰道人生無再少，門前流水尚能西」之句，楊先生以微笑響應，自有會心。五年瞬間即過，他已步履輕健地登上百歲之階。值此大慶，我不敢強作解人，但樂以我所知、所見、所聞、所思、所感，對楊振寧先生百歲人生的心路作一簡述，以與敬愛楊振寧的讀者分享，並遙讚這位科學史上難得一有的百歲壽星。

圖 3 香港中文大學為楊振寧教授慶祝八秩壽辰，左起：金耀基、楊振寧、楊綱凱。

二 科學與楊振寧的相遇

楊振寧誕生於二十世紀初葉（1922 年），他在烽火連天，抗日戰爭中的昆明，在西南聯大攻讀物理學，並從此走上科學之路。應指出，科學真正進入中國大學而為國人了解是在 1910 年代也就是辛亥革命之後，故科學與楊振寧在二十世紀中國「相遇」，是他一生最幸運之事。二十世紀之前，中國二千年是經學時代。太學（或國子監）所教的是經學（四書五經），科舉所試的是經學。民國之後，科學取代了經學而居大學殿堂之主位。我有時想，如楊先生生於清代之前的中國，他會成為甚麼樣的人物？狀元郎？詩人文學家？抑是經學大家？楊先生當年讀科學，是光宗耀祖之路，更是救亡圖強的不二法門。楊先生在百年之日，看到中國在科學上的巨大成就，中國更成為世界第二大經濟體，他應該是極感欣慰的。

三 普林斯頓：攀登科學的高峰

楊振寧的科學之路，起始於家教，數學家父親楊武之是他最早的啟蒙師。楊振寧對數學，少年時已見「早慧」，入讀西南聯大，在明師吳

大猷、王竹溪教導下，打下了物理學紮實基礎，並對物理學的前沿問題已有所領會。西南聯大畢業後，又考入清華大學研究院。抗日勝利前夕（1944 年），他考取清華庚款留美獎學金，到他父親獲數學博士學位的芝加哥大學深造。芝大當時是美國（也是世界）物理學重鎮，他在大物理學家費米（Enrico Fermi）、泰勒（Edward Teller）薰陶點撥下，眼界大開，才華大顯。做研究生時，已被教授邀請協同授課，更在有「氫彈之父」之稱的泰勒手中，以十頁紙論文，取得博士學位。因為「太優美了」，芝大破例請他留校擔任教席。

　　一年後，1949 年，楊振寧應聘轉到普林斯頓高等研究院。這當然是他一生中一大機緣，1930 年成立的普林斯頓高等研究院聲名崇隆，1932 年第一位被聘為教授的愛因斯坦（Albert Einstein）仍健在，鴻儒滿院，群英畢至，在科學家眼中是研究學問最理想的「象牙塔」。楊振寧進入了這座象牙塔，也開啟了人生第一個春天。他與名將之女杜致禮結婚成家，兩人相愛相敬，不離不棄，廝守逾半個世紀。楊振寧在研究工作上也是春風得意。他在高等研究院共 17 年，年年有多篇論文問世。1952 年他與李政道合寫了二篇統計物理的論文，曾得愛因斯坦的青睞約談，於 1954 年及 1956 年更寫了二篇必可傳世的不朽名篇。

　　1956 年楊振寧與李政道合寫的〈弱作用中的宇稱守恆問題〉一文於 1957 年獲頒諾貝爾物理學獎。這篇震動物理學界的論文，被認為是物理學概念的一次革命。可惜的是，愛因斯坦已於 1955 年 4 月 14 日離世，不然愛翁與年輕一代的楊振寧與李政道極可能會有一次有意義的談話。

　　楊振寧與李政道合寫的 1956 年論文，並非偶然機緣之合。從 1946 到 1949 年，楊振寧與李政道在芝加哥大學已成為親密朋友，在同校的朋友凌寧和羅森柏斯（Marshall Rosenbluth）眼中，楊是李的兄長和老師。

　　1951 年李政道到普林斯頓高等研究院，一共待了兩年，楊振寧與李政道曾合寫了二篇上面提到的統計物理的論文。到 1955 年，楊、李又展開了七年的密切合作，直到 1962 年止，期間他們合寫了 32 篇論文。李政道在他的 1986 年的《李政道論文選集》中，對二人的合作有這樣的感受：

　　我們的合作，緊密而且成果豐碩，既競爭又和諧。我們共同的工作激發出我們絕佳的能力，結果遠比我們各自分開來工作的總和當好得多。

楊振寧在 1983 年的《楊振寧論文選集》中也説：

　　在外人看來，我們的合作異常地緊密，而且在物理學上建樹良多。人們對我們的合作是既羨又妒。

　　這樣無比美好的合作，1962 年卻音絕聲斷，楊、李從此分道揚鑣。對於楊、李的決裂，物理學界有許多的看法和猜測，中國人的圈子也是沸沸揚揚，看得撲朔迷離。楊、李在芝加哥大學的同學，加州理工學院校長戈德伯格（Marvin Goldberger），對楊、李決裂非常傷感，認為這是楊、李兩人巨大的損失，也是科學界的巨大損失（江著《楊振寧傳》，頁 129）。

　　上世紀 60 年代以來，所謂「楊、李之爭」（對「宇稱不守恆」論文的貢獻誰大誰多）的謠言諷語一直不絕。李政道在好幾個地方作「弱相互作用史」的公開演講，講到做宇稱不守恆的那個合作，「李政道説這個想法是他想出來的，因為要找一個人計算，所以後來就找到了楊振寧」（見江著《楊振寧傳》，頁 133）。這些話傳到楊振寧耳朵，楊振寧當然是十分生氣，但他寧信那只是謠言，未有任何反駁。1979 年他在瑞士日內瓦的歐洲核子研究中心訪問，一天在圖書館裏偶然看到由西西里島上艾瑞契的一個科學中心出版的一個會議紀錄，上面有李政道的這篇「弱相互作用史」。「楊振寧看到這篇文章的內容，勃然大怒，也證實了長久以來他所聽到的謠言都是真實的。」（見江著《楊振寧傳》，同前。）

　　今年 7 月，我收到楊先生 1983 年的《楊振寧論文選集》，這是 2020 年商務印書館重印的英文版。他在扉頁上寫：「耀基：出版此書是我一生中的一件大事，振寧 2021 年 7 月」。這部 600 頁的大書，主要是選載 1945–1980 年他發表的重要論文。楊先生是知道我看不懂，也不會有興趣看他充滿數學符號的科學論文的，但他一定希望我看他對每篇論文所作的

「評註」。的確，我是滿懷興趣地看了他的評註，特別是有關 1956 年他與李政道合寫的一篇論文的評註，文字清麗簡淨，說事論理精準透達，真是不需增一字，也不必減一字。看了評註我明白楊先生為何在 1983 年 60 歲之時，要出版這部附有詳盡評註的論文選集，更清楚知道在所謂「楊、李之爭」中，楊振寧在諾獎論文中他的實際角色與貢獻。值得一提的是，他在評註中，對論文的合寫人李政道沒有半句貶低或譏諷的話。楊先生對於他寫的論文，不論是獨寫或合寫，是絕對高度自覺，心明如鏡的。他在《論文選集》的序言中，引杜甫「文章千古事，得失寸心知」詩句，當然是有深意的。毫無疑問，他與李政道 16 年的友誼與科學合作，最後以破裂告終，這件事是楊振寧一生之痛，他在評註中說了這樣的話：

> 總的來說，這是我生命中一個值得回顧的篇章。一點不錯，這中間有着痛苦，但是人生中與人相關而又有意義的事情，少有是全無痛楚的。

四　登入科學極峰的殿堂

楊振寧一生發表的數百篇科學論文，不少是與人合寫的。今日最光芒萬丈、使他登上物理學大師地位的是 1954 年 6 月楊振寧與米爾斯（Robert L. Mills）合寫的〈同位旋守恆和同位規範不變性〉論文（一般被稱為「楊－米爾斯規範場論」）。此文比 1956 年楊振寧、李政道合寫的諾獎論文早二年，論文在《物理評論》（*Physical Review*）發表後，並沒有受到特別的重視。我一直奇怪當年他並未受到同在普林斯頓高等研究院的愛因斯坦的注意，愛翁是 1955 年仙去的，莫非愛翁在 1954 年已經不再看《物理評論》這本物理學頂級學刊了？誠然「楊－米爾斯規範場論」的觀念是超前的，要到一、二十年後，才愈來愈受到重視。70 年代初期，格拉斯（Sheldon Glashow）、薩拉姆（Abdus Salam）和溫伯格（Steven Weinberg）三人因為這個理論成就，得到 1979 年的諾貝爾物理學獎。1982 年，楊振寧的老師泰勒在祝賀楊的 60 歲生日的一篇文章中說過「楊振寧應該再次得到諾貝

爾獎」。的確，80 年代初，物理學圈都盛傳楊會第二次得諾獎。其時，楊
先生正在中文大學，我請他到新亞書院演講，在車中，我曾問他是否會得
第二個諾貝爾獎，他答：「我不會感到驚訝。」這很代表楊振寧的說話風
格。後來很多年，他並沒有得到第二個諾貝爾獎。但 1995 年，美國歷史
悠久的富蘭克林學會，將那一年地位崇隆的「鮑爾科學成就獎」頒給了楊
振寧。獎詞是：

> 基於他所提出的一個統合自然界物理定律並讓我們得以了解宇宙基
> 本作用力的廣義場論。他的這個理論，是二十世紀解釋次原子粒子交互
> 作用的一個觀念傑作，在過去四十年當中，已經深刻重塑了物理和近代
> 幾何的發展。這個理論模型和牛頓（Isaac Newton）、麥克斯韋（James
> Maxwell）和愛因斯坦的工作相提並論，必將對未來世代有着足堪比擬
> 的影響。

楊、李的「宇稱不守恆」的諾貝爾獎論文使楊振寧成為物理學大家，
「楊－米爾斯的規範場論」則使楊振寧成為「偉大的物理學家」。楊振寧
自此登入科學極峰的殿堂，他的名字與牛頓、麥克斯韋和愛因斯坦一樣，
名垂人類的史冊。有一次，我聽到楊先生自信地說，千年後，他的物理
思想還會存在。寫到這裏，我想起「楊－米爾斯規範場論」的合寫人米
爾斯。

米爾斯 1954 年在布魯克海文國家實驗室（Brookhaven National
Laboratory）與楊振寧共享一辦公室，他當時是哥倫比亞大學的博士研究
生。「楊振寧和米爾斯談起他一直縈繞在心的問題，發現米爾斯也有興
趣，於是兩人開始研究這個問題」。江才健引用了米爾斯 1989 年在《美國
物理學學刊》上的原話：

> 楊振寧當時已經在許多場合中，表現出他對於剛開始物理學家生涯
> 的年輕人的慷慨。他告訴我關於推廣規範不變性的思想，然後我們較為

詳細地做了討論。我當時已有了關於量子電動力學的一些基礎，所以在討論中能有所貢獻，而且在計算它的表達形式方面也有少少貢獻，但是一些關鍵性的思想，都是屬楊振寧的……。

米爾斯在 1999 年 3 月曾抱病到石溪參加楊振寧退休研討會，10 月去世。楊振寧不止一次表示，米爾斯是一位謙謙君子，也從沒有忘記米爾斯在「楊－米爾斯規範場論」中所作的貢獻。無論如何，米爾斯與楊振寧合寫的論文，也使米爾斯的名字垂遠千秋。

五　石溪：新創的科學事業

楊振寧 1957 年得諾貝爾獎時，有人問他得獎對他有甚麼影響？他表示沒有甚麼影響，我想他是指對他的研究工作而言的。1945 到 1980 這 35 年間，《楊振寧論文選集》顯示，1958 得獎前的 13 年與 1958 得獎後的 22 年，平均每年發表的重要論文（未計入的論文一倍有餘）都是二篇以上。這顯示諾貝爾獎的盛名並沒有影響到他的科學研究。

說到楊振寧的科學事業，1966 年他從普林斯頓高等研究院（下簡稱「普院」）轉到紐約州立大學的石溪分校，應是他科學人生中有里程碑意義的一年。楊在普院 17 年，自 1955 年起已是永久教授，在普院這個象牙塔裏，楊做研究如魚得水，而其研究成果更是一流中的一流，要離開普院，楊的內心是很猶豫的，而普院要留住楊振寧，可謂費盡心計。1965 年名高位崇的院長奧本海默（J. Robert Oppenheimer）且曾表示有意推薦楊振寧當自己的繼任院長，最後，楊振寧還是決定去石溪分校。1965 年 11 月 11 日《紐約時報》的頭版刊出楊振寧接受紐約州立大學石溪分校「愛因斯坦講座教授」的消息。報道引述當時布魯克海文國家實驗室主任戈德海伯（Maurice Goldhaber）的話，認為楊振寧接受這個教席，將使得石溪分校一振而起，立於近代物理的前沿。報道中還說，楊的「愛因斯坦講座教授」年薪是 45,000 美元（當年美國大學教授的最高平均年薪是

22,110 美元）。認真説，楊振寧之接受石溪分校「愛因斯坦講座教授」，最主要是由於楊先生對自己的科學事業的新思考，除了做研究，他更想在培育人才，科學教育上有所貢獻。此外，他到石溪是去接受一項新任務，就是創建一個全新的理論物理研究所，他對這個新挑戰是有些興奮的。當然，他決定去石溪是得到杜致禮全心全意支持的：他們 1965 年受邀訪問石溪時，兩人的心都被海灣的落日美景攝去，故而有在石溪久居，建立常住家園的想法。

楊振寧在石溪一就就了 33 年，直至 1999 年榮休。這些年，他培育的學生不多，但其中頗有在專業領域中取得出類拔萃的成就，而楊振寧也享受到教學相長的樂趣。至於他創建的理論物理研究所，他無意締造一個帝國（聶華桐語），卻成為世界物理學大師或精英（其中有英國的狄拉克〔Paul Dirac〕）樂於訪問、講學之選地，在世界科學版圖上已有了它的地位。30 年來，石溪理論物理研究所的成就，石溪的校長托爾（John Toll）教授甚至把它與玻爾（Niels Bohr）在哥本哈根的玻爾研究所，以及勞倫斯（E. Lawrence）和奧本海默創建加州大學柏克萊分校物理研究所的成就相提並論（見江著《楊振寧傳》）。顯然，楊振寧在象牙塔外所做的科學事業是出色成功的。在石溪期間，1993 年，楊振寧為香港中文大學成立了數學科學中心，石溪之後，2003 年他重歸祖國，並在母校清華創辦清華大學高等研究院，這都是楊振寧一生中重要的科學事業。令人讚歎不已的是，1999 年楊振寧石溪退休的一年，3 月間，在亞特蘭大舉行的美國物理學會 100 周年年會上，將甚享聲望的昂薩格獎（Onsager prize）頒給了楊振寧，以肯定他在統計力學等方面的傑出貢獻。那一年，楊振寧 77 歲。值得一提的是，楊在石溪早期（1967 年）所提出的矩陣方程，和 1972 年澳大利亞的物理學家巴克斯特（Rodney Baxter）提出的一組方程，到 80 年代，被蘇聯物理學家法捷耶夫（Ludvig Faddeev）證實是一樣的，只是寫法不同而已，於是有了「楊－巴克斯特方程」這樣一個名稱，這個方程被視為是一個基本數學結構。1990 年 8 月在京都舉行的數學大會上，四年一度的菲爾茲獎頒給四位數學家，其中三位的工作都與「楊－巴克斯

特」有關（江著《楊振寧傳》）。這一事實再度説明楊振寧的研究是超前的，並且是多領域的。同時也説明楊振寧的科學事業中，科學研究是他從未停止的。

六　科學之美的品味與風格

就我聞見所知，楊振寧是最講求科學之美的科學家。江才健《楊振寧傳》中有「追求科學美感的獨行者」一章，深刻地描寫了傳主對科學之美的品味和對科學之美的價值的執著。我注意到 1954 年楊振寧與米爾斯合寫「楊－米爾斯規範場論」完成之時，曾受到大物理學家泡利（Wolfgang Pauli）的質疑，但楊説，此文應否發表從不是他們心中考慮的問題，因為「這想法（idea）是美的，應該發表」。我們知道此文最後被推譽為二十世紀最有原創性與影響力的物理學論文之一。我發現楊振寧在評論數學家漢米頓（William R. Hamilton, 1843）的一篇文章時曾説：「自然確是選擇最優美，最獨特的數學結構來構建宇宙的」（《論文選集》，頁 23）。江才健説：「對於物理學最精粹的發展結果，楊振寧認為他們的極濃縮的數學語言，寫出了物理世界的基本結構，可以説是造物者的詩篇。」科學求真，藝術求美，在楊振寧眼中，美與真好像是合一的。英國大詩人濟慈（John Keats）的傳世名句：「真是美，美即真，你在世上就只知道這麼多，只這麼多也就夠了。」我想楊先生讀濟慈之詩，應該有會心之笑。

楊振寧認為科學家的科學創造與藝術家的藝術創作是一樣的，往往都帶有強烈的個人風格。在創建量子力學上有大貢獻的偉大物理學家狄拉克是楊先生同氣相投的前輩朋友。狄拉克的研究工作「堅持形式上的完美和邏輯上的無缺點」，曾説「完美是唯一的要求」。楊振寧曾用「秋水文章不染塵」來形容狄拉克的文章。事實上，楊先生的文章也正有「秋水文章不染塵」的風格。楊的物理工作所呈現的美感是受到普遍讚美的。普林斯頓的物理學家戴森（Freeman Dyson）就説過，「楊振寧是繼愛因斯坦、狄拉克之後，為二十世紀物理學家樹立風格的一代大師。」

決不是偶然的，楊先生生平結交的朋友中很多是藝術家。雕藝家朱銘、吳為山，畫家吳冠中、范曾等，都是著名的藝術家。有一回，他與翁帆請我夫婦晚餐，大畫家黃永玉在座，並且談笑風生。又有一回，西北畫家晁海（我曾稱他是中國水墨畫的一座奇峰）在北京有一場盛大展覽，我應邀出席開幕禮，在會場喜逢楊先生，知道他也會以主禮嘉賓身份講話，原來晁海也是楊先生的藝術之友，楊先生對晁海的畫有深刻認識和欣賞。說起楊振寧的藝術界朋友，熊秉明應該是他最相契相知的。熊秉明曾盛讚：「楊振寧的物理學已經拓展到形而上學，把詩和美包容進去。」不久前，我問過楊先生，如果可能，在已經逝去的朋友中，他最想邀請來聚的是哪幾位？熊秉明和鄧稼先二位是他最先想到的，一位是藝術家，一位是科學家。

七 楊振寧的家國情懷

1945 年楊振寧赴美到芝加哥大學深造，2003 年楊振寧歸國回母校清華執教。這是楊振寧百年人生中兩個極有紀念性的年份。

楊振寧在美國 58 年，成家立業，創造了科學上輝煌的事業。楊振寧於 1964 年正式入籍美國，他多次提到美國是一個「美麗」的國家，並說「美國給了我發展潛力的機會，我知世界上沒有別的國家對移民如此慷慨。」平心而論，如楊振寧不在美國，絕無可能有他今日的成就；沒有美國，就沒有大科學家楊振寧。楊振寧對美國成就了自己是心存感恩的。但是，如果因楊振寧入籍美國就意味他會忘掉、背棄他出生、成長的祖國，那就太遠離事實了。我必須說楊振寧所作申請入籍美國的選擇，決不是實存主義哲學意義的「抉擇」。他入籍美國這件事並不影響他之為中國人的思想和事實。楊振寧之為一個中國人是深刻在骨子裏的生命記號。在此，我想說，楊振寧不是一個強烈的民族主義者，但他確有極濃厚的民族感情。他少年時，對中國的苦難就有深刻的體會，對中國近百年的屈辱與剝削，他更說「這是任何一個中國人都難以輕易忘記的一個世紀」。他對摯友鄧稼

先的追念文章中説：「他是對中華民族巨大轉變中做出了巨大貢獻」的人。楊振寧還説：「假如有一天哪位導演要攝製鄧稼先傳，我要向他建議背景音樂採用五四時代的一首歌」。（歌詞是：中國男兒，中國男兒，要將隻手撐天空。長江大河，亞洲之東，峨峨崑崙，⋯⋯古今多少奇丈夫，碎首黃塵，燕然勒功，至今熱血猶殷紅。）楊振寧的妹妹楊振玉博士表示，楊振寧描述了鄧稼先一生，她「覺得這也描述了大哥的志向」。楊振寧在 1995 年 1 月 28 日被訪問時説：「我一生最重要的貢獻是幫助改變了中國人自己覺得不如人的心理作用。」楊振玉説這就是楊振寧怎樣看他自己的一生！

　　楊振寧的中國人自覺，實根深於他的家國情懷，他的家國情懷是因他父親楊武之的言教和身教。楊武之先生之於楊振寧，是亦父亦師。楊武之對楊振寧幼少時所施的就是中國文化教育。楊武之在 1949 年中國巨變中留居大陸，沒有像胡適、傅斯年、吳大猷等學人或去台灣，或去海外，也自然地為中國共產黨創立的新中國在學術教育上竭盡一己之力。建國翌年，朝鮮戰爭爆發，中、美關係降至冰點。楊振寧回不了中國，楊武之去不了美國，父子相見，難如登天。1957 年楊振寧榮獲諾貝爾獎，幾經周旋，父子得以在日內瓦重見。在珍貴的短聚後，楊武之臨別時給楊振寧留下一字條：「每飯勿忘親愛永，有生應感國恩宏。」1960、1962 年父子二人又在日內瓦小聚，楊武之曾勸他「回國看看」。楊振寧説：「這一方面是中國政府的建議，一方面也是父親自己靈魂深處的願望。」所以他 70 年代初的返國之行並不令人感到驚訝。1971 年美國總統尼克松訪華前夕，楊振寧在美國政府撤銷美國公民去中國的禁令後的第一時間，7 月 15 日踏上闊別 26 年的歸鄉返國之旅。在中國近一個月，看了許多地方，見了不少親人舊友。楊振寧這一次中國之行，從頭到尾，感情上是異常激動、興奮的。他回到美國後，以洋溢的熱情報道新中國的成就與他的所見所聞。在那個後來被定性為十年浩劫的文化大革命期間，楊振寧顯然看不到美好表象後的「文革」醜惡，他的熱情洋溢的演講，無意中扮演了「魔鬼辯護士」的角色，楊振寧事後自嘲「是一個蹩腳的新聞記者」。這裏應該一提，楊在 1972 年一次中國行中，他曾對周恩來總理表示中國政府的片

面的平等主義已經摧毀了中國的科學，後來，中國政府在毛澤東主席指示下，改正了「文革」的極端平均主義，這也間接地改善了包括他摯友鄧稼先的處境（見江著《楊振寧傳》）。

1978 年，中國發生了 1949 年以來最大的變化，四人幫垮台，鄧小平復出，中國國運出現了轉機。鄧小平在文化大革命造成的廢墟上，高擎改革開放的旗幟，引領中國邁向現代化的大道，國內國外無不慶賀中國歷史新運會的來臨。1979 年鄧小平應邀訪美，美國政府依國賓之禮隆重相待。楊振寧與歷史學家何炳棣作為全美華人協會的正副主席身份以最大熱情歡迎這位最具中國人民氣質的政治家。楊振寧此後在石溪，在清華，更有計劃地推動中、美科學（包括人才）的交流，他深信這對兩國都是有益的。他滿心歡愉地自願擔起中、美之間的橋樑角色。的確，對於楊振寧這位對中、美兩國都有真切感情的科學家，他最樂見的是兩國互益的交流、合作與發展。

八　歸根翁的清華新事業

1999 年楊振寧從工作了 33 年的紐約州立大學石溪分校榮休，並接受了清華大學的聘邀，但因夫人杜致禮罹患癌症，須在美國治療，他堅持陪伴廝守半個世紀的老伴。2003 年 10 月杜致禮逝世，楊振寧為愛妻安葬後，收拾心情，隻身到清華赴任。

2003 年楊振寧正式回到清華，他寫了一首《歸根》詩，其中的兩句「耄耋新事業，東籬歸根翁」表明歸根後的楊先生要開始新的事業。楊先生形容自己的人生畫了一個圓。據清華大學高等研究院朱邦芬教授說，那段時間，楊先生特別喜歡讀二十世紀英國大詩人艾略特（T. S. Eliot）的一首詩，並親自譯成中文。其中的兩句是：

> 我的起點，就是我的終點，……我的終點，就是我的起點。
> 我們將不停地尋索，而我們尋索的終點，將會達到了我們的始點，從而第一次了解此地方。

楊振寧是把清華看作他科學事業的起點和終點，並且終點後又一新的始點，朱邦芬教授在 2017 年說：

> 楊振寧 2003 年歸根，絕不是一些不了解真相的人所想像的，是回來「養老」和「享福」。「80 後」的楊先生開始了新的事業和新的尋索，做出了許多新的貢獻。

朱教授指出，從 80 歲至 95 歲的 15 年間，楊先生在五個方面都做出了具體的貢獻（此處不備述，見朱邦芬〈回歸後楊振寧先生所做的五項貢獻〉，原載《物理》，2017 年第 9 期）。我特別注意到楊先生個人的科學研究，朱教授說楊先生「回清華後發表的 27 篇 SCI 論文和出版兩本專著」，「一共寫了 13 篇純物理研究文章，其中多篇文章楊先生是唯一的作者」，從這裏，我看到楊振寧真正是一個活到老，研究到老的科學老人。

歸根後 12 年，2015 年 4 月 1 日楊振寧在入籍美國 51 年後，決定放棄美國國籍。他說：「這也不是一個簡單的決定，美國是一個美麗的國家，是一個給了我做科學研究非常好的機會的國家，我感激美國。」楊在做這個決定的時候說：

> 我一直記得我與摯友熊秉明曾經的對話，他說「你的父親雖已過去，你的身體裏還循環着他的血液。」我說「是的，我的身體裏循環着的是父親的血液，是中華文化的血液。」

是的，楊振寧終究又回到了父親楊武之。2015 年，楊先生已 93 歲，回國已 12 年，但他仍然決定要做放棄美國國籍這樁事。在很根本的意義上，這是要對他的父親有個明明白白的交代。他在 1983 年 60 歲生日時說：「我知道，直到臨終前，對於我的放棄故國，他在心底裏的一角始終沒有寬恕過我。」

楊振寧放棄了美國國籍，楊振寧的家國情懷得到了最大的釋放。

九　百歲人生的第二個春天

　　楊振寧先生百歲人生中，比 1957 年他獲得諾貝爾獎造成更轟動社會效應的恐怕是 2004 年他與翁帆的婚訊了。82 歲的老科學家楊振寧與 28 歲青年妙齡的翁帆的婚事當然是一件極不尋常的新聞。一時間，沸沸揚揚，為他倆高興祝福的是一大片，抱持不認同與強烈反感的聲音也是此起彼落。當然，楊振寧最在意的是他在美子女的意見，他們一致慶賀老爸，並對翁帆表達衷心感激。其實，在現代社會，兩個成年，有獨立意志的男女，彼此相悅、相慕，更願意相守、相終，實是十分正常的人間美事。當我讀到楊振寧發出心中對翁帆的頌讚詩句：

> 噢，甜蜜的天使
> 你真的就是
> 上帝恩賜的最後禮物
> 給我的蒼老靈魂
> 一個重回青春的欣喜

我的第一個反應是，楊振寧的「黃昏之戀」使他有了人生的第二個春天。孤獨寥寂的老人，將有一個棲居詩意溫暖的暮年。

　　17 年了，楊振寧與翁帆，牽手一路走來，已走過 17 個春天，我們見證了楊振寧 2004 年所説的「他和翁帆是一個浪漫的愛情故事」。誠然，在楊、翁 17 年婚後歲月中，楊先生在清華，在中大，春風化雨，不厭不倦；翁帆亦在建築學史上完成博士學位。2007 年楊振寧和翁帆更合作出版了《曙光集》，十年後，2017 年二人又編著了《晨曦集》。在這二本書中，我們看到了楊先生自少至老的心中大願，那就是中華民族的復興。2007 年《曙光集》前言中，楊先生説：

> 魯迅、王國維和陳寅恪的時代是中華民族史上一個長夜。我和聯大同學們就成長於此似無止盡的長夜中。

　　幸運地，中華民族終於走完了這個長夜，看見了曙光。我今年85歲，看不到天大亮了，翁帆答應替我看到……

翁帆在楊振寧的心中已是自己的替身。2017年，楊先生在《晨曦集》的前言中說：

　　當時覺得改革開放30年，看見了曙光，天大亮恐怕要再過30年，我自己看不到了。

　　沒想到以後10年間，國內和世界都起了驚人巨變。今天雖然天還沒有大亮，但曙光已轉為晨曦，所以這本書取名為《晨曦集》。而且，看樣子如果運氣好的話，我自己都可能看到天大亮！

那是楊振寧95歲時說的話，今天楊先生到了百歲之齡，但健康與五年前並無大別。我相信楊先生在翁帆的陪伴下將欣欣然展開「楊振寧100後」的人生。願楊先生與翁帆並肩一起，共看天之大亮。

2021年8月31日

My Early Encounters with Professor Yang

Lam Chi-Sing 藍志成

Department of Physics, McGill University

The first time I saw Professor Yang was exactly a *jiazi* (60 years, 甲子) ago. The year 1961 was the centennial of the founding of MIT. Being a graduate student of MIT at the time, I was able to attend a panel discussion organized by the Physics Department to celebrate the occasion. The topic of discussion was "The Future of Physics", and the panel members consisted of Professors Cockcroft, Peierls, Yang, and Feynman. I recall very little what Cockcroft and Peierls said, but I do remember Feynman and Yang took opposite views towards the eventual discovery of a "theory of everything". Professor Yang was somewhat pessimistic, pointing out that there is always a deeper layer of truth to be pursued and to be experimentally verified. Moreover, the implicit assumption that human intelligence is infinite and the depth of Nature is finite is erroneous. Professor Feynman was much more optimistic, thinking it possible for an eventual theory to be found within the next 1,000 years, though he did discuss all sorts of scenarios under which that vision might fail.

Sixty years later, much has been discovered in astrophysics and cosmology. Electroweak unification which Professor Yang had hoped for has become a reality, but the "theory of everything" based on string theory, once so widely touted, has not materialized. In the future, the

demand placed on a finite amount of resources by an increasing number of scientific disciplines would impose a serious challenge to the discovery of a "theory of everything", even if it should exist.

I did not meet Professor Yang in person until 1966, when I spent a summer at Stony Brook working with Gunnar Källén and C. T. Wu 吳期泰 , on the spectral representation of n-point functions. The Källén–Lehmann representation for $n = 2$ had been extended to $n = 3$ by Källén and Toll. Our task was to generalize it beyond $n = 3$. When John Toll became the president of Stony Brook, he persuaded Professor Yang to move from the Institute for Advanced Studies to Stony Brook, and Professor Källén to visit him there in the summer. That is why I went to Stony Brook to work with Källén and as a result, had a chance to meet Professor Yang. That was the time when the theory of Regge poles was popular, and I remember Professor Yang telling me his opinion on that.

It was not until early 1973 that I had a long chat with Professor Yang, this time in New York during the annual meeting of the American Physical Society. I spent a sabbatical leave the previous year in England, where I met Professor T. K. Cheng 鄭德坤 at Cambridge University. Professor Cheng was a Chinese archaeologist who later joined The Chinese University of Hong Kong after his retirement from Cambridge. From him and his writings, I got interested in archaeology, in an amateurish way. So, when Professor Yang told me in New York about the story of the missing Peking Man fossils published in the *New York Times*, I was intrigued. Without that conversation with Professor Yang, I might not have developed archaeology as a hobby in later years. As a result, I spent quite some time reading up and later giving talks on the subject. In the process, I found out that although the Peking Man fossils were lost on Pearl Harbor day in 1941, three teeth nevertheless survived and are now kept at the Uppsala University in Sweden. I also learned that after WWII, China sent a high-

level

level delegation to Japan in 1946 to look for the fossils. One of their first priorities was to interview a Professor Hasebe 長谷部言人 of Tohoku University about the fossils' whereabouts. Professor Hasebe was a key person because he was the Japanese who showed a tremendous amount of interest in the fossils before the war when they were kept at the Union Medical College in Beijing, so if anybody knew their fate, Hasebe would. To their utter disappointment, the panel was told that Hasebe had retired, and nobody knew how to contact him. Thus, an important lead had been cut off. That turns out to be a lie! I found out from a recent Japanese webpage that Hasebe was actually very active at the time, and should easily have been located. He was awarded an Honorary Doctor of Science from Tokyo University that year, and later became the President of the Anthropology Association in Japan.

On another occasion, I had a conversation with Professor Yang, shortly after seeing an exhibition of the oracle-bone scripts in the National Library of China. I remarked on the serendipitous discovery of those scripts by Wang Yirong 王懿榮 in 1899 and lamented his tragic death a year later as a result of the invasion of Beijing by the Eight-Nation Alliance. I soon found out that Professor Yang knew much more about that than I did. In fact, he even personally knew the son of Wang Yirong.

The first photograph I had with Professor Yang, was taken in Trafalgar Square in London, in 1974, during the International High Energy Conference of that year (Fig. 1). It was a Saturday when Professor Yang said he would take me to see an auction

Fig. 1 A photograph taken in the Trafalgar square in London, 1974.

house. Whether it was the Christie's or Sotheby's I can no longer remember, but that picture was taken on the way there. Unfortunately, the auction house was closed on that day, so I missed the opportunity to see its operation.

In the intervening years, I saw Professor Yang many times, in Montreal, Stony Brook, Shantou, Hong Kong, Taipei, Beijing, and maybe also some other places. Each time I learned a lot from him, both in physics and in other matters. I never stopped being amazed by his fantastic memory, and the depth and breadth of his knowledge beyond physics. The aforementioned stories on archaeology are just a small example. My taste buds also rejoiced during those occasions because he often treated me to delicious meals. The two photographs in Fig. 2 show one of those recent occasions, when he and Mrs. Yang invited me and my wife Cynthia to a nice lunch at Jiasuo 甲所 Guesthouse at Tsinghua University, on May 19, 2018. On that occasion, they also gave us an autographed copy of their book《晨曦集》.

I once asked Professor Yang whether he had a sixth sense. He made many important discoveries and had his name permanently affixed on some

Fig. 2　Professor and Mrs. Yang autographing their book for us in 2018.

of them. But it seems to me that, at least some of the time, he could not possibly have known a tremendous importance and subsequent impact of his work. The Yang–Mills theory is a case in point. So, I asked him how he selected topics for research, and whether he had a sixth sense. He answered that he was always interested in new ideas and new things, and he also added humbly that he was lucky as well.

That book he gave us, 《晨曦集》, consists of a collection of essays and talks by and about Professor Yang. One of them is on the MIT centennial panel discussion, mentioned at the beginning of this article. From the 100th birthday of MIT to the 100th birthday of Professor Yang, sixty years have passed. Many things have changed, but Professor Yang remains as ever a highly respected source of knowledge and inspiration.

Cynthia and I would like to take this opportunity to wish Professor Yang a happiest centennial birthday, the best of health, and many happy returns.

Professor Yang Chen Ning and China-U.S. Relations

Lawrence J. Lau 劉遵義*

Lau Chor Tak Institute of Global Economics and Finance,
The Chinese University of Hong Kong

It is my great honour and privilege to be given an opportunity to contribute to this volume, honouring a most distinguished true Chinese scholar and gentleman, Professor Yang Chen Ning, on the occasion of his one hundredth birthday.

I was still in high school in Hong Kong when I first heard of Professor Yang's name in 1957, from the radio announcement that he was awarded the Nobel Prize in Physics.[1] I recall that everyone in Hong Kong was ecstatic, not only because the Prize winners were Chinese, but also because their achievement clearly showed that the Chinese had the capacity to excel at the highest international level. It greatly enhanced our confidence in the future of the Chinese nation.

I was myself a "deserter" from the field of Physics[2] and am totally unqualified to say anything about Professor Yang's many breakthrough scientific achievements. But like Professor Yang, I also spent more than half of my life in the U.S. (from 1961 to 2004), and both Professor Yang and I are former U.S. citizens. Professor Yang arrived in the U.S. in 1946 to

---

* Former Vice-Chancellor of The Chinese University of Hong Kong.

pursue graduate study in Physics at the University of Chicago. He retired from the State University of New York at Stonybrook in 1999. Altogether, he spent at least 53 years in the U.S. on a full-time basis, more than half of his life. Professor Yang's status as a Nobel Laureate, an Academician of the U.S. National Academy of Sciences, and a faculty member of the prestigious Institute of Advanced Study at Princeton, placed him at the pinnacle of U.S. intellectual, scientific and social circles, with unimpeded access and wide influence. I can personally attest to Professor Yang's many significant direct and indirect contributions to the enhancement of China-U.S. relations.

Professor Yang is a totally selfless person, with absolute integrity. Ever the rigorous scientist, he values facts and truth above all. This, coupled with his academic stature, also means that he has unmatched credibility, not only among intellectuals, scientists and the general public, but also at the highest levels of government, in both China and the U.S. In 1971, just as travel restrictions between China and the U.S. began to ease, Professor Yang was among the first visitors from abroad to the Chinese mainland in two decades. While there, he advised Chairman Mao Zedong and Premier Zhou Enlai of the People's Republic of China on China-U.S. relations. The Chinese leadership decided that the two countries could work together and mutually benefit. Professor Yang also encouraged the Chinese leadership to promote basic research and theoretical training and to send students from the Chinese mainland for further education overseas, including to the U.S.

The first time I saw Professor Yang was in 1971 at Stanford University. He had just returned from a visit to the Chinese mainland and presented a public speech on what he saw on his trip. He provided a fascinating and convincing narrative on the changes that were occurring

in China. It was a more optimistic view of China than what prevailed at the time. He shared his experience widely through seminars and speeches at many U.S. campuses. And everyone trusted him. (Similarly, he also engendered trust by the Chinese for the Americans.) Thus, Professor Yang laid the ground works for the subsequent improvement in China-U.S. relations. He is a pioneer in telling a good China story in the U.S. (講好中國故事) as well as in telling a good U.S. story in China. By so doing, Professor Yang greatly facilitated the rapprochement between China and the U.S.

Professor Yang is also strongly committed to nurturing the next generation of Chinese scientists. He promoted exchange and scientific collaboration between the scholars of both China and the U.S. His advocacy and participation helped diffuse concerns about the differences in political values on both sides.

For Professor Yang, science and truth know no borders. He has spent a lifetime contributing to both, in China and the U.S., and also around the world. He has also tirelessly promoted cross-country educational exchanges, research collaboration, and cooperation. With the seeds that Professor Yang has sowed over the decades, in both China and the U.S., I believe that one day, scientific collaboration and scholarly exchange between China and the U.S. will blossom once again, and relations between the two peoples will become better than ever.

Professor Yang is the pride of Chinese people everywhere. May I wish Professor Yang a most happy one hundredth birthday! All of us look forward very much to celebrating his "tea" birthday (茶壽)[3], that is, the one-hundred-and-eighth birthday, with him in 2030.

Fig. 1 Professor Lawrence Lau together with Professor Chen-Ning Yang and other senior academics of The Chinese University of Hong Kong, hosting a lunch for visiting Academicians from the Chinese Academy of Sciences at the Vice-Chancellor's Lodge, January 2008.

1   Jointly with Professor Tsung-Dao Lee.

2   My undergraduate degree is in Physics, but my graduate degrees are in Economics.

3   According to Chinese custom, the eighty-eighth birthday is the "rice" birthday and the one-hundred-and-eighth birthday is the "tea" birthday.

敬賀楊振寧教授百年華誕

厲光烈

中國科學院高能物理研究所

一　楊振寧 —— 華人的驕傲

　　楊振寧，著名理論物理學家，1922 年 9 月 22 日出生於中國安徽省合肥市。1942 年畢業於西南聯合大學物理系，學士論文指導老師是吳大猷教授，吳先生讓他看的第一篇論文討論的是分子光譜學和群論的關係，使他初次接觸到群論和對稱性。同年秋天，他考入清華大學研究院，在王竹溪教授指導下研究統計物理學。楊先生曾經說過：他一生中三分之二的工作與對稱性有關，他的群論知識啟蒙於父親、數學家楊武之；另外三分之一的工作則與統計物理學有關。1945 年，楊振寧赴美，進入芝加哥大學做研究生，深受費米（Enrico Fermi）的薰陶，在導師、氫彈之父泰勒（Edward Teller）的指導下於 1948 年完成了博士論文，獲得了博士學位。楊先生曾經不止一次說過：「那時，我是芝加哥大學物理系非常有名的研究生」，「同學們都很佩服我的理論知識，常常要我幫他們做理論習題，可是，大家一致笑我在實驗室裏笨手笨腳：Where there is Bang, there is Yang（那裏有爆炸，那裏就有楊）！」正是吳大猷、王竹溪、費米、泰勒等大師的指導，造就他成為了一代偉大的理論物理學家。

　　楊振寧對理論物理的貢獻範圍很廣，包括粒子物理、統計力學和凝聚態物理等領域。其中最傑出的貢獻是：1954 年，他與米爾斯（Robert L. Mills）共同提出楊－米爾斯規範場理論，開闢了非阿貝爾規範場的新的研

究領域，為現代規範場論（包括弱電統一理論、量子色動力學、強弱電大統一理論和引力場的規範理論等）奠定了基礎；1956 年，他與李政道合作，揭示了「$\theta-\tau$ 之謎」，發現了弱作用下宇稱不守恆，並於第二年榮獲了諾貝爾物理學獎。這是諾貝爾獎歷史上從發現到獲獎時間最短的一次。因對物理學發展做出的傑出貢獻，楊振寧曾獲得許多獎項或獎章，除 1957 年諾貝爾物理學獎和 1986 年美國總統里根（Ronald Reagan）授予他的國家科學獎章外，還有：拉姆福德獎（1980 年）；富蘭克林獎章（1993 年）；鮑爾獎（1994 年）；愛因斯坦獎章（1995 年）；博格留波夫獎（1996 年）；昂薩格獎（1999 年）；費薩爾國王國際獎（2001 年）等。

　　1993 年，聲譽卓著的美國哲學學會在將該學會頒發的最高榮譽——富蘭克林獎章授予楊振寧時，執行官說：「楊振寧教授是自愛因斯坦（Albert Einstein）和狄拉克（Paul Dirac）之後二十世紀物理學出類拔萃的設計師」，並指出：楊振寧和米爾斯合作所取得的成就是「物理學中最重要的事件」，是「對物理學影響深遠和奠基性的貢獻」；1994 年，美國費城富蘭克林研究所將鮑爾獎金頒發給楊振寧的文告中說：「楊振寧是第一位獲此獎金的理論物理學家。他的研究工作為宇宙中基本作用力和自然規律提供了解釋。」「作為二十世紀闡明亞原子粒子相互作用的大師之一，他在過去 40 年裏重新塑造了物理並發展了現代幾何。楊－米爾斯規範場理論已經與牛頓（Isaac Newton）、麥克斯韋（James Maxwell）和愛因斯坦的工作並列，而且必然對未來幾代人產生可與這些學者相比擬的影響。」

　　改革開放後不久，我與中國原子能科學研究院李祝霞、北京大學戴遠東和楊威生通過教育部考試，成為公派前往楊振寧所在的紐約州立大學石溪分校物理系的第一批訪問學者。記得一天傍晚，楊先生帶我去附近一家中餐館吃飯，餐館老闆親自出面招待。他先給楊先生倒了一杯酒，對他說：「這是我敬你的，不收費，因為你是我們華人的驕傲。」楊先生也曾說過：「我一生最重要的貢獻是幫助改變了中國人自己覺得不如人的心理作用。」

二 對稱性支配相互作用

楊振寧對人類，具體地說，對物理學的最大貢獻是揭示了自然力的本質——「對稱性支配相互作用」。

人類在探索自然界奧秘的過程中，逐步認識到主宰宇宙間物質運動的是四種自然力，或稱四種基本相互作用，即作用在一切物體（包括星體）之間的引力，作用在帶電（或磁矩）物體之間的電磁力，以及作用在微觀粒子之間的強力和弱力。科學家一直期盼能統一這四種自然力：十七世紀，「蘋果落地」使牛頓聯想到萬有引力，將「天上力」和「地上力」統一了起來；十九世紀，法拉第（Michael Faraday）和麥克斯韋等通過引入場的概念，將「電力」和「磁力」統一了起來；二十世紀，愛因斯坦在提出狹義相對論和廣義相對論完善地描述了電磁場和引力場之後，一直試圖統一它們，但至死未能如願。使他沒想到的是，楊振寧受韋耳（Hermann Weyl）規範變換的啟發，認識到「對稱性支配相互作用」，與米爾斯一起創建了非阿貝爾規範場理論，為自然力「走向」統一指明了方向。

非阿貝爾規範場理論的創建，起初並不順利。楊振寧先類比用 A_μ 描述的、保持電荷守恆的電磁場方程，試圖導出用 B_μ 描述的、保持同位旋守恆的規範場方程。頭幾步運算很順利，待到要作推廣時，總是導出一個冗長的、醜陋的公式，使得他不得不把這個想法暫時擱置下來。後來，隨着愈來愈多介子被發現，以及對各種相互作用進行更深入的研究，他感到迫切需要一種在寫出各類相互作用時大家都應遵循的原則。因此，在布魯克海文（Brookhaven）訪問期間，他再一次回到把規範不變性推廣出去的念頭上來。這次，他是和同辦公室的米爾斯一起進行討論，他們決定：先在電磁場強 $F_{\mu\nu}$ 上嘗試加一個二項式，如果不行再加三項式等。沒有想到，加上一個簡單的二項式之後：

$$F_{\mu\nu} = \frac{\partial B_\mu}{\partial x_\nu} - \frac{\partial B_\nu}{\partial x_\mu} + i\varepsilon[B_\mu, B_\nu]$$

便沒有再出現以前遇到的愈來愈複雜的項，反而「愈算愈簡單」，很快找到了使 $F_{\mu\nu}$ 保持不變的規範變換，他們知道「挖到了寶貝！！！」於是順利地寫出了〈同位旋守恆和一個推廣的規範不變性〉和〈同位旋守恆和同位規範不變性〉兩篇文章，分別發表在《物理評論》（*Physical Review*）1954 年 95 和 96 兩卷上。正如楊振寧和米爾斯在他們的論文中所指出的：他們的理論「很容易推廣為其他類型的非阿貝爾規範理論」，故通常將非阿貝爾規範場統稱為楊－米爾斯場。它是繼麥克斯韋的電磁場和愛因斯坦的引力場之後提出的一種新的規範場。派斯（Abraham Pais）在《基本粒子物理學史》一書中評價楊－米爾斯規範場理論的重要價值時說：「楊振寧和米爾斯的兩篇傑出文章奠定了現代規範理論的基礎」。

應當指出，楊－米爾斯場與電磁場不一樣：電磁場本身不帶電荷，只能和帶電粒子相互作用，並不存在自作用；而楊－米爾斯場本身帶有同位旋，除了和費米子相互作用以外，還存在自作用。另外，電磁場只有一個傳遞相互作用的規範量子，即光子；而楊－米爾斯場有三個規範量子，其中一個帶正電，一個帶負電，還有一個不帶電。費米子場通過交換這些規範量子引起新的相互作用，這是在愛因斯坦利用廣義協變原理（也是一種定域對稱性原理）得到引力作用之後，理論物理學家又一次純粹利用對稱性原理給出具體的相互作用規律，用楊振寧的話說，就是「對稱性支配相互作用（Symmetry Dictates Interaction）」（圖 1）[1]。

但是，楊－米爾斯場和電磁場一樣，不能有靜止質量，或者說，楊－米爾斯場的三個規範量子和光子一樣沒有靜止質量，這使楊－米爾斯場的實際應用受到了很大的影響。在二十世紀 50 年代，楊振寧和米爾斯的規範理論幾乎沒有引起太多的注意，愛因斯坦和韋耳大概在去世之前也都不知道他們的工作，直到二十世紀 60-70 年代，自發對稱破缺和希格斯機制的提出導致溫伯格（Steven Weinberg）、格拉斯（Sheldon Glashow）和薩拉姆（Abdus Salam）建立弱電統一理論以後，屬於它的時代才真正到來：榮獲 1979、1999 和 2004 年三次諾貝爾物理學獎的工作都以楊－米爾斯場為其理論基礎，使楊－米爾斯規範場理論最終成為強力、弱力和電磁力大統一的理論基礎。

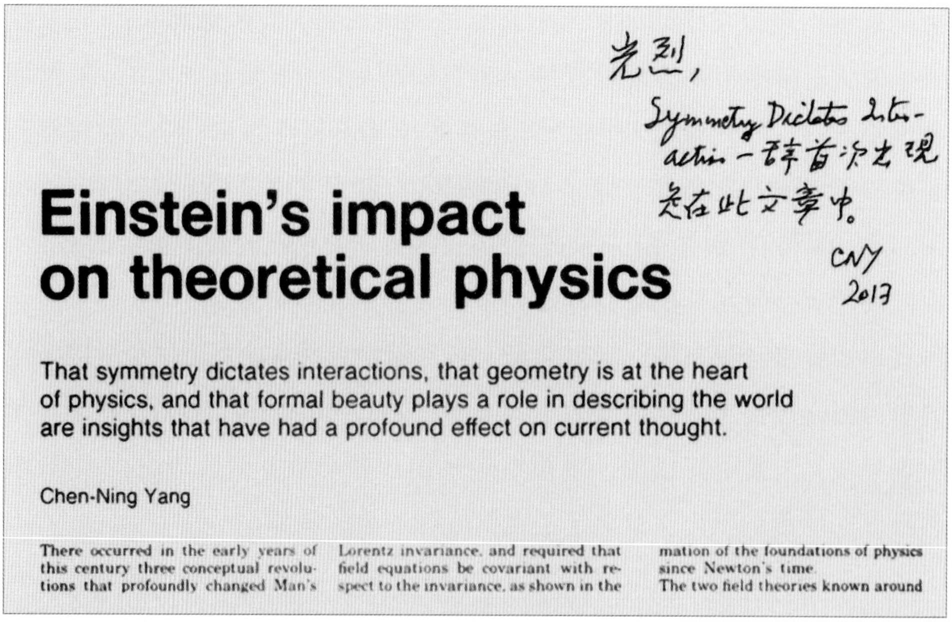

圖 1　楊先生的文章，發表於《今日物理》(*Physics Today*) 1980 年 6 月號。

三　弱作用下宇稱不守恆

在 1954 至 1956 年間，出現了一個令人困惑的「θ–τ 之謎」：有一種粒子衰變為兩個 π 介子，另一種粒子衰變為三個 π 介子，它們分別被稱為 θ 介子和 τ 介子。由於 π 介子帶有負宇稱，所以這兩種粒子分別帶有正宇稱和負宇稱。後來，隨着實驗精確度的提高，人們進一步發現，θ 和 τ 除了宇稱不相同外，其他物理性質（例如質量和壽命）都完全相同。這就出現了一個疑難：如果說它們是不同的粒子，它們的物理性質又如此相似；如果說它們是同一種粒子，那麼一會兒衰變為兩個 π 介子，一會兒衰變為三個 π 介子，又違背宇稱守恆定律。

為了揭開「θ–τ 之謎」，物理學家們產生了很大的爭論。許多物理學家想在不違背宇稱守恆定律的前提下解答這個難題，楊振寧和李政道就曾設想每一種奇異粒子都是宇稱的雙子，形成一種他們稱之為「宇稱共軛」的對稱性，並認為 θ 和 τ 就是某種奇異粒子的宇稱雙子，但是，不久實驗就發現另一種奇異粒子 Λ^0 並不存在這種宇稱雙子。就在第六屆羅徹斯特

會議上楊振寧和李政道提出宇稱雙子的建議後，費曼（Richard Feynman）發言說，他和同室的布洛克（Martin Block）討論過好幾夜，布洛克提出了一個想法：θ 和 τ 會不會是同一種粒子但具有不同的宇稱態。楊振寧回答說，他和李政道也曾考慮過，但還未做出定論。與會的維格納（Eugene Wigner）也表示或許一種粒子就會有兩種宇稱。這兩位著名物理學家的熱情鼓勵使楊振寧和李政道意識到：問題或許並不在 θ 和 τ，而在宇稱守恆定律本身。假如宇稱守恆定律有時也可以違背的話，「$\theta-\tau$ 之謎」便可迎刃而解了。1956 年夏天，楊振寧和李政道在檢查了當時已有的關於宇稱守恆的實驗基礎以後，得到了下述結論：雖然在強作用和電磁作用中宇稱守恆已為實驗所證實，但是，在弱作用中宇稱守恆定律僅僅是一個推廣的「假設」而已，並沒有被實驗所證實。如果左右對稱在弱作用中並不成立，那麼宇稱的概念就不能應用在 θ 和 τ 的兩種衰變機制中。這樣，θ 和 τ 就可以是同一種粒子（即 K 介子）的兩種弱作用衰變方式，「$\theta-\tau$ 之謎」也就不復存在了。顯然，問題的關鍵在於如何從實驗上去證實，在弱作用中左右對稱是可以不成立的。

為了從實驗上證實弱作用中宇稱不守恆，李、楊建議人們測量由實驗可以測量的物理量所組成的在空間反射（$r \rightarrow -r$）變換下改變符號的贋標量。例如，可以測量極化原子核在 β 衰變時放出的電子的角分佈。如果 θ_β 表示原子核自旋的取向和電子動量之間的夾角，那麼 θ_β 處和（$180° - \theta_\beta$）處分佈的不對稱性，就將是 β 衰變中宇稱不守恆的無可置疑的證據。根據楊振寧和李政道的建議，吳健雄等作了 β 衰變實驗。這個實驗是在極化 ^{60}Co 的 β 衰變中看向兩邊發射的電子數目是不是對稱。他們採用戈特－羅斯方法來極化 ^{60}Co，即先用絕熱退磁方法把含有放射性的 ^{60}Co 的順磁鹽冷卻到絕對溫度 0.01° 左右，以盡量減少破壞極化的熱運動，然後用弱磁場把 ^{60}Co 的順磁鹽離子中電子的自旋排列起來。這些未滿殼層的電子可以產生一個很強的內磁場（約 105 高斯），使原子核 ^{60}Co 的自旋隨着電子自旋取向。由於溫度對物體的放射性是沒有甚麼影響的，因此那些冷卻了的整齊排列的 ^{60}Co 仍舊繼續衰變和發射電子。根據宇稱守恆定

律，這些電子應該沿着原子核的取向以同樣數目朝着上、下兩邊發射。他們用電子閃爍計數器記錄了向上、下兩邊發射的電子數目，結果發現上、下兩邊的電子數目是不相等的。這樣，吳健雄等便通過實驗發現了 β 衰變中的宇稱不守恆，首次成功地證實了楊振寧和李政道的預言。隨後不久，伽溫（Richard Garwin）等測量了 π 介子弱衰變中放出的電子的角分佈，發現在這些弱衰變中宇稱也不守恆，於是再次證實了楊振寧和李政道的預言。因此，楊振寧和李政道榮獲了 1957 年度諾貝爾物理學獎。

長期以來，源自對稱性的各種守恆定律一直被人們視為毋庸置疑的普遍規律，特別是在玻爾（Niels Bohr）為解釋 β 衰變連續譜提出能量不守恆被泡利（Wolfgang Pauli）引入中微子否定後，守恆定律更被看作是物理學中無需證明的公理。「弱作用下宇稱不守恆」的發現首次打破了這一觀念，將多年來一直奉為物理學基本規律的宇稱守恆定律下降為只適用於強作用和電磁作用的一般規律。這一發現不僅表明，在弱作用中不存在左右對稱，它還促使人們重新檢查在弱作用中其他守恆定律是否仍然有效。首先受到懷疑的是電荷共軛（C）不變性（即物理規律在粒子 → 反粒子變換下不變）和時間反演（T）不變性（即物理規律在時間倒向變換下不變）。實際上，吳健雄等人的實驗不僅證實了 β 衰變中宇稱（P）不守恆，而且證實了 C 也不守恆。但是，當時人們以為 CP 混合宇稱是守恆的。後來，克里斯坦森（James H. Christenson）等在 1964 年又發現，在長壽命的中性 K 介子的弱衰變中混合宇稱也不守恆。根據粒子物理中的 CPT 守恆定律（即物理規律在 C、P、T 同時變換下保持不變），由 CP 不守恆可以導出 T 也不守恆。到了 1970 年，T 不守恆也得到了實驗證實。這樣，在弱作用中只剩下了 CPT 守恆。

至於李楊不和，周恩來總理早就告誡我們：不要摻和，因此，我不便多說，也不該多說。二十世紀 80 年代初，在石溪，有位華裔美國物理學家曾對我說：李、楊聯手，理論物理諸多領域，他們都能涉及，都有建樹；兩人分手後，外國人陸續超越，拿走了一個又一個諾貝爾獎。李楊不和，親者痛、仇者快，國內居然還有人在周總理去世後炒作此事，知情人都

知道，他們為誰辛苦為誰忙！其實，誰是誰非，歷史自有公論，外人不必多言！

四 心繫祖國的赤子之情

楊振寧對祖國有一顆赤子之心，是美籍華裔學者中訪問新中國的第一人。其實，早在 1957 年，楊振寧在瑞典斯德哥爾摩領取諾貝爾物理學獎時，就曾與我國駐瑞典大使館有過聯繫。這在當時難能可貴。他於 1971 年首次訪華回美後，對促進中美建交、中美科技和教育交流以及兩國人民的相互了解，都做出了重要的貢獻。

1979 至 1981 年，我第一次訪問石溪期間，當地華人不止一次對我說起，他們當年跟隨楊先生為中國重返聯合國奔走呼籲的故事；1985 至 1986 年，我第二次訪問石溪期間，還曾聽說另一個故事。有一次，楊先生應邀去麻省理工學院訪問，一位美國教授對他說：中國大陸來的訪問學者，在一起議論他們的國家，常常很激烈，甚至會罵街，但是，只要我們的人參與其中，指出他們國家的不是，他們馬上一致對外，群起而攻之，

圖 2 楊振寧先生與厲光烈教授在交談。

不依不饒。我們很不理解，他們為甚麼會這樣？！楊先生對他說：你們美國才二百年歷史，我們中國有五千年歷史，我們對國家、對民族的這種「恨鐵不成鋼」的感情，你們確實難以理解。

在石溪訪問期間，我曾多次聆聽楊先生的教誨，有些話語，至今難忘……

這些年，我常想：甚麼是愛國？

像楊先生這樣，為國家爭光、為民族爭氣，對祖國的愛始終如一：一片赤誠、無怨無悔，這才是真正的愛國！

1　這句話出自於楊振寧 1979 年 7 月為慶賀愛因斯坦百年誕辰在特里亞斯特（Trieste）舉行的第二屆馬賽爾‧格羅斯曼會議（Grossmann Marcell Meeting）上所作的報告：「愛因斯坦對理論物理的影響」（"Einstein's impact on theoretical physics"），文章後來發表在《今日物理》（*Physics Today*）1980 年 6 月號上（見本文圖 1）。

楊振寧先生和清華學堂物理班

李師群　清華大學物理系

朱邦芬　清華大學物理系及高等研究院

1997 年楊先生決定回到故土，自此以後，為中國培養傑出人才是他最看重的一項使命。正如他在回歸抒懷的《歸根》詩中所寫，「學子凌雲志，我當指路松」。清華大學物理系本科生何其幸哉，成為得到楊先生教誨最多的一個群體，其中清華大學基礎科學班和清華學堂物理班更是得天獨厚！

1997 年底，清華大學決定在物理系成立基礎科學班（簡稱「基科班」），其目標是「為物理學、數學等基礎學科培養富有創新意識和國際競爭能力的拔尖人才；為對數理基礎要求較高的其他學科培養具有良好理科素養的新型人才」。說白了，是為楊振寧先生擔任名譽主任的高研中心輸送好苗子。在楊先生的關心和指導下（包括 2004 年親自給大一新生上普通物理課），基科班形成了自己的鮮明特色，如同時強化學生的數學、物理基礎，開設科研訓練專題課程，嘗試楊先生倡導的「滲透式」學習方式，學生在主修學科上具有充分的選擇自由。在這樣的模式下，基科班出了一批傑出人才。

在清華基科班成功模式的啟示下，為了進一步加強基礎學科本科教育，促進基礎科學拔尖創新人才成長，2009 年初，作為教育部「基礎學科拔尖學生培養試驗計劃」一部分的清華學堂班正式成立，清華學堂物理班是其中六個班中的一個。

清華學堂物理班成立伊始就得到了楊振寧先生的關心和大力支持，實際上在醞釀「清華學堂人才培養計劃」時，楊先生作為一位蜚聲世界的科

學大師和文理兼通、中西融匯的教育家，他的人才培養理念和教學思想早已深深影響着廣大教師，滲透到大家的心裏。可以説，楊振寧先生實際是清華學堂物理班的精神導師和「指路松」。清華學堂物理班是他關注最多、持續關注時間最長、也最看好的一個優秀本科生培養計劃。清華學堂物理班朱邦芬首席教授在與楊振寧先生的多次關於人才培養的交流中，受益良多。從吸收清華物理系基礎科學班的育人特色，到制定學堂物理班的總體思路、育人理念、培養模式和實施方案，都充分吸取了楊先生的人才培養理念和教學思想。在學堂班的成長過程中，楊先生始終給予特殊的關懷，朱邦芬每次邀請楊振寧先生參加學堂物理班全體同學的活動，直接給予學堂班同學啟示和教誨，楊先生總是毫不遲疑地滿口答應。

在 2010 年 4 月 1 日清華學堂物理班的開班典禮上，楊先生對同學們寄予厚望，並滿懷激情地與同學們約定，10 年以後共慶成長；2014 年楊先生又一次應邀與學堂班師生面對面座談，結合自己 70 餘年的治學經驗，鼓勵同學們在了解自身興趣和能力的基礎上，注重具體問題的解決，把基礎做紮實；2018 年，在紀念清華數理基科班啟動 20 周年、清華學堂物理班成立 10 周年時，楊振寧先生強調培養一流科學家的意義，再一次對清華學子諄諄教導，寄予厚望；2020 年冬楊先生 98 歲高齡了，在疫情之中仍欣然應邀為學堂班師生作報告，從治學態度、研究領域和課題的選擇、到擴展學術興趣等諸方面給學生以諄諄教導和啟示，師生們又受到一次難得的科學薰陶（圖 1）。

楊先生的人才培養理念和教學思想充滿着家國情懷。這點在他與清華學堂物理班同學們的四次談話中，都有鮮明的表露。例如，在 2010 年 4 月 1 日清華學堂物理班的開班典禮上，他提到清華學堂 99 年的歷史時説：「⋯⋯99 年在世界的大學史上面不是一個很長的時間。可是假如要問，這 99 年清華學堂對於一個今天有 13 億人口的中華民族這 99 年來改變情形的貢獻，那我想世界上沒有一個大學能夠認為比這個貢獻還來得更大。」為祖國、為清華的發展變化而生的歡愉之情躍然可見。多年來，每一位與楊先生接觸過的科學家都會感受到他的這種家國情懷。周培源先

圖 1　左上：2010 年 4 月 1 日，清華學堂物理班開班典禮；右上：2014 年 4 月 7 日，楊先生與學堂班師生面對面座談；左下：2018 年 7 月 14 日，紀念清華數理基科班啟動 20 周年、清華學堂物理班成立 10 周年；右下：2020 年 11 月 15 日，楊先生在疫情中為學堂班師生作報告。

生早在 1984 年就很直接地説：「楊先生是一個愛國主義者」；與楊振寧先生共事多年的聶華桐教授用「血濃於水」四個字描述楊先生的愛國主義情懷。清華學堂物理班的師生們，從楊先生那裏得到的教益首先就是這種有着中華文化傳統的、熱愛故土、融入骨血的家國情懷。

　　楊先生對祖國在新世紀的復興有着明確的信心。在中國剛剛起步改革開放時楊先生就説過：「我對二十一世紀中國科技發展是絕對樂觀的。到了二十一世紀中葉，中國極可能成為一個世界級的科技強國」（1993 年）。對此認識，楊先生有清晰的分析：「一個國家能夠有輝煌的科技發展的必要條件：第一個是需要有聰明的年輕人，有頭腦作科學研究；第二個是需要有重視紀律，重視忍耐心，重視勤奮的社會傳統；第三是要有決心；第四是要有經濟條件。我認為這四個因素在二十一世紀的中國都會具備」。顯然，在楊先生的心目中，青年人才的培養是強國的關鍵因素。

基於這樣「血濃於水」的家國情懷，看清了中國在二十一世紀崛起的趨勢，又深刻認識到科技人才培養在大國崛起中的關鍵作用，就不難理解為甚麼楊先生把培養中國傑出科技人才視為他歸國後最看重的一項使命了。清華學堂物理班的師生清楚地記得，在清華學堂物理班的開班典禮上楊先生是那麼動情地勉勵第一批進入學堂物理班的同學們：

> 我想在座的年輕同學參加清華學堂，參加物理班是非常好的決定。我希望，比如說是十年之後，我們再開會來慶祝這個物理班成立十周年紀念，我來再給你們做一個演講，我不是開玩笑，我一定來噢（此時豎起食指，見本書封面），很多同學就會覺得今天他參加清華學堂物理班是他人生中的一個很好的決定。

楊先生作為一位睿智的物理學家，又是對中美教育都非常熟悉的教育家，經常比較中國和美國的教育的優缺點。楊先生說：「中國式的教育，善於培養好好唸書，奮發成才的人，對群體的進步很有好處。美國則相反，可以說是放任、開放、講究個性的教育。對於確有才華的年輕人，美國的教育對脫穎而出成為大師有好處」（1995 年）。

清華學堂物理班的奮鬥目標是培養具有家國情懷、人文情懷、世界胸懷，能夠勇攀世界科學高峰、引領人類文明進步的自然科學家，因此很多舉措都體現楊先生說的「放任、開放、講究個性」的特色。例如：清華學堂物理班的核心理念是：一流基礎研究人才的創造性，主要不是課堂教出來的，關鍵要提供一個良好「環境」，使得一流創新人才容易「冒出來」。我們心目中的良好「環境」包含：優秀學生薈萃；追求真理和獻身科學的學術氛圍，師生對學術問題有強烈興趣；良師指導下的個性化教學以至一對一的培養模式；學生擁有自主學習知識和創造知識的空間；國際化的視野；學生安心學習研究和教師安心教學科研的軟硬件條件等。又如：我們的因材施教，不是對優秀學生多教一些，教深一些，早教一些；而是對一

流拔尖學生不要「圈養」，應該「放養」，愈優秀的學生給予愈多的自主空間，讓他們充分發揮自己的主動性，主動學習、主動研究，培養自動研究的能力。

由於貫徹了楊先生的人才培養理念，學堂物理班致力營造局部的優良學術環境，「放任」同學們自主學習、研究，愛護同學們的「個性」發展。同學們自己組織讀書會、研究小組，自己建設起學術交流的「葉企孫學術沙龍」（圖 2），自己按學術興趣選擇 seminar 導師參加科學研究，自己聯繫申請到國際一流科學家實驗室研修。

圖 2　清華學堂物理班「葉企孫學術沙龍」活動。

楊先生高瞻遠矚，多次給青年學生指出，關注物理學在應用方面的發展更為重要。在 2010 年學堂物理班的開班典禮上他語重心長地說：

> 物理學在二十一世紀將會繼續給人類帶來新的貢獻，這些貢獻的新主題重點將要是在應用方面，而且這個裏頭能夠出的花樣，是沒有方法能夠計算的，有很多不同的方向……假如你和二十世紀頭半個世紀裏諾貝爾獎金所關注的項目來對比的話，你就知道整個物理學是在向應用方向轉。這並不代表不應用的物理學就沒有，只是說這是一個整體的趨勢。而且我想這個趨勢在我們 100 年以後，再回頭討論這個問題時，會看得更清楚。

　　四年後的 2014 年，在應邀參加學堂班「與物理大師楊振寧先生面對面座談會」上（圖 3），楊先生引用親身科研經歷，建議大學期間學生「應該找到自己的興趣，並且選擇與實際有聯繫的問題開展有意義的研究」。

圖 3　楊先生在學堂班「與物理學大師楊振寧先生面對面」座談會上。

　　十年後的 2020 年，在給學堂班師生作「如何選擇研究領域和研究課題」的報告時（圖 4），楊先生又諄諄教導說：「物理學今天的進步有起有伏，但二、三十年內看不出會有革命性的原則性的發展，反而應用領域會大有作為，新的實驗辦法、新的材料、新的儀器的研究會有大大的發展空間。」

圖 4　楊先生在 2020 年 11 月 15 日學堂班「如何選擇研究領域和課題」報告會上。

物理學的應用離不了新的實驗技術、新的實驗設備，更離不開有很強動手能力的人，因此楊先生一直向教育部門呼籲「讓動手能力強的青少年脫穎而出」，「一個人會動手，也是寶貴的長處，經過學習，加上一定的機遇，就有可能成為中國最需要的搞實驗的人才。」

清華學堂物理班在楊先生人才培養理念指引下，建立了「清華學堂物理班科研實踐基地」（圖 5）。基地注重同學們實踐動手能力的提高，為同學們提供自主開展科學實驗的園地，為有興趣參加各項實驗競賽的同學提供練習場所，為本科生學習進一步的基礎實驗技術提供平台，十分有利於消除原來教學實驗訓練與科研實驗室的要求之間的差距和科教融合。

圖 5　清華學堂物理班科研實踐基地。

物理學的應用常常顯示在學科的交叉中，楊先生因此也在不同的場所強調：

> 在向新的知識領域進展的步驟之中，一個重要的現象就是常常會把不同的領域裏面的知識結合在一起……當今各個不同的科技領域裏邊，新的知識非常之多，很多非常重要的新的領域，是從各學科的交叉之中開發出來的。所以把學生的知識面弄得太窄是不利的。

　　清華學堂物理班在楊先生的這些人才培養理念指引下，為了開拓學生的科學視野，增長見識，組織學生參觀我國的重大科學裝置，聽在這些國家科學研究的重鎮工作的科學家講解科學知識。學堂物理班的師生前後參觀過中科院物理所、國家天文台、上海光源、「神光」裝置、上海天文台、

合肥強磁場裝置、托卡馬克裝置（圖 6）、FAST、中國散裂中子源、華為松山湖研究院、北斗系統兵科院、航天五院、航天九院等。學堂班師生們在參觀學習中除了增長見識外，科學家們兢兢業業為科學進步、為國家爭光的精神也使同學們深受感染，增強了愛國激情和家國情懷。

圖 6　清華學堂物理班師生參觀托卡馬克裝置。

　　楊先生的治學方法也深深影響着學堂物理班的師生。關於學習新知識，楊先生常說：「學習有兩個辦法，一個辦法是按部就班的；一個辦法是滲透性的」，「你看了一個東西不太懂，但多看幾次以後，就會不知不覺地吸收進去了。這是一種很重要的學習方法。尤其是搞前沿科學的，這是必要的、不可少的學習方法之一」。學堂班鼓勵同學們在一、二年級按部就班打好基礎，之後進入科教融合的 seminar 研究訓練，學生在研究中掌握「滲透性」學習方式，體會科學研究，發現自己感興趣的領域，提高探索與創新能力。學堂班歷屆學生，都高度認可這種研究過程中「滲透性」學習新知識的方式對自己成長的促進作用。

　　對於初進入研究領域的年輕人，楊先生指出「最主要是會不會選擇正確的方向，哪個方向將來會有新的發展」，「在一個新的領域剛開始時，進入研究最有希望出成果」。而怎樣才能掌握住方向呢？「首先要了解自己的興趣和能力，培養自己的興趣和能力的有效途徑是多讀書，多看與學術有關的的雜誌（如《*Physics Today*》，《物理》），隨時擴充自己的興趣」。楊先生認為青年人對科學的興趣是最寶貴的，「我覺得第一是遵從自己的興

趣和能力，其次才問大的方向，世界上能做的事很多」。學堂物理班深刻認識到楊先生這些論述的重要性，在各種場所反覆宣講楊先生這一認識，並從一開始起就為學堂班的每一個同學訂閱《物理》期刊，以擴充同學們的科學興趣，通過各種形式的學術報告鞏固同學們學物理、研究物理、應用物理的興趣。

楊先生又特別提倡學術辯論，「應勤於辯論，把辯論放到與學習同等的地位上去」(1986 年)，「多跟同學辯論是最好的學習方法，中外的教師莫不如此認識。」(2020 年)。楊先生常將當年在西南聯大讀書時與黃昆、張守廉兩位好友連夜辯論量子力學問題的故事作為例子說明學術辯論的重要性。在楊先生經常的教誨下，現今學堂物理班裏學術問題的討論、辯論已形成常態，也是學堂物理班良好學術氛圍的一個體現，師生深感完全是受益於楊先生的。

楊先生是享譽世界的科學大家，對青年學生卻十分關心，每次與學堂班同學在一起，都會親切地與同學們交談，鼓勵這些學生好學上進，「青年學生應該把握時代給與的幸運與機遇，努力創造屬自己的未來」(2014 年)。對於學生提出的問題，不論學術專業問題、物理學的發展前景、學習方法、甚至個人發展規劃等問題楊先生都耐心回答，常常通過許多發人深省的故事，或引經據典，給出自己的見解和判斷，使同學們感到異常親切（圖 7）。

圖 7 左：2014 年 4 月 7 日楊振寧先生在座談會上親切回答學生問題；右：2020 年 11 月 15 日楊振寧先生與學堂物理班新生在一起。

圖 8　上：2014 年 4 月 7 日楊振寧先生與清華學堂物理班師生；下：2020 年 11 月 15 日楊振寧先生與清華學堂物理班師生。

在楊振寧先生關心下，清華學堂物理班健康成長已逾 12 年，最近又首批進入國家「基礎學科拔尖學生培養計劃 2.0」。到今年 9 月，已有 239 位同學畢業，全部在國內外一流大學深造，其中 87% 仍在物理方向。第一屆同學（2012 年畢業）已有七人在普林斯頓大學、佛羅里達大學、香港中文大學、清華大學、北京大學等著名大學任教職，更多同學做出了第一流研究工作，還有一人獲得 2021 年斯隆研究獎（Sloan Research Fellowships）。清華學堂物理班已取得的和還將取得的成就，都離不開楊振寧先生人才培養理念和教學思想的指引，離不開楊先生十多年始終的關心和支持（圖 8）。

值此尊敬的楊振寧先生百年華誕之際，清華學堂物理班全體師生感激楊先生的指引之恩，懷着深深的敬意，恭祝楊先生身體健康！

我眼中的楊振寧先生

李昕*

　　大約從 2005 年開始，為了三聯書店和商務印書館編輯出版楊振寧先生幾部著作，我和楊先生有些聯繫，乃至近距離的接觸。根據自己的觀察和了解，我陸續寫過三四篇文章，介紹他的事業和成就，同時展現他高尚的人格和情操。每次我的文章在網絡刊出，都會有眾多讀者留言發表評論，其中對楊先生表達景仰的讀者佔大多數，但也有些人對他抱有誤解，還有些人對我的文章表示質疑。我以為，有關楊先生的幾個關鍵問題，包括他當初決定留在美國、晚年重新加入中國國籍的選擇，他對中美關係正

圖 1　楊振寧先生。

* 原香港三聯書店、生活·讀書·新知三聯書店總編輯。

常化所做出的努力，他對促進中國科技發展的貢獻，他在物理學方面的成就和影響力等等，都是需要進一步撰文說清楚的。

———

有些人喜歡把楊振寧和錢學森、鄧稼先做比較，討論他們誰對於中國的貢獻更大。錢和鄧都是民族英雄級別的科學家，功勞自不待言，特別因為鄧稼先是楊振寧的「髮小」，兩人曾有同窗之誼，在美國留學時也常在一起，然而鄧回國，楊則留美未歸，鄧後來成為中國的「兩彈元勛」，而楊卻未能把自己的聰明才智貢獻給中國的科學事業。這樣一比，似乎就比出了兩人的差距。而且，有些言辭偏激的網友，喜歡動不動就把事情上升到政治層面，把能不能為中國搞科研歸結於愛不愛國的問題，這觀點就未免狹隘了。

據我所知，楊振寧當初也曾有過回國的考慮。他父親楊武之先生早年留學美國，就是讀了博士學位以後回國教書的。楊振寧最初的打算是和父親一樣。但是後來出現了一些新的情況：

他 1948 年得到芝加哥大學物理學博士學位，1949 年受邀到普林斯頓大學做博士後研究。他原想研究結束後回國，但 1950 年 6 月朝鮮戰爭爆發，美國政府制定了一條政策，禁止在美國學習理、工、農、醫科的中國留學生回國。而與此同時，他與曾經是自己學生的杜致禮重逢，兩人戀愛並結婚。杜致禮的父親杜聿明是國民黨高級將領，被中共列在戰犯名單裏面。雖然，當時他們兩人還不知杜聿明戰敗後的生死情況，但是杜致禮是肯定不能回國了。這一特殊情況自然會影響到楊振寧的決定。

至於楊振寧與他的家庭，因為戰亂也有一段時間失去聯繫。新中國成立後，楊振寧第一時間發電報探詢，接到父親回覆「平安」二字，他欣喜若狂。此後他與父親的聯繫一直沒有間斷，哪怕是在兩國完全隔絕的時期。楊振寧是非常遵從父命的孝子，父親曾教導他「有生應感國恩宏」，「血汗應灑在國土上」，但是父親從來沒有強求他回國，因為父親知道，美國的科研條件對於楊振寧的學術發展非常重要。

　　當然，我以為影響楊振寧做出與錢學森和鄧稼先不同選擇的，最根本的一點，在於他們不同的研究方向。大家應該可以認同一個基本事實，就是現代自然科學是有分類的，它由基礎科學、技術科學和應用科學組成。錢學森在火箭和導彈方面的突破，鄧稼先在「兩彈」研究中的貢獻，都屬技術科學領域的成就，而楊振寧所擅長的「統計力學」、「粒子物理」、「場論」和「凝聚態物理」都屬理論物理的範圍，包括他所提出的「宇稱不守恆」理論、「規範場」理論，都要歸之於基礎科學領域的重大發現。雖然在廣義上說，錢、鄧、楊三人的學問都和「物理學」、「力學」相關，但是要解決的實際問題完全不同。錢和鄧能做的，楊不一定做得了；反過來說也一樣。但是不能否認，基礎科學和技術科學有兩個重大的區別。首先，基礎科學是技術科學的根基和前提。如果沒有基礎科學，任何技術發明都沒有了依據，所以這方面的研究更值得重視；其次，技術科學可以無國界，也可以有國界，它可以僅為一國服務，而基礎科學總是無國界的，它總是為整個人類服務的。

　　經過這樣的分析，再回到 50 年代錢、鄧回國而楊未回國的問題，我們就可以看出他們各人的選擇，其實是各有道理。錢和鄧掌握了技術科學的專業特長，要報效祖國，回國自然是不二選擇；然而楊振寧專攻基礎科學理論，這是為人類做貢獻的研究，自然是哪裏的研究條件好，就在那裏工作。這還只是針對一般情況而言，還沒有考慮 50 年代中國的特殊情況。當時的情況是，中國為了避免「落後就要挨打」，必然要優先發展「火箭」、「導彈」和「兩彈」，所以錢、鄧回國，是可以大顯身手的；但是對於楊振寧所主導的基礎科學理論研究，國家在經濟落後、「一窮二白」的狀況下，既不具備也不可能提供相應的條件。所以基本上可以預見，如果楊先生當初回到中國，那麼且不要說他那一系列舉世震驚的學術成果是否可以問世，連第一次獲得諾貝爾獎的華人學者也一定不是他和李政道。那麼他對於人類的重大貢獻，也就完全談不上了。

　　可以說，楊振寧當時留在美國，是一種獻身科學的理智選擇，其中也包含着一些身不由己的因素。而後來於 1964 年他加入美國籍，更是在百般無奈之下的「一個很痛苦的決定」。正是因為這樣，他在 2015 年 94 歲

高齡時放棄美國國籍，才會感到欣慰和滿足。他說自己感謝美國，因為美國「是一個給了我做科學研究非常好的機會的國家」，但是畢竟，「我的身體裏循環着的是父親的血液，是中華文化的血液」。

二

事實上，雖然半個世紀身在美國，祖國一直是楊振寧夢縈魂牽的地方。

但是，作為一個埋頭於科學研究的物理學家，楊振寧原本並不熱衷於社會活動。愛國，只是在他的心裏。

不過，1971 年的中國之行改變了他。

此時，他離開中國整整 25 年。臨走前中國的滿目瘡痍、民不聊生給他留下深刻的印象，而此時中國已經發生的巨變令他感到振奮和欣喜。

合肥一家賓館牆壁上懸掛着毛澤東「為有犧牲多壯志，敢教日月換新天」的詩句使他心潮澎湃，激動不已。

特別是見到了老友鄧稼先。他早聽說鄧參加了中國的原子彈研製，此時又得知這研製工作是中國人獨立進行的，沒有外國人參加，更是感動莫名。

還有他的老父親，在病中對他殷殷教誨，讓他「把眼光放遠，看清歷史潮流」，這些話對他產生了震撼性的影響。

此時楊振寧大約 50 歲，距離今天也正好 50 年。從這時開始，他的人生有了重大轉變。讀者應該都注意到，不久前楊先生在清華大學為他舉辦的百歲華誕慶祝會上演講，他提到自己人生的後 50 年，是和鄧稼先「千里共同途」，此語所指，就是這個轉變。轉變後，他不僅作為一位傑出的自然科學家，而且也作為一位有影響力的社會活動家，一位身居海外的愛國者，一直在助力祖國的事業。

70 年代，他頻繁往來於中美之間，會見過毛澤東主席，並與周恩來總理多次長談，直接促進了中美科技文化交流。例如 1971 年作為第一個回國的華人科學家，在和周恩來總理的會談中，不僅介紹了美國社會的有關選舉、政黨、民權、法律等等制度性問題，幫助周在中美關係改善之前，

深入了解了美國的政情和輿情，而且特別重要的是，他建議中國要加強基礎科學理論研究，大力培養理論人才。這在當時「文革」將所有大學和科研機構統統荒廢，將科研人員和大學教師大批送往「五七幹校」的時代，可謂空谷足音之言。我們都知道，正是從 1972 年以後，高等院校開始恢復招收工農兵學員，儘管選拔人才的制度仍然不正規，但這畢竟是對停止招生六年的高等教育的恢復，是「文革」從亂到治過程中的一個步驟。人們不能不承認，楊先生在其中是起了促進作用的。及至一兩年後，國內教育界在周恩來總理直接主持下進行整頓，全面復課，抓基礎教育，抓教育質量，一時成風。雖然好景不長，很快就被「四人幫」當作「右傾回潮」、「資產階級舊教育復辟」打壓下去，但是這裏所顯示出的重新重視教學和科研的觀念，顯然與楊先生回國提出的建議有關。

後來，楊振寧多次對中國的科技發展提出自己的意見和建議。他總是實事求是，直抒己見，並不在意個人的榮辱毀譽，不怕得罪領導人和同行。例如對於中國是否應該投入鉅資建造高能加速器，他 40 年如一日，力排眾議，始終堅持求真務實的立場，從中國國情出發，為高層決策提供參考意見。他曾經先後向周恩來和鄧小平建議引進美國著名科普雜誌《科學美國人》，使其成為改革開放後中國引進的第一本西方期刊；他曾對鄧小平建議在中國科技大學創辦少年班，並對鄧小平說「搞計算機軟件，15–18 歲開始學習比較有利」，從而影響到鄧小平做出「計算機的普及要從娃娃抓起」的指示；甚至，是他向鄧小平建議，要宣傳鄧稼先、錢學森、于敏等兩彈元勛的事蹟，才使得這些隱姓埋名多年的英雄人物廣為人知。至於他幫助中山大學建立高等學術研究中心，幫助南開大學建立理論物理研究室，幫助清華大學建立高等研究院，這些都是讀者耳熟能詳的事情了。

在為中國科學培養人才方面，有些人喜歡把楊振寧和李政道做比較。覺得李政道做得多，而楊振寧做得少。這是一個錯覺，原因是改革開放之初，李政道先生曾經策劃和實施過中國青年學生海外留學計劃，這個計劃經過大張旗鼓的宣傳，非常有名。但是，很少有人知道，楊振寧先生幾乎是與此同時，也在默默地做着自己的貢獻。他在香港和美國籌措

資金，策劃和資助了「與中國教育交流委會員」（Committee on Educational Exchange with China, CEEC）的計劃（中國學者訪問項目），幫助大批中國高端學者到美國著名大學進行為時半年到一年的深造。這個計劃的實施對象和李政道的計劃不同，楊振寧關注的是高端人才的深造。我曾看到一張表格，上面列明僅在 1981 年到 1992 年間，參與這項計劃到美國訪學的學者就達上百人。此後仍有學者在楊先生幫助下分批出國進修。這些學者原本就是科技精英，訪學歸來後，無一例外地成為了我國自然科學各領域研究的帶頭人，有多位當選兩院院士，其中就包括後來擔任過北京大學校長的陳佳洱，擔任過復旦大學校長的楊福家和擔任過中國科學技術大學校長的谷超豪，以及著名物理學家葛墨林、孫昌璞，著名數學家王元等等。

曾經擔任中國科學院院長的物理學家周光召說過，僅僅就中美科技文化交流方面的貢獻來說，楊振寧的功績就無人能及。這是很客觀的評價。不過，還需要補充一句，在中美之間，楊振寧所做的，並不限於科技文化交流，之所以這樣說，是因為他同時也參與了很多社會政治活動。

圖 2 刊登楊振寧演講的《石溪通訊》。

　　1971年，楊振寧訪問新中國之後，在美國發表了題為「為有犧牲多壯志，敢教日月換新天 —— 我對中華人民共和國的印象」的演講，以極大的熱情宣傳新中國。這篇演講，不僅幫助美國政界和文化界重新觀察和審視中國，而且還喚醒了整整一代在美華人的愛國情感。當時中國留美學界正在掀起「保釣運動」熱潮，楊振寧對新中國的肯定和讚頌對於愛國留學生無疑是一個巨大的鼓舞。他很自然地被公認為保釣運動的精神領袖。近些年來，我在港台兩地的學者中，結識了幾位當年美國留學生中的保釣運動積極參與者，他們後來或是大學校長、教授，或是作家、官員。閒談時，他們總是深情地回憶起自己在美求學期間不平凡的經歷，而對楊先生當時發揮的作用十分推崇。我也見過一位曾經擔任「行政院新聞局局長」的台灣學者，他當年在美國屬保釣運動的右翼，對來自港台的留學生們普遍嚮往中國大陸並不認同，對楊振寧的愛國也不以為然，但是他在自己的回憶錄裏，仍然承認楊先生「由於他具有諾貝爾獎得主的光環，對留美學生的影響，恐怕在當年無人能出其右」，「那段時間楊振寧周遊各校，極力宣揚新中國，確實使得左傾的人愈來愈多。」[1]

　　由此我們不能不說，楊振寧在打破中美關係的堅冰方面是發揮了積極作用的。大家都說中美關係解凍始於「乒乓外交」，其實在美國內部，特別是在美國華人中間，楊振寧所喚起的中美友好的呼聲，同樣促進了兩國關係的正常化。

　　為此，楊先生在這一時期投身於愛國的社會活動，花費了很多精力。後來，他與歷史學家何炳棣甚至還共同發起成立「全美華人協會」，他親任會長，何炳棣為副會長。這個組織所做的工作，無非是團結和凝聚華人，在他們中傳播熱愛新中國的思想，並敦促美國政府正視新中國。1977年，他曾經以全美華人協會的名義，在《紐約時報》刊登整版廣告，以「亡羊補牢，猶未為晚」為大幅標題，呼籲和規勸美國政府盡快與中國建交，相信很多年長一些的讀者會記得，1979年1月中美建交，鄧小平赴美訪問，全美華人協會設宴接待，由何炳棣主持宴會，而在現場致歡迎詞的正是楊振寧。

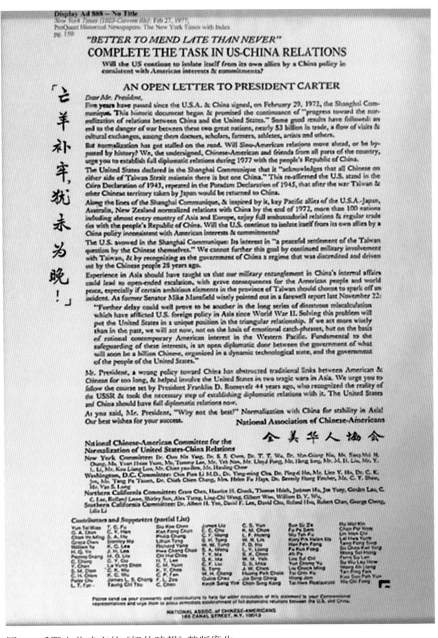

圖 3 呼籲中美建交的《紐約時報》整版廣告。

所以，那些因為楊先生沒有在建國之初歸國就對他加以指責的人，實在是對他的經歷和人格都太缺乏了解了。楊先生說得不錯，從身處異鄉建造中美關係的橋樑時開始，他就是與鄧稼先、錢學森等回國的科學家「共了同途」。

三

也有人說閒話，議論楊振寧在美國度過了自己最好的年華，只是到了81歲，才定居清華大學，住在一棟花園洋房裏面，給人當當顧問而已，那簡直應該説是來享福和養老的。

其實這些人沒有弄清楚，楊先生回清華，是因為清華太需要他了。

事情起初是清華大學希望建立高等研究中心，需要一位具有國際影響的科學大師來主持其事。時任清華校長的王大中在 1997 年向楊振寧發出邀請，而此時楊先生在美國還沒退休，不能回國擔任全職教授。他全職回到清華任教是 2003 年，但是，兵馬未動，糧草先行，他從 1997 年就開始為建立高等研究中心籌措資金，在美國註冊了清華大學北美基金會，接着又在香港註冊了清華大學高等研究中心基金會有限公司。他不僅利用自己的影響力在海外募集大量資金，而且帶頭捐出了自己在美國的一棟別墅，還將清華大學向他支付每年 100 萬的年薪也多半都捐獻出來。據統計，多年來楊先生和翁帆向清華捐贈的錢款，總數超過人民幣 2,000 萬元，他沒有向清華索取甚麼，但是他卻幾乎是傾其所有地奉獻給清華。

籌措到資金以後，便要落實科研發展計劃。首先，高等研究中心需要延攬人才。楊先生便利用募集到的資金，蓋起來訪學者居住的專家樓（陳賽蒙斯樓，見本書頁 35 右下圖）。人們說，楊振寧在清華住花園洋房，好像是享受了破格待遇，其實那棟兩層小樓實際使用面積並不大，花園也只有幾平方米，而且產權屬清華。這樣的專家公寓，遠遠比不上一般美國教授家的 house，只是清華為引進國際上的大師級學者安排居住的。例如力學和數學家林家翹，圖靈獎獲得者姚期智到清華全職工作，就住在這裏。後者還和楊先生一樣，2015 年加入中國國籍。

楊振寧對於清華的重要性，還表現在他幫助清華大學物理系完成了脫胎換骨的改造。他以科學大師高瞻遠矚的思維和智慧，為該校這一學科發展指明研究的方向、重點以及突破口。可以説他的指點有畫龍點睛的作用。短短十幾年，清華大學的物理研究水平迅速提升，不僅整體上進入世

界一流的行列，而且在幾個領域裏居於國際領先地位。清華大學前校長王大中曾高度讚譽了楊先生對清華的貢獻，他說：「沒有楊振寧，就沒有清華物理系的今天。」

更為難得的是，楊振寧在清華並不僅僅是做顧問、當參謀，他這個教授，是要親力親為地上課堂講課的。2004 年，楊先生已是 82 歲高齡，但他有感於一些名教授不肯直接給本科生上課，決定自己親自開設大一物理課程，以身作則。整整一個學期，他給清華物理系和數理基礎科學班四個班級 120 多名本科生講課，每次課講兩個 45 分鐘，每周安排兩次課程。為此，他需要專門編寫教案，每堂課都不惜花費精力，用兩個小時備課。像他這樣高齡的科學大師，直接在大課堂面對莘莘學子諄諄以教，不僅在國內絕無僅有，而且可能在世界上也是極為罕見的。

了解了這些，人們就會知道，清華大學邀請 80 歲的楊先生回校任教，是多麼明智之舉！更重要的還在於，楊振寧不是普通的物理學家，他是科學大師。甚至，就像陳寅恪被稱之為「教授中的教授」一樣，他也可以被稱之為「大師中的大師」。

圖 4　楊振寧在清華大學舉辦的百歲華誕慶祝會上。

　　熟悉情況的人都知道，楊振寧的科學成就，並不局限於獲得諾貝爾獎的宇稱不守恆理論，更在於楊－米爾斯（Yang–Mills）非阿貝爾規範場理論和楊－巴克斯特（Yang–Baxter）方程等等的提出，有人說，楊振寧在統計力學、粒子物理、場論、凝聚態物理四個方面有 13 項重大的研究成果，其中多項達到諾貝爾獎獲獎的級別，這種廣博和深刻的結合，當今國際物理學界幾乎無人能及。據此，他作為二十世紀物理學界樹立風格、引領潮流的人物之一，其卓越地位在國際上早已得到公認。他的成就，不僅被科學界敬仰，而且被同樣作為物理學大師的多位學者敬佩。諾貝爾物理學獎獲得者丁肇中先生在楊先生 70 歲生日宴會上曾這樣說：提到二十世紀的物理學的里程碑，我們首先想到三件事，一是相對論（愛因斯坦〔Albert Einstein〕），二是量子力學（狄拉克〔Paul Dirac〕），三是規範場（楊振寧）。這表明，楊振寧這個級別的物理學家，二十世紀 100 年裏僅得三人。古人以 30 年為一世，楊先生可謂「不世出」的人物。

　　另有科學史著作總結近 300 年來國際物理學界的九個重要理論精髓，這些精髓都可以用基本方程式來表達，打頭的是牛頓（Isaac Newton）的運動與萬有引力方程，後面則包括熱力學第一定律和第二定律，麥克斯韋方程組（Maxwell's equations），統計力學基本方程，愛因斯坦的狹義相對論和廣義相對論，海森堡（Werner Heisenberg）的不確定性原理，薛定諤方程（Schrödinger equation），狄拉克方程，最後就是楊－米爾斯方程，也就是楊振寧的規範場理論[2]。所以有專家認為：「在人類科學發展史上，二十世紀堪稱物理學世紀，物理學家繁若群星。如果說二十世紀上半葉愛因斯坦是物理學的旗手，那麼下半葉當推楊振寧。」[3] 這個說法並不誇張。

　　這意味着，楊振寧是目前在世的最為傑出的物理學家。他的加盟，直接提升了清華大學物理學的國際地位。

　　所以說，清華請回來的楊振寧先生，絕對不是僅僅作為一個諾貝爾獎獲得者。他的思想和智慧，他的前瞻性理念和敏銳洞察力，包括他的榮譽和聲望所產生的吸引力和影響力，都使清華受益多多。這就如同請來了一位當代愛因斯坦。試想一下，如果愛因斯坦是中國人，且是一位清華校

友，他早年出國，發現了狹義和廣義相對論，成就斐然，名滿天下，在他晚年之時，他的願望是葉落歸根，到清華大學完成「人生最後一件重要的事情」，這對清華大學難道不是求之不得的好事嗎？

　　我以為，只有從這樣的角度認識楊振寧先生，對他才是公平的。

初稿於 2016 年 1 月

2021 年 11 月修改增訂

1　邵玉銘：《此生不渝 —— 我的台灣、美國、大陸歲月》（台北：聯經出版公司，2013），頁158。

2　李炳安：〈物理學的精髓 —— 九組方程式〉，《自然雜誌》，1990 年 13 卷 10 期，頁 666。

3　高策：〈楊振寧與規範場〉，《科學與中國人》，1995 年第 3 期。

楊振寧先生與香港中文大學物理系

林海青 劉仁保 王建方 夏克青 楊綱凱 朱明中

香港中文大學物理系

一　結緣

　　楊振寧先生與香港中文大學及物理系有着深厚的淵源。他與香港中文大學物理系結緣於上世紀 60 年代，一直以來對中大物理系給予了全方位的關注和扶持，處處體現着楊振寧先生的家國情懷。

　　香港中文大學是在 1963 年 9 月正式成立的，此後僅僅過了一年，楊先生就應校長李卓敏邀請，專程來港在香港大會堂作關於粒子物理前沿進展的公開演講（圖 1），介紹了宇稱不守恆的概念和發現，轟動一時。此行他不但趁機與已經暌違多年的家人團聚（見本書頁 15 下圖），而且在演講之後還訪問了當時位於香港島的聯合書院（當時香港中文大學三所成員書院之一），會見了中大物理系的徐培深教授和姜貴恩老師（圖 2）。在 1976 年，楊先生又就規範場和纖維叢的工作在中大作學術講座。從 1981 年開始，楊先生就經常到中大訪問，其後

圖 1　楊振寧先生於 1964 年 12 月 30 日在香港大會堂作公開演講。

圖 2　楊振寧 1965 年 1 月訪問香港中文大學聯合書院時攝，左起：徐培深、周紹堂、方心
謹、楊先生、不詳、鄭棟材、楊乃舜、姜貴恩。（照片由姜蘭虹教授提供）

在 1983 年獲中大聘任為榮譽教授，並在 1982–1983 學年第二學期在中大
物理系教授研究生物理課程「理論物理專題」。在 1986 年，香港中文大學
聘任楊先生為「博文講座教授」[1]。

　　1997 年楊振寧先生獲頒香港中文大學
榮譽理學博士學位（圖 3）。這個榮譽學位的
背後也體現着楊先生無處不在的家國情懷：
香港中文大學很早就想授予楊振寧先生榮譽
博士學位，但楊先生一直沒有接受。究其原
因是 1997 年之前英國人對香港的統治還未
結束，在授予儀式上有一個英國傳統，接受
榮譽學位的人要到校監（即由英國人擔任的
香港總督）面前鞠躬，然後校監拿一根小木
條在接受者頭上敲一下。而楊先生不願意對
英國人行這個禮。所以等到 1997 年香港回

圖 3　楊振寧先生於 1998 年 5 月
20 日參加香港中文大學榮譽
理學博士學位頒授典禮。

歸祖國，校監換成了中國人之後，楊先生立即接受了中大榮譽理學博士學
位，儘管那年楊先生剛做了心臟搭橋手術，他仍在翌年親身蒞臨榮譽學位
授予儀式，楊先生的家國情懷可見一斑。高山安可仰，徒此揖清芬。

　　1998 年，楊先生把他幾十年來收藏的學術資料捐贈給了中大，其中
包括諾貝爾獎章、珍貴的手稿、相片、論文和影音等有關資料。為此中大
設立了楊振寧檔案室（The C N Yang Archive）（圖 4），隨後在 2002 年更擴

圖 4　楊振寧先生於 1999 年 8 月 12 日參加香港中文大學楊振寧檔案室成立典禮。

圖 5　楊振寧先生於 2002 年 9 月 28 日參加香港中文大學楊振寧學術資料館開幕典禮。

充並命名為香港中文大學楊振寧學術資料館（圖 5）。資料館不僅是一個袖珍的博物館，更是科學史的寶庫。資料館內的所有內容現已經編目並數字化，這將極大地幫助人們研究楊振寧先生的學術貢獻和學術思想。

二　講課／講座

自 1964 年起，楊先生在香港給過多次演講，其主題十分豐富，有學術的、科普的、面向大眾的。不僅如此，楊先生還多次給本科生上課，對香港學生和年青人在科研探索方面產生了廣泛而深遠的影響。

首先，楊振寧和李政道先生 1957 年獲得諾貝爾獎，作為中國人首次獲得諾獎，改變了很多中國人自己覺得不如人的心理作用。這種影響是突破性的精神衝擊，是中國年輕一代科學人信心的支柱，是他們前進的動力，一直影響着全世界華人。

其次，對上世紀 80–90 年代的香港學生來說，楊先生的演講幾乎是當時唯一的大師級演講，香港學生可以直接感受大師的風采，親耳聆聽大師教導如何做研究和探索自然奧秘。楊先生曾說過研究生時期是人生最困難的一個時期，這時候做問題不再像以前那樣只做老師出的題目，而需要尋找一個能做出來而且又有意義的題目。因為對一個問題而言，知道有答案是一個很重要的啟示，比如我們上學做習題知道有答案就基本上有思路。現在不知道答案，首先就不知道在有限的時間裏能不能解，就要判斷一個問題有答案的機會是否較大。我們只有選最有希望突破的方向走，才會有較大的機會成功。因而研究方向的選擇是第一重要的，而聆聽大師就是年輕人尋找正確的研究方向、或轉向新的研究方向的最好方式。這裏有個生動的例子，楊先生 80 年代就說過二十一世紀是生命科學（物理）的世紀，交叉科學會備受重視。折射到當今的科研前沿，交叉科學大放異彩，這些數不盡的成功案例正印證了楊先生當年的真知灼見，慧眼如炬。

楊先生在中大講課和講座的內容除了物理，還有科學與藝術、科學家個人的風格等。這些對學生和年輕人培養正確的人生觀和學術品味有着直

接的指導作用。然而我們覺得楊先生的講學帶給年輕人更多和更重要的是超越認知層面的影響。在楊先生的演講中，始終透露着對中華傳統文化的讚賞，對中華民族美好品質的推崇，這對青年人的影響是潛移默化且深遠磅礴的。

　　楊先生出生於 1922 年，目前已百歲高齡。這百年人生跨越了祖國從積貧積弱到民主富強的多個重要歷史階段。楊先生從封建貧窮的舊中國走來，他深刻地體會到落後就要挨打的道理，也深刻地感受到祖國近幾十年來的騰飛和發展。楊先生把這些親身經歷告訴學生，使他們對歷史有了更深刻和宏觀的認識，更能感受到中華文明的源遠流長、博大精深和氣勢恢宏，中華民族的勤勞勇敢、自強不息、愛好和平及對其他文化的包容，真正樹立起了屬中華文明的文化自信。順便提一下，「博文講座教授」的名稱源於香港中文大學的校訓「博文約禮」，這也是中華民族精神之一。

　　楊先生住在香港時，有機會就給學生、特別是中大物理系的學生講課和作報告。2006 年楊先生在 84 歲高齡之際重新開課。2006–2007 學年

圖 6　楊振寧先生教授香港中文大學物理系本科課「20 世紀理論物理的主旋律」。照片攝於 2006 年 9 月 11 日。

圖 7　楊振寧先生在香港中文大學楊振寧閱覽室與學生熱烈討論。照片攝於 2005 年 12 月 21 日。

第一學期，楊先生與楊綱凱共同教授物理系本科課程「20 世紀理論物理的主旋律」（圖 6），楊先生在 2008–2009 學年還堅持上課，並且時不時給學生作報告和討論（圖 7），為學者之表率，師者之大成。楊先生的演講思維縝密，邏輯清晰，言簡意賅，受到物理系師生的普遍歡迎。對上課的師生而言，聽楊先生講話可以真正體會到「簡單就是美」的道理，是一種科學加藝術上的雙重盛宴。

三　楊振寧基金

楊先生對中大物理系的支持一直是不遺餘力的。1992 年，為紀念楊先生 70 歲壽辰，物理系設立了楊振寧基金，資金來源於社會各界捐贈。楊振寧基金成立的目的一方面在於邀請和資助國際著名物理學家到香港中文大學參觀、演講和開展研究，使中大的科學活動保持在最前沿；另一方面是用於設立「楊振寧獎學金」（由 2000–2001 學年開始），表彰物理系

成績優異的本科生和研究生（圖 8）。此外，物理系以香港的捐贈設立楊
振寧訪問教授基金，以支持優秀的物理學家訪問香港中文大學，講學和合
作研究。很多現在活躍在各領域的優秀學者，都曾經是中大物理系楊振寧
訪問教授或楊振寧訪問學者。

圖 8 楊振寧先生參加香港中文大學物理系楊振寧獎學金頒獎禮。照片攝於 2003 年 9 月 27 日。

2002 年，為紀念楊振寧教授 80 歲壽辰，物理系又設立了楊振寧科學
基金。該基金與中大光學科學技術研究所和光學科學中心的建立有關，
目的也是使中大的科學活動保持在世界前沿，很多中大師生因此受益。
2012 年楊先生 90 歲壽辰，楊先生主動提出利用這個機會為系裏建立一個
獎學金。他主動聯繫籌款設立了獎學金，用來獎勵每年物理系優秀的本科
生，並資助他們到海外從事暑期研究。

這裏特別要提的是中大物理系理論物理研究所的成立。2003 年香港
爆發非典型肺炎，經濟嚴重下滑。此後三年，政府財政收縮，嚴重影響了
學校的教學和科研。為了更好地吸引人才、聚焦幾個科學研究重點，中大
物理系在學校的大力支持下，於 2004 年成立了理論物理研究所，楊先生

在那段困難時期受聘理論物理研究所所長，強有力地支持了中大物理系的發展，並一直擔任理論物理研究所所長至今。

四　學術活動／研究工作

楊先生還經常參加物理系組織的會議。讓人印象最深刻的是 2000 年由中大物理系攜手香港其他物理系組織的第三屆全球華人物理學大會，楊先生出席了開幕式並主持了會議（圖 9），以紀念著名物理學家吳大猷先生。中大物理系於 2005 年 12 月組織了「量子力學及其應用之進展」國際學術會議，楊先生參加並作了「愛因斯坦對二十一世紀理論物理學的影響」的大會報告。

圖 9　楊振寧先生參加第三屆全球華人物理學大會，會後與年青學生合影。圖中第二排中間的四位學者從左至右依次為黃昆、李政道、楊振寧、沈君山。照片攝於 2000 年 7 月 31 日。

五　友情友誼

中大物理系有個傳統，每年春天物理系全體師生都會聚集在一起合影留念。楊先生都會盡力安排好他的行程，來和我們一起合影。第一次是

1993 年，並且在 2000–2018 年期間，除了 2003 年非典疫情爆發和 2013 年，楊先生都參加了每年的合影，並給優秀學生頒獎，和大家共進午餐。2000–2010 年期間，楊先生在中大多次自掏腰包招待內地來的訪問學者，給大家極大的精神鼓舞。

2007 年，為慶祝楊振寧教授 85 歲壽辰及獲諾貝爾獎 50 周年，中大豎立了楊振寧雕像（圖 10）。楊先生要求雕像豎立在邵逸夫夫人樓頂，正面對着每年中大學生畢業典禮的會場（也面對着中大物理系），他說他要永遠看着中大學生、看着物理系，感動了無數中大人。

圖 10　楊振寧先生雕像，雕像右前方後面一幢樓就是香港中文大學物理系。照片攝於 2022 年 2 月 9 日。

楊振寧閱覽室成立於 1987 年 1 月 9 日，啟用儀式由時任中央研究院院長的吳大猷教授專程從台灣來香港主持。閱覽室位於中文大學中心地帶的科學館，主要用於教職員休息以及討論。楊先生來中大時經常在這個閱覽室與師生一起討論科學問題（圖 11）。

圖 11　楊振寧先生與香港中文大學物理系師生（包括本科生和研究生）於 2016 年 4 月 6 日在楊振寧閱覽室討論後合影。

六　個人接觸回憶點滴

　　林海青：我於 1995 年加入香港中文大學物理系，2012 年到北京計算科學研究中心正式任職。2000–2010 年左右，我和楊先生相處比較多，留下了很多美好的回憶。楊先生既十分平易近人，又以他獨特的風格感染着周圍的人。

　　其中印象最深的是 2008 年他找我安排學生幫他計算和製圖的事。1995 年前後，物理學上出現了一項重大的突破，就是玻色－愛因斯坦凝聚（Bose–Einstein condensate）在冷原子氣體中被實驗證實。楊先生在二十世紀 50 年代曾在此方向上做過非常重要的理論工作。隨着實驗技術的提升如光格子，到了 2007 年很多楊先生 50 年代關心過的問題又成為科學前沿的關注點。楊先生又重新對那些問題進行了研究，他親手做了很多推導（我見過那些演算手稿），找了學生幫他用電腦做些計算和製圖。在 2009–2013 期間，楊先生以 90 歲的高齡發表了數篇獨創性的文章，物理系師生們都欽佩不已，為有這樣一個同事而自豪。

　　曾有記者問我：「在您看來，楊振寧先生是一位怎樣的大師？在他的精神品格當中，最讓您敬佩的是甚麼？帶給您怎樣的影響？」

　　我的回答是：作為一個建樹非凡的科學巨人，楊先生在粒子物理、場論、統計力學、凝聚態物理等方面，以他的里程碑的工作，給世人留下了寶貴的科學財富。他的精神品格中有很多讓我們敬佩和仰望的地方。其中最讓我敬佩的，就是楊先生的敬業精神。作為一個科學家，本行是甚麼？就是教學、研究、支持和參與學科發展、培養年輕人，在這些方面楊先生都做到極致。無論是在紐約石溪、香港中大、北京清華，楊先生的一言一行影響着無數學子，激勵着我們學到老、做到老，獻身於所愛的事業。

* * *

　　物理系老師朱明中：楊先生在我心中一直就像神壇上供奉的神級人物，畢竟他是我中學年代已景仰的科學泰斗。2012 年 9 月中大物理系為慶祝楊先生九十大壽舉辦了一個座談會，除了幾位同事做學術報告（我自己報告了早幾個月在大亞灣實驗中發現的新的中微子振盪模式），楊先生壓軸講了很多他早年在美國從事科研的經歷，及他遇到的物理學大師。例如他在普林斯頓高等研究院工作時，有天帶着兒子「偶遇」愛因斯坦的情況。楊先生娓娓道來，很多物理學大師都從神壇上走下，變回成活生生的人物。那天楊先生講了一小時多，聽眾尤覺意猶未盡。當晚在系方安排的晚宴上，楊先生更放映了一些他拍攝的他自己及家人的生活短片。這天我印象深刻，楊先生這樣的神級人物一直是很平實的誠摯待人，對我等後學也沒有半點架子。這天之後，我對楊先生既多了敬佩，亦感覺親切了。

* * *

　　物理系老師劉仁保回憶起楊先生和物理系有關的幾件「小事」。楊先生對中大物理系的發展一方面關心和熱心幫助，另一方面又不「強勢」。楊先生一直對物理學的未來發展方向持開明的態度，不拘泥於「自己的」領域。有一次，楊先生推薦冷原子物理和數學物理領域的一位非常優秀

的學者來應聘我們系的職位，而冷原子物理也是楊先生非常看好的一個方向。但是因各種緣故，我們並沒有聘請這位學者。我當時還擔心楊先生會不會對此不高興。但事實證明，楊先生不像某些大家那樣「霸道」，並不干涉物理系的內部事務，一如既往地對物理系提供幫助。另外一個楊先生認為有希望的領域是生物物理和複雜系統。20 多年前一次鳳凰衛視在清華的世紀大講堂上一個學生問他，物理是不是因為簡單才美。楊先生沉思了幾秒後說，「複雜也可以很美的」。所以當物理系有意發展生物物理方向的時候，有一次和楊先生茶話會的時間，我就壯膽問，能不能請他推薦生物方面的大科學家來物理系演講，幫助我們發展此方向。楊先生欣然應允，並介紹施一公。後來我們邀請到施一公教授作為我們首位「楊振寧講席教授」(CN Yang Lecturer) 來交流，令全系乃至全校師生頗受裨益，和楊先生的引薦不無關係。

另外一件事和魏勃勃博士有關。魏勃勃是林海青老師的博士生，後來在我組裏做過三年的博士後，前後也斷斷續續擔任楊先生的助手，做數值計算、繪圖，和討論研究。有幾次討論我有參加，楊先生也曾邀請他和我午餐，期間我可以看到，年逾九旬、成就卓越的楊先生一方面對細節的「小問題」還保持着學生般的好奇心和計算能力，另一方面對學生和年輕學者在學術上非常平等和尊重。前年很不幸魏博士因為中風長期昏迷。我得知消息很震驚和難過，又了解到魏博士的家庭陷入困境。後來我把消息轉告楊先生。楊先生十分關心，通過有關渠道提供幫助。我想，一如楊先生其他的更大的默默善舉，這些幫助魏博士的家人和親近的朋友都未必知道。

這幾件事，讓我想到楊先生常說的費米風格，有西方科學界的注重細節與學術平等，亦有中國古代文人的含蓄和人情味。

＊　　＊　　＊

物理系老師王建方：楊先生一直是我心中物理界一方之巨擘，他的光輝一直指引着我深耕於科研。讓我印象最深的便是楊先生在百歲壽辰時的一段「隔空回信」。在講話中，楊先生回憶了與鄧稼先先生的往事。鄧先

生在寫給楊先生的一封書信上提及「但願人長久，千里共同途」，這句話困擾了楊先生多年。而如今，楊先生也終於做出了答覆：

> 我覺得今天 50 年以後，我可以跟鄧稼先說，稼先，我懂你「共同途」的意思，我可以很自信地跟你說，我這以後 50 年是符合你「共同途」的囑望，我相信你也會滿意的。

這封跨越 50 年的書信，回應的不僅是摯友，更是楊先生的家國情懷。何為愛國，何為報國？楊先生以自己的親身實踐指引着我輩繼續奮發圖強，勇攀科學高峰，在不斷取得科研進展的基礎上，昇華人生品格，為社會和國家去貢獻自己的力量。

1　博文講座教授是香港中文大學特設的大學講席，邀請國際級大師出任。楊振寧是首位獲邀出任此講席的學者（1986 年）。可以毫不誇張地說，博文講座教授是香港中文大學特為楊先生首創的。後來獲邀出任「博文講座教授」的著名學者還包括丘成桐（2003 年）、姚期智（2005 年）、莫里斯（James A. Mirrlees）（2002–2018 年）、蒙代爾（Robert A. Mundell）（2009–2021 年）和白先勇（2017 年）。他們為中文大學提供優質的教育，進一步推動香港本土培養的人才與國際一流學者的交流合作，對香港和鄰近區域的發展有重大的貢獻。

情隨境變，字逐情生
讀楊振寧先生散文有感

劉鈍

清華大學科學史系

　　楊振寧先生是當代最偉大的科學家之一，這一點無論何時何地都是沒有爭議的；但是知道他能寫一手漂亮中文文章的人，可能就沒有知道他是諾貝爾獎得主的人多了。對於楊先生的語言藝術，無法體會中文奧妙的外國友人不須說，就是某些下筆不知所云的國人也難得其中三昧。若干年前，我在讀畢楊先生那篇美文後曾掩卷長歎：「那篇〈鄧稼先〉，因為被收入初中語文課本而擁有比楊先生其他文章更多的讀者。就此一點而言，他足以讓眾多科班出身的職業寫手和大小編輯們汗顏——去國多年而全身心地浸淫於宇宙的奧秘，仍能如此生動自如地運用祖國語言，教科書的選編者算是有眼力。」[1]

　　如果説我這個門外漢少見多怪的話，可以請出幾位專家來站台。2005 年，百花文藝出版社搞了個《優雅的漢語》系列讀本，受託選編現當代散文的是知名作家賈平凹，共有 32 篇美文入選，其中就有楊先生這篇〈鄧稼先〉[2]。曾任香港、北京兩地三聯書店總編的李昕説：「楊先生是一位極有人文關懷的老知識分子……他的文章也寫得漂亮，文字乾淨簡潔，字裏行間富於情感。」[3] 著名思想家王元化説楊先生「對中國文化是有相當深入的理解的。這種理解，甚至超過了我們這裏一些專業工作者。」[4] 在港台等地享有盛名的電機專家兼散文作家陳之藩，讀到楊先生的〈美與物理學〉後，誇讚其文「筆法遒練而明淨，非常好看」，並説「現在您不獨是為小『眾』，而是也為大『眾』寫了。」[5]

藉着為楊先生百年壽辰獻賀的機會，我想談一點閱讀他的散文的感想。霧裏看花，寒山遠眺，終是一己之見。

一　家國情懷

我以為，另一篇可以編入中學語文課本的是〈父親和我〉，文字之優美，感情之飽滿，堪與朱自清的〈背影〉比肩。文中憶及當年楊老先生在昆明送子遠行時的情景[6]：

> 話別後我坐進很擁擠的公共汽車，起先還能從車窗往外看見父親向我招手，幾分鐘後他即被擁擠的人群擠到遠處去了。車中同去美國的同學很多，談起話來，我的注意力即轉移到飛行路線與氣候變化等問題上去。等了一個多鐘頭，車始終沒有發動。突然我旁邊的一位美國人向我做手勢，要我向窗外看：驟然間發現父親原來還在那裏等！他瘦削的身材，穿着長袍，額前頭髮已顯斑白。看見他滿面焦慮的樣子，我忍了一早晨的熱淚，一時迸發，不能自己。

文中附有一張 1929 年攝於廈門鼓浪嶼的照片，上面的小男孩腦門突出，身上的衣褲均顯短小，瞪着烏溜溜的大眼睛，一副不情願的樣子，那是六歲多的楊振寧（見本書頁 4 左下圖）。30 多年後，1960 年楊老先生飛赴日內瓦與分別多年的愛子團聚，臨行前楊振寧三弟翻出這張照片，老先生卻說：「不要帶，不要帶，那天我罵了振寧一頓，他很不高興。」文中既沒講自己當年受責的原因，也沒講楊老先生見到舊照時的心情，寥寥數語，雲淡風輕地勾畫出父親慈嚴兼備的特點，以及一個聰明淘氣還頗有主見的小男孩的憨態。看到這裏，語文老師可能會說了，這就是修辭中的映襯法：用作者自己的頑皮映襯父親的行峻言厲；用父親對舊照片的反應映襯他內心深處的舐犢之情。

這只是一個小插曲，更漂亮的修辭表現在後文，楊先生寫道[7]：

　　從 1945 年至 1964 年，我在美國已經生活了 19 年，包括了我成年的大部分時光。然而，決定申請入美國籍並不容易。我猜想，從大多數國家來的許多移民也都有同類問題。但是對一個在中國傳統文化裏成長的人，作這樣的決定尤其不容易。一方面，傳統的中國文化根本就沒有長期離開中國移居他國的觀念。遷居別國曾一度被認為是徹底的背叛。另一方面，中國有過輝煌燦爛的文化。她近一百多年來所蒙受的屈辱和剝削在每一個中國人的心靈中都留下了極深的烙印。任何一個中國人都難以忘卻這一百多年的歷史。我父親在 1973 年故去之前一直在北京和上海當數學教授。他曾在芝加哥大學獲得博士學位。他遊歷甚廣。但我知道，直到臨終前，對於我的放棄故國，他在心底裏的一角始終沒有寬恕過我。

　　這是文中令人動容的一段話，楊老先生的純正、耿介與愛國之情躍然紙上。一些無良的網上段子手，居然抓住「始終沒有寬恕過我」這句話，作為攻訐楊先生不忠不孝的口實，完全不懂得楊先生是在用映襯筆法書寫父親的偉大。實際上，包括楊武之先生在內的眾多中國科學家，都不會認為立足於當代科學頂端的楊先生，在 1950–70 年代回國是明智之舉；事實也證明，年富力強的楊先生在美國，為物理科學、為世界和平與中美兩國人民的溝通、也為中國的國際地位，做出了無可替代的貢獻。

　　如同中國古代的大儒，楊老先生心裏的「家」與「國」是一體的，這一點在楊先生身上留下了深深的烙印。1957 年 8 月 9 日，楊老先生在日內瓦給楊振寧夫婦題字，寫的是「每飯勿忘親愛永，有生應感國恩宏。」1973 年 5 月 12 日楊老先生去世後，楊先生的幼年玩伴與終身摯友熊秉明來信慰問，說你父親雖已故去，他的血液仍在你身體內循環。楊先生補充道：「是的，我的身體裏循環着的是父親的血液，是中華文化的血液。」

　　2008 年初，北京三聯書店為楊先生《曙光集》出版舉行的首發式上，時任中國科協名譽主席的周光召先生提議，既然〈父親和我〉這樣精彩，楊先生還應該寫一篇〈母親和我〉。其實楊先生此前已在多篇文章中談到

母親，按照周先生的建議，楊先生很快完成了〈母親和我〉，附在當年新加坡出版的《曙光集》繁體字版中。

這篇文章不長，但是同樣飽含深情，以簡潔的筆觸勾畫出一個勤勞、樸實、堅韌的中國女性的高大形象。文章一開始就說父親留洋五年，母子相依為命，看到一些留學生回國後拋棄髮妻，母親曾與一位教中姐妹閒聊，說是一旦家境無法維持，就帶着兒子去教堂「吃教」。雖然文化不高，母親卻十分重視孩子的教育，兒子四歲的時候就教他認字，五歲多的楊振寧已識得三千多個方塊字。父親回國後對母親非常好，全家在清華園安頓下來後，身處眾多受過高等教育的教授夫人中間，母親的生活信條是管好家，少交際，不打牌，不懼艱苦，但求健康，很快在園中贏得治家有方的好聲譽。成名後的楊先生曾將母親接到瑞士、香港、美國東西海岸等地小住，母親過得很開心，也彌補了楊先生多年來未能親奉孝道的心結。1992年南開大學為他七十壽辰舉辦研討會，楊先生在發言中憶及母親的恩澤，忽然悲從中來，泣不成聲，至今網上還可以見到記錄了當時場景的視頻。文章最後，楊先生以平和的語調概括了母親的一生，也可視作對那個時代千千萬萬中國母親的讚美[8]：

> 母親出生於 1896 年的舊中國，沒有受過學校教育，只唸過一兩年私塾。小時候她只有小名，和父親結婚以後才取了一個正式的名字：羅孟華。她經歷了二十世紀中國社會的多種動亂，以鎮靜的、堅定不移的做人態度克服了一切困難。她是楊家的精神支柱，受到她的丈夫、她的子女和所有認識她的人的尊敬。

熊秉明是數學家熊慶來先生的兒子，也是楊先生自幼相識的莫逆之交，後來成為著名的書法家與雕塑家。他們二人雖然在不同的領域工作，卻有着許多共同的興趣。父輩的情誼，清華園裏的童年，留學海外的經歷，對美在科學與藝術中的領會……，兩人之間有着說不完的話題。2002 年夏天，楊先生在倫敦看了馬蒂斯（Henri Matisse）與畢加索（Pablo

Picasso) 的雙人主題畫展，見到畢加索寫給晚年馬蒂斯的一段話，説我們要抓緊，不然就沒有時間互訴衷腸了。楊先生馬上抄寫下來寄給好友，五個月後熊秉明在巴黎病逝，楊先生説「這封信恐怕還在他的書桌上」。他在悼念文章中寫道：「秉明和我是同一時代的人，同一個大時代的人。我們都有話要説。我們走了不同的道路，採用了不同的語言，但是我們要説的卻有同一底線。」文中引了熊秉明寫的一首動人小詩——「在童年預言未來成年的遠行，在故鄉預言未來遠行人的歸心」，楊先生最後寫道[9]：

> 甘蔗田，棉花地，紅色的大河是雲南省彌勒縣秉明父親和母親的月光下的故鄉，是世界所有遊子的故鄉。

二　中國男兒

對於自己的同鄉、同學和親密朋友鄧稼先，楊先生的那篇紀念文字早已成了經典，讚美與評論的文章不計其數。現在我想偷個巧，將自己十幾年前的一點感想抄在下面。

文章起始就把我們帶到 100 年前，那是甲午戰爭和八國聯軍的時代，是中華民族歷史上最悲慘的時代；隨後話鋒一轉——中國人站起來了，對此轉變作出貢獻的無數志士仁人中，有一位長期以來鮮為人知的科學家，那就是鄧稼先。這樣，作者筆下的主人公就不僅僅是一名研製核武器的科學家，而是一位為中國人擺脱任人宰割命運立下汗馬功勞的民族英雄。英雄征戰的疆場，則是青海、新疆和神秘的羅布泊，那些最容易與「秦時明月漢時關」發生聯想的地方。楊先生寫道[10]：

> 不知道稼先有沒有想起我們在昆明時一起背誦的〈弔古戰場文〉：「浩浩乎！平沙無垠，夐不見人。河水縈帶，群山糾紛。黯兮慘悴，風悲日曛。蓬斷草枯，凜若霜晨。鳥飛不下，獸鋌亡群。亭長告餘曰：此古戰場也！常覆三軍。往往鬼哭，天陰則聞！」

稼先在蓬斷草枯的沙漠中埋葬同事，埋葬下屬的時候不知是甚麼心情？

「粗估」參數的時候，要有物理直覺；籌劃晝夜不斷的計算時，要有數學見地；決定方案時，要有勇進的膽識，又要有穩健的判斷。可是理論是否夠準確永遠是一個問題。不知稼先在關鍵性的方案上簽字的時候，手有沒有顫抖？

戈壁灘上常常風沙呼嘯，氣溫往往在零下 30 多度。核武器試驗時大大小小臨時的問題必層出不窮。稼先雖有「福將」之稱，意外總是不能免的。1982 年，他做了核武器研究院院長以後，一次井下突然有一個信號測不到了，大家十分焦慮，人們勸他回去。他只說了一句話：

「我不能走。」

在腹背受敵、食不果腹的年代，在馬革裹屍、春風不度的荒原，英雄鄧稼先的「我不能走」，可謂壯懷激烈，盪氣迴腸。

文中有一個感人的細節：儘管猜到好友的使命，楊先生在 1971 年首次來華時從不問詢對方的工作，而鄧稼先也只說自己「在外地工作」，直到楊即將離開中國的前夕，在上海市領導舉行的餞行宴會之間，突然接到鄧稼先託人送來的一個便條，簡短的信息只有一個意思 —— 中國的原子彈是中國人自己研製出來的。楊先生閱此不禁熱淚盈眶，不得不離席去洗手間整理儀容。他問道：「事後我追想為甚麼會有那樣大的感情震盪，為了民族的自豪？為了稼先而感到驕傲？ —— 我始終想不清楚。」答案其實就在文中。楊先生寫道 [11]：

假如有一天哪位導演要攝製鄧稼先傳，我要向他建議背景音樂採用五四時代的一首歌，我兒時從父親口中學到的。

我父親誕生於 1896 年，那是中華民族仍陷於任人宰割的時代。他一生都喜歡這首歌曲：

中國男兒，中國男兒，要將隻手撐天空。

　　長江大河，亞洲之東，峨峨昆侖，翼翼長城，天府之國，取多用宏，黃帝之胄神明種。

　　風虎雲龍，萬國來同，天之驕子吾縱橫。

　　中國男兒，中國男兒，要將隻手撐天空。

　　我有寶刀，慷慨從戎，擊楫中流，泱泱大國，決勝疆場，氣貫長虹，古今多少奇丈夫。

　　碎首黃塵，燕然勒功，至今熱血猶殷紅。

　　楊先生自己就是一個好導演，他的蒙太奇實在高明：列強瓜分中國、中國核計劃、中學大學同窗、留美片斷、奧本海默（J. Robert Oppenheimer）、〈弔古戰場文〉，在一系列長鏡頭、短鏡頭、大特寫的變焦和動靜明暗的反差對比後，這裏「刷啦」一下閃出五四時代救亡歌曲的詞譜，音樂聲驟起……一串方塊字，在楊先生調動下現出鮮活的生命力：歷史的沉思，導演的獨白，視覺和聲覺效果的雙重衝擊下拱出一個高大豐滿的英雄形象來[12]。

　　同樣令人不可思議的是，某些無聊的鍵盤俠竟然利用楊先生對老友的懷念妖言惑眾，殊不知楊、鄧二人的深厚情誼是建立在共同的思想基礎上的，那就是讓祖國快快富強，雪洗近代以來蒙受的恥辱，早日自立於世界民族之林[13]。1971年楊先生首次回國，向有關單位提出第一個想見的人就是鄧稼先，後者當時還在西北某地的「學習班」中。正是楊先生的關注，促進了鄧稼先完全恢復在核工業部九院正常工作的進程。鄧稼先夫人許鹿希女士說過「楊振寧先生回來救了鄧稼先的命」，她還在多種場合對楊鄧二人的經年友誼和楊先生無微不至的關心照顧，以及鄧稼先對楊先生的高度評價發表看法[14]。

三　舊邦新命

　　1982年，楊先生曾在一篇物理學論文的後記中，談到自己當年加入美國籍的背景和心路歷程，內中插入了一個感人的細節[15]：

60 年代的一天晚上，我在去布魯克海文國家實驗室（Brookhaven National Laboratory）的途中，乘火車從紐約去帕巧格（Patchogue）。夜已經很深了，搖搖晃晃的車廂內空蕩蕩的。一位老人坐在我身後，我便和他搭起話來。他是浙江人，大約生於 1890 年前後，旅美已經 50 餘年，有時以洗衣為業，有時給餐館洗碗碟。他沒有結過婚，總是一個人孤零零地住在一間房子裏面。他對人顯然十分友善。我心裏想，難道這意味着他沒有痛與恨？車到貝肖（Bayshore），老人蹣跚地順着燈光慘淡的過道走到車尾，顫巍巍地下了車。看着他那被歲月壓彎了的脊背，我心裏充滿了悲哀和憤怒。

楊先生的「悲哀和憤怒」，來自對中國近代蒙受屈辱的深刻了解，來自傳統文化的薰陶，來自父親的教誨，也來自個人在美國的觀察體驗。在不同的場合，楊先生一再提到這種感受，即使在瑞典皇家科學院與諾貝爾獎基金會為他與李政道先生獲獎舉辦的慶祝晚宴上，楊先生也提到八國聯軍的「野蠻屠殺和可恥的掠奪」，以及「中國人的憤怒的感情」[16]。

在〈父親和我〉、〈鄧稼先〉、〈近代科學進入中國的回顧與前瞻〉[17]、〈歸根反思〉[18] 等文中，楊先生一再提到「國恥」，稱「那是任人宰割的時代，是有亡國亡種的危險的時代」，「是中華民族五千年歷史上最黑暗最悲慘的時代」[19]。在《曙光集》收入的〈歸根反思〉一文中，楊先生添加了一張二十世紀初上海英租界庭審的照片：一個留着長辮子的中國男子跪在堂前，洋人法官與中國官員高踞台上，沒有也無需文字說明。下面這份中國被列強欺凌的清單是楊先生經常引用的，時間倒回至 1898 年 [20]：

德國強佔山東膠州灣，「租借」99 年。

俄國強佔遼寧旅順大連，「租借」25 年。

法國強佔廣東廣州灣，「租借」99 年。

英國強佔山東威海衛與香港新界。前者「租借」25 年，後者「租借」99 年。

1997 年 7 月 1 日清晨零時，楊先生有幸作為嘉賓，出席在香港會議展覽中心舉行的回歸盛典。看着五星紅旗在《義勇軍進行曲》的樂聲中冉冉升起，想到父親如果能夠目睹這一激動人心的歷史時刻，一定會比自己還要激動。楊先生滿含激情地寫出了下面的話[21]：

> 他出生於 1896 年 —— 101 年前，《馬關條約》、庚子賠款的年代，在殘破貧窮，被列強欺侮，實質上已被瓜分了的祖國。他們那一輩的中國知識分子，目睹洋人在租界中的專橫，忍受了「二十一條款」，五卅慘案，九一八事變，南京大屠殺等說不完的外人欺凌，出國後嘗了種族歧視的滋味，他們是多麼盼望有一天能看到站起來的富強的祖國，能看到「大英帝國」落旗退兵，能看到中國國旗驕傲地向世界宣稱：這是中國的土地。

半個月後的 7 月 16 日，楊先生在香港高等教育界歡慶回歸的晚宴上應邀演講，稱「香港回歸是世紀級的歷史大事」；又說「中國人常說鴉片戰爭是國恥，香港回歸是雪了國恥。其實鴉片戰爭也是英國人的國恥，回歸也雪了英國人的國恥。」接着他解釋道：「恥辱」與「羞恥」的意思不同，不能都譯作「shame」，因為「shame」這個詞表示做了不該做的事。鴉片戰爭是英國人的 shame，不是中國人的 shame。

他又提到英國著名歷史學家湯因比（Arnold J. Toynbee），後者在 1947 年發表的《審判文化》（*Civilization on Trial*）中，述及幼年時從母親那裏獲知鴉片戰爭的真實背景，感到「贖罪性的羞恥感」（redeeming sense of shame），認為英國人應為他們當年違犯國際公法的行為感到羞恥。楊先生稱讚湯因比「以宏觀的眼光，一方面回顧世界歷史大事，一方面企圖預測將來」；但是他認為湯因比對 50 年後世界大勢的預言有兩個錯誤，「第一，他沒有預見蘇聯的解體。第二，他沒有預見強大的中國的崛起。」[22]在〈歸根反思〉中，楊先生再次提到湯因比的書及其對未來世界的預言，進一步發展了自己的看法[23]：

　　我認為再過一百年如果討論二十世紀最重要的、對人類歷史有最
長遠影響的史實的話，將不是兩次世界大戰；將不是希特勒的興起和滅
亡；也將不是蘇聯之崛起與解體，而是在此世紀中：

　　（1）人類利用科技大大增強了生產力；

　　（2）中華民族真的「站起來了」。

　　楊先生是一位愛國者，但絕不是那種狹隘的民族主義者。他對西方文
明，特別是現代科學對人類的貢獻，以及自己留學美國並由此獲得的成就
是感念在心的。在 1957 年諾貝爾獎慶祝晚宴的講話中，他提到 1901 年的
《辛丑條約》和數額驚人的庚子賠款，而在「大約 10 年後，以一個典型的
美國姿態，美國決定把賠款中其分享的部分歸還中國。這筆錢用來建立了
一項基金，創建一座大學，即清華大學；另外還設立了留美研究生獎金。
我是這兩個項目的直接受益者。」在演講的最後，楊先生莊重地宣告 [24]：

　　　　今天，我站在這兒向你們敍述這一切時，我以沉重的心情體會到這
　　一事實：從不止一層意義上說，我是中國和西方兩種文化共同的產物，
　　二者既有衝突，也有協調。我想說，我既為我的中國根源和背景感到驕
　　傲，也為我獻身於現代科學而感到滿意，現代科學是人類文明起源於西
　　方的一部分 —— 對於它，我將繼續奉獻我的努力。

　　2007 年 12 月，楊先生在翁帆女士協助下編竣《曙光集》，當下寫出一
篇感人的前言。文章起勢不凡，上來就講《新青年》和魯迅的「鐵屋子」，
以及那篇啼血吶喊的《狂人日記》；那是五四時代，也是楊先生出生的年
代。隨後寫王國維的沉湖、陳寅恪的輓辭，以及清華園裏孩子們懵懵懂懂
的文化尋蹤。接着跳躍到抗戰時期的西南聯大，十分自然地引出陳寅恪寫
於蒙自的一首詩，「南渡」「北歸」，意味雋永；那時楊先生是聯大一年級
學生。以上情節一氣呵成，文字極簡，心緒極沉重。至此筆鋒一轉，既是
破題，也把讀者帶出了「鐵屋子」[25]：

魯迅、王國維和陳寅恪的時代是中華民族史上的一個長夜。我和聯大同學們就成長於此似無止境的長夜中。

幸運地，中華民族終於走完了這個長夜，看見了曙光。我今年85歲，看不到天大亮了。翁帆答應替我看到，會驗證馮友蘭在〈西南聯大紀念碑碑文〉中的一段話：

> 我國家以世界之古國，居東亞之天府，本應紹漢唐之遺烈，作並世之先進。將來建國完成，必於世界歷史，居獨特之地位。蓋並世列強，雖新而不古；希臘、羅馬，有古而無今。惟我國家，亙古亙今，亦新亦舊，斯所謂「周雖舊邦，其命維新」也。

四　文化修養

楊先生的廣博知識與文化修養，無疑得益於父母的啟蒙教育。母親教他識字，又請了一位老先生來家課業（與堂兄弟姐妹一道）。楊先生記得自己讀的第一本書是《龍文鞭影》，曾經背得滾瓜爛熟。父親不僅是留美博士、大學教授和代數學家，也是一位具有出眾人文修養的謙謙君子。楊先生六、七歲的時候，剛從美國回來的父親就用大球、小球向他講解天體運行的情況，教他認識英文字母，講述算術問題，還有干支、八卦、唐詩、中國歷史、京戲、圍棋等傳統文化方面的知識。大約在楊先生九、十歲的時候，父親發現他的數學能力很強，兩年後在一張兒子照片背後寫下了「振寧似有異稟」的話（見本書頁5左下圖）。但是他沒有教楊先生解析幾何與微積分，而是請來雷海宗先生的得意弟子教他讀《孟子》，中學時代的楊先生就能背誦《孟子》全文。

稍大一點，楊先生就開始翻閱父親書架上的外文書籍，印象較深的是哈代（Godfrey H. Hardy）與賴特（Edward M. Wright）《數論導引》中的一些定理，以及斯派澤（Andreas Speiser）《有限群論》中的一些美妙圖像；以後又讀了哈代的《純數學》，以及牛頓《原理》的簡寫本等。他也讀了許多原文的科普書，包括美國數學史家貝爾（Eric Bell）的《大數學家》，

還有英國天文學家和物理學家愛丁頓（Arthur Eddington）、金斯（James Jeans）等人的科普名著。進入大學之後，楊先生的閱讀面更寬了，除了海森堡（Werner Heisenberg）的《量子理論的物理原理》這類艱深的科學專著之外，他還熱衷於閱讀英文小說。在這方面，同班的黃昆似乎更為癡迷。據楊先生說，康拉德（Joseph Conrad）、吉卜林（Rudyard Kipling）、高爾斯華綏（John Galsworthy）這些著名作家，都是黃昆介紹給他的。楊先生在大學時讀過的外國名著還有《傲慢與偏見》、《三個火槍手》、《悲慘世界》、《金銀島》、《最後的莫希幹人》、《湯姆‧索亞歷險記》等，其中多數是原文版本。數年前在清華甲所拜見楊先生，席間他談到英國學者斯諾（Charles Percy Snow）的學院小說《院長》，令我頗為吃驚。他欣賞魯迅和巴金，對當代海外華人作家聶華苓、於梨華、童元方、哈金（金雪飛）的作品也都十分熟悉 [26]。

楊先生喜歡讀詩，偶爾也寫詩。潘國駒先生回憶，有一年他在日本與楊先生同遊古都奈良，楊先生觸景生情，將李商隱的長詩一字不漏地背下來 [27]。1978 年楊先生在飛赴拉薩途中，從空中俯視雅魯藏布江大轉彎之峽谷，有感而賦詩兩首，末句「若問那山未來事，物競天存爭朝夕」[28]，大氣磅礴，天人渾一。1983 年，楊先生賦詩讚美陳省身先生發展的纖維叢理論中的陳氏級（Chern Class），後半部「造化愛幾何，四力纖維能。千古寸心事，歐高黎嘉陳」，隱含杜甫「文章千古事，得失寸心知」的深意，把自然界的四種力和五位幾何學大師歐幾里得（Euclid）、高斯（Carl F. Gauss）、黎曼（Bernhard Riemann）、嘉當（Élie J. Cartan）與陳省身的貢獻連為一體 [29]。楊先生也曾將杜甫、陸游的名句譯成英文 [30]，將英國詩人蒲柏（Alexander Pope）為牛頓寫的墓誌銘譯成中文。有時他會同翁帆一道寫英文詩句消遣，又改寫徐志摩的詩，你一句，我一句，樂在其中 [31]。

楊先生曾與潘國駒等人暢談中國文化，其中提到了中國詩與西方詩，真知灼見，語多機杼 [32]：

中國的詩，由於它的語言文字在音律上的結構有許多西方的詩所不能達到的地方。因為英文詩太直接，這與上面所談的中文西化的問題也有密切的關係。西方語言文法的結構比較準確，這有很多好處，譬如你要寫法律上的文件，你當然希望愈準確愈好，而中國的古哲學中，有許多話到現在人們還辨論不清，這有好也有壞。如果把它當作詩或宏觀的哲理，有時不準確反而好。

當我們看一首中文詩與一首英文詩時，最大的感覺是西洋詩太明顯，東西都給它講盡了，講盡了詩意也就沒有了。這我想是與西方的文化傳統有密切的關係。西方的文化傳統很早就特別着重準確，像希臘的幾何學是非常準確的，例如希臘人發現正多面體只有五個，這是非常美妙的畫像，如果沒有準確的幾何思想是不可能想到這個定理。

西方的詩就比中國的詩具體，比中國的詩長。西方的詩多數講理，中國的詩主要是講情。有人認為宋朝的詩比唐朝的詩多講理，這話是對的，可是，拿來與西方的詩比較，西方的詩則更進一步。中國這類的文學形式基本上還是以抒情為主，中國詩以抒情為主確是好的。情這東西，我想不能太準確，太準確則講不出來。

中文字是一個字一個音，節奏可以很清楚而準確，英文一個字有的有兩個音節、三個音節，因此，不夠準確。中國字有平上去入，這是西方文字裏所沒有的。平上去入使詩句對仗，音節鏗鏘，這是西方的詩裏所沒有的。近來，有些人發展新詩，中文新詩的發展也要比英文詩的發展容易收效，因為新詩雖然是從舊詩的規律中解放出來，可是，它可以製造新的規律，而且，比較容易製造新的規律，因為它是一個字一個音，而同時又有平上去入，如果配合得好，可以形成美妙的結構。

關於新詩，楊先生欣賞北島的作品，據李昕轉述北島夫人甘琦的話，楊先生是她家的「貴人」。北島父親病重住院後，楊先生曾親自前往看望，由此促成北島獲准回國探親[33]。2001 年 3 月 14 日，楊先生在石溪寫了一首《致北島》的現代詩，我也恭錄於下：

雖然

你我有不同的偏好，

不同的遭遇，

不同的經歷；

儘管

我研究的是物質的結構，

你描述的是內心的呼喚；

而且

你我扮演的人生角色，

也出現在完全不同的舞台；

可是 ——

我不能，也不肯相信，我們沒有共同的

終極的關懷！

對於西洋詩，楊先生不是絕對排斥，他十分欣賞十八世紀英國帶有神秘傾向的浪漫主義詩人布萊克（William Blake）的詩，在〈美與物理學〉中引用他〈天真的預言〉，認為當代物理題材的「極度濃縮性和它們的包羅萬象的特點」，可以用這樣不朽的名句來描述 [34]：

一粒沙裏有一個世界，

一朵花裏有一個天堂。

把無窮無盡握於手掌，

永恆寧非是剎那時光。

五　審美情趣

楊先生的藝術品味很高，根據潘國駒、翁帆等人的敘述，楊先生每到博物館、美術館，流連於不同風格的作品之間，對不同藝術家、不同流派的特點均能發表自己獨到的見解。關於中國畫，楊先生認為：

　　中國畫在藝術的傳統上有其輝煌的歷史。中國畫的意境和西洋畫截然不同，其中一個大分別就是在個人與自然的關係上面。中國畫極少以人為主。意境要求人融化在自然之間。比較起來西洋畫幾乎是在歌頌人與自然之間的衝突[35]。

　　中華傳統繪畫所追求的意境與西方傳統繪畫完全不同，是「觀物取象」的象，不是照像的像；是神似的象，不是形似的像；是「天人合一」的象，不是歌頌自然的像。我認為這種思維精神是從《易經》來的[36]。

　　也許受到老友熊秉明的影響，楊先生特別關注雕塑藝術，尤其喜歡開創了寫意雕塑風格的吳為山的作品，認為他「一次又一次地從中國三千年漫長而複雜的歷史中探索着『中國』二字的真意。他的雕塑打造了一種神似與形似之間的精妙平衡，而這種平衡正是中國藝術的立足之本。」楊先生特別提到《齊白石》、《費孝通》、《荷蘭女王》、《無題》等作品，又引述雕刻家捕捉女兒回家的瞬間而創作《春風》的感受──「一個人心中如果沒有詩意，沒有純樸的情感，作品一定不會感人」。楊先生將吳為山雕塑的特點歸納為真、純、樸三個字[37]，相信他「註定將成為二十一世紀的偉大雕塑家之一」[38]。

　　楊先生他們這一代知識分子，大多數都敬仰魯迅。楊先生在〈追念秉明〉中，說好友的文章、詩和雕塑，「都是千錘百煉，敲打出來的」，而魯迅的頭像更是他的傑作，「魯迅的深沉、魯迅的倔強都被他錘打出來」。只有親臨中國現代文學館，站在館前西側一角的那個頭像面前，我們才會發現楊先生用的「錘打」這個詞是多麼準確。頭像為鋼鐵材質，灰黑色調，基本呈立方形，人物棱角分明，只有一隻眼睛，半睜半閉。去過現代文學館的人很少注意它，或許還會有人覺得不那麼美觀，美術評論家的意見也不多。楊先生的觀察與詮釋則令人歎服，稱得上是一篇絕妙的藝術評論[39]：

　　魯迅頭像是用鐵片焊接成的，高二米多，安放在高約三分之二米的一塊大石頭上面。舒乙館長說從設計到切割鐵片到焊接到最後安裝「都是熊先生親自動手的」。

頭像立體感十分凸顯。許多鐵片造成了許多不同的面，一片一片地，一層一層地，用焊接線焊在一起，塑造出一個巍然凝聚着力量的金屬立體——魯迅的頭。它給我的總印象是憂鬱沉重的氣質、敏銳深入的觀察力和絕不妥協的精神。

頭像面對東南。我可以想像陽光普照的時候，不同的平面當然各自明暗不同。從正面看應有許多粗的線條勾畫着頭像的臉。想到這裏我立刻想到法國畫家魯阿爾（Georges Rouault）的富有宗教感的油畫。他用粗線條勾畫出了悲天憫人的境界。陽光下的魯迅頭像應該也會特別呈現出魯迅的深沉的內心世界吧。

轉到頭像後面，看見秉明刻上去的〈野草・墓碣文〉中的一段：「於浩歌狂熱之際中寒；於天上看見深淵。於一切眼中看見無所有，於無所希望中得救……待我成塵時，你將見我的微笑！」

這是讀了令人毛骨悚然的幾句話，是濃縮了的真正原味的魯迅。刻在頭像上將讓後世永遠不忘魯迅所經歷的陰暗時代。我以前沒有讀過這幾句話。今天讀了不禁想到假如魯迅復生，有機會觀察他死後六十多年中華民族的翻天覆地的變遷，有機會展望下一世紀的未來世界，他將會寫怎樣的文章呢？

六　品味風格

楊先生在 1983 年自己編選的英文文集中 [40]，對早期發表的許多科學論文增寫了簡短的「後記」，述及論文產生的背景以及一些相關的人與事，幾乎每篇都是優美的散文 [41]。不過我現在給自己的定位（猜想也是紀念會與編委會的期望），是不談楊先生的科學成就，那些短文的閱讀心得只有留待他日了。另一方面我認為，楊先生是一位具有藝術家氣質的科學大師，學習與評論他的散文，就無法迴避他對「大自然旋律」的讚美，這一點又與他的文學修養和審美情趣有關。因此，下面我將把目標集中在楊先生論

述的著名科學家的研究品味與獨特風格上面；在某種程度上，也可以視為楊先生的「夫子自道」。

關於風格，楊先生在〈超晶格統計理論中的準化學方法的推廣〉的後記中，憶及自己的大學生活，對西南聯大的良好氛圍讚歎不已，提到「在每一個有創造性活動的領域裏，一個人的愛憎，加上他的能力、脾氣和機遇，決定了它的風格，而這種風格反過來又決定他的貢獻」。他坦承自己在芝加哥大學受到費米風格的影響，又說「愛憎和風格之於科學研究，就像他們對文學、藝術和音樂一樣至關重要」，「我對物理學中某些方面的偏愛則是在昆明的歲月裏形成的」。接着，他提到自己在大學時代就學會了欣賞愛因斯坦（Albert Einstein）和狄拉克（Paul Dirac），儘管他們兩人有迥然不同的風格；他也欣賞薛定諤（Erwin Schrödinger），但是「海森堡的風格不能引起我的共鳴」[42]。

1986 年，楊先生在中國科技大學研究生院演講，分別對費米（Enrico Fermi）、泰勒（Edward Teller）、奧本海默、愛因斯坦、泡利（Wolfgang Pauli）、海森堡、狄拉克、昂薩格（Lars Onsager）這些大物理學家的工作做了介紹和評論，也談到自己和他們當中多數人的關係。他特別推崇狄拉克，說他的想法往往與眾不同，最後的結論卻如「神來之筆」。演講的最後，楊先生將做好物理工作的要素歸納為三個 P，也就是 [43]：

Perception —— 眼光，看準了甚麼東西就要抓住不放。

Persistence —— 堅持，看對了就要堅持。

Power —— 力量，有了力量，能夠闖過關，遇到困難你要闖過去。

〈美與物理學〉大概是楊先生寫的最美妙的科學散文了，文章一開始就用玻爾茲曼（Ludwig Boltzmann）的話，說明科學大師如同大音樂家一樣有自己獨特的風格：一位好的數學家或物理學家，在讀了幾頁之後就能辨認出柯西（Augustin-Louis Cauchy）、高斯或亥姆霍茲（Hermann von Helmholtz）；如同好的音樂家在聽到幾個音節後，就能辨認出是莫扎特

（Mozart）、貝多芬（Beethoven）或舒伯特（Schubert）一樣。接着他着重討論狄拉克與海森堡的風格，用「秋水文章不染塵」的詩句來形容狄拉克的風格，稱他「沒有任何渣滓，直達深處，直達宇宙的奧秘。」

談到狄拉克方程，楊先生說它是驚天動地的成就和劃時代的里程碑，「無中生有、石破天驚」地指出為甚麼電子有自旋，為甚麼自旋角動量是 1/2 而不是整數，以及它怎樣引出了匪夷所思的「負能」概念等，以至當時最負盛名的海森堡都因無法理喻這種神算的由來而感到煩擾。楊先生借用中國文論中的「性靈」說來形容狄拉克的風格，原文是這樣的：

> 我曾想把他的文章的風格寫下來給我的文、史、藝術方面的朋友們看，始終不知如何下筆。去年偶然在香港《大公報》「大公園」一欄上看到一篇文章，其中引了高適在〈答侯少府〉中的詩句：「性靈出萬象，風骨超常倫。」我非常高興，覺得用這兩句詩來描述狄拉克方程和反粒子理論是再好沒有了：一方面狄拉克方程確實包羅萬象，而用「出」字描述狄拉克的靈感尤為傳神。另一方面，他於 1928 年以後四年間不顧玻爾、海森堡、泡利等當時的大物理學家的冷嘲熱諷，始終堅持他的理論，而最後得到全勝，正合「風骨超常倫」。
>
> 可是甚麼是「性靈」呢？這兩個字聯起來字典上的解釋不中肯。若直覺地把「性情」、「本性」、「心靈」、「靈魂」、「靈感」、「靈犀」、「聖靈」（ghost）等加起來似乎是指直接的、原始的、未加琢磨的思路，而這恰巧是狄拉克方程之精神。剛好此時我和香港中文大學童元方博士談到《二十一世紀》1996 年 6 月號錢鎖橋的一篇文章，才知道袁宏道（和後來的周作人、林語堂等）的「性靈論」。袁宏道說他的弟弟袁中道的詩是「獨抒性靈，不拘格套」，這也正是狄拉克作風的特徵。「非從自己的胸臆流出，不肯下筆」，又正好描述了狄拉克的獨創性！

關於海森堡的風格，楊先生寫道：有人認為海森堡比狄拉克要略高一籌，因為他 1925 年夏天的一篇文章引出了量子力學的大發展，但是他個

人的審美情趣更偏向於狄拉克。文中引述海森堡在接受科學史家庫恩採訪時的話，說明量子力學誕生之前的氣氛：

> 爬山的時候，你想爬某個山峰，但往往到處是霧……你有地圖，或別的索引之類的東西，知道你的目的地，但是仍墮入霧中。然後……忽然你模糊地，只在數秒鐘的工夫，自霧中看到一些形象，你說：「哦，這就是我要找的大石。」整個情形自此而發生了突變，因為雖然你仍不知道你能不能爬到那塊大石，但是那一瞬間你說：「我現在知道我在甚麼地方了。我必須爬近那塊大石，然後就知道該如何前進了。

從海森堡的這段自述出發，楊先生繼續描述那個時代物理學家的激情與困惑 —— 在大石頭之後，還有太多的景觀、太多需要去做的事情，進而對海森堡的風格作了如下的概括[44]：

> 海森堡所有的文章都有一共同特點：朦朧、不清楚、有渣滓，與狄拉克的文章的風格形成一個鮮明的對比。讀了海森堡的文章，你會驚歎他的獨創力（originality），然而會覺得問題還沒有做完，沒有做乾淨，還要發展下去；而讀了狄拉克的文章，你也會驚歎他的獨創力，同時卻覺得他似乎已把一切都發展到了盡頭，沒有甚麼再可以做下去了。

對於海森堡與狄拉克風格不同的原因，楊先生則從他們各自關注的物理學內涵上進行分析，認為在物理學的三大範疇即實驗、唯象解釋與理論架構之上，還有一個作為理論物理之語言的數學，海森堡方程與狄拉克方程都是理論架構中的頂尖貢獻，但兩者被寫出來的途徑卻迥然有別：海森堡的靈感來自他對實驗結果與唯象理論的認識，狄拉克的靈感則來自他對數學美的直覺欣賞。

在紀念海森堡百年誕辰的演講中，楊先生也引述了海森堡關於登山的那段類比，他再次將幾位物理學大師的風格作了概括。文中寫道[45]：

　　在古代中國的藝術與文學批評中有這樣一種傳統，是選用很少幾個詞來印象式地描繪每個畫家或詩人的獨特風格。現在允許我用同樣的方法對這四位偉大的物理學家進行初步的嘗試性比較，不過我用的是英文：

　　泡利 —— 威力（power）

　　費米 —— 穩健，有力（solidity，strength）

　　海森堡 —— 深刻的洞察力（deep insight）

　　狄拉克 —— 笛卡兒式的純粹（Cartesian purity）

　　2005 年適逢愛因斯坦「奇跡年」百年盛事，楊先生應邀在北京召開的第 22 屆國際科學史大會開幕式後做大會報告，他追溯了物理學新紀元到來前的背景，說「愛因斯坦有機會修正二百多年前牛頓所創建的體系，可是這個機會當然也對同時代的科學家們開放」。愛因斯坦能夠把握機遇，與他的眼光——「自由的眼光」（free perception）和「遠距離的眼光」（distant perception）有關。他在好友、愛因斯坦權威傳記作者派斯（Abraham Pais）的書中發現了一個詞：孤持（apartness），覺得用它來描寫愛因斯坦的風格是再合適不過了。楊先生寫道 [46]：

　　　　孤持、距離、自由眼光是互相聯繫的特徵，是所有科學、藝術與文學創造活動中一個必要因素。

　　陳之藩寫過一篇十分有趣的散文，提到熊秉明曾想為楊先生雕像，終了未成。由此生出一番感慨，說你熊秉明縱有天資才情，又怎麼可以把七十多年的交情和對老友的了解都雕進去呢？想必他不知操過多少次刀，彎過多少次鐵杆，也許人像都已成形了，但左看右看還是不滿意。其實，豈止雕刻如此，科學也如此，最珍貴的也許均不可求 [47]。

　　動筆寫這篇小文的時候，我一直沒有想好標題。「行雲流水」、「淡泊高遠」這些都落俗套；像楊先生那樣，用一個詞來概括大師風格的做法我

沒有能力。眼見就要收筆，楊先生從中國文論中找到的「性靈」說突然跳入腦海，這是他認為最能概括狄拉克風格的一個詞，確有「神來之筆」的味道。楊先生寫的許多散文何嘗不是這樣呢？如秋水般清澈，「沒有任何渣滓，直達深處」，評論不露斧痕，敘事雲淡風輕，抒情渾然天成。借用袁宏道誇獎弟弟的話 ——「情隨境變，字逐情生」[48]，這就是本文標題的由來。

1　劉鈍（署名夢隱）：〈「匠心剪接成」—— 從《曙光集》看科學大師的審美品味〉，《科學文化評論》，2008 年第 1 期。

2　賈平凹選編：《優雅的漢語：影響了我的三十二篇美文》（現當代散文讀本）（天津：百花文藝出版社，2005）。

3　李昕：〈我所認識的楊振寧先生〉，原載深圳《晶報》，2015 年 3 月 2–3 日；轉引自《晨曦集》（北京：三聯書店，2018）。

4　王元化、高建國：〈關於《楊振寧文集》與人文關懷的對話〉，2002 年，未刊稿。

5　陳之藩 1997 年 2 月 16 日致楊振寧先生信，轉引自〈約瑟夫的詩 —— 統一場論〉，載童元方編：《寂寞的畫廊》（南京：江蘇文藝出版社，2007）。

6　楊振寧：〈父親和我〉，《二十一世紀》，1997 年 12 月號。

7　同註 6；這一段引文源自英文《選集與後記》，中文節譯為〈中國根和美國籍〉。

8　楊振寧：〈母親和我〉，《曙光集》繁體字版（新加坡：世界科技出版公司，2008）。

9　楊振寧：〈追念秉明〉，《二十一世紀》，2003 年 2 月號。

10　楊振寧：〈鄧稼先〉，《二十一世紀》，1993 年 6 月號。

11　同註 10。

12　同註 1。

13　說到中國的核計劃與鄧、楊二人的經歷，胡昇華以嚴肅的物理學史還原了歷史真相，其中提到「按照葉企孫等人的設計，鄧稼先的這份擔子在很大的可能上會由楊振寧一起去肩負」，結論是「楊振寧放棄實驗物理，選擇留在美國，最終成為出色的理論物理學家，並獲得諾貝爾獎，是世界物理學事業的榮幸，也成就了他本人的光榮。他曾說，他的最大的貢獻，是『幫助改變中國人自覺不如人的心理』，這個巨大貢獻應該可以消弭他的大部分歉疚感吧。」參閱胡昇華：〈楊振寧的歉疚感〉，「科學網博客」，2013-06-25，http://blog.sciencenet.cn/blog-980214-702556.html。

14　許鹿希：〈在慶祝楊振寧先生九十壽辰宴會上的講話〉，2012 年 6 月 30 日，未刊稿。

15　楊振寧：〈中國根和美國籍〉，原載英文《選集與後記》；轉引自張奠宙編：《楊振寧文集》（上）（上海：華東師範大學出版社，1998）。

16　這一譯文引自楊振東、楊存泉編：《楊振寧談讀書與治學》（廣州：暨南大學出版社，1998），第三章第五節「我是中西兩種文化共同的產兒」。

17　楊振寧：〈近代科學進入中國的回顧與前瞻〉，原載香港《明報月刊》，1993 年 10 月號；轉引自《曙光集》(北京：三聯書店，2008)。

18　楊振寧：〈歸根反思〉，原載《民主與科學》，2004 年第 3 期；轉引自《曙光集》(北京：三聯書店，2008)。

19　同註 10。

20　同註 10。

21　同註 6。

22　楊振寧：〈從國恥談起〉，原載香港《明報》副刊版，1997 年 7 月 20 日；轉引自《曙光集》(北京：三聯書店，2008)。

23　同註 18。

24　楊振寧：〈在頒發諾貝爾獎賀宴上的講話〉，中譯文原載張美曼編譯：《楊振寧談科學發展》；轉引自張奠宙編：《楊振寧文集》(上)。

25　楊振寧：〈前言〉，《曙光集》(北京：三聯書店，2008)。

26　以上內容，除了〈父親和我〉、〈母親和我〉之外，參考的資料還包括：楊振寧：〈現代物理和熱情的友誼〉，原載香港《明報月刊》，1991 年 8 月號，轉引自張奠宙編：《楊振寧文集》(下)；楊振寧：〈《於梨華作品集》序〉，轉引自張奠宙編：《楊振寧文集》(上)；江才健：《楊振寧傳 —— 規範與對稱之美》(全新修訂版)(廣州：廣東經濟出版社，2011)；楊建鄴：《楊振寧傳》(增訂版)(北京：三聯書店，2012)；楊振東、楊存泉編：《楊振寧談讀書與治學》(廣州：暨南大學出版社，1998)；蔡天新：〈專訪楊振寧：我的一生可以算作一個圓〉，《數學傳奇》(北京：商務印書館，2016)。

27　潘國駒：〈楊振寧的治學與為人〉，原載新加坡《聯合早報》，1985 年 4 月 13 日；轉引自潘國駒等編：《人間重晚晴 —— 楊振寧翁帆訪談錄》(北京：科學出版社，2007)。

28　楊振寧：〈空間與時間〉，原載香港《七十年代》，1979 年 3 月號；轉引自張奠宙編：《楊振寧文集》(上)。

29　楊振寧：〈贊陳氏級〉，原載香港《七十年代》，1983 年 2 月號；轉引自張奠宙編：《楊振寧文集》(上)。

30　此據加州大學戴維斯分校理論物理和數學教授喬玲麗 (Ling-Lie Chau)，轉引自張奠宙編：《楊振寧文集》(上)。

31　潘星華：〈楊振寧翁帆夫婦專訪〉，原載新加坡《聯合早報》，2006 年 7 月 9 日；轉引自潘國駒等編：《人間重晚晴 —— 楊振寧翁帆訪談錄》。

32　潘國駒、韓川元：〈寧拙毋巧 —— 與楊振寧教授一席談〉，原載新加坡《聯合早報》，1988 年 1 月 17 日；轉引自張奠宙編：《楊振寧文集》(下)。

33　同註 3。

34　楊振寧：〈美與物理學〉，原載《二十一世紀》，1997 年 4 月號。按這首詩有許多中文譯本，楊先生文章引用的是英文原詩，文末註釋說明採用陳之藩譯文。他對這段詩句的喜愛也影響了愛徒張首晟，後者墓碑背面就刻着此詩的另一種中文譯文，是在徐志摩譯文的基礎上修改而成的：一沙一世界，一花一天堂，無限在掌中，剎那即永恆。

35　楊振寧：〈我對一些社會問題的感想〉，原載《讀書教學四十年》(香港：三聯書店，1985)；轉引自張奠宙編：《楊振寧文集》(上)。

36 楊振寧：〈《易經》對中華文化的影響〉，原載《自然雜誌》，2005 年第 1 期；轉引自《曙光集》（北京：三聯書店，2008）。

37 楊振寧：〈讀吳為山雕塑：真、純、樸〉，原載《光明日報》，2001 年 5 月 9 日；轉引自《曙光集》（北京：三聯書店，2008）。

38 楊振寧：〈吳為山《雕塑的特性》序言〉；轉引自《曙光集》十年增訂版（北京：三聯書店，2018）。

39 楊振寧：〈中國現代文學館與魯迅頭像〉，《曙光集》（北京：三聯書店，2008 年）。

40 Chen Ning Yang, *Selected Papers 1945–1980 with Commentary*（即《選集與後記》）(San Francisco: Freeman and Co., 1983）。

41 楊先生的演講與日常談吐也如他的文章一樣清晰自然，舉個例子：數學家張益唐在「孿生素數猜想」上取得突破性進展，如同哥德巴赫猜想一樣，證明極難，表述出來又似乎人人都懂，因此出現了各種各樣的解說。在 2016 年「求是獎頒獎典禮」上，楊先生為張益唐頒獎並對其工作簡要介紹，他用一個「親戚素數對」作比喻，三言兩語就把問題講清楚了，以致張益唐表示「如果讓我自己來介紹的話，肯定講不了那麼好。」參閱《光明日報》記者王慶懷整理的〈楊振寧用小學生聽得懂的語言講解張益唐的「孿生素數猜想」〉，《光明微教育網》，2016 年 10 月 17 日，https://www.sohu.com/a/116363704_372464。

42 楊振寧：〈憶我在中國的大學生活〉，原載英文《選集與後記》；轉引自張奠宙編：《楊振寧文集》（上）。

43 楊振寧：〈幾位物理學家的故事〉，原載《物理》雜誌，1986 年第 11 期；轉引自張奠宙編：《楊振寧文集》（上）。

44 以上三段引文皆出自楊振寧：〈美與物理學〉，見註 34。

45 楊振寧：〈沃那‧海森堡〉，《二十一世紀》，2002 年 4 月號。

46 楊振寧：〈愛因斯坦：機遇與眼光〉，《科學文化評論》，2005 年第 4 期。

47 陳之藩語：「雕不出來」，引自童元方編：《寂寞的畫廊》。

48 袁宏道：〈敍小修詩〉，引自《袁宏道集箋校》（上海：上海古籍出版社，1981）。

一個完美的圓

劉仁保

香港中文大學物理系

「我的一生可以算做一個圓，從一個地方開始，走了很遠的地方，現在又回來了。」[1]

楊振寧先生這句話意味深長。作為一個巧合的註解，楊先生最早的一件藝術品般的工作就和圓有關，即「單位圓定理」[2]；然後在超過一甲子歲月之後、在樹立座座科學豐碑之後，年逾九十的楊先生仍以學子之心，完成了一件和單位圓有關的研究論文[3]。作者有幸見證楊先生在最近這項「小工作」上的立意、計算、寫作、修改和投稿的全過程，受益匪淺，謹以此小文記之，敬賀楊先生百歲華誕，亦希望對後來學子從事研究工作有一點啟示。

單位圓定理是楊振寧先生和李政道先生在 1952 年研究晶格氣體模型時發現並證明的一個統計力學定理[4]：考慮有吸引相互作用的晶格氣體或者鐵磁伊辛模型描述的自旋系統，其配分函數在逸度（$e^{\beta h}$，其中 h 為化學勢或外磁場，β 為溫度的倒數）複平面上的根（即零點）全都處在半徑為一的圓上。這個定理具有很大的普適性，對於任意維度、任意結構、有序或者無序、長程或短程相互作用都成立。配分函數在逸度複平面上的根在文獻中稱為「李楊零點」。據楊先生回憶，自小學他從父親那裏學到代數基本定理 —— 即 N 階多項式必有 N 個複數解 —— 開始，他就被定理的深刻和優美吸引而念念不忘[5]。及他和李先生研究晶格氣體時，因為 N 個格點上氣體的配分函數可以寫成逸度的 N 階多項式，他自然地就想算算多

項式的 N 個根在哪，然後他們發現在含 2、3、4、5 個格點的模型中，所有零點都在單位圓上，並猜測一般情況也是如此。經過「一場苦鬥」，他們證明了定理。定理簡潔優美，楊先生在給卡茨（Mark Kac）的信中稱它為「一件小小的傑作」（a minor gem）[6]。據他弟弟楊振平回憶，楊先生當時説「這恐怕是我一生能證的最美的定理」[7]。雖然楊先生後來在物理和數學物理上的豐功偉績讓自己可能忘了有此一説，這個定理至今還是統計物理中一塊美麗的「寶石」。從幼年接觸代數基本定理所受震撼，到「念念不忘」，直到十多年後發現和證明單位圓定理，這一經歷印證了楊先生所説：「外來的信息如果能夠融入個人腦子裏面的軟件之中，就可能會『情有獨鍾』，……像是一粒小種子，……而最後開花結果。」[8]

我對李楊零點的研究（當然遠不能和楊先生的工作相提並論），也是得益於一次「念念不忘」。我從 2004 年開始研究量子比特與自旋系統相互作用而發生退相干。我們的方法類似計算有限溫度下自旋系統配分函數所用到的團簇展開，不過我們展開的參數是時間而不是溫度的倒數。同時我們也考慮用動力學去耦反覆翻轉量子比特以延長其相干時間。我們遇到一個困難，如果計算量子比特的相干時間超過某一數值，團簇展開就變得發散。這個現象非常類似計算自旋系統配分函數時團簇展開在臨界溫度附近的發散。當時我想，如果把時間 t 看作溫度倒數 β 在複平面上的虛部（類似量子場論裏的 Wick 轉動），那一個自旋系統從一個初態演化會不會有一個「臨界時間」，使量子比特的相干性在臨界時間呈現突變？這個想法我一直揮之不去。我自己、幾位我指導過的研究生和本科生，都嘗試過在不同的模型尋找「臨界時間」，但是在動力學控制下，相互作用量子多體系統的計算變得十分繁瑣，一直沒有一個清晰的答案，直到魏勃勃博士在 2011 年夏天加入我的組。魏勃勃是林海青教授的研究生，是一個很努力、學習能力也很強的學生。在博士期間他曾經擔任過楊先生的助手，幫助做一些冷原子系統的數值計算和繪圖。魏勃勃在嘗試幾個量子模型之後，發現只要用簡單的經典伊辛模型，與其相互作用的量子比特的相位因子（$e^{i\varphi} = e^{it\lambda}$，其中 λ 為耦合常數）正好對應磁場為純虛數（$h = it\lambda/\beta$）

的逸度。這樣一來，量子比特的相干性對應自旋系統在複平面上的配分函
數，其零點則對應李楊零點。楊振寧先生和李政道先生在研究李楊零點的
時候指出，在臨界溫度以上，單位圓並不閉合，而開口端是兩個奇異點，
文獻稱為「楊李奇異點」。這個奇異點在我們研究的量子退相干中就是一
個臨界時間。

時值 2012 年夏天。清華大學高等研究院要在 6 月份舉辦一個慶祝楊
先生 90 歲生日的學術研討會。作為院友，我被邀請參加。年初收到邀請
時我既感榮幸，又有點發愁不知道講甚麼好，覺得自己的研究很難和楊先
生的成就拉上關係。魏博士的進展讓我有了一個演講題目。在楊先生生日
報告會上講這個，如果能得到楊先生的指導，那就再好不過了。我們趕緊
寫好文章，6 月 11 日貼到 arXiv [9]，6 月 28 日下午我做了報告。因為有點
小新意，反響還不錯，文小剛、徐一鴻、祁曉亮、聶華桐等幾位知名物理
學家都説是個很「有趣」(cute) 的發現。但是有點小遺憾，楊先生上午出
席了報告會，下午我講的時候卻沒有看到他。好在第三天的總結會上，演
講者特意提到李楊零點的新應用，後來也有其他與會者告訴楊先生這個小
進展。7 月底一天我收到楊先生的電郵，他要我把有關的文章發給他，看
來楊先生注意到了我們的工作。然後很長時間楊先生並沒有再聯繫，我想
他也許只是隨便了解一下就拋諸腦後了。

直到 2013 年 2 月 25 日楊先生給我和魏勃勃發電郵，説他關於李楊
零點有一些新的想法，約我們兩天後去他辦公室討論。我們坐下後，楊先
生拿出一份十多頁手寫的算稿（見圖 1）。楊先生説，用晶格氣體模型，
從來沒有人實現氣、液、固三相系統，他一直考慮這個問題。他説兩個星
期前（算稿上標的日期是 2 月 11 日），他因為季節性背痛住到威爾斯親王
醫院，在病床上做不了別的事情，借助李楊零點想到了一個辦法，構造出
一個雙格子模型，其配分函數在逸度複平面上的零點分佈在兩個半徑不
一樣的圓上，對應兩個不同臨界點，也就是可以有三個相，可能是一個氣
液固相變模型。算稿是楊先生在病榻上寫就的，裏面已經包含問題的動
機、模型的主要思想、計算草圖、當然還有相當多的公式推導。因為其

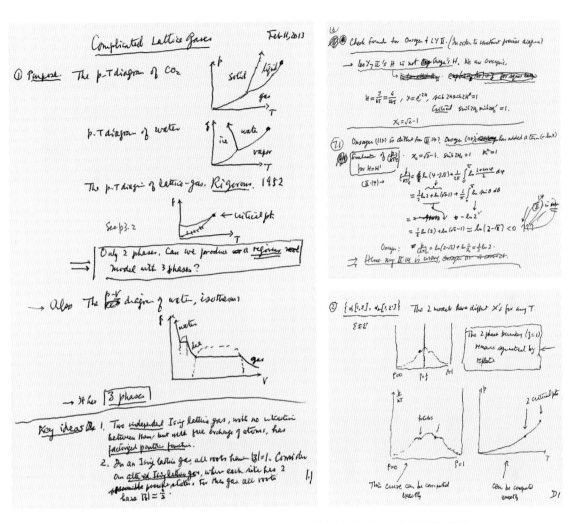

圖 1 楊振寧 2013 年 2 月 11 日關於三相晶格氣李楊零點工作的部分手稿。

中要用到考夫曼（Bruria Kaufman）的一個對偶關係（*Physical Review*, 76, 1232（1949）），楊先生發現昂薩格（Lars Onsager）的一個結果（*Physical Review*, 65, 117（1944）中的公式（115））和李楊 1952 年文章中的公式（14）不一致 [10]，他又做了大量演算。然後他又要魏勃勃幫他做些計算和繪圖，也去檢查他的比較演算是不是正確（在後來的反覆檢查中，楊先生確認昂薩格的公式是對的）。楊先生還和我們談及當年發現和證明單位圓定理的過程。他告訴我們呂埃勒（David Ruelle）在 *Mathematician's Brain* 一書中第 17 章，用單位圓定理來說明數學證明中人和機器的差別，裏面還概述

了 Asano 的一個簡化證明，建議我們找來看看。談論中楊先生對人物、時間、公式乃至參考文獻的頁碼如數家珍，令我印象深刻。

　　楊先生的雙格子模型包含兩套獨立的二維正方格子，格子 A 和 1952 年文章中的模型一樣，格子 B 則在每個格點上有兩個能量相同的態，粒子可選擇佔據其中一個。兩套格子沒有相互作用，但共享同一個粒子系統而具有相同的化學勢。整個系統的配分函數是兩套格子的配分函數的乘積，格子 A 和 B 各自的李楊零點分別處在半徑為 1 和 1/2 的圓上。這樣就得到了一個簡潔、嚴格可解的三相系統。在接下來的一個月中，楊先生和我們頻繁交換電郵討論，魏勃勃做了很多不同參數下的數值計算和繪圖，結果印證了楊先生的直覺和解析結果。我查看了一下當時的電郵記錄，很多楊先生的郵件都是深夜或者大早上發過來的。一次討論中，我提出這個雙格子模型可能不構成氣液固相變模型，因為裏面缺少連續平移對稱的破缺。而格子 B 或許可以寫成一個玻茨模型（Potts model），其相變和熵驅動相變有關。該玻茨模型也許可以從一個原胞含多個自旋的二維伊辛模型退化得到，這樣雖然還不是連續對稱破缺，但是可以把原來的較大的分立平移對稱破缺成較小的對稱（即平移周期變大），更接近液固相變。楊先生對這些說法非常感興趣，又要我把玻茨模型相變以及熵驅動相變的文獻發給他研讀。

　　到 3 月 25 日，離我們第一次討論正好一個月，楊先生已經寫出文章的初稿。和我們的交談中，楊先生說，以他過去的經驗，如果計算是對的，就應該發表，很多文章的重要性或許要多年以後才會展現出來。楊先生這方面當然是深有體會。楊先生文章寫得非常簡潔，直入主題，數學的表述極其清晰。雖然對他來說，這只是一個小工作，但是只要一讀文章，就能確切無疑地「從他的利爪，認出這頭獅子」。楊先生邀請我作為共同作者。收到邀請，我一方面感到非常榮幸 —— 能和這樣的大物理學家同列於文獻當中當然是一件很幸運的事情，但另一方面又覺得受之有愧 —— 因為自己的貢獻實在微不足道（可能最多只是讓楊先生在文章裏略去了氣液固相變的討論）。考慮再三，我沒有接受邀請。文章很順利就發

表了 [11]。這篇文章應該是楊先生最近的一篇學術論文，發表時楊先生已經年近 91 歲。這個工作從楊先生立意（2 月初）到文章投稿（4 月 28 日），前後只有短短的兩個多月，期間頻密地討論，讓兩個年輕人都難以跟上他的節奏，除了他深厚的物理、數學功底之外，另一個原因就是楊先生對哪怕一個很小的科學問題也持有的好奇心、熱情以及因之而來的不知疲倦地工作。

將統計物理中的玻爾茲曼因子和量子力學中的相位因子兩個重要概念結合起來，我們有了一個可以實驗上直接研究複平面上熱力學的工具。特別是，和自旋系統耦合的量子比特的相干性等價於自旋系統在逸度複平面上的配分函數，李楊零點這個數學現象變成了一個物理上的可觀測現象。我和中國科技大學杜江峰教授以及彭新華教授討論，很快意識到他們可以用液態核磁共振來模擬一個多自旋系統與一個量子比特的耦合。他們很快就在實驗上觀測到了李楊零點和單位圓。我們的合作文章在 2014 年 3 月 21 日貼到預印本網站 [12]。在這之前，我向楊先生報告了這個消息。楊先生非常感興趣，問我要了文章。那時候他一般秋冬季在香港、春夏季在北京。楊先生要我去北京給個報告介紹這個實驗。我 5 月 13 日在高等研究院做了一個報告，題目是「複平面上的熱力學」。報告間楊先生問了很多問題，然後意猶未盡，又請朱邦芬老師和我一起晚餐繼續聊。席間除了仔細詢問實驗細節之外，還講了很多有趣典故。楊先生還說起一個他考慮過很長時間的問題：鐵磁型伊辛模型的零點總是在單位圓上，無論系統的構型多麼複雜，但是只要加一點點反鐵磁相互作用，零點的分佈就變得似乎完全沒有規律，問我有沒有了解。我告訴他在下午報告我略微講到一個結果：如果我們對伊辛模型做實空間重整化（即把含幾個自旋的單元中細節抹去，將其約化成一個等效的 1/2 自旋），複數磁場會在一個圓柱表面流動（即重整化流），這個流在鐵磁伊辛模型和反鐵磁伊辛模型中具有完全不同的拓撲結構，鐵磁模型重整化流會不停地在圓柱上繞圈（繞數為任意整數），但是反鐵磁模型的重整化流則不會形成繞圈（繞數總是等於 0）。所以我很想看看如果把鐵磁、反鐵磁的耦合常數也拓展到複平面，

在磁性耦合常數及外磁場的二維複空間（四維實空間）的配分函數零點分佈在耦合常數等於 0 的地方是不是有一個奇異點（即拓撲相變）。楊先生聽我講完忠告我，統計物理很多工作的重要性要過比較長時間之後才會顯露出來。後來有一個非常聰明的本科生姚凱軒跟我算了一下二維複空間的李楊零點，其分佈的確有一個有趣的拓撲相變。但是如何回答楊先生的問題我則還沒有清晰的答案。

實驗文章在第二年 1 月發表[13]，*Physics* 雜誌配發了一個評論文章。楊先生請魏勃勃和我一起午餐，繼續了解實驗是如何做的以及量子相干如何和配分函數發生關係的。他又問，為何美國物理學會（APS）沒有請一個很有名的人來寫評論？我回答說可能 APS 一般會請審稿人寫。心想，《物理評論快報》（*Physical Review Letters*）的編輯可能不了解楊先生還活躍在學術界，不然如果他們請楊先生來寫個評論，一定會非常精彩。楊先生說，5 月在新加坡有個紀念楊－米爾斯理論發表 60 周年的會議，不如你來給個報告。我對楊－米爾斯理論完全沒有研究，所以有些遲疑。楊先生說，沒有關係，來的大多是我的朋友。於是我很幸運地參加了 5 月的盛會，除了見到了很多物理史上的風雲人物，聽他們講述物理和掌故，還特別聽到了費希爾（Michael Fisher）關於楊先生在統計物理領域成就的報告。費希爾曾把李楊零點推廣到溫度的複平面，文獻中稱「費希爾零點」（Fisher zeros）。可能是因為這個緣故，費希爾對我的報告頗感興趣。那次會議還有一個有趣情節。格羅斯（David Gross）在第一天會後做了一個近一小時的公開報告，向新加坡政府和公眾大力推銷其大加速器計劃，而楊先生則只用了 10 來分鐘講物理學的未來，當中簡明解釋為何他認為（加速器高能物理）「盛宴已經結束」，雖然針鋒相對，卻又相當含蓄，非常有「楊風格」。

暑假一天，楊先生電郵給我說他 9 月 17 日要去中國科學技術大學參加一個活動，18 日有點時間，想找彭新華教授談談。我便把楊先生的電郵轉給了彭教授要她安排。彭教授開始並沒有意識到是楊先生，當知道這樣的大物理學家要親自來訪問她，幾乎嚇了一跳。後來我問楊先生去合肥

談得怎麼樣，他説中科大可能因為他去訪問過於重視，把會面安排成了很官方式的座談，讓他沒有太多機會了解實驗細節，言辭間頗不甘心。

楊先生一生中做過幾件對物理學發展有重大深遠影響的工作，其中很多工作的重大意義在發表之初並不為人所知。自發表以來，70 年已經過去，李楊零點和單位圓定理相對楊先生的偉大成就而言是一件較小的藝術品，但我認為其影響力會持續下去，而且會愈加重要。把函數從實軸拓展到複平面是一個革命性突破，它揭示出函數全域結構和內在和諧。代數基本定理這樣優美深刻的結構只有在複平面上才成立。李楊零點對應物理系統自由能在複平面的奇異點，也揭示了熱力學函數全域結構和內在和諧。單位圓定理便是這個精美內在結構的一個啟示。逸度複平面單位圓上的零點對應格子氣化學勢或伊辛模型磁場複平面虛軸上的零點。這一和黎曼猜想的顯然相似立刻激起了數學家們的興趣和遐想 [14]，儘管至今這一啟示還沒有帶來解決黎曼猜想的實質進展。如果把黎曼零點看作素數分佈的一些模式特徵值（類似週期函數所包含的特徵頻率），李楊零點（及其推廣例如費希爾零點）或許也可以看作物理系統能級分佈的模式特徵值。近年來，研究者發現李楊零點可以非常好地描述噪音、動力學漲落等隨機過程的特徵，往往靠近實軸的少數幾個李楊零點已經可以給出很精確的高階關聯函數。李楊零點另外兩個可能有應用的重要領域是非厄米量子體系和動力學量子相變。前者直接涉及到含複參數的哈密頓，後者的時間演化則帶來一個等效的虛參數。在此類系統中，李楊零點和楊李奇異點往往對應有趣的臨界現象。未嘗可知，如同楊先生其他重要工作一樣，單位圓定理在物理學研究甚至數學研究中會最終產生巨大的影響。

在學習研究李楊零點的過程，我有幸得到楊先生的鼓勵和指導，也見證到楊先生從立意、計算、糾正、寫作到發表等完成一項研究的全過程，受益良多。其中一點尤其特別 —— 這是一位年屆九十、功成名就的大物理學家就就業業完成一項很具體很小的工作。我也曾經有幸受朱邦芬、沈呂九、史卡利（Marlan Scully）等著名物理學家指導以及和他們合作研究。這些成名的物理學家，和楊先生有一點是共同的，就是他們都不尚空談。

和他們一起工作，很少談及高大上的題目，大部分時間都在解決很具體的
問題。他們都保持對細節的好奇心和耐心，計算時對公式一步步仔細推導
甚至逐行檢查學生的程序，寫文章時字斟句酌，和學生、博士後討論時完
全地平等對待，等等。我想這種「舉輕若重」的治學態度，非常值得我們
晚輩學習。

季理真曾在試圖解釋楊先生為何能在學術和心態上保持年輕時引用
烏爾曼（Samuel Ullman）的《青春》（*Youth*）一詩 [15]。我這裏摘抄兩句：

> *Whether sixty or sixteen,*
> *there is in every human being's heart the lure of wonder,*
> *the unfailing child-like appetite of what's next,*
> *and the joy of the game of living.*

楊先生對科學問題孩提般的好奇心和對生活的熱情，不只是保持到了
60 歲，而是到了 90 歲，100 歲……，續寫着新的篇章。

1　蔡天新：〈西子湖畔暢談科學人生 ——《數學文化》專訪楊振寧先生〉，《數學文化》，第 5
　　卷第 3 期（2014），頁 3–14。

2　T. D. Lee and C. N. Yang, "Statistical theory of equations of state and phase transitions. II.
　　Lattice gas and Ising model", *Physical Review*, 87, 410 (1952).

3　B. B. Wei and C. N. Yang, "Solvable lattice gas models with three phases ", *Europhysics Letter*,
　　102, 66006 (2013).

4　見註 2。

5　施郁、戴越：《楊振寧先生與復旦大學物理系教師的座談》，第 40 卷（2011），頁 491–499。

6　楊振寧：《楊振寧文集 —— 傳記、演講、隨筆》（上海：華東師範大學出版社，1998），頁
　　24–27。

7　楊振平：〈父親與大哥〉，載楊振寧著、翁帆編譯：《晨曦集》（增訂版）（北京：商務印書館，
　　2021），頁 249–257。

8　楊振寧：〈我的學習與研究經歷〉，《物理》，第 41 卷（2012），頁 1–8。

9　Bo-Bo Wei and Ren-Bao Liu, "Lee–Yang zeros and critical times in decoherence of a probe spin coupled to a bath", *Physical Review Letters*, 109, 185701 (2012) (arXiv:1206.2077).

10　見註 2。

11　見註 3。

12　Xinhua Peng, Hui Zhou, Bo-Bo Wei, Jiangyu Cui, Jiangfeng Du and Ren-Bao Liu, "Experimental observation of Lee–Yang zeros", *Physical Review Letters*, 114, 010601 (2015) (arXiv:1403.5383).

13　見註 12。

14　A. Knauf, "Number theory, dynamical systems and statistical mechanics", *Reviews in Mathematical Physics*, 11, 1027 (1999).

15　季理真、王麗萍：《百年科學往事 —— 楊振寧訪談錄》（上海：華東師範大學出版社，2021），頁 2–3。

楊振寧先生創建亞太物理學會聯合會以及亞太理論物理中心

龍桂魯

清華大學物理系

一　亞太物理學會聯合會的成立

　　亞太物理學會聯合會（Association of Asia Pacific Physical Societies, AAPPS）於 1989 年 10 月 15 日正式成立。它是亞洲和太平洋地區（澳大利亞和新西蘭）國家和地區的物理學會的聯盟組織，成立時有 17 個國家和地區的物理學會，2019 年增加了哈薩克斯坦物理學會，現在共有 18 個物理學會成員。它的目的是推動世界上這一人口最多、面積最大區域的物理學研究、應用和教育，特別是國際合作等方面的發展．

　　在成立 AAPPS 前，亞太各個國家和地區都有自己的物理學會（這裏要強調國家／地區〔countries/regions〕是因為中國台灣地區的物理學會以 The Physical Society Located in Taipei, China 參加；在此要衷心感謝周光召、陳佳洱、楊國楨等先生在早期與中國台灣的物理學家一起通過協商解決兩岸物理學會的名稱問題，簽署了協議，為以後兩岸物理學會在各種國際組織的活動解決了一個重大難題）。各個物理學會都經常舉辦學術會議，但奇怪的是，會議上經常有歐洲和美國的物理學家參加，而相鄰的亞太地區卻鮮有人員參加，就連來參加會議的歐美學者都對此感到奇怪。1983 年，楊振寧先生領導組織了在新加坡舉行的第一屆亞太物理大會（Asia Pacific Physics Conference, APPC），開始了亞太地區國家和地區間的物理學家以舉辦會議形式的學術交流。1986 年在印度班加羅爾召開

了第二屆會議。這兩次會議的專門會議參加者名單（ad hoc meetings）的截圖見圖 1，可以看到大陸代表有周培源、周光召先生[1]。

As a matter of interest, we also record the attendance at the Ad Hoc Meetings in Singapore in 1983 and in Bangalore in 1986.

Singapore Meeting: A Arima; S P Chia; S Chandrasekhar; W K Chung; C A Hurst; G D Jones; R Kubo; Y K Lim; C K Majumdar; Z Maki; B H J McKellar; M Oda; K K Phua; K P Wang; G V H Wilson; T Y Wu; T Yamazaki; C N Yang; K Young; G Z Zhou; P Y Zhou.

Bangalore Meeting: A Arima; Y W Chan; S Chandrasekhar; Il-Tong Cheon; C A Hurst; Y H Ichikawa; Y Kim; T Kobayashi; R Kubo; Mo Dang; C N Yang; Zhou Guang Zhao.

圖 1 第一、二次 APPC 大會期間的專門會議參加者。

APPC 在香港召開第三屆大會之前，大家感到成立一個亞太地區的國際物理機構的時機已經成熟。作為地方組委會主席的楊振寧先生，於 1987 年 6 月給亞太地區各國和地區的物理學會理事長寫信，邀請他們派代表來參會討論 AAPPS 成立的事宜（圖 2）[2]。

"... With the contacts already developed in the past two Conferences (Singapore, June 1983; Bangalore, January 1986) it is felt by many physicists that the time is now ripe for discussions to explore the possibility of creating a more formal institutional framework for regional cooperation. The idea of a Federation of Asia Pacific Physical Societies has been suggested. We should therefore like to seek your Society's views on this matter and to ask that your Society send a delegate to the Conference, at which a meeting will be called to explore this issue in depth."

圖 2 楊先生 1987 年 6 月給亞太各國／地區物理學會理事長信件的相關內容。

1988 年在香港如期召開了第三屆亞太物理大會，期間組成了「建立 AAPPS 專門工作組」（The Ad Hoc Group for the Formation of AAPPS）（圖 3）[3]，楊振寧先生擔任主席。這個工作組是成立 AAPPS 的領導小組，

THE AD HOC GROUP FOR THE FORMATION OF AAPPS

Until the First General Meeting is held and the First Council is elected, AAPPS will be administered by the Ad Hoc Group, with membership as follows

C.N. Yang (Chairman)
The Chinese University of Hong Kong

S. Chandrasekhar
Raman Research Institute

Y.M. Cho
Seoul National University

H.L. Huang
National Taiwan University

C.A. Hurst
University of Adelaide

M. Konuma
Keio University

John Lekner
Victoria University of Wellington

Shou-nan Li
Institute of Atomic Energy Academia Sinica

Ghulam Murtaza
Quaid-I-Azam University

K.K. Phua
National University of Singapore

A. Salam
International Centre for Theoretical Physics

V. Singh
Tata Institute of Fundamental Research

T. Sugano
University of Tokyo

B.C. Tan
University of Malaya

G.V.H. Wilson
University of New South Wales

K. Young (Secretary)
The Chinese University of Hong Kong

圖 3 AAPPS 成立專門組成員。

The First Council of the Association of Asia Pacific Physical Societies was elected at the First General Meeting in Seoul on 10 August, 1990. Officers were subsequently elected/appointed at the First Council Meeting the next day. The Council will serve until the next General Meeting in the summer of 1992.

President
C. N. Yang
Hong Kong Physical Society
Vice President
M. Konuma
Physical Society of Japan
Secretary
K. Young
Hong Kong Physical Society
Treasurer*
C. K. Chew
South East Asia Theoretical Physics Association
Council Members
S. Chandrasekhar
Indian Physics Association
Y. M. Cho
Korean Physical Society
H. L. Huang
The Physical Society located in Taipei, China
K. K. Phua
South East Asia Theoretical Physics Assiocation
A. Salam
International Centre for Theoretical Physics
B. C. Tan
ASEAN Institute of Physics and Malaysian Institute of Physics
J. Tsujiuchi
Japan Society of Applied Physics
G. V. H. Wilson
Australian Institute of Physics
Z. X. Zhao
The Chinese Physical Society

圖 4 第一屆 AAPPS 理事會。楊振寧先生任理事長，中國大陸的理事為趙忠賢先生。

也是成立後的第一個領導機構。成員中，中國大陸的代表是時任中國物理學會副理事長、中國原子能研究院的李壽枏先生。工作組制定了 AAPPS 章程、條例，向各個相關物理學會發出參加 AAPPS 的邀請。以 1989 年 10 月 15 日為回覆的截止日期，共有 17 個物理學會同意參加 AAPPS，成為 AAPPS 的創建成員。1989 年 10 月 15 日也成為了 AAPPS 的正式成立日期。從此，包括亞洲、澳大利亞和新西蘭在內的太平洋部分地區的這一世界上面積最大、人口最多的區域有了物理學會的聯合組織，從而促進了區域內各個物理學會組織間的交流、合作和發展。現在，AAPPS 已經成為一個具有重要影響力的國際物理學會組織，與 AIP 和 EPS 並稱國際三大洲際物理學會聯合會組織。

　　1990 年在漢城召開的第四屆 APPC 會議上，選舉了 AAPPS 的第一屆
理事會（圖 4），委員會選舉楊振寧先生為理事長。AAPPS 是在楊振寧先
生的領導和推動下成立的，他從 1988 年擔任 AAPPS 成立的工作組主席，
並從 1990 年開始擔任第一屆理事長，為亞太物理學會聯合會的建立和發
展作出了重大貢獻，極大地推動了亞太地區的物理學發展和交流合作。

二　AAPPS 的發展和現狀

　　第二屆 AAPPS 理事長為日本的小沼通二（Michiji Konuma）教授，
第三屆理事長為時任北京大學校長的陳佳洱先生，第四屆理事長為韓國
南宮桓（Won Namkung）先生，第五屆理事長為中國台灣的鄭天佐院士，
第六屆理事長為時任上海交通大學校長張杰院士，第七屆理事長為日本
永宮正治（Shoji Nagamiya）教授，第八屆理事長為韓國 Seunghwan Kim
教授，第九屆理事長為清華大學龍桂魯教授。現任第十屆理事長為日本東
京大學橫山順一教授。圖 5 是四位 AAPPS 理事長的同框合影，是 2013 年

圖 5　四位亞太物理學會聯合會理事長合影，右起：龍桂魯（第 9 屆）、Seunghwan
　　　　Kim（第 8 屆）、楊振寧（第 1 屆）、南宮桓（第 4 屆），攝於 2013 年。

Seunghwan Kim 教授當選理事長後來北京拜會楊先生、陳佳洱校長及其他中國朋友時拍攝的。

AAPPS 章程列出了需要大力推進的各項事宜，將組織學術會議和研討會，建立分會和分委員會，出版新聞快報和期刊這些任務陸續完成，並發展壯大。

《亞太物理通信》(*AAPPS Bulletin*) 是 AAPPS 的會刊，用來發表新聞和綜述論文。*AAPPS Bulletin* 於 1991 年 6 月正式發刊，是將 *ASPAP News* 和 *AAPPS Newsletter* 兩個刊物合併而成。從 2003 年開始，每年出版六期。龍桂魯教授擔任 *AAPPS Bulletin* 現任主編，會刊從 2021 年開始與 Springer Nature 出版社合作，成為一個開放獲取的物理期刊，目標是成為與 *Physics Today* 一樣聞名的國際頂級物理期刊。目前它有三種獲取方式：

1. 在 Springer-Nature 網站獲取電子版本 https://www.springer.com/journal/43673；
2. 在亞太物理學會網站獲取電子版本 http://www.aappsbulletin.org/；
3. 印刷版本。

AAPPS 主辦的亞太物理大會 APPC，是 AAPPS 的旗艦會議。AAPPS 成立時 APPC 舉辦至第三次，因此 APPC 的屆數比 AAPPS 的屆數多三次。第 14 次 APPC 大會於 2022 年在韓國光州召開，同時選舉第 11 屆 AAPPS 理事會。現在已經有了等離子體物理、天體物理與宇宙學、核物理、凝聚態物理等四個分會，每個分會定期召開學術會議，評選優秀論文獎等各種活動，十分活躍。

AAPPS 設有「楊振寧獎」(CN Yang Award)，每次獲獎人不超過三人，獲獎者是獲得博士學位不超過 10 年的青年物理學者。原先該獎由召開 APPC 大會所在地的國家或地區的物理學會自行評選。在永宮正治先生擔任理事長期間，對該獎作了改革，將 APPC 大會的舉辦地物理學會的獲獎人數限制為一人，而其他兩名獲獎者在整個亞太物理學會的

所有物理學會內評選。在我擔任 AAPPS 理事長期間，作了進一步的改進，將該獎變成為 AAPPS 和亞太理論物理中心（Asia Pacific Center for Theoretical Physics, APCTP）兩個機構的聯合獎項，由三年評選一次改變為每年評選一次，在 AAPPS 的所有物理學會成員中評選，進一步提高了「楊振寧獎」的地位。現在「楊振寧獎」已經成為亞太地區最重要的物理獎項之一。

APCTP 是楊振寧先生創建的另一個亞太物理組織，類似位於意大利里雅斯特（Trieste）的國際理論物理中心（ICTP），是一個實體型的物理學研究機構，坐落於韓國浦項。現在，楊振寧先生創建的 AAPPS 與 APCTP 兩大機構關係密切，共同頒發「楊振寧獎」，並共同出版《亞太物理通信》，每年 APCTP 資助 AAPPS 的每個分會約三萬美元的經費。

在張杰院士擔任 AAPPS 理事長期間，推動了 AAPPS 與歐洲物理學會的交流，與 EPS 共同舉辦了亞歐物理峰會（ASEPS-Asia European Physics Summit），先後在日本、波蘭、日本召開了三次亞歐物理峰會，並且這種交流還在繼續。

在我擔任理事長期間開啟了 AAPPS 會士制度，楊振寧先生給予熱情支持，第一個答應接受作為 AAPPS Honorary Fellow。作為第一步，我們為亞太地區的諾貝爾獎獲得者、AAPPS 的前理事長和對 AAPPS 有重大貢獻的幾位物理學家頒發了 AAPPS 榮譽會士。中國的首屆榮譽會士有楊振寧、陳佳洱、張杰、鄭天佐（中國台灣）、楊綱凱（中國香港）。

AAPPS 在經濟狀況方面得到明顯改善。我擔任理事長期間將會員費由保持了 20 多年的每年 200 美元提高到每年 500 美元。這是 2017 年在西安召開的第 35 屆亞太物理學會理事會議上通過的。

三　我與楊振寧先生與學會組織

楊先生是幾代人的偶像。我第一次和楊先生的近距離接觸是 1984 年在北京召開的楊－米爾斯場研討會後的一個小研討會上。我在那次會議上

圖 6　2002 年 7 月在法國巴黎和楊振寧先生合影。

與楊振寧先生一起開會並且同桌吃飯，親身感受到楊先生的智慧和人格力量。2002 年我在巴黎參加國際理論物理大會，楊振寧先生在大會上作了「The three melodies of physics」（「物理學的三個主旋律」）的報告，楊先生以親身感受娓娓道來近代物理學的三大發展，堪稱一場物理學和美學的享受。我會後和楊先生、吳詠時、施郁一起吃午飯，我們分別和楊先生合影（圖 6）。前幾年施郁教授到北京看望楊先生，楊先生夫婦邀請他在全聚德吃飯，施教授推薦我和夫人石爽一起參加，再一次近距離向楊先生學習，感受到楊先生夫婦的幸福美滿生活。

　　2000 年，顧秉林老師推薦我到北京物理學會擔任理事和副秘書長，後來又推薦我到中國物理學會、亞太物理學會聯合會等學會組織工作。葛墨林老師推薦我到亞太理論中心做理事。北京大學龔旗煌老師在中國物理學會理事會上推薦我參選國際純粹與應用物理學聯合會（International Union of Pure and Applied Physics, IUPAP）的委員。我非常感謝顧老師、葛老師和龔老師對我的提攜和支持，使得我走進了學會組織的世界，為中國、亞洲和世界物理學的發展做出了一點兒貢獻。在此我要向所有提攜和支持我的老師們表示感謝。

　　在這些活動中，特別是在亞太物理的兩大機構的活動中，我深切地感受到楊先生為亞太物理國際組織所作出的巨大貢獻。如果沒有楊先生的這些開創工作，亞太物理的國際合作要推遲很多年。而這些開創性工作，只有在國際上，特別是在亞太地區有廣泛和巨大影響的楊先生才能夠完成。在楊先生百歲華誕在即之時，我代表亞太物理學會聯合會和亞太地區的廣大物理學工作者，向楊先生表示衷心的感謝和深深的祝福，我也和夫人一起向楊先生夫婦衷心祝福，祝楊先生身體健康，期待慶祝楊先生百年壽辰和茶壽（108歲）！

1　*AAPPS Newsletter*, vol. 1, no. 1 (December 1989).

2　見註 1。

3　見註 1。

京港中心的倡議人　兩地交流的促成者

呂少群
京港學術交流中心

在熱烈祝賀諾貝爾物理學獎得主楊振寧院士百歲華誕之際，我們懷着崇敬的心情向楊院士致以謝忱與感銘。「京港學術交流中心」的成立、命名與宗旨，正是得益於楊老的倡議。

上世紀 80 年代，香港大專院校與內地難以直接進行學術交流的現象，引起楊振寧院士的注意。與內地一水之隔的香港，在學術界有一個異象，部分高校學者於國外的國際會議場上結識到內地學者，啟發在學術層面上比較領先的香港學者希望回國貢獻，但因為對內地情況不熟悉，又苦無人脈而止步；而香港於 1985 年前並無學術交流服務機構，以明確支持且推動香港與內地的科技合作、研究交流。故不少在香港高校的香港學者只能以自己的私人假期、個人有限的經濟能力，到內地交友訪問，嘗試探索兩地合作的各種可能性。

雖然香港當時並沒有任何資助或渠道，支持兩地學者互相交流訪問，但香港學者在本身的研究活動中，不少課題已有內地學者的參與。遺憾的是，這種非恆常、民間的、個人友誼的交往，未能為兩地學術交流帶來突破性的變化。而觸覺敏銳的楊院士留意到，1982 年間香港回歸祖國的政治討論，已成為中英兩國政府的議事日程，正好是破局的契機。

楊振寧院士適時向國務院提出建議：有必要在香港設立一個服務機構，去推動香港大專院校與內地高等院校、科研單位的交流和合作，讓兩

地的學者專家有一個便利的渠道直接地交流接觸。楊振寧院士的倡議，受到中央政府的重視，從此開啟了內地與香港學術界直至今日依然穩定運行的交流機制，有着深遠的歷史意義。國務院正式行文批准，同意在香港成立一個學術交流機構，其名稱就是楊院士向國務院建議書中構思的名字：「京港學術交流中心」。

京港學術交流中心在楊院士的關心和支持下，於 1985 年 3 月正式成立。30 多年來成為香港與內地文化學術交流的重要橋樑角色，是資助兩地學術和科技交流活動部分經費的支持者之一，在香港學者申請國家自然科學獎、教育部優秀科研成果獎（科學技術）、何梁何利獎、中國青年女科學家獎、全國創新爭先獎等的呈報和評獎工作，京港中心也是重要的諮詢者和執行機構。

楊老不單學識淵博、站高望遠，對待工作亦相當細緻、嚴謹。京港中心初創前輩在憶述與楊振寧院士交往過程時，談及一個細節，「楊教授的記憶力極強，極準確。他對日常發生的每一件事，時間、地點、人物，甚至於當時人物的所在的不同位置，楊教授都能立刻一一說出來！就像他在物理學科領域上的準確記憶，不容有一些絲毫的失誤、矛盾的。」並開玩笑說，「面對楊教授獨特的記憶力，我工作起來，更加要戰戰兢兢。」

從「京港」的命名，可見楊老深邃的洞察力，對香港往後的發展有着透徹的思考。楊院士能在 1980 年代初就建議以「京」來闡述代表內地，恰當而貼切；中心的董事單位均來自首都北京。這些董事單位，包括中國國家科學技術委員會（現為國家科技部）、國家教育委員會（現為國家教育部）、中國科學院、中國社會科學院、中國醫學科學院、中國科學技術協會、國家自然科學基金委員會，以及新華社香港分社（現為中央人民政府駐香港特別行政區聯絡辦公室）等機構。

當年一席話，「建京港橋樑，繫兩地學人」。由倡議、籌劃以至實行一步一腳印。適值楊院士百歲華誕，京港學術交流中心全人謹向楊老賀壽，同時承諾當加倍努力，不忘初心，繼續在兩地交流、民族復興的事業上，發揮更大作用！

基本的問題就是重要的問題
—— 感謝楊先生的教導

馬中騏

中國科學院高能物理研究所

1982 年 2 月我通過了高能所為我舉辦的博士論文答辯，3 月獲得中國自己培養的第一份博士證書。當時很想找機會到國外進一步學習，了解先進國家開展科研工作的情況，包括選題，交流，甚至科研的氣氛和環境。

機會終於降臨了。楊振寧先生從香港募集到一些基金，稱為「與中國教育交流委員會」(Committee for Educational Exchange with China, CEEC)，每年可支持 10 位中國訪問學者去紐約州立大學石溪分校學習和工作。1984 年我非常榮幸地被選中，獲得一份獎學金 (Fung King-Hey fellowship) 的支持，去石溪分校訪問。自 1957 年我還在上大學二年級，得知楊振寧、李政道榮獲諾貝爾獎的消息開始，楊先生就成為我心中的偶像。現在真正能夠實現在物理學大師身邊學習和工作，我感到無比興奮和激動，簡直有點像做夢的感覺。

一 Levinson 定理

1984 年 9 月 24 日星期一，我在石溪分校第一天上班，到楊先生的辦公室裏拜見楊先生，心情很激動和緊張。按慣例我向楊先生匯報我的訪問計劃，想繼續我的博士論文，做磁單極理論方向的研究，同時也想深入研究量子力學基本問題之一的 Levinson 定理。這是因為我知道楊先生曾鼓勵中國物理學家研究 Levinson 定理。

　　楊先生聽後教導我說：「磁單極理論當然可以做，但只是跟着別人後面做做而已。但 Levinson 定理就不一樣了。Levinson 定理是基本的問題。**甚麼是重要的問題？基本的問題就是重要的問題。**」這句話成了我一生的座右銘。在可能的條件下，我將盡力找基本的物理問題進行研究。

　　楊先生接着說：「我最近有一個重要的新發現，發現 Sturm–Liouville 定理的基本技巧就是定義一個隨能量單調變化的相因子。這方法用在磁單極理論上很有效，相信用在 Levinson 定理的證明上也一定有效。」他隨手給我一本小冊子[1]，介紹他在意大利的里雅斯特（Trieste）所做關於磁單極理論的學術報告，供我學習參考。

　　這本小冊子報告楊先生用他的新發現研究磁單極理論的最新成果。文章只有五頁紙，極度簡單抽象，我反覆閱讀還是不知所云。9 月 28 日楊先生來到我的辦公室關心我的研究進展。我如實說出我的困難。楊先生讓我跟着去他的辦公室。辦公室有一面牆擺放一個大櫃子，上有一排排的抽屜，逐年存放着楊先生每年的研究文章和計算稿。他抽出那本小冊子有關的計算稿，交給我複印後學習，一共 133 頁。當時我就被深度震撼。物理學大師為寫一篇短短五頁紙的小文章，需要有 133 頁草稿來支撐。

　　我認真學習了楊先生的計算稿，深入理解楊先生新發現的實質和優越性，重新計算和研究量子力學的 Levinson 定理，體會到楊先生的方法物理圖像清晰，物理意義明顯，簡單明了，直截了當。以前因為數學計算的困難，使 Levinson 定理的條件不必要地加嚴了。現在用了楊先生的方法，放寬了 Levinson 定理的條件，結論也被推廣而包括了某些臨界情況[2]，還把 Levinson 定理推廣到相對論的狄拉克方程（Dirac equation）[3]，糾正了前人曾給出的一些錯誤結論。由於計算大大簡化了，我關於 Levinson 定理的證明和推廣，被引入量子力學教科書中介紹[4]。我還被邀請發表 Levinson 定理的研究總結文章[5]。

　　因為這工作是楊先生選題，楊先生提供了原始方法和新思想，在楊先生的直接指導下完成的，所以我期盼和楊先生合作發表文章。但是楊先生

婉拒了。在楊先生九十壽辰慶祝會上，吳大峻先生介紹他年輕時在楊先生指導下做的工作，楊先生也都不署名，一直到吳先生被聘為哈佛教授後，合作的工作才一起署名。原來不署名正是楊先生對年輕人的愛護。楊先生是把這樣一個重要的原始想法，連同研究成果，一起贈送給我這樣一個初入科研領域的年輕人了。

以後，在楊先生的指導下，我還努力完成了幾個「基本問題」的研究工作。

二　量子群理論

1988 年楊先生回國介紹扭結（knot）和環節（link）理論，辮子群理論和量子群理論。按照楊先生指引的方向，侯伯宇教授、侯伯元教授和我合作，用物理學家熟悉的角動量理論來理解量子群理論，認真計算量子群的克萊布希－高登係數（Clebsch–Gordan coefficients）、拉卡係數（Racah coefficients）和相應的量子 3-j 符號和 6-j 符號，使物理學家更容易理解量子群理論，受到物理學家的歡迎。我把這些研究成果寫成專著出版[6]。

三　轉動自由度的分離

1999 年我在清華高等研究院聽取了項武義教授的報告。對孤立的 N 體系統，質心運動可以和內部運動分離開來，得到只與（3N-3）個內部座標（稱為 Jacobi 座標）有關的運動方程。但項教授說，因為歐拉角微商有奇異性，系統整體轉動和內部運動還沒有成功地分離開來。項教授報告說，他已經很好地解決了孤立的三體系統轉動自由度和內部運動的分離問題，而且希望對孤立的四體系統，以至於 N 體系統，把轉動自由度和內部運動也分離開來，得到只與（3N-6）個內部座標有關的徑向方程。事實上，物理學家施瓦茲（Charles Schwart）已經在 1961 年得到過項教授關於孤立三體問題的研究結果[7]。但對 N 體系統，轉動自由度分離的問題一直沒有很

好解決。**這顯然是一個基本物理問題**。我帶領學生經過兩年多的研究，徹底解決了物理學上這一基本問題[8]。除了大量的群論計算外，關鍵的一步是在計算中，對角動量本徵函數，我們採用球諧多項式來代替球諧函數，從而避免了歐拉角微商帶來的奇異性。

四　精確的量子化條件

在物理學發展史上，精確解起過十分重要的作用。有氫原子（庫倫勢）或諧振子勢的薛定諤方程（Schrödinger equation）的精確解直接支持了量子力學的創立。以後陸陸續續還發現了十幾個勢場，這些勢場的薛定諤方程存在精確解。上世紀 80 年代提出的超對稱量子力學發現這些勢場滿足形狀不變勢（shape invariant potential）條件，提出這樣的勢場存在一個不變量，但沒有具體給出這不變量[9]。用超對稱量子力學的方法可以統一地解出所有這些精確解[10]。

在量子力學發展初期，玻爾－索末菲（Bohr–Sommerfeld）量子化條件起到經典力學和量子力學間的橋樑作用，但這量子化條件只對個別量子系統成立。楊先生在 1984 年給我的小冊子和計算手稿中[11]，強調「Sturm–Liouville 定理的基本技巧就是定義一個隨能量單調變化的相因子」。對薛定諤方程，這個相因子就是波函數的對數微商。反覆閱讀和理解楊先生的手稿，體會楊先生的新思想，許伯威和我把波函數換成波函數的對數微商，薛定諤方程就變成了黎卡提方程（Riccati equation）。從黎卡提方程我們導出了一個精確的量子化條件，和玻爾－索末菲量子化條件相比增加了一個積分項。而超對稱量子力學中有形狀不變勢的量子系統，這個積分項就是不依賴能級的不變量。由於用基態能級很容易計算出這個不變量，從而就可以計算出所有能級的解。在計算中反覆用到波函數對數微商隨能量單調變化的性質。對書中列出的全部有精確解的勢場[12]，我們用精確的量子化條件重新而且更簡單地計算出了這些系統的精確解[13]。

五　冷原子理論

在 1992 年七十壽辰慶祝會上，楊先生總結自己一生最重要的三大科研成果，其中第三個成果就是他在 1967 年完成的一項奠基性的工作 [14]：有排斥 δ 相互作用的一維多體系統精確解。在這工作中提出了楊－巴克斯特方程（Yang–Baxter equation），由此方程誘導出了數學上稱為量子群的新分支。這工作在凝聚態理論中有重要應用，但總的來說在物理上還沒有得到充分的發展。文章寫得非常簡略 [15]，很多人覺得很難讀懂。既然這文章中提出了楊－巴克斯特方程，作為量子群理論的起源，我在寫量子群專著中 [16]，用物理學家熟悉的語言，詳細推演了文章的計算細節 [17]。這可能是這本書至今還有銷路的原因。現在回頭看，因為我當時對楊先生文章末的弗里德霍姆方程（Fredholm equation）重要性認識不足，而且楊先生文章的最後部分已經指出了推導弗里德霍姆方程的方法，所以我的書中沒有敘述和討論弗里德霍姆方程的推導細節，留下了遺憾。

二十一世紀隨着低溫實驗技術的提高，推動了冷原子物理的發展。楊先生的精確解得到了實驗的直接驗證 [18]。當然實驗上要把多體系統壓縮到一維體系，必須引入外勢場。最簡單的外勢場是諧振子勢。就是除了接觸相互作用外，粒子還必須有諧振子勢的相互作用。既然方程式修改了，精確解就要重新計算。2008 年北京物理所陳澍教授向我提出，在強接觸相互作用的極限下，如何計算這系統能級的精確解。這是一個純粹的群論問題，而且又是一個基本的物理問題。作為合作者，我從數學角度找到了這問題的精確解 [19]。

2009 年我去清華大學高等研究院介紹我們的新工作。楊先生當然有興趣知道他的重要工作已經得到實驗檢驗，他認為新系統不僅在強接觸相互作用的極限下有精確解，而且在粒子數趨於無窮大時也應該有精確解。以 87 歲的高齡，楊先生在三年時間內發表了七篇文章，我很幸運有機會在楊先生的直接指導下，與楊先生合作署名完成了其中的五篇文章。後來楊先生又提出一個新問題，指導管習文教授和我開展研究。做新工作的情

況，管習文教授在他的文章〈歸國〉中有詳細的描述。這三年能得到楊先生的直接指導和合作，我感到非常幸運和興奮。我曾做報告介紹這些工作和我的感受[20]，這裏主要談在大師近距離指導下我的體會和收穫。

楊先生曾歸納他的科研工作為 3P 規則：Perception，Persistence 和 Power。經過這三年和物理學大師的近距離接觸，我對 3P 規則有了全新的認識。

以前理解 Perception 是有眼光。楊先生是物理學大師，能夠站得高，看得遠，發現重要的物理問題，抓住物理的本質。現在知道楊先生看到的問題，我們普通人也能看到，問題是如何提煉出來，充滿信心地深入研究。在做這組工作的開始，楊先生就看到「在粒子數趨於無窮大時應該有精確解」，而且充滿信心地去找出精確解。而我看到這問題，就覺得這只能數值求解，連嘗試一下的信心都沒有。

以前理解 Persistence 是堅持。做理論物理都需要勤奮和堅持，但是和楊先生相比，覺得自己的差距確實很大。這次合作中我們的討論都是把手稿編成 PDF 文件，用電郵傳送。從 PDF 文件中可以明顯看到楊先生搞科研的激情。稿子中經常出現「雖然計算過程可能還有問題，但結果一定是對的！！！」楊先生以近 90 歲的高齡，發來的電郵，早的是早晨六點，晚的是半夜十一點後。兩三天就有新的修改稿寄來。只有這樣的激情才能克服困難，取得突破。

以前理解 Power 是能力。理論物理科研要取得成績，當然需要能力。這次看到楊先生做科研，是積累了大量別人的研究結果隨時調用，他有站在巨人肩膀上的能力。

還有一件小事使我感觸很深。作為物理學大師，對我們完全是平等相待。2011 年春節初一早晨楊先生發來電郵，表示想邀請吳大峻先生加入我們的合作團隊。那天我忙於過春節，沒有看電郵，一直到晚上才打開計算機，發現楊先生就這樣的小事，已經和管習文教授幾次交換意見，楊先生表示一定要等馬中騏表態後才能向吳先生發出邀請。我很受感動，馬上發信表示同意。

六　結語

　　回顧我的一生，我很幸運。能夠在物理學大師楊先生的直接指導下開展科研工作，按照楊先生的啟示，努力尋找物理學的基本問題進行研究，盡自己所能做自己喜愛的理論物理工作。楊先生永遠是我的偶像，我會繼續努力開展基本物理問題的研究。深深感謝楊先生的教導。敬祝楊先生健康長壽！

1　C. N. Yang, in N. S. Craigie, P. Goddard and W. Nahm, eds., *Monopoles in Quantum Field Theory, Proceedings of the Monopole Meeting, Triests, Italy* (Singapore: World Scientific, 1982), p. 237.

2　Z. Q. Ma, "Proof of the Levinson theorem by the Sturm-Liouville theorem", *Journal of Mathematical Physics*, 26, 1995 (1985).

3　Z. Q. Ma, "Levinson's theorem for Dirac particles with a long-range potential", *Physical Review*, D32, 2213 (1985).

4　G. Esposito, G. Marmo and G. Sudarshan, *From Classical to Quantum Mechanics* (Cambridge: Cambridge University Press, 2004).

5　Zhong-Qi Ma, "The Levinson theorem", *Journal of Physics A: Mathematical and General*, 39, R625 (2006).

6　Zhong-Qi Ma, *Yang–Baxter Equation and Quantum Enveloping Algebras* (Singapore: World Scientific, 1993).

7　C. Schwartz, "Lamb shift in the helium atom", *Physical Review*, 123, 1700 (1961).

8　Xiao-Yan Gu, Bin Duan and Zhong-Qi Ma, "Independent Eigenstates of angular momentum in a quantum N-body system", *Physical Review A*, 64, 042108 (1–14) (2001).

9　O. L. de Lange and R. C. Raab, *Operator Methods in Quantum Mechanics* (Oxford: Clarendon Press, 1991).

10　F. Cooper, A. Khare, U. Sukhatme, "Supersymmetry and quantum mechanics", *Physics Report*, 251, 267 (1995).

11　見註 1。

12　見註 10。

13　Zhong-Qi Ma and Bo-Wei Xu, "Quantum correction in exact quantization rules", *Europhysics Letters*, 69, no. 5, 685 (2005)；馬中騏、許伯威：〈精確的量子化條件和不變量〉，《物理學報》，55（2006 年第 4 期），頁 1571。

14 C. N. Yang, "Some exact results for the many-body problem in one dimension with repulsive delta-function interaction", *Physical Review Letters*, 19, 1312 (1967).

15 見註 14。

16 見註 6。

17 見註 14。

18 見註 14。

19 Liming Guan, Shu Chen, Yupeng Wang and Zhong-Qi Ma, "Exact solution of infinitely strongly interacting Fermi gases in tight waveguides", *Physical Review Letters*, 102, 160402 (2009).

20 Zhong-Qi Ma, "New contributions to physics by Prof. Yang: 2009–2011", *Proceeding of the Conference on 60 Years of Yang–Mills Gauge Field Theories, C. N. Yang's Contributions to Physics*, eds. L. Brink and K. K. Phua (Singapore: World Scientific, 2016), p. 499.

楊振寧先生對我國物理生物交叉科學的支持

歐陽鍾燦

中國科學院理論物理研究所

楊振寧先生是世人公認的二十世紀後半葉最重要的物理學家之一。楊先生的老友、著名物理學家戴森（Freeman Dyson）在其講演「飛鳥與青蛙」中曾讚頌楊先生是他那個時代「高高飛翔在諸多小問題構成的熱帶雨林之上」的領頭鳥。從 50 年代起，楊先生不僅因在粒子物理領域的奠基性工作而被物理學界景仰，在統計物理、凝聚態物理也作出許多載入史冊的貢獻。除了最為大眾熟知的諾貝爾物理學獎（1957 年）之外，楊先生一生所獲的眾多重要獎項中也包括統計物理領域最高獎之一的昂薩格獎（1999 年），該獎表彰他在統計物理與凝聚態物理方面做出的深刻、獨到的貢獻（統計物理領域另一最高獎項是設立於 1975 年的玻爾茲曼獎，但不頒發給已獲諾獎的科學家）。在物理學諸多分支方向中，統計物理外延最為寬廣，與物理學其他分支、乃至化學、生物學，甚至計算機科學等多有交集，因而具有很強的生命力。我與楊先生結緣也正是源於我在統計物理與生物物理方面的研究工作。

1990 年海外華人物理協會（OCPA）成立。學會從 1993 年開始設立亞洲成就獎，每年授予一名在亞洲工作、年齡在 50 歲以下、在物理學研究中取得傑出成就的中國物理學家。1993 年第一屆亞洲成就獎的評委會就包括楊振寧先生在內的當時所有的華人諾貝爾獎得主。經過評委會第一輪初選，最後一輪候選人有四位，中科院高能所的漆納丁研究員（首屆 CUSPEA 校友會負責人，領導團隊於 1992 年完成了 τ 輕子質量的精確測

量，當時在學界及社會上引發巨大反響），台灣清華大學物理學系主任倪維斗教授（曾師從 2017 年諾貝爾物理學獎得主索恩〔Kip Thorne〕，在天體物理、宇宙學、引力論等領域取得卓越成就），畢業於哈佛大學的香港科技大學超導理論專家吳大琪教授，以及我本人。前三位候選人的研究領域都是物理學中最熱門的專業，可謂出身高貴；而我從事的是少有人知悉的交叉學科 —— 液晶生物膜理論，但最終評委會只推薦我一位獲獎，其他三人為提名獎。其中的原因可能是我回國後從液晶膜形狀的微分幾何方程出發嚴格解出了 $\sqrt{2}$ 的麵包圈解[1]，第二年便得到若干實驗的證實。物理體系出現普適常數通常都有很深刻的意義，一個著名的例子是非線性科學中的費根鮑姆常數（混沌分叉行為中的普適常數），2004 年諾貝爾物理學獎得主格羅斯（David Gross）曾向我提及，如果諾貝爾獎要頒給非線性科學，費根鮑姆（Mitchell Feigenbaum）將是唯一的人選。或許正是我求得的 $\sqrt{2}$ 較有新意，才得到楊先生等評委們的認可。

獲亞洲獎之後，我與楊先生有了更多交往。1994 年，在郝柏林院士等前輩的努力和帶領下，中科院理論物理所牽頭，爭取到了在我國廈門舉辦第 19 屆國際統計物理大會的機會，楊先生受邀參會並作「統計力學發展短評」的報告。我作為理論所研究員，也是會議組委會成員之一，有幸現場聆聽楊先生的精彩報告，了解其著名的楊－李理論的來龍去脈。由於以上緣分，加之楊先生與理論物理所淵源頗深，他對我從事的理論生物物理方向相當青睞。1997 年我被選為中科院院士。同年楊先生在清華大學創建高等研究中心，當即決定聘我到中心當固定職位教授，開出的優異條件是工資之外再加每年一萬美元津貼，在 1997 年這是極其優厚的待遇。我那時正好受英國液晶學會會長邀請在埃克塞特大學（University of Exeter）訪問。楊先生讓中心主任聶華桐教授從美國來英國來動員我，我先是婉拒了聶先生的渡洋之旅。回國後與蘇肇冰院士商量如何答謝楊先生的厚愛，蘇老師說所裏有意讓我接任理論物理所所長，並讓我將此事轉告聶先生，因而最終我未能到中心任職。為此，我對楊先生始終心懷愧意，同時也特別感念他對理論生物物理學的支持。2019 年理論所舉辦周光召

先生 90 周年誕辰紀念大會，楊先生作為特邀嘉賓出席。我在大會發言中第一次口頭上表達了對坐在第一排正中的楊先生對聘我到中心一事的感謝，沒想到楊先生非常體諒我的心情，插話說「您還是到清華好！」

　　雖然高研中心的固定聘請未成，但高研成立伊始，即聘請理論所蘇肇冰、于淥及我本人作為高研的雙聘教授。蘇、于兩位凝聚態物理大家是名副其實，而我研究的液晶生物膜屬少人問津的交叉學科（當時叫做邊緣學科），但高研中心至今仍列為雙聘，還接受我一位畢業的博士生柳飛在中心任研究員六年之久，並慷慨把楊先生與聶先生名下多位優秀的清華本科生與研究生委託我聯合指導研究理論生命科學，足見楊、聶先生對交叉學科的厚愛。這些學生後來都作出了非常紮實的理論工作，例如陳虎 2002 年獲博士學位的論文題目為〈蛋白質折疊的簡化模型研究〉、童歡 2008 年博士論文為〈氧化鋅納米結構壓電效應的液晶模型理論研究〉、薛曉川 2009 年博士論文為〈含隱變量的生物系統動力學：從單分子到細胞〉、龔麟宸 2011 年博士論文為〈生物分子模擬研究中的加速算法和數據分析〉、馬銳 2013 年博士論文為〈生物分子馬達的動力學和熱力學〉。另有兩位在高研中心進行綜合訓練的本科生林森森（2007 屆）和崔琳鍈（2009 屆），也由我聯合指導，題目分別是〈病毒顆粒的拼砌理論〉與〈蜘蛛絲彈性的液晶物理模型〉。兩位學生表現優異，加之高研中心的名望，他們在本科畢業後都獲得了去世界著名學府深造的機遇（林森森被牛津大學錄取，崔琳鍈被斯坦福大學錄取並在博士畢業後在世界著名半導體設備公司應材公司任職）。如今，這些學生都在不同崗位上工作奮鬥，其中陳虎和馬銳進入廈門大學物理系繼續從事生物物理的理論和實驗研究，其他學生在博士畢業後也順利進入到材料、金融等不同行業，這在一定程度上也體現了交叉學科的特點。

　　除了聯合培養學生，我與楊先生及高研中心還有另一段不平常的合作經歷。2008 年，英國倫敦大學學院（University College London）的李兆平教授到高研中心做為期一年的訪問學者。李教授是復旦大學物理系畢業的高材生，80 年代初通過 CUSPEA 計劃到美國跟隨著名物理學家霍

普菲爾德（John Hopfield）教授唸研究生，後者因在生物物理、人工神經網絡等方面的開創性工作而享譽學界。李教授從事的正是統計物理方法應用於視覺行為的研究，她在 2000 年前後已經提出了初級視覺皮層顯著性的新理論。楊先生將李老師介紹給我的研究組，希望開展深入合作。為不辜負楊先生所託，在其後的兩年內，我派學生周莉全力以赴幫忙李老師搭建心理物理學實驗平台，協助其開展實驗設計和數據採集，驗證其理論的正確性，還協助李老師籌辦首屆北京計算神經科學國際研討會。此後李老師又與北師大等京區其他研究小組開展合作。李老師在 2014 年出版專著 *Understanding Vision: theory, models and data*，在序言中還專門致謝了這一段由高研中心開啟的合作歷程。如今，李老師的理論得到愈來愈多實驗的驗證，她本人還於 2018 年起在德國馬普生物控制所（Max Planck Institute for Biological Cybernetics）創建了自然智能研究方向，這也說明高研中心及楊先生當初對李老師的課題，或者說對物理生物交叉領域的大力支持是非常及時、高瞻遠矚的。值得一提的還有一個小細節，楊、聶兩位先生以及我們還曾協助李教授與首都醫科大學附屬宣武醫院神經內科著名專家賈建平主任一起研究老年癡呆病，賈主任受邀到中心作報告，楊先生還親自出席並與賈的研究小組合影留念。受到楊先生的鼓勵，賈主任矢志這個領域的研究，在 2021 年 7 月 26 至 30 日舉辦的阿爾茲海默病協會國際會議獲頒 2021 協會 Zaven Khachaturian 科學成就獎。

　　楊先生對交叉科學的厚愛和支持，我認為是根源於他在科學追求上始終開放、不拘一格的心態。楊先生在很多公開報告中都提及他欣賞並貫徹的費米風格，即從具體科學問題而不是抽象觀念入手開始研究，這就使得研究工作總是充滿機遇和活力。他與李政道先生從配分函數的解析性質入手分析相變、進而為統計物理奠定基石的傑出工作就是一例。他也常以此來提醒學生要縱觀科學發展全域而不是拘泥於書本知識，尋求當前科學中的重要問題和發展趨勢，從而確定個人選擇。據楊先生的得意弟子、1992 年海外華人物理協會優秀青年獎首屆獲獎者張首晟教授回憶，他 80 年代追隨楊先生唸博士研究生的時候，最初的興趣是愛因斯坦（Albert

Einstein）的大統一夢想。雖然楊先生本人就是這個方向的奠基人之一，但他不贊成年輕人追求這一目標，認為物理學內容寬泛，隨處都是值得研究的有趣問題，因此建議他轉向凝聚態物理，後來張教授果然如願在這個領域取得了傑出成就。2019 年，楊先生以 97 歲高齡應邀為中國科學院大學作「我的學習和研究經歷」公眾報告，在答問環節發表了他對當今物理學發展總態勢的看法，並以助聽器的飛速發展為例，鼓勵學生走出物理學傳統領域，進入更廣闊的空間，解決科學領域以及社會發展中面臨的新問題，這與楊先生老友、物理學家戴森倡導「二十一世紀是生物學的世紀」在精神上互為呼應。我認為，這種開放進取的心態不僅使楊先生在物理學不同方向上屢建奇功，也是他永葆年輕心態和活力的原因之一。

自與楊先生在 1993 年華盛頓召開的首屆海外華人物理學會首次見面以來，已歷近 30 載。這期間我與楊先生雖無緣深談，但有多次機會得與先生交往。除了理論所成立 30 周年（2008 年）、廣義相對論 100 周年國際會議（2015 年）、理論所成立 40 周年（2018 年）等正式場合之外，楊先生 80 大壽（於清華大學）、85 大壽（於新加坡）、90 大壽（於釣魚台賓館），以及 95 大壽（於南開大學）的慶祝宴會，我都榮幸獲邀出席。楊振寧先生對我本人以及生物物理學科的提攜，我一直銘感於心。值此楊先生百年大壽慶典之際，我衷心祝願先生身體健康、直奔茶壽。

2021 年 8 月 7 日

1　Ou-Yang Zhong-can, "Anchor ring-vesicle membranes", *Physical Review A*, 41: 4517–4520 (1990).

與楊振寧先生交往的若干往事
—— 賀楊振寧先生百歲壽誕

潘建偉

中國科學技術大學物理學院

楊振寧先生對中國科學的影響，不僅在於他自身取得的卓越成就，更在於一種莫大的精神鼓舞。楊振寧先生、李政道先生是首次獲得諾貝爾科學獎的華人科學家，向世界證明了中國人同樣能夠做出頂尖的科學發現，激勵着眾多年輕學者投身於科學探索之中。一路走來，我自己從事的研究工作也一直得到楊先生的有益指引。

我第一次見到楊先生，是在 1992 年 6 月。當時，中國科學技術大學為了慶祝楊先生 70 歲生日，舉辦了非線性科學與理論物理學術報告會。我當時剛剛本科畢業，興沖沖地一早就來到了會場，非常巧地正好坐在楊先生的身後。那時候還沒有 PPT 文件，參會的謝希德、葛庭燧等老先生都是手拿膠片在幻燈機上邊寫邊講，將熟記於胸的複雜原理娓娓道來，對於我這樣一個年輕的學生，確實是感受到大師精於治學的風範，當然也聽不太懂。我還清晰地記得楊先生當時講過的一段話：對於你們年輕人來說，聽這樣的報告不一定馬上就能有所收穫，但也許在將來某個時刻，你會發現你以前所聽到的會影響你的一生。

實事求是地講，當年的那場學術報告對於當時的我而言過於深奧，給我留下最深印象的卻是楊先生的這句話；而沒過幾年，這句話就得到了應驗。1995 年，我參加了葛墨林先生在南開大學舉辦的理論物理前沿研討會。當時我在科大讀研，學習的是量子物理基礎理論。我趁着理論物理研討的機會，希望可以與前輩們交流一下我碩士論文的內容，做了關於量

子芝諾效應的報告。在會議上，我了解到楊先生認為玻色－愛因斯坦凝聚（Bose–Einstein condensate, BEC）是非常重要的研究方向。果然，後來激光冷卻原子獲得了 1997 年諾貝爾物理學獎、BEC 的發現獲得了 2001 年諾貝爾物理學獎。而當年康奈爾（Eric Cornell）、克特勒（Wolfgang Ketterle）、威曼（Carl Wieman）剛剛實驗實現 BEC，楊先生就已經敏銳地洞察到了它的重要性，這也是我第一次了解到 BEC 這一概念。南開大學的這次會議，對我後來科研道路的發展起到了很重要的指導作用。1996 年我到奧地利留學，從此進入了量子信息這一新興領域。最初我們開展的是量子光學實驗，但隨着理論和實驗技術的發展，由 BEC 而興起的超冷原子量子調控對於實現可擴展的量子模擬和計算的重要價值愈發顯現。因此，我在從事光量子信息研究的初期，就擬定了超冷原子量子模擬和量子計算這一長遠目標。時至今日，這個方向一直是我們實驗室工作的最重要內容之一。

2001 年，我開始在中國科大組建實驗室，在國內開展光量子信息研究工作。正是為了超冷原子量子調控的夢想，在國內發展光量子信息技術的同時，2003 年起，我又在德國洪堡基金會索菲亞獎（Sofja Kovalevskaja Prize）、歐盟瑪麗·居里傑出研究獎（Marie Curie Excellence Award）以及德國研究協會（DFG）埃米·諾特基金（Emmy Noether Program）的支持下，在德國開展合作研究，積累相關的技術。到了 2004 年，我們在國內的團隊取得了比較好的進展，當年在國際上首次實現了五光子糾纏，我國的量子信息實驗研究終於走在了國際前列。2005 年 3 月，朱邦芬老師告訴我，楊先生對五光子糾纏的工作很感興趣，問我能否向楊先生介紹一下量子信息技術。

那是我第一次和楊先生面對面地交流。我們在楊先生的辦公室交談了整整一個上午，楊先生對我們的工作非常感興趣，末了還意猶未盡地邀請我到家裏吃飯。通過與楊先生的交談，我感受到他雖然已是高齡，但思路卻非常的清晰，對於新鮮事物，比如我所從事的量子信息研究，更是如同孩童般充滿好奇，這也許就是楊先生之所以成為物理學大師的根源。楊先生對我們在光量子信息方面的工作非常認可，並且意味深長地講道「激光有無限的 future」。在楊先生家裏，我看到客廳的名字就叫「歸根居」，非常感動。臨行前，楊先生贈送給我一本《楊振寧文集》，並且鼓勵我盡早全時回國工作。

2008 年，我在國外的技術積累已經比較充分的時候，全時回到中國科大工作。回國所開展的工作，除了在光量子信息處理方面繼續發展外，我一直銘記着當年楊先生對超冷原子的判斷。同時也由於技術的不斷發展，基於超冷原子的量子計算與模擬已然成為國際上最前沿的領域之一。2009 年，楊先生在接受《知識通訊評論》的採訪時講道：「這新領域叫做『冷原子』研究，現在是一個最紅的領域……這個領域還要高速發展，在 50 年代可以說是理論走在前面，現在則是實驗帶着理論走……」儘管當時國內在超冷原子量子調控方面幾乎還是一片空白，但楊先生的話無疑極大地鼓舞了我們深入這一領域的決心。2010 年開始，我們着手搭建超冷原子實驗平台。經過數年的學習和積累，到了 2016 年終於有了比較好的進展，我們在國際上首次利用中性原子實現了二維自旋軌道耦合的人工合成。此後又不斷地實現新的進展，到目前，我們已經成為超冷原子量子模擬與量子計算方面走在國際前列的研究團隊之一。因此，儘管我與楊先生並未從事同一方向的研究，但楊先生對物理學前沿的敏銳判斷以及對年輕人的鼓勵，一直是我們前進的指引。

楊先生對我的幫助，不僅僅局限於學術方面。自我回國開展光量子信息實驗研究時，其實就已經與我在奧地利留學時的老師塞林格（Anton Zeilinger）教授形成了一定程度的競爭，後來甚至和他之間產生了一些誤會，對我們的國際合作帶來了一些困擾。楊先生了解到這一情況後，主動地幫我協調，專門邀請塞林格教授到清華來訪問，藉此機會和我還有塞林格教授一起進行了溝通，促使我們團隊後來和奧地利科學院基於「墨子號」衛星成功開展洲際量子通信的合作研究。直到現在我們和塞林格教授團隊還時常有合作。因此，在大多數人看來，楊先生是受眾人崇敬的科學大師，但對我而言則更像是一位充滿智慧且關愛學生的師長。

與楊先生的交往中，還不時出現一些趣事。我還記得在 2005 年第一次與楊先生交談時，他告訴我獲得了當年的「求是傑出科學家獎」。後來我到新疆去參加頒獎典禮，正好在電梯裏遇見了楊先生。我很激動地向他問好，楊先生卻問：「你是哪個單位的？」我回答是中國科大的。楊先生說科大有一個叫潘建偉的工作不錯，這回獲獎了。我只得直言我就是潘建

偉，楊先生聽後哈哈一笑，說：「抱歉，我記不清你長甚麼樣子了。」後來又與楊先生見過幾回面，他仍然沒有記住，直到見面的次數多了，才終於記得我的樣子。其實這並不是由於楊先生年紀大了，我們團隊的很多年輕教授包括我自己在內，對一個人的工作記得很清楚，卻往往記不清他的長相，這應該是我們都專注於學問本身使然。還有一次偶然的事件讓我印象深刻。2016 年楊先生在北京大學出席求是頒獎典禮時不慎跌倒。楊先生當時已是九旬高齡，在場的所有人都很揪心，楊先生卻像一個孩子似的笑着對我說，潘建偉啊，我剛才摔了一跤！無論是「臉盲」還是「老頑童」，其實都是體現了一個學者醉心於學術的純淨的靈魂；而這種純淨的靈魂，正是產生大師的心靈土壤。

楊先生曾經深有感觸地告訴過我一些他過去的經歷，例如，1945 年他出國留學的時候，在去往美國的船上第一次吃到了冰激凌，感歎道世上竟然有如此美味的食物。楊先生甚至還說，直到到了美國之後才知道甚麼叫吃飽了。從這些略帶辛酸的往事，可以感受到楊先生他們那一輩科學家，在艱難的環境中堅持求學的不易，而這份對科學真理的嚮往和執著，最終帶來了中國今天的科技繁榮。

2019 年，隨着「墨子號」量子衛星得到國內外的廣泛關注，我們榮幸地將「墨子號」載荷樣機捐贈給了國家博物館，楊先生出席了捐贈儀式。在捐贈儀式上，楊先生感慨道：「我們這一輩人過去總是盼望着中國『天亮』，如今我們終於可以看到中國的未來有無限的可能。」是的，楊先生所經歷的這 100 年，恰是中國的科學研究從拓荒到騰飛的 100 年。楊先生等老一輩科學家執著求真、關懷後進的精神，將一直激勵我輩勇擔科技創新的時代重任，這也是我們能獻給楊先生百年華誕最好的賀禮！

楊振寧對新加坡的啟示

潘國駒

南洋理工大學高等研究所及物理系、新加坡國立大學物理系

楊振寧教授無疑是二十世紀以來最傑出的華裔科學家，在 1957 年與李政道因為共同提出「宇稱不守恆理論」，而獲得諾貝爾物理學獎。這也是華人歷史上首次獲頒諾貝爾獎項。楊教授所提出的「規範場論」在物理學有革命性的貢獻，更在數學領域開創出新方向，對現代數學產生了深遠影響。他於 1922 年在中國出生，在中國接受教育，碩士畢業後於 1945 年前往美國深造，在美國從事研究工作，自 2003 年起回到中國長期定居。作為第一位獲得諾貝爾獎的華裔科學家以及科學上的一派宗師，楊教授謙遜好學，涉獵廣博，學貫中西，更關心教育樹人大業，對亞洲教育發展有很深刻的見解，極具啟發性。

筆者從新加坡視角，來探討楊振寧教授為新加坡所帶來的啟示。

一　對於國家發展和人才培養的看法

楊教授是新加坡的老朋友。新加坡自 1965 年立國迄今 56 年，經濟高速發展，人民生活水平得到極大的提高。新加坡立身於中西文化薈萃之基，一直秉持並推動文化多元和諧共存的國策。楊振寧對中西文化的精闢認識，可以說給了新加坡很大的幫助。在他的前幾次訪問中，楊教授曾經兩次與新加坡內閣資政李光耀會面，對新加坡的科技、文化、教育發展提供了許多寶貴的建議。

楊教授也是新加坡前副總理吳慶瑞博士的老朋友。吳博士在楊教授每次訪問新加坡時都會抽空跟他見面，也經常聯繫在美國的楊教授。吳博士稱楊教授為「狀元」，經常就中國的政策問題及新加坡的教育問題向楊教授諮詢。而在 1980 年代早期與吳博士的一次會面中，楊振寧教授就建議新加坡應該邀請美國的亞裔尤其是華裔及印度裔人才前來。吳博士立刻同意並且指示新加坡經濟發展局貫徹及落實這項政策，此項政策已經被證明非常的成功。

筆者曾與楊振寧教授多次談及新加坡投入科學研究及如何培育新一代人才的課題。楊教授也曾是新加坡科學理事會顧問團的一員，他認為新加坡國小人口少，在短時間內能取得經濟高度發展，但與此同時也應該注意長遠發展，為國家積累資產，而鼓勵年輕人從事學術科學研究，作為國家發展的人才儲備就是非常重要的一環。因應國家發展的需要，科學研究也必定需要在應用層面交出成績，楊教授對此是認同的，他在 1970 年代造訪新馬一帶做學術交流時也肯定了這一點，更曾建議一些實際應用的科研方向。

但是他也認為，新加坡有良好的學術研究氛圍，在科學的實際應用之外，對於投入成本較低的文史、哲學、數學和理論物理等領域，也應該要鼓勵發展。如果社會上出了文史大師、哲學家、數學家，能對社會風氣能產生積極作用，也能對年輕一代的成長帶來不可估量的正面效應。

二　楊振寧教授與南洋大學、南洋理工大學

楊振寧教授與新加坡的淵源，最早其實與南洋大學有關。南洋大學在 1955 年由民間自發倡辦，是中國以外的第一所華文大學，獲得東南亞各地華人的支持與響應。南洋大學前物理系系主任鍾盛標教授於抗日時期在昆明北大研究院物理所任研究員，熟識楊振寧教授、李政道教授，可說是他們的學長。而早在 1957 年他們獲頒諾貝爾獎以前，鍾教授就曾邀請楊振寧教授來南洋大學執教，可惜未能成行，楊教授留在了普林斯頓。

　　1967 年，楊振寧教授第一次訪問新加坡。當時他從澳洲前往以色列參加原子與物理科學會議，過境新加坡，也特地造訪南洋大學，拜訪鍾盛標教授和物理系。1971 年，他開始擔任了南洋大學物理系的校外考官，翌年在南洋大學參加「物理研討會」並作了一場專題演講。以後他每隔幾年就會到訪南大，參與研討會並做公開演講，促進南大的學術交流，極大地提高了南洋大學的水平和海外聲響。後來南洋大學與新加坡大學合併為新加坡國立大學，楊振寧教授也繼續出任大學的校外考試委員。此外，他也是馬來西亞的馬來亞大學、理科大學的物理系校外考試委員，也曾數次到訪馬來西亞吉隆坡、檳城等地進行學術交流。可以說，楊教授對新馬一帶的高等教育發展，尤其是物理系的發展，提供了不少極具啟發性的方向和見解。

　　為了感謝楊振寧對新加坡教育的支持，同時也為啟發新加坡學生對科學的熱忱，全面栽培明日科學與工程精英，南洋理工大學於 2006 年特別設立了以楊振寧命名的「楊振寧精英計劃」(CN Yang Scholars Programme)。而南洋理工大學也是建立在原來的南洋大學校址上。

三　鼓勵科學創新　倡議青少年發明獎

　　楊振寧教授向來鼓勵學生博覽群書，要多方面涉獵不同領域的事物，從而達到增廣見聞，開闊視野的目的。傳統的東方社會普遍要求學生專注於學業成績，對於讀書以外的技能則視為「不務正業」，這與西方社會的價值觀有所不同，也是值得借鑒之處。

　　1985 年楊教授到新加坡訪問，曾與新加坡中華總商會和陳嘉庚基金會展開會晤。楊教授在 1920 年代末由於父親在廈門大學數學系擔任教授職的緣故，也曾在廈門住過一年，對廈門留下深刻印象。而廈門大學是由偉大的愛國教育家、慈善家陳嘉庚先生所創辦，其傾家興學的教育精神讓楊教授極為欽佩。

　　他在會晤中提及，新加坡乃至中國香港、台灣地區學生都是被動的學習者，讀書成績很好，但創造力薄弱，與美國、日本學生相去甚遠。為此，

楊教授倡議陳嘉庚基金會設立青少年發明獎，培養學生的科學創意及獨立思考，為新加坡社會的傳統思想提供另一種可能，也為打造一個可以孕育天才的另一種環境。筆者也有幸出任這一獎項的委員會主席。陳嘉庚青少年發明獎從 1986 年創設至今，已頒發獎項六百餘，獲得熱烈迴響，之後更走出新加坡，在馬來西亞、中國上海等地都有青少年發明獎的設立，相信能扭轉東方教育體制下學生普遍缺乏創意思維的局面。

同時，楊教授還是陳嘉庚國際學會的倡議人之一，以進一步弘揚陳嘉庚精神，凝聚華族力量，推動教育，服務社會，造福人群。

楊教授在科學領域的成就廣為人知，本文不做贅述，僅淺談他與新加坡的種種淵源。楊教授對於一個國家的人才培養和教育方向有深刻的思考，這首先取決於自身的勤奮治學、廣博興趣，他一輩子都浸濡在中西文化的環境裏，可説是親身體驗了各自文化的利弊，知道有所揚棄。在歡慶楊教授百歲誕辰之際，特此感謝楊教授對新加坡所做出的貢獻。

仁者壽：楊振寧先生

饒毅

北京大學生命科學學院、首都醫科大學

參考《論語》，是寫楊振寧先生的捷徑。

不僅題目立即有了、六個小標題有了四個，而且每一次見楊先生的感覺，用《論語》早就寫過的話來形容：「君子哉若人」。

一　我認識的最聰明的人

《論語》非常重視人際關係的智慧，但不太重視智力的聰明，這個小標題只好自擬。

楊振寧先生是我認識的最聰明的人。

楊先生的物理學成就很多，並非只有他獲得諾獎的一項。例如：楊－米爾斯規範場論被很多物理學家公認超出一般諾貝爾獎的水平。

楊先生的聰明和智慧在平時的、非科學的交往就可以感到。我現在比較後悔，每次不僅當時認真聽楊先生講話，而且應該事後記錄。但實際只記錄過一次，以至於不容易說清楚為甚麼認為楊先生最聰明。也許只能依賴感覺，來自於二、三十次見面和百餘郵件（我的計算機缺 2011 年之前的郵件，保留的郵件有 72 份來自楊先生）。

雖然我也認識少數數學家、物理學家、化學家和計算機科學家，但能判斷的主要是生物學家，所以對比有樣本局限性。

生物諾獎得主中有自認為笨的。與純數學、理論物理相比，生物和很多行業一樣不需要高智商。如果有足夠長時間的積累，大多數人都能做得

很好（甚至傑出）。生物學領域也有比較聰明的，有些能做好研究，但被耽誤的也不少，因為智力在生物的作用較小。如果施一公哪天因生物學研究獲諾獎，並非用其智力的強項。

DNA 雙螺旋的共同發現者美國生物學家沃森（James D. Watson），比楊振寧先生小六歲。沃森的科學貢獻非常突出。大多數人公認沃森和英國物理學家克里克（Francis Crick）於 1953 年提出雙螺旋是二十世紀最重要的生物學工作。雖然我覺得其重要性次於 1944 年艾弗里（Oswald Avery）等提出 DNA 是遺傳物質的工作，但毫無疑問，DNA 雙螺旋確實至關重要。

沃森的幾本書很多人讀過。我用他主編的《基因的分子生物學》教過學生。2016 年，沃森訪問過清華大學，楊先生和他同台。2018 年，他們兩人也都訪問過西湖大學。沃森夫婦到我家作過客。沃森和楊先生在一起的時候，很難不被比較。出生更晚的沃森在邏輯思維、語言表達和反應速度等方面，不如楊先生頭腦更清楚。比較他們兩人年輕時的著述、講話，也覺得楊先生更勝一籌。

二　君子懷德

楊先生關心大事，世界的、中國的、科學的大事。

對世界和中國的過去、現在和未來，楊先生有自己獨到的洞見。有些很深刻，有些很有趣，有時讓人豁然開朗，有時讓人感到高屋建瓴、雄視天下。

楊先生完全從公心出發，理性分析，得出自己的觀點。

孔夫子的「君子坦蕩蕩」，適用於中國歷代人物中類似楊先生者，對他們氣質的描述是傳神之筆。

楊先生對於社會的看法，有引起誤解的情況。例如，我猜測，有些他表達的是他覺得合理的速度和步伐，而被人以為那是他認為的終極目標。

楊先生不因為個人利益而影響他對公事的看法。我感覺他有一個誤解。他覺得在反對北京對撞機之後，鄧小平先生對他不高興，因此 1980 年

前後幾年沒有見楊先生。我猜想，當時中國百廢待興，中國領導人事情多了很多，減少了如果沒有特別事情討論而禮節性見外賓的頻率。但這一誤解絲毫不影響楊先生極為推崇鄧小平。

對中國科學的發展和未來，楊先生更是長期多方面支持和幫助。近年我熟悉的兩件事情都有楊先生的支持。

2016 年，我參加發起未來科學大獎，並確定了第一批科學家委員會九位中的七位。對於這一給在大陸、香港、澳門、台灣作出重要科學貢獻的大獎，從醞釀到頒獎，楊先生都非常支持。施一公和我請楊先生參加了 2017 年 1 月 17 日的第一次頒獎儀式。

2018 年，馬化騰和我提議建立「科學探索獎」。對於這一支持中國年輕科學家的獎項，楊先生不僅成為發起人之一，而且連續兩年參與提名候選人、支持後輩青年科學家。2019 年我請楊先生參加 11 月 2 日的頒獎典禮，97 歲的楊先生不僅到場而且發表講話。11 月 4 日，楊先生還專門發郵件肯定「科學探索獎」。

楊先生的教導、激勵、參與和道義監督，對建立和堅持中國最公平、最有榮譽含量的科學獎，非常重要。

三　君子喻於義

楊先生看問題，從大義。

有楊先生在的場合，眾人能從他的言談得到精神的享受和思想的昇華。

用論語的詞匯，楊先生「文質彬彬」。對大型對撞機，楊先生幾十年來不贊成，但都是理念性的，基於他對物理發展的理解、對於大型對撞機意義的認識。他的批評對事不對人。而且，楊先生沒發起公開辯論，只是在被公開拉進辯論、並感到自己被置於不妥當的理解中後，才被迫公開表明態度。

2016 年，楊先生和王貽芳在《知識分子》發表公開辯論，有截然不同的看法，是當年中國科學界影響較大的事件。雙方都沒有在文章之外施加影響。2019 年，王貽芳獲未來科學獎的物質科學獎。楊先生不僅事先、

事後從未批評我們評獎委員會發錯了獎，而且親自參加頒獎儀式。這是楊先生君子風範的自然流露。

「君子泰而不驕」。楊先生並不固執己見，更不居高臨下。我在香港和北京，都見過某人與楊先生討論、爭論。有一次對方聲音急促、臉都紅了，但楊先生絲毫不介意，還對其回國，提供了很大的幫助。

四　君子成人之美

我家兩代直接受楊先生幫助。楊先生得獎那年，我的三舅在北大物理系讀大五，他和全中國的物理學師生都深受鼓舞。大姨父是理論物理學家和核物理學家，1980 年代在德國期間，楊先生到過其導師的研究所。姨父和教大學物理的姨媽也曾於 1991 年去美國拜訪過楊先生。楊先生建議教物理學一定要融合物理學史，姨媽的教學用了確實很有效果。楊先生對科學史的了解超出物理學，他也了解華人電生理學家凌寧、中國生理學家馮德培等生物學方面的相關歷史。楊先生曾任美國著名的索爾克生物研究所（Salk Institute for Biological Studies）顧問委員會委員，在面臨重大方向的爭議時，他力排眾議力推研究所堅持基礎、追求卓越。

我自己在 2006 年之後，才有機會近距離了解楊先生，經常見證楊先生習慣性從多方面幫助他人、提攜年輕人。

我最早聽說田剛和夏志宏，是因為讀到楊振寧先生 1990 年代公開稱讚田、夏兩位的數學成就突出。楊先生的評價讓不少人關注田、夏。十年後，我才先後在西北大學見到夏志宏、到北大見到田剛。

物理學家張首晟曾給我講述楊振寧先生如何與他長篇通訊，討論物理學問題。楊先生在多種場合肯定張首晟的物理學成就。

2006 年，邵逸夫獎的生物獲獎者王曉東在香港科技大學發表演講。我正好在港科大。午飯時，楊先生讓王曉東叫我過去，這是我第一次有幸與楊先生交談。不久，我去清華大學楊先生住所，也見到翁帆和物理學家聶華桐，後同去丙所晚飯。

楊先生在多種場合以多種方式給予我寶貴的支持，也委婉地給予教誨。2011年我介紹屠呦呦和張亭棟的文章出來後、2020年我敍述新冠疫情對我家庭影響的文章出來後，楊先生都發郵件予以肯定。楊先生偶爾溫和的點撥和我妻子經常的提醒，是近年我發現需要多反省自己、多傾聽他人意見的兩大原因。

楊先生永遠對清華無私奉獻。他也支持北大，例如參與我在北大的教學工作。我曾開設本科生「科學是甚麼」選修課，第一堂是請楊先生開講，對北大本科生是很好的教導。

楊先生兩次讓我代替他去參加國際科學活動。日本那次我因為既沒有美國護照、也沒有中國護照而未能成行。參加的那次，其他國家去的都是諾獎得主，我和女兒享受了一次諾獎得主的「待遇」。施一公回國後，趙仁濱不久帶孩子回國。楊先生、翁帆也參與兩校幾家人歡迎一公、仁濱定居清華。一公的文章敍述了楊先生對他諸多支持的一部分。

五　君子周而不比

楊先生提倡「君子以文會友」。2007年我全職回國後，楊先生提議以兩校教授為主，小型聚會交流。

我安排了來自北大、清華、科大、科學院、北京醫院的學者，輪流在北大、清華聚會。每次先有交流，一人主講，後面討論，晚餐。

第一次是在清華高等研究院，楊先生開講。楊先生的演講和他的文化性文章一樣，清新雋永。

這些交流，讓我受益匪淺，建設了科學的文化，增長了見識，了解多個學科、不同的人。

但是，楊先生「周而不比」。雖然我們很多人都非常尊敬和崇拜楊先生，但他不對我們施加其他影響。

作為《知識分子》主編之一，早期我參與較多，後來編輯部本身做得很好，我的參與逐漸減少，到後來不用參與。

有些比我還年輕的華
人，因《知識分子》發表有作
者署名的文章而猛批我，橫
眉冷對，甚至從此不來往。
其中好幾篇文章我事先並沒
看過，何況作者文責自負，
發表的文字不代表主編或者
編輯部就同意。如果發表的
文章都代表編輯部的觀點，

圖 1　楊先生的演講。

那就是一個很差的平台。如果《知識分子》發表的都是我個人同意的觀點，
它就應該關門大吉。

　　與此形成鮮明對照的是，楊振寧先生從來沒有因為崇敬他的後輩參與
的刊物發表甚麼文字而以任何方式表示不高興。楊先生也從未以任何方式
施加任何影響。這是楊先生的君子風範使然，令人欽佩。

　　有一篇文章，事後發現裏面有內容似乎影射楊先生。還有一篇文章，
事先就看得出對楊先生有較大的偏見。但我們在尊重文責自負的作者和擔
心楊先生意見兩難中，最後按公平的編輯方針按作者的原文刊出。這兩篇
文章，楊先生都絲毫沒有怪罪我們。其實第二篇的題目和內容都很明顯，
楊先生不可能不注意到。我想，一方面是楊先生大度，另一方面也是有足
夠自信，並不擔心一篇文章就能改變歷史的事實。

六　楊先生的保守

　　旅美英國物理學家戴森（Freeman Dyson）稱楊先生的物理研究風格為
「保守的革命者」。

　　對楊先生的保守，我有些許體會。

　　1996 年左右，我在美國任教期間，用傳真給楊先生發了一個建議，希
望他能夠參與倡議中國建設研究型大學。那時我的想法是以中國科學院為

基礎，因為高等學校似乎力量不夠。楊先生回覆傳真就一句話，大意是太早了。我後來直接給周光召先生提議，得到的回覆是應該讓高等學校建設研究型大學。當然，我那時覺得高等學校的研究還差得比較遠，所以沒有聯繫教育系統。但 1999 年中國開始建設世界一流大學，從最初的口號，到十幾年後中國確實在研究型大學建設過程中邁進了很大的步伐。這一例子，楊先生和我對中國發展的預計都比實際要慢。準確地說，楊先生比我更保守。

2012 年，楊先生 90 歲。碰巧意大利猶太裔神經生物學家、第一位百歲諾獎得主蒙塔爾奇尼（Rita Levi-Montalcini）以 102 歲高齡發表研究論文。我為此寫了一篇介紹，寄給楊先生。楊先生回覆他剛發表一篇物理學論文。我祝願他能夠打破意大利生物學家的紀錄，105 歲發表論文。

楊先生當時回覆：有信心 95 歲。

事實已經再次證明，楊先生太保守了。

2020 年夏天，楊先生、翁帆和我們夫婦午餐，楊先生三個小時思路清晰、毫無倦意，精力和狀態明顯優於我。如果我不更新預期，那就是對自己缺乏信心。而且，時代在前進、健康在改善，一公的爺爺就要 110 周歲了。

我應該反省自己：也不要太保守，把十年前對楊先生 105 歲寫文章的願望，更新為現在對楊先生 110 歲寫文章的期盼。

2021 年 9 月 5 日

給楊振寧先生做助教

阮東　安宇

清華大學物理系

2004 年秋季學期，時任清華物理系主任朱邦芬院士邀請到了諾貝爾物理學獎得主楊振寧先生，為物理系大一新生講授普通物理課，這顯然是破天荒之舉，因為當時國內鮮有院士或名教授為本科新生上課。

系裏對楊先生上課高度重視，安排我們給楊先生做助教，我們為有機會能與楊先生近距離接觸感到既興奮又有壓力。記得朱邦芬院士親自帶我們第一次去楊先生家討論上課的事，我倆還比較拘束。另外，系裏還配備了最精幹的三位博士生助教，顏丙海、劉朝星、顧正澄，他們現在分別在以色列魏茲曼科學研究所（Weizmann Institute of Science）、美國賓州大學、香港中文大學任教，在各自的物理研究領域工作都非常出色。

楊先生的授課對象是 2004 級新生，包括兩個物理班和兩個基科班，共 120 多人。考慮到楊先生給本科生上課會引起校內外很大的關注，可能有很多人要慕名來聽課，而教室容量有限，因此系裏專門製作了聽課卡，只有持卡才能進入教室。北大趙凱華先生就是憑卡來聽課的。另外，教務處開放了另一間教室進行同步轉播，以滿足想聽課人的需求。

楊先生對上課很重視。為做好準備工作，開課前他在高研中心辦公室內專門和我們兩次討論有關課程的事項。教科書他選擇了 D. Halliday、R. Resnick、J. Walker 的 *Fundamentals of Physics*（6th ed.），這是美國大學使用最多的一本物理教材。楊先生詢問了我們的意見，我們認為這本書對清華學生有些偏容易了。他選了 Halliday 書上的一個物理問題，問我們

估計班上有多少學生可以答對，以此對比他在紐約州立大學石溪分校所教學生的情況來做判斷。隨後他又補充《費曼物理學講義 I》作為參考書。此外，我們建議增加幾本國內參考書。考慮到當時學生的購買力，我們訂購了印度出版的亞洲版，99 元一本。

第一學期的普通物理主要講力學和熱學，64 個學時，每周上兩次課，每次課前都會給學生發楊先生親自寫的教學大綱（syllabus），標記上課內容概要。第一次上課用的 syllabus 見附錄 1。

上課時，楊先生坐在講台多媒體設備前，直接在一張 A4 紙上手寫，手寫內容投影到屏幕上（圖 1）。後來為方便楊先生自由手寫，我們把 A4 紙裁掉約 1/3 大小，這樣就解決了手寫部分一不注意就超出投影範圍的問題。

圖 1 楊先生在上課。

楊先生大部分時間是用英語講課，重要的內容或不易理解的地方會用中文再講一遍，這也是我們給楊先生的建議，即請他注意班上學生的英語水平參差不齊。頭幾堂課，楊先生會講了一段後停下來，問學生聽懂了多少，同學們舉手示意，楊先生便根據情況調整語速，或用中文補充強調一些重要的內容。經過一段時間的磨合，楊先生用中英文切換上課就很自然

了。開學初，每次下課學生總是給予掌聲，但有一次楊先生講，希望以後下課大家不要鼓掌了，同學們很聽話。

　　楊先生為該課設置了課後固定答疑時間（office hour），每周安排三次，每次時長 1 小時。周一下午楊先生親自答疑，地點在高研中心他的辦公室，當時吸引了很多同學去答疑，這與清華很多其他課形成鮮明對比（圖 2）。

圖 2　楊先生課間答疑。

　　楊先生講普通物理課與我們熟知的傳統教法有非常不一樣的地方，楊先生強調嚴謹性，就是數學味比較濃，這也符合理論物理學家的特點。比如，講到矢量的點積和叉積時，他從幾何和代數兩個角度證明點積和叉積的交換律和分配率。通常我們都想當然地認為這些數學公式的成立是不用證明的。相應內容的板書見附錄 2。

　　當講到勻速圓周運動的加速度時，楊先生講起自己在中學第一次學習這個概念時的困惑。物體沿着圓軌跡勻速運動，速度沿着圓的切線方向這容易理解，但是加速度指向圓心這一點非常不符合直覺。為了理解這個概念當時花費了很多時間才弄通。為此，楊先生總結了一個學習體會：當一件事情不符合直覺的時候，就是要認真學習和思考的時候。

楊先生有一些教學思想，與目前流行的說法有些不同。他曾多次提到「滲透法」。滲透法是指學習不一定都要按知識的前後順序進行。通常我們所熟悉的學習方法是循序漸進式的，即先學基礎內容，在這些基礎上再學更進一步深入的內容，前後內容之間的知識環環相扣，循序漸進，平緩過渡，不能跳躍，這樣有助於學生理解和掌握。滲透法並不否定循序漸進的學習方式；而是說，還可以有另一種學習方法，就是某些內容即使學生缺少基礎也可以先學，即跳躍式的學習方式。同樣，講課有時也可以跳躍式進行，就是說有些知識即使學生還沒學過，也可以先承認它們，接着往後學。那學生沒懂這部分內容怎麼辦？課後或者以後學生可以自己補上這方面的知識窟窿，或者在其他場合還會學到類似內容而觸類旁通。我們非常贊同這樣的學習方法，這並不是說講課不要前後內容的連貫性和邏輯性，而是說不是所有講課內容都必須前後密切銜接，有些內容在有些預備知識缺失的狀況下也可以先講授。物理內容非常廣泛，若所有內容都非要按部就班地學習，一個台階也不能落下，那甚麼時候學生才可以窺探到前沿領域呢？實際上，有些知識可以先有比較宏觀的了解，不一定要完全掌握細節，等到真要研究時再仔細學習也不晚。

楊先生在普通物理課堂就多次嘗試過滲透式教學法。比如，課堂上介紹四元數；哥德爾不完備性定理；講剛體轉動時，提到 SO(3) 群；介紹玻色－愛因斯坦凝聚（Bose–Einstein condensate），夸克理論，物理學中的對稱性等。對於很多學生，這些內容不可能馬上掌握，但聽過後或多或少會留下一些印象。如果想進一步學習，自己可以查閱這方面的書籍或論文，否則都不知道還有這些知識存在。若暫時興趣不大，即使現在不去查閱，以後有機會再聽到相關內容時，也與第一次聽到時不一樣。但是大多數學生，特別是在當前應試教育環境下，不習慣這樣的學習模式，多數好學生是希望上課講到的知識就一定要搞懂，否則感覺很不踏實。然而，「滲透法」學習是一個人離開學校後最主要的繼續學習方法，也是做科研最常用的學習方式。

楊先生上課也遇到了通常教師可能碰到的問題。清華學生的高中物理基礎都比較好，所以開始上普通物理課時，總有學生認為講課內容都學

過，太簡單。實際上，高中物理和普通物理只是有很多內容看起來一樣，內涵卻有很大不同，概念不僅更加深入，數學描述方法也有很大不同。學生只是關注到名詞相同，比如，質量、速度、加速度、動量、動能、勢能、機械能等高中物理都涉及過，習題都會做，就以為全懂了，實際上，物理概念在不同的層面有不同的理解，對它們的理解是一個不斷深入的過程。楊先生開始講的內容已經比較深入了，但同學們沒有理解到位，認為太容易了。但當楊先生在講剛體時，用到線性代數，講到轉動慣量張量，課上還證明歐拉轉動定理時，不少同學又感覺甚麼都聽不懂了，開始焦慮。好在楊先生很有經驗，提示我們期中考試不要太難，理由是可能影響學生的學習士氣，因此，同學們還是比較舒暢地渡過了「難關」。圖 3 是期中成績分佈圖。我們認為楊先生上課是滲透式教學在清華大學的一次有益嘗試，只是學生不大習慣這種方式而

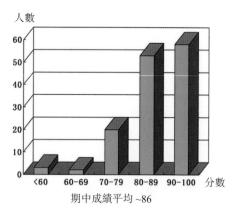

圖 3　期中成績分佈。

已。多年以後，4 字班幾位在國外讀研究生的同學回清華，回憶起楊先生上課，他們說現在已深刻體會到楊先生的講課方式非常好，這種滲透式學習方式是獲取知識最重要的途徑之一。

上課不僅講知識，講概念，講方法，還要講思想，講文化，這是現在很多老師的共識。物理思想和物理文化的主要承載體是優秀的物理學家，通過介紹這些物理學家的研究過程，包括當時的困惑、後來成功的經驗以及物理學家的生活側面等，可以把物理學家的思想和這個群體的文化更加全面地展現在學生面前。楊先生在課上講授物理知識之餘，也經常講些物理學家的故事。和通常教授不同的是，這些物理學家不只是物理學史書上的人物，更多的是楊先生身邊熟人的故事，因此故事更加精彩、真實和細微。比如，楊先生講愛因斯坦（Albert Einstein）的貢獻，還講到為了讓自己的孩子與愛因斯坦合影，在愛因斯坦步行上下班的必經之路上等他；

講到狄拉克（Paul Dirac）的貢獻，以及狄拉克為了一個數學公式在圖書館門口等一夜的故事；泡利（Wolfgang Pauli）自訴的遺憾；海森堡（Werner Heisenberg）發現量子力學的「one-man paper, two-men paper, three-men paper」的由來；還有在機場碰到昂薩格（Lars Onsager），問及如何得到二維伊辛模型（Ising model）嚴格解的事；對於自己的老師吳大猷、費米（Enrico Fermi）和泰勒（Edward Teller）所給予的學術指導滿懷感激之心；對於歷史上的物理學家也多有介紹，比如介紹牛頓（Isaac Newton）的傳記書籍；對於庫倫（Charles-Augustin de Coulomb）的實驗論文的評價是，單憑實驗數據並不能得到反平方律；對於麥克斯韋（James Maxwell）的貢獻則是推崇備至等。有時候楊先生也會講到自己的研究工作，比如，楊－米爾斯規範場的發現，起初他並沒認為有多重要，只是覺得結果很漂亮，所以就投稿發了，可是過了十年後覺得這個發現也許是重要的（important），過 20 年後認識到這是很重要的（very important）發現，30 年後才知道這是非常重要的（extremely important）發現，這讓同學們從另一個角度領會了甚麼是創新性的發現。他也講到自己剛到芝加哥大學想一心一意地做些實驗研究，但遇到了無法靠自己能夠解決的困難，無奈只好放棄，繼續做理論研究。除了科學研究方面，楊先生有時也講一些生活故事，很接地氣，比如自己年輕時的戀愛故事等。楊先生還介紹了趙忠堯先生的發現，對其重大發現沒有得到應有的承認而遺憾；他又讚揚華裔青年女作家張純如在電視上與日本記者的辯論有理有據，這些都反映了楊先生的愛國情懷，也非常符合清華大學所大力倡導的「三位一體」人才培養理念 —— 價值塑造、能力培養和知識傳授相結合。這些故事讓普通物理課堂更加豐富、生動，而且與眾不同。

我們提倡課堂不要滿堂灌，要有互動，要啟發式教學，讓學生自己思考。在楊先生的課堂，這些都是自然開展的。記得有一次楊先生在課堂上問學生為甚麼三次方程一定至少有一個實根，同學們不是很清楚，楊先生沒有急着給答案，而是等待同學思考；還有一次是問為甚麼自然數倒數之和是發散的，看到沒同學回答，楊先生就激勵他們。在講課做推導時，有

時候楊先生自己會卡殼，這個時候楊先生會告知同學們，他要想想，同時要求同學們此刻也要思考。過了一會兒楊先生說想明白了，然後把他的思考講給同學們聽。這個過程從學習者角度看是極其寶貴的，因為它是一個非常真實的體驗，正像楊先生回憶他上大學時所講的：看着老師在課堂上遇到困境時如何脫困的過程也是非常有益的學習過程。

楊先生的普通物理課堂對於學生的成長有甚麼特殊的意義嗎？我們不想誇大一門課的作用，但由於講授者的特殊身份，的確會產生一些聯想。上過這門課的同學中有三位現已學成回到清華物理系入職，其中張金松和馮硝在讀博士期間就參與了著名的量子反常霍爾效應的發現，王雪淞從事天體物理研究。這門課的期末考試題目就不像期中那麼容易了，平均分比期中低了十幾分。不過期末考試時，我們注意到有位女同學在一小時裏（期末考試是二小時）就完成了，這位同學叫陳諧，現在是加州理工的物理教授，獲得過2020年度物理學新視野獎（New Horizons in Physics Prizes），也是2017年斯隆物理獎獲得者。圖4是期末分數分佈圖。

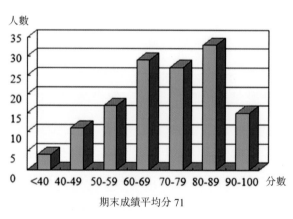

期末成績平均分 71

圖 4 期末成績分佈。

因為各種原因，很遺憾楊先生最後只教了一個學期的普通物理，同學們對這門課給予了很高的評價，圖5是當時學生評教的結果。

2004年11月，期中考試後，楊先生給學生作了兩場報告，沒有佔用上課時間，報告題目分別是「Mathematics and Physics」和「我的學習教學生涯」（圖6）。在第一個報告中，楊先生用淺顯通俗的語言介紹了一些前沿的數學概念以及在物理中的應用，包括辮子群、拓撲、結理論、統計力學中的精確可解模型，以及數學與物理的關係等。第二個報告楊先生從他出生開始講起，講了成長、求學與工作中的一些關鍵時期與關鍵人物，最

调查项目	得分	状态
1. 热情、认真、投入、严谨，教书育人	98.70^{±0.90}	☺
2. 讲课思路清晰，重点、难点突出	94.50^{±2.30}	☺
3. 讲解生动、有吸引力，能激发学生的求知欲	94.54^{±1.91}	☺
4. 师生互动，鼓励学生质疑，并给予思路的引导	91.45^{±2.55}	
5. 提供或推荐的教学资料有助于学生学习	93.21^{±2.27}	☺
6. 作业等课程训练有利于课程内容的学习	90.66^{±2.44}	
7. 考核及评价方式能激励学生主动学习与钻研	90.44^{±2.27}	
8. 注重学生创新意识和独立思考能力的培养	95.17^{±1.64}	☺
9. 对学生课外学习给予指导、建议	92.88^{±2.56}	☺
10. 学习本门课程后有收获	94.63^{±2.18}	☺

注：☺表示此单项您的得分处于本科生课所有参评教师得分的 Top 15% 之列。

圖 5　學生評教結果。

後講到回到清華，並以他寫的一首詩作為結尾：「昔負千尋質，高臨九仞峰。深究對稱意，膽識雲霄衝。神州新天換，故園使命重。學子凌雲志，我當指路松。千古三旋律，循循談笑中，耄耋新事業，東籬歸根翁。」之後，在我們與楊先生的交流中，他對詩中「我當指路松」一句作了解釋：在我現在這個年紀，不容易帶學生衝鋒陷陣，但能夠給他們一些學術方向上的指引，這是可以做到的。我一輩子教書，最得意的事情就是有學生真正學到了一些東西，能夠使他們進入了學術領域。

圖 6　楊先生給學生作報告，題為「我的學習教學生涯」。

　　雖然楊先生只講了一個學期的課，但從中不難看到很多可以挖掘的內容，對普通物理教學有非常積極的影響。我們有幸給楊先生做了一學期的助教，收穫頗豐，並已深刻地影響到我們以後的教學和研究，是我們一生的財富。當時物理系有不少老師在聽楊先生上課，而且他們在以後的教學中都不同程度地借鑒了楊先生的做法。將來如果能得到楊先生的許可，我們還想把楊先生的講義、教學理念、講授方法等都整理出來，讓更多的物理教師受益（圖7–9）。

圖7　課程結束後，楊先生與助教、全體學生合影。

圖8　楊先生、安宇。

圖9　楊先生、阮東。

附錄 1

10430754 普通物理

Faculty: Prof. C.N. Yang（楊振寧）

Semester: Fall 2004

Credit: 4.0

Day	Time	Room		
Lecture:	M\W	9:50－11:25	6C102	
Office Hour:	M	16:00－17:00	Science Bld. 1212（Prof. Yang）	
	W	16:00－17:00	Science Bld. 3219（阮東教授）	
	Th	16:00－17:00	Science Bld. 2307（安宇教授）	

Textbook: *Fundamentals of Physics*, Halliday/Resnick/Walker, Sixth Edition （HRW）（必備）

References: 下列這些書的有關部分將複印分發

Feynman Lectures on Physics Vol. 1（FEYN）

《美國物理試題與解答》第一卷（APE）

《新概念物理教程，力學》趙凱華 / 羅蔚茵（ZL）

Exercises: **To hand in the first Monday after assignment.** Late handings will be discounted. Please do the exercises yourself and do not copy the solutions.

Exams: One mid-term（期中考試）, one final（期末考試）。（Exercises 30%, Midterm 30%, Final 40%）

Syllabus

I.　September 13－September 19

Read: HRW Chapters 1 & 2, also familiarize yourself with the useful Appendices A to G

FEYN Sections 5－6, 5－7（發）

ZL §3（發）

Exercises:	Ia	HRW	Chap1 EP#15　（EP = exercises & problems）
	Ib	HRW	Chap1 EP#20
	Ic	HRW	Chap2 EP#10
	Id	HRW	Chap2 EP#13
	Ie	HRW	Chap2 EP#35
	If	HRW	Chap2 EP#56
	Ig	HRW	Problem give on first page of Chap.1
	Ih	ZL	習題 1－5（發）

Remember:　　　SI = International System of Units = MKS System

CGS System

Dimensions of quantities

數量級

Significant Figures

Formulas for Constant Acceleration 2–11 and 2–15

Read:　　　　　HRW Chapters 30

HRW Appendix E "Product of Vectors"

Exercises:　　　Ii　HRW　　Chap3 EP#4

Ij　HRW　　Chap3 EP#23

Ik　HRW　　Chap3 EP#28

Il　HRW　　Chap3 EP#31

Remember:　　　Appendix E about Vectors

Right Handed System

標積 = Scalar product，矢積 = Vector product

Notes:

James Clerk Maxwell (1831–1879) was the first physicist to emphasize the importance of vectors. The following diagram was from a paper he wrote called "On the mathematical classification of physical quantities".

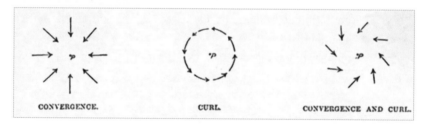

The term "curl" is still used today. "Convergence" is now replaced by "divergence".

Although Maxwell emphasized the importance of vectors, he never used the vector notation in his papers and books, writing the famous Maxwell Equations in clumsy component form.

It was Josiah Willard Gibbs (1839–1903) who popularized in the late 19th century the use of vectors.

Maxwell did not use the vector notation because he wanted to go beyond vectors and introduce a further mathematical quantity called "quaternions" which had been invented by W. R. Hamilton (1805–1865) in 1843. For some comments about quaternions and Hamilton, please see p.23 of my *Selected Papers 1945–1980*.

附錄 2

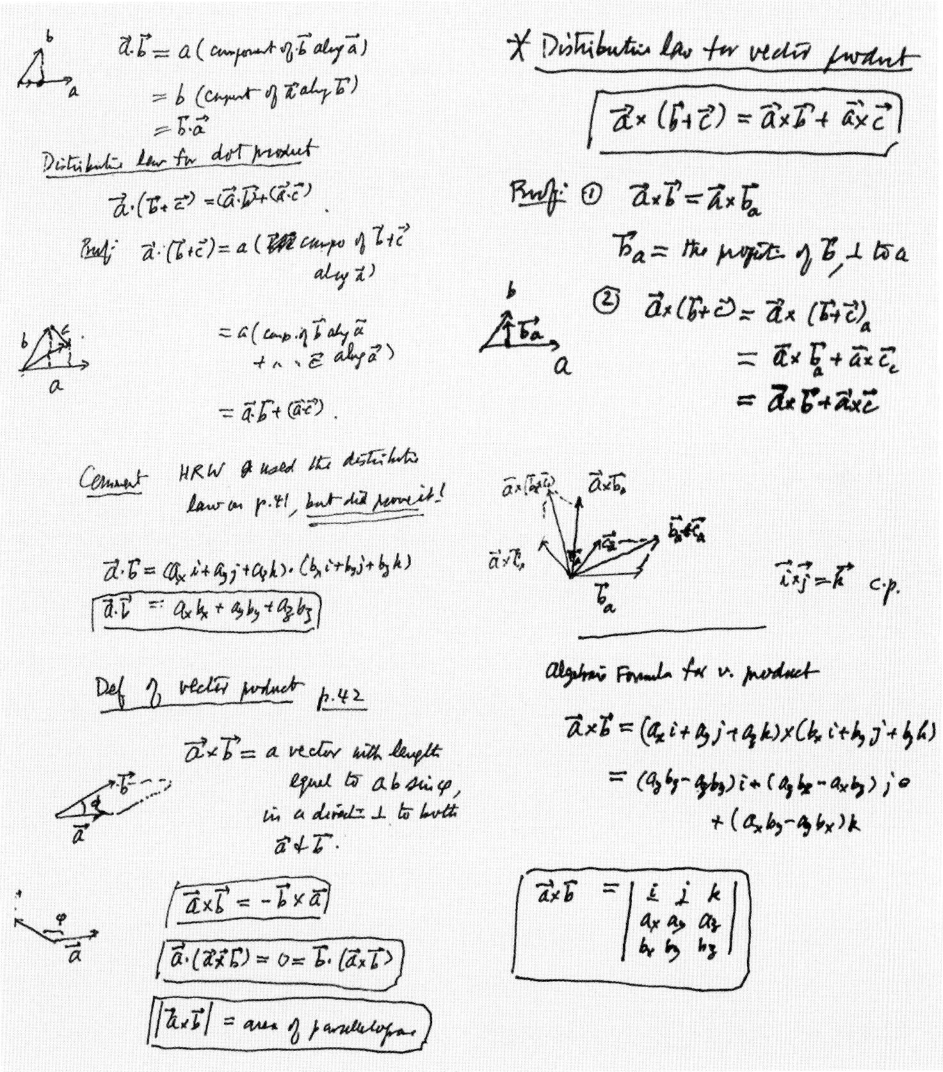

$\vec{a}\cdot\vec{b} = a$ (component of $\vec{b}$ along $\vec{a}$)
$= b$ (compont of $\vec{a}$ along $\vec{b}$)
$= \vec{b}\cdot\vec{a}$

Distributive law for dot product

$\vec{a}\cdot(\vec{b}+\vec{c}) = (\vec{a}\cdot\vec{b}) + (\vec{a}\cdot\vec{c})$.

Proof: $\vec{a}\cdot(\vec{b}+\vec{c}) = a$ (compo of $\vec{b}+\vec{c}$ along $\vec{a}$)
$= a$ (comp. of $\vec{b}$ along $\vec{a}$ + 〃 〃 $\vec{c}$ along $\vec{a}$)
$= \vec{a}\cdot\vec{b} + (\vec{a}\cdot\vec{c})$.

Comment: HRW used the distributive law on p.41, but did prove it!

$\vec{a}\cdot\vec{b} = (a_x i + a_y j + a_z k)\cdot(b_x i + b_y j + b_z k)$

$\vec{a}\cdot\vec{b} = a_x b_x + a_y b_y + a_z b_z$

Def of vector product p.42

$\vec{a}\times\vec{b}$ = a vector with length equal to $ab\sin\varphi$, in a direction ⊥ to both $\vec{a}$ & $\vec{b}$.

$\vec{a}\times\vec{b} = -\vec{b}\times\vec{a}$

$\vec{a}\cdot(\vec{a}\times\vec{b}) = 0 = \vec{b}\cdot(\vec{a}\times\vec{b})$

$|\vec{a}\times\vec{b}|$ = area of parallelogram

* Distributive law for vector product

$\vec{a}\times(\vec{b}+\vec{c}) = \vec{a}\times\vec{b} + \vec{a}\times\vec{c}$

Proof: ① $\vec{a}\times\vec{b} = \vec{a}\times\vec{b}_a$

$\vec{b}_a$ = the projection of $\vec{b}$, ⊥ to a

② $\vec{a}\times(\vec{b}+\vec{c}) = \vec{a}\times(\vec{b}+\vec{c})_a$
$= \vec{a}\times\vec{b}_a + \vec{a}\times\vec{c}_a$
$= \vec{a}\times\vec{b} + \vec{a}\times\vec{c}$

$\vec{i}\times\vec{j} = \vec{k}$ c.p.

Algebraic Formula for v. product

$\vec{a}\times\vec{b} = (a_x i + a_y j + a_z k)\times(b_x i + b_y j + b_z k)$
$= (a_y b_z - a_z b_y) i + (a_z b_x - a_x b_z) j + (a_x b_y - a_y b_x) k$

$\vec{a}\times\vec{b} = \begin{vmatrix} i & j & k \\ a_x & a_y & a_z \\ b_x & b_y & b_z \end{vmatrix}$

恭祝楊振寧先生百歲壽辰

沈元壤

加州大學柏克萊分校（University of California at Berkeley）物理系

楊振寧先生是科學界的巨星。他對物理學二十世紀以來的貢獻，少有人能匹敵。他對中國學術界影響之大，更是難以形容。他是我們後輩可望不可及的楷模。記得當年（1957 年）我剛從台灣大學畢業，楊先生與李政道先生同獲諾貝爾獎的消息傳來，台灣沉寂的學術界突然沸騰起來。當時學生報考大學，多選擇工科為第一志願。1957 年後，物理系即變得特別吃香，錄取標準跳了兩級。可惜我那年已經離開台大，否則或許也會主攻物理。後來到了美國做研究生時，雖然在應用物理系，我仍忍不住去選修了施溫格（Julian Schwinger）的高等量子力學課，才發現自己不是做理論物理的料，還是乖乖地做些實際的科研更合適。

1971 年，楊先生初訪中國。隨之，尼克松總統的訪問打開了中國關閉已久的大門。中美學術交流從無變有，各界人士都十分激動。這也促使在美國的華裔學者增加了許多相互來往。當時柏克萊的學人非正式組成了在校華人協會，常有聚會。我們尊稱陳省身先生為陳老太爺，見面時常聽他提及楊先生，總是讚賞不已。他與楊先生是亦師亦友的好朋友，在學術上的成就更是惺惺相惜。他們的專業分別是純數學和純物理，而他們在拓撲方面開天闢地的工作卻又是殊途同歸。這是一件奇事，陳老太爺一直引以為傲。我隨手打開網頁，即看到一篇刊登在近期 *Science* 上的文章，標題為「Second Chern number of a quantum-simulated non-Abelian Yang monopole」[1]，在此引作佐證。

　　楊先生數次應邀來柏克萊作學術報告，幾百人的講堂每次都是座無虛席。他的報告總是十分精彩，邏輯性極強，物理概念平易清晰，一般聽眾都能了解其中精華。無疑他是我們物理系最受歡迎的訪問學者之一。有一次，他應邀來訪，我問他是否願意抽空來我家與系內中國學生聚會，他一口答應。學生們聽到有這機會，雀躍不已。楊先生那天受了風寒，咳得厲害，但仍堅持和大家說個不停。我的一個已離校去朱棣文實驗室做博士後的學生莊小威，聞訊從斯坦福大學來參加。她是中國科大少年班的高材生，當年快從科大畢業時曾寫信給楊先生，徵求他對年輕人該進哪一個物理領域的意見。楊先生勸她不要選基礎理論物理，要選一個新興領域，更有希望成功。這是一個楊先生特別愛護照顧年輕人的例子。現在莊小威在生物分子學方面，以物理科研的功底，去探討生物分子、細胞結構、生物系統等，頗有成就，可以說是受益於楊先生當年的規勸。

　　1990 年代中，我參加了台灣中央研究院物理所的諮詢委員會，楊先生任主席。訪問物理所兩天以後，需要寫一份諮詢報告，大家公推楊先生執筆。他提起筆來，當場很快就把報告寫好，內容簡潔、明了、中肯，正是他作學術研究的風格，讓大家學到不少。

　　二十一世紀初，國內各大學開始意識到外來評審的重要性。2002 年清華大學物理系在王大中校長支持下，試辦第一次外來評審，邀請四人組成評審委員會（楊振寧、沈平、沈志勛、沈元壤），外界戲稱是三審（沈）清華物理。實際上當然是我們尊楊先生為龍頭。他全程參加評審，提出了很多寶貴意見。特別對系的將來發展，主張學科平衡，要注重新興領域，不要隨波逐流，加強實驗領域等。我們的評審報告書，在教授治系的前提下，主要有三點建議：一是系應該備有短、中、長期計劃，作為未來發展的藍圖；二是大學應以教學為主、科研為輔；三是人事制度需要改革。要能使上至教授下至服務人員，都能愉快工作，以任職清華物理系為榮。其實這些針對的問題都是當年國內大學的通病。我們也有不少具體建議。其中對系的未來學科發展，我們認為不宜在高能物理、核物理方面再擴充。在教學方面，因為聽到學生經常逃課，尤其是基礎物理課，原因是他們認

為教課的老師不是教授，物理水準還不如他們。因此我們主張每位教授，不論高低貴賤，每學期都應親自授課。這兩點都犯了一些教授的大忌。楊先生倒霉，被認為是領頭羊，代替我們受了指責。可喜的是八年以後我們再次去清華物理系評審（增加了楊炳麟、沈呂九兩位委員），發現系內情況已大為改善，學生對課堂教育也變得非常滿意。據說教育部現在對教授必須授課一事也非常重視。

楊先生的驚人記憶力是大家都聽說的，我也見證過幾次。一次在香港晚宴，座中有楊先生和凝聚態物理理論學家米歇爾‧范霍夫（Michel van Hove）。楊先生見到米歇爾，就談起幾十年前在 CERN 和米歇爾的父親利昂‧范霍夫（Leon van Hove）的密切交往，以及「范霍夫奇異點」（Van Hove singularity）的概念是如何產生的，娓娓道來，如數家珍，其中很多事是米歇爾都不清楚的。又一次在香港科技大學高等研究所與普林斯頓高等研究所結交的典禮上，輪到楊先生講話，主持者請楊先生上台。楊先生說：沒有人告訴我要講話啊，我沒有準備說些甚麼。主持者說，那就隨便說幾句吧。楊先生上台，不慌不忙，從普林斯頓高等研究所發展成功的歷史，談到香港科大高等研究所的未來展望，中間插些小故事，講得有條有理、引人入勝，大家都欽佩不已。最近一次是在科學院物理所 90 周年慶祝會上。楊先生講話中提起國內的基礎科研如何能在「文革」後期開始恢復。起因是 1972 年 7 月，周恩來總理接見由任之恭先生、林家翹先生率領的美籍華裔學者訪問團。見面會談時，提及楊先生強調的基礎科研重要性，周總理當場指令周培源先生寫一篇文章刊在《人民日報》上宣示，啟動了政府對基礎科研恢復重視（這也是當年繼批林批孔後又批周公的源頭）。楊先生很清楚地說出了事件的始末細節。令我吃驚而慚愧的是，我是訪問團的成員之一，但是周總理接見會談的很多細節我都已經記不清了，而當時已 96 歲高齡的楊先生卻記得比我清楚。

楊先生有很強的親和力，他極為隨和。雖然他是萬人仰慕的偶像，但是可以和他隨意交談，不會感到有任何壓力。聽到他津津樂道地說起物理界的典故，更是一大樂事。

今年楊先生就是百歲壽翁了。令人欣慰的是他仍舊思維敏捷、康健如常。在此恭祝他生活愉快，順心順意，萬年長青。

1　*Science*, 360: 1429–1434 (2008).

亦師亦友亦同道
—— 我眼中的楊振寧先生

施一公

清華大學生命科學學院、西湖大學

一直以來，楊振寧先生在我的心目中都是一位極富傳奇色彩的科學泰斗，可望而不可及。1957 年，他和李政道先生因為發現弱相互作用中宇稱不守恆同獲諾貝爾物理學獎，這也是中國人第一次獲得諾獎，讓全世界的華人都振奮不已。他們的學術成就，激勵了一代又一代中國青年崇尚科學、發憤圖強，從中產生了一大批在基礎研究領域做出重要貢獻的科學家。我也算是其中一分子，從這個意義上說，我早已是楊先生的敬慕者和追隨者。

1997 年，我完成了博士後研究工作，即將開始在普林斯頓大學的獨立科研生涯。2004 年，從新聞中得知回到了我的母校清華大學的楊先生，為大一本科生開設了物理學的大課，我興奮不已。一方面羨慕清華的學弟學妹們有機會近距離接觸楊先生，有幸聽他親自授課，另一方面也憧憬着今後自己能在清華園與楊先生邂逅。

2007 年，我從美國回到清華大學，夢想中的機緣便很快來臨。夏日的一天，我收到一封來自「cnyang」的電子郵件，打開一看，分外驚喜，居然是來自楊先生的！自此，我與楊先生的交往逐漸密切起來。因為他不用手機，所以我們一直通過電子郵件保持聯繫。日前，我整理電子郵箱，發現和楊先生的郵件往來已經有兩百餘封，其中不乏對科學敏感話題的探討。過去 14 年，從求是基金會顧問委員會共事到日常聚會和討論，我有幸多次領略楊先生睿智的洞見和率真的品格。於我而言，楊先生亦師亦友亦同道！

一　老師楊振寧

　　2008 年，國內的科學研究已經開始長足進步，但學術氛圍仍有很大改善空間，尚缺乏一種有濃厚底蘊的科學文化氛圍。楊先生對此應該是有更加深刻的感受，因此他提議由他本人代表清華、饒毅代表北大，組織一個小範圍的科學藝術論壇。2009 年 9 月 12 日的第一講，他做了題為「物理學之美」的精彩講座，大約一小時。楊先生做了認真準備，幻燈片上一張張老照片、一句句經典評論……他以著名物理學家為線索，如數家珍地勾畫出十九世紀末至二十世紀中這一物理學大發展黃金年代的一個個重大歷史性突破。愛因斯坦（Albert Einstein）、普朗克（Max Planck）、狄拉克（Paul Dirac）、玻爾（Niels Bohr）、海森堡（Werner Heisenberg）、費曼（Richard Feynman）、薛定諤（Erwin Schrödinger）……楊先生繪聲繪色地描述了每個人的獨特個性和治學風格，一個個鮮活的學者形象躍然言語之間。他非常敬佩愛因斯坦，以一種近乎崇拜的語氣介紹了愛因斯坦卓越的貢獻，也講到了他與愛因斯坦在普林斯頓高等研究院短暫而難忘的交集。結尾之時，楊先生感歎道：物理學，真是世界上一門萬分精妙美麗的科學，堪比宗教的極致之美。毫無疑問，楊先生這次集科學、歷史、藝術、感想於短短 60 分鐘的講座，「觀古今於須臾，撫四海於一瞬」，是我 30 多年科學生涯裏最受震撼、最為享受的一次心靈和思維之旅！他就像一座博

圖 1　楊振寧講座照片，2012 年 9 月 12 日。

物館，通過娓娓道來的演繹，跨越時空，把每一位物理學大師的貢獻和對整個物理學史的深刻洞察表達得淋漓盡致。

這是我唯一一次聆聽楊先生系統介紹近代物理學歷史，也是我聽過楊先生時間最長的一次講座。此後，我又多次在不同場合聆聽楊先生的演講和分享，參加很多與他相關的重要活動。我特別喜歡聽楊先生講述歷史和人物，他思路清晰，反應敏捷，記憶力尤其驚人，哪怕是幾十年前的事情，細節都記得清清楚楚，絲毫不遜色於年輕人。自 2012 年我受邀擔任求是科技基金會顧問以來，每年的顧問委員會會議和年會頒獎典禮都會與他一起討論問題，令我欣喜和興奮的是，我與楊先生的很多觀點經常不謀而合。他每次的發言平實、深刻又充滿洞見，實事求是、當仁不讓是他的一貫風範，舉兩個例子。

第一個例子，2015 年，為了慶祝屠呦呦先生獲得諾貝爾生理學或醫學獎，求是基金會在中國科協舉辦了一次別開生面的「求是之家研討會」，邀請了往屆求是青年學者和求是大獎獲得者參加。楊先生以「救亡」為主題作了發言，闡述了他對中國科技發展的憂慮和建議，大意是改革開放 37 年來，中國科技已經取得巨大進步，但其現狀不足以支撐一個泱泱大國的科技安全，希望科學工作者們以「救亡」的態度時不我待、全力進取，幫助中國盡快取得全方位的科技自強自立。當時楊先生的發言極其震撼、勵志！而現在回味一下，想想 2018 年以來中美之間的貿易摩擦和科技對立，不得不歎服楊先生的先見之明！

第二個例子，2012 年以來，中國的一批高能物理學家提出了 CEPC 計劃，呼籲國家投入數百億人民幣建造超大型對撞機，引發學術界激烈的爭論。楊先生對於這一計劃直抒己見、堅決反對，他從美國以往的經驗教訓、資金的投入與回報、高能物理學的發展歷史和前景、大型對撞機可能產生的突破等各個方面陳述了反對的理由。楊先生明知道這樣做會引來外界諸多責難，但他還是選擇堅持自己基於史實和邏輯的判斷，秉持公心、直言不諱。在歷次公開和私下的講話中，楊先生的視野常常不局限於物理學界，而是着眼整個科技界，及至整個國家和民族的現實需要和未來

發展。應該說，他一直在理性務實地為國家建言獻策。這種至真至純的品格、無私無畏的情懷，令人感佩。

楊先生也十分關心我個人的學術進展。日常交談中，他多次問我對結構生物學和生物物理學的看法，並分享自己的見解。2015 年 8 月，我帶領團隊首次捕獲剪接體高分辨率結構，他 9 月初發來郵件，邀請我到清華高研院作專題分享，由他親自主持。一個多小時的講座分享之後，楊先生也認真地問了不少問題。我時常感慨，自己何其幸運，能得到這樣一位大師級科學家的關愛和幫助；也許，他對我如此用心的支持，不僅僅是在提攜一位自己寄予厚望的後輩，更體現着一種對科學家精神傳承的期冀。

楊先生對青年人格外關心。2012 年，清華大學生命科學學院第一屆學堂班畢業生學術年會，學生們特別希望能請到楊先生，他欣然應允，出席了整整一上午的活動，給學生們分享了他的科學品味，回答了學生們踴躍提出的問題，和大家一起合影留念，活動結束後還應學生之邀留言：「今天是一個大時代，年青人應抓住機會。」還有一次，2017 年，楊先生出席了由我主持的面向清華師生的一次巔峰論壇。主講人是 DNA 雙螺旋的發現者之一沃森（James Watson），我專門邀請楊先生作為嘉賓和沃森對話；可以說，這是近代科學史上，生物學和物理學兩大巨擘之間的一次巔峰對話。已是 95 歲高齡的楊先生提出的問題犀利而深刻，89 歲的沃森回答起來也直截了當，精彩紛呈的對話令清華師生回味無窮。

圖 2　與楊振寧交談，2010 及 2012 年。

二　朋友楊振寧

在日常交往中，楊先生也對我頗為關照，讓我受益匪淺。

2012 年 6 月底，清華大學為楊振寧先生舉辦九十壽宴，楊先生攜夫人翁帆出席，前來參加壽宴的有陳吉寧校長、胡和平書記，清華的一些老領導，鄧稼先遺孀許鹿希女士，還有楊先生的親屬、摯友和學生。讓我感到意外又驕傲的是，我被安排在了親友桌，與翁帆的父母、楊先生的堂弟、親屬和多年的至交坐在一起。壽宴上，播放了楊先生的弟子張首晟組織拍攝的紀錄片，以楊先生 1971 年首次歸國之旅為起點，內容包括受毛主席、周總理等國家領導人接見的一些珍貴歷史影像資料，真實地記錄了楊先生多年來為祖國奔走獻策、默默奉獻的人生歷程，給我留下了深刻印象。壽宴上，鄧稼先夫人許鹿希還講述了楊、鄧兩人的手足之情。在首次歸國之旅中，楊先生寫了一份他想見的人名單呈遞給周總理，其中排在第一位就是鄧稼先先生；在周總理的斡旋下，鄧稼先從西北荒漠裏一個條件極為惡劣的勞動基地回到北京，得以繼續為國家核武器事業做貢獻。講到動情處許鹿希幾度哽咽，潸然淚下，在場眾人無不為之動容。

2016 年，楊先生夫婦邀請我和妻子仁濱一起參加在清華科技園全聚德餐廳舉行的晚宴，歡迎賽蒙斯（Jim Simons）夫婦。在他的引見下，我結識了著名數學家、對沖基金傳奇人物賽蒙斯。他與陳省身先生共同提出了陳－賽蒙斯規範理論，在美國科教界、金融界都赫赫有名，被稱為「華爾街最偉大的投資者」。尤其值得一提的是，楊先生知道創辦西湖大學需要募集社會捐贈，特意告訴我賽蒙斯熱心公益捐贈，因此我也在晚餐中向他重點介紹了西湖大學的創辦理念。

楊先生是個十足的樂天派，他興趣廣泛，熱愛藝術，喜歡美食，尤其對小籠包情有獨鍾，有空的時候喜歡去中關村當代商城的鼎泰豐品嘗蟹粉小籠包，我和仁濱也有幸受邀一起在那裏共進午餐；還有一次，陳希老師在清華丙所招待楊先生夫婦和一些海歸教授，餐聚開始不久，服務員說鼎泰豐的小籠包到了……大家不約而同地開懷大笑。

三　同道楊振寧

自 2015 年起，我和一批志同道合的朋友立足杭州創辦西湖大學。在此前很早的一次拜訪中，我就向楊振寧先生匯報了我們的辦學目標和理念。他表示支持，建議我們把困難預估充分，鼓勵我們團結一致向着目標前進。到了 2018 年初大學正式成立前夕，錢穎一和我專程到楊先生家裏，邀請他擔任學校顧問委員會委員、董事會名譽主席，他當即欣然應允，並不辭辛勞出席了當年 10 月 20 日在杭州舉行的西湖大學成立大會，為新生的西湖大學揭牌。特別值得一提的是，楊先生非常認真地在我們準備的60 個首日封上一一親筆簽名，留下了珍貴的歷史紀念。

圖 3　楊振寧接受邀請出任西湖大學校董會名譽主席，2018 年初。

我清楚地記得成立大會那一天，96 歲的楊先生早早就來到會場，他身着深藍色條紋西裝，裏面穿着淺藍色襯衫搭配一條紅色領帶，整個人神采奕奕。儀式上，我與楊先生、韓啟德老師、當時的袁家軍省長和代表教育部出席大會的杜玉波副部長一起揭牌。但萬萬沒有想到，就在揭牌後，

楊先生不小心被腳下的紅綢布一下絆倒在了主席台上！當時驚出我一身冷汗，趕忙上前把他扶起，慢慢步行到座位上，他執意堅持到儀式結束才回房間休息。下午，翁帆告訴我楊先生無大礙，休養恢復即可。我惴惴不安一整晚，沒想到，第二天的顧問委員會會議，他照常全程出席，跟大家一起討論問題，並對學校學術評價標準提出了中肯的建議，讓我非常感動。

於我而言，楊振寧先生亦師、亦友、亦同道。作為老師，他過去十幾年一直對我悉心幫助，他的學術成就、家國情懷、科研品味，特別是對科學極致之美的追求，無一不是我仰望的榜樣；作為朋友，他對我許以信任和友誼，對我直抒己見，這份信任和友誼是永存我心底的一股暖流；作為同道，他對西湖大學特別地關心、關注和支持，為學校建言獻策，凝聚各方力量。他曾經告訴我：「如果年輕 30 歲，我也會加入西湖大學的！」這真是對我們最好的鼓勵！我期待着 2028 年，與楊先生共同回顧西湖大學正式成立的十年歷程，希望屆時他會感到由衷的欣慰和驕傲。

值楊先生百年壽辰之際，回顧與先生交往點滴，謹以此文表達敬仰之忱，祝願先生幸福安康、松柏常青！

2021 年 8 月 31 日於西湖大學雲棲校區

物理學的美與真：楊振寧的科學貢獻

施郁

復旦大學物理學系

摘要：按時間順序評介楊振寧的 13 項重要貢獻以及 19 項其他貢獻，通過簡要介紹和分析工作的背景、內容、意義和影響，關注各項工作之間的關聯，分析楊先生的風格和品味，顯示一位偉大物理學家的成就過程，着重討論楊－米爾斯（Yang–Mills）理論和「對稱性支配相互作用」原理。楊先生的貢獻中，三分之二以上是關於物理現象與對稱性的關係。對於物理學之美的追尋貫穿了楊先生的科學生涯，特別是，導致了二十世紀後半葉偉大的物理成就 —— 楊－米爾斯理論的創立。

一　引言

　　1983 年楊振寧出版了《論文選集及評論》[1]。1999 年，戴森（Freeman Dyson）評論 [2]：「他試圖在五百頁中向我們展示一位偉大科學家的精神……他精彩地成功了。楊教授是繼愛因斯坦（Albert Einstein）和狄拉克（Paul Dirac）之後，二十世紀物理學的卓越風格大師……他是保守的革命者。」2013 年，楊振寧又出版了《論文選集及評論 II》[3]。

　　在楊振寧的論文中哪些特別重要？對這個問題的一個答案銘刻於 2012 年的那個黑色立方體（清華大學送楊振寧先生 90 歲生日禮物）：

清華大學送贈楊先生的九十壽辰賀禮。

（A）統計力學

A1. 1952 Phase Transition（相變理論）。論文序號：[52a]，[52b]，[52c]。

A2. 1957 Bosons（玻色子多體問題）。論文序號：[57a]，[57b]，[57h]，[57i]，[57q]。

A3. 1967 Yang–Baxter Equation（楊－巴克斯特方程）。論文序號：[67e]。

A4. 1969 Finite Temperature（一維 δ 函數排斥勢中的玻色子在有限溫度的嚴格解）。論文序號：[69a]。

（B）凝聚態物理

B1. 1961 Flux Quantization（超導體磁通量子化的理論解釋）。論文序號：[61c]。

B2. 1962 ODLRO（非對角長程序）。論文序號：[62j]。

（C）粒子物理

C1. 1956 Parity Nonconservation（弱相互作用中宇稱不守恆）。論文序號：[56h]。

C2. 1957 T，C and P（時間反演、電荷共軛和宇稱三種分立對稱性）。論文序號：[57e]。

C3. 1960 Neutrino Experiment（高能中微子實驗的理論探討）。論文序號：[60d]。

C4. 1964 CP Nonconservation（CP 不守恆的唯象框架）。論文序號：[64f]。

（D）場論

  D1. 1954 Gauge Theory（楊－米爾斯規範理論）。論文序號：[54b]，[54c]。

  D2. 1974 Integral Formalism（規範場的積分形式）。論文序號：[74c]。

  D3. 1975 Fibre Bundle（規範場論與纖維叢理論的對應）。論文序號：[75c]。

論文序號是楊振寧自己所編，由出版年加上一個字母組成。我們再列出楊振寧的 19 項其他貢獻：

  E1. 1947 Quantized Spacetime（量子時空）。論文序號：[47a]。

  E2. 1948 Angular Distribution（角分佈）。論文序號：[48a]。

  E3. 1949 Weak Interactions（弱相互作用普適性）。論文序號：[49a]。

  E4. 1949 Fermi–Yang Model（費米－楊模型）。論文序號：[49b]。

  E5. 1950 Selection Rule（π^0 選擇定則）。論文序號：[50a]。

  E6. 1950 Phase Factors of the Parity Operator（宇稱算符相位因子）。論文序號：[50c]。

  E7. 1956 G Parity（G 宇稱）。論文序號：[56d]。

  E8. 1957 Two-Component Theory of Neutrino（中微子二分量理論）。論文序號：[57f]。

  E9. 1957 Hyperon（超子衰變）。論文序號：[57o]。

  E10. 1960 Intermediate Boson（中間玻色子）。論文序號：[60e]。

  E11. 1962 ξ limit（ξ 極限）。論文序號：[62i]。

  E12. 1967 Nonabelian Wu–Yang Monopole（非阿貝爾吳－楊磁單極）。論文序號：[67d]。

  E13. 1968 High Energy Scattering（高能散射幾何模型）。論文序號：[68b]，[68c]，[68d]。

  E14. 1970 Charge Quantization（電荷量子化）。論文序號：[70a]。

  E15. 1976 Monopole Without Strings（無弦磁單極）。論文序號：[76c]，[76d]。

E16. 1977 Self-dual Gauge Fields（自對偶規範場）。論文序號：[77g]。

E17. 1978 SU$_2$ Monopole in 4D Spherical Space（四維球空間上的 SU$_2$ 磁單極）。論文序號：[78a]，[78g]。

E18. 1989 η pairing（η 配對）。論文序號：[89d]。

E19. 1990 SO$_4$（哈伯德模型的 SO$_4$ 對稱性）。論文序號：[90b]。

這些工作也很重要，粒子物理的工作已成標準知識，或者是歷史性奠基，磁單極和規範場的工作開闢了新領域，η 配對和 SO$_4$ 對稱性對高溫超導理論作出重要貢獻。

下面按時間順序，對這 32 項工作作簡要評述，然後分析影響。最後作進一步討論。為有助於分析，參考了 Web of Science 數據庫（截至 2021 年 8 月 12 日），但是其範圍有限，也有遺漏，不能全面反映影響。

對 13 項重要科學貢獻已作過評述[4]，這裏盡量不重複。本文綜合筆者兩篇英文文章和兩個會議報告的部分內容[5]，並加上新內容。

二　分項評述

1. 1947 年的量子時空（E1）

楊振寧回憶[6]：「我物理上的品味很大程度上形成於 1938 年到 1944 年在西南聯大學習的時期。這些年裏，我開始欣賞愛因斯坦、狄拉克和費米的工作。」1945 年楊振寧去美國留學，希望跟隨費米（Enrico Fermi）做實驗論文。當時費米的實驗室不能接受外國人，將楊振寧推薦給理論家泰勒（Edward Teller）和實驗家艾里遜（Samuel K. Allison）。楊振寧 1948 年獲博士學位，然後留校做了一年教員。在這裏他走到物理學前沿，特別受到費米風格的影響[7]。泰勒是群論用於物理的專家，楊振寧向他學到很多物理，包括群論的應用。

1947 年是楊振寧「不快活的一年」[8]，但是他寫了 E1 這篇短文，討論了通過時空彎曲實現時空量子化的平移不變性。

2. 1948 年的角分佈（E2）

1947 年楊振寧鑽研了四個課題，一個是核物理和粒子物理中的各種角分佈[9]。E2 基於對轉動對稱和空間反演對稱的分析，得到核反應和核衰變產物的角分佈。在泰勒建議下，楊振寧以此為博士論文，以泰勒為導師，放棄了做實驗的嘗試。

如果在楊振寧所有的論文和演講中找出一個主導性基調，那就是對稱性。對稱性是物理學之美的一個重要體現，在粒子物理中扮演了重要角色。維格納（Eugene Wigner）指出，基本粒子就是龐加萊群的不可約表示。二十世紀下半葉是粒子物理蓬勃發展的時代，楊振寧和他的同事與這個領域一起成長。楊振寧對粒子物理諸多具體問題的貢獻表現了他對對稱性分析的擅長。他往往能準確利用對稱性，用優雅的方法很快得到結果，並突出本質和巧妙之處。

3. 1949 年的弱相互作用的普適性（E3）

1948 年，楊振寧與李政道和羅森布魯斯（Marshall Rosenbluth）注意到，繆子衰變、繆子被原子核俘獲與 β 衰變都有相同數量級的作用強度，猜想由同樣的中間場傳遞（即後來的中間玻色子）[10]。這和其他幾個組的文章將弱相互作用確定為一種基本相互作用。

4. 1949 年的費米－楊模型（E4）

當時普遍認為介子是基本粒子。但是 1949 年費米和楊振寧問「介子會不會是複合粒子」，探討了核子和反核子組成 π 介子的假設。這具有很重要的歷史意義。1961 年，楊振寧評論[11]：「我們並沒有幻想我們的建議與實際一致。事實上，我傾向於將這個工作完全埋藏在筆記本裏，不發表。但是費米說，學生解決問題，研究人員提出問題；他覺得我們提出的問題值得發表。我們提出的問題今天（1963 年）還沒有解決。」

維爾切克（Frank Wilczek）指出[12]，費米和楊振寧提出的問題富有成果。首先，這個模型堅實地以相對論量子場論為框架。其次，由重得多的粒子組成輕的粒子是個解放性概念，夸克和膠子組成介子和核子正是沿着這

條思路。第三，這個模型期待強相互作用和弱相互作用在機制上的深刻類似，這是標準模型的中心特徵，它正是建立在楊－米爾斯理論基礎上。

5. 1950 年的 π^0 選擇定則（E5）

1949 年一次討論會上，有人提出 π^0 介子可以衰變為兩個光子。楊振寧第二天便研究出選擇定則[13]。這一年，楊振寧加入普林斯頓高等研究院，在這裏工作了 17 年。

6. 1950 年的宇稱算符相位因子（E6）

這是楊振寧在普林斯頓的第一個工作，和蒂歐姆諾（Jayme Tiomno）探討了 β 衰變等過程中，自旋 1/2 粒子的宇稱算符的相位因子。次年，在芝加哥的一個會議上，費米專門安排了一段時間來討論這篇文章[14]。這篇文章提出的名詞「普適費米相互作用」（universal Fermi interaction）成為一個標準物理名詞。這個工作經驗在 1956 年分析 β 衰變中宇稱是否守恆時發揮作用。

E2、E5、E6 確定了楊振寧在粒子物理對稱性分析上的領先地位。

7. 1952 年的相變理論（A1）

楊振寧 1947 年鑽研的四個課題之二是昂薩格（Lars Onsager）二維伊辛模型的嚴格解，但沒能理解它的整體思想。在普林斯頓，楊振寧了解到考夫曼（Charlie Kaufman）簡化了昂薩格的方法，發現可以計算出自發磁化強度[15]。

1952 年，楊振寧單獨以及與李政道合作發表了三篇有關相變的重要論文。第一篇就是前一年獨立完成的二維伊辛模型自發磁化強度論文。還和李政道合作了兩篇格氣模型的論文，通過解析延拓到逸度的複平面上，計算出氣液相變的相圖，消除了梅耶（Joseph E. Mayer）1937 年文章之後一直爭論不斷的疑惑[16]：「氣體分子如何『知道』它們何時聚集成液體還是固體」[17]。這兩篇論文的高潮是單位圓定理。楊振寧本人稱其為「一個小珍品」。呂埃勒（David Ruelle）以此作為傑出典範，解釋數學定理是如何猜測和證明的[18]。

8. 1954 年的楊－米爾斯規範理論（D1）

楊振寧 1947 年鑽研的四個課題之三是泡利（Wolfgang Pauli）的綜述文章中介紹的電磁規範理論。楊振寧對於通過規範（指相位）不變性得到電荷守恆印象深刻，後來才知道這個理論是韋耳（Hermann Weyl）創立的。1947 年楊振寧曾試圖將它推廣到非阿貝爾規範理論，以便描述粒子間的相互作用，但是沒有成功 [19]。

1953 年至 1954 年，楊振寧在布魯克海文實驗室（Brookhaven National Laboratory）訪問，與米爾斯（Robert L. Mills）在同一辦公室。楊振寧向米爾斯介紹了推廣規範理論的嘗試。當時，愈來愈多的介子被發現，拉比感歎：「誰預訂了它們？」人們考慮各種形式的相互作用。楊振寧覺得，顯然需要一個原理，來寫下相互作用 [20]。

1954 年，楊－米爾斯規範理論（即非阿貝爾規範理論）發表。在兩篇短文中，楊振寧和米爾斯將韋耳的阿貝爾規範理論推廣到非阿貝爾規範理論。

這個當時沒有被物理學界看重的理論，通過後來許多學者於 1960 到 1970 年代引入的自發對稱破缺與漸進自由的觀念，發展成今天的標準模型。這被普遍認為是二十世紀後半葉粒子物理學和量子場論的總成就，主導了長期以來粒子物理學和量子場論的研究。大約有 10 位理論物理學家因為基於楊－米爾斯理論的工作獲得諾貝爾獎。

楊振寧和米爾斯進行這個推廣的動機清晰表達於他們 1954 年的第一篇短文 [54b]。那是楊振寧在當年在華盛頓召開的美國物理學會四月會議 M 會場（主持人是戴森）所作報告的摘要，大概在 4 月 1 日之前作為會議摘要投稿。摘要寫道：「電荷是電磁場的源。這裏的一個重要概念是規範不變性，它緊密相關於（1）電磁場的運動方程，（2）流密度的存在，（3）可能存在的帶電的場與電磁場的相互作用。我們嘗試將這一規範不變性的概念推廣，以用於同位旋守恆。」

因此楊振寧和米爾斯所做的，是將電磁相互作用與阿貝爾規範場之間的緊密關係推廣到一種新的相互作用與非阿貝爾規範場之間的緊密關係。另一個動機，正如第二篇短文 [54c] 的摘要強調的，是將同位旋對稱從與時

空無關的整體對稱性推廣到依賴於時空的局域對稱性，從而確定相互作用的形式。而電磁相互作用的麥克斯韋方程和同位旋守恆都是有實驗基礎的。

從數學觀點講，這是從描述電磁學的阿貝爾規範理論到非阿貝爾規範理論的推廣。而從物理觀點上講，是用此種推廣發展出新的相互作用的基礎規則。也就是說，他們敲開了後來楊振寧所說的「對稱性支配相互作用」這一基本原理的大門。這是劃時代的，革命性的。

今天知道，在主宰世界的四種基本相互作用中，引力由愛因斯坦的廣義相對論描述，電磁和弱相互作用統一成電弱相互作用，它和強相互作用都由楊－米爾斯理論描述。楊－米爾斯理論與廣義相對論也有類似之處。楊振寧將背後的原理總結為「對稱性支配相互作用」[21]，可以說這個原理最初由愛因斯坦創立廣義相對論時開啟。

「對稱性支配相互作用」成為研究基本相互作用的總原理，是過去半個多世紀理論物理的主要精神，貫穿了粒子物理標準模型的建立以及超越標準模型的嘗試，也將繼續為未來的進展提供指導。楊－米爾斯理論是二十世紀後半葉偉大的物理成就，楊－米爾斯方程與麥克斯韋方程和愛因斯坦方程共同具有極其重要的歷史地位。

楊－米爾斯理論有「開天闢地」的崇高地位，它的成功是物理學史上的一場革命。但是楊振寧的出發點並不是要搞革命，而是要在複雜的物理現象背後尋找一個原理，建立一個秩序。這種秩序的建立是楊振寧追求物理美的一個主要表現。作為保守的革命者，他引起的革命是不得已而為之，是建設性的，而非破壞性的。但當革命性的思想確實需要時，他又果斷地採納。雖然最初得到楊－米爾斯規範理論時，楊－米爾斯規範粒子的質量問題不能解決，但物理直覺、理論的美以及對規範對稱性的重視使得楊振寧相信這個理論一定是正確的一步。提出楊－米爾斯理論的核心驅動力正是來自規範不變性的美和力量[22]。我們可以模仿一下杜甫的詩：楊米千古事，得失作者知。

1954 年楊－米爾斯理論的原始論文 [54c] 最後一段寫道：「在電動力學中，人們認為，電荷守恆要求光子質量消失。對於 b 場，沒有相應的論

證，雖然同位旋守恆成立。因此我們對於 b 量子不能做出任何結論。」這
裏，b 場即楊－米爾斯規範場，b 量子即楊－米爾斯規範粒子。

這段話頗有預見性[23]。後來發現，楊－米爾斯規範粒子的質量確實可
能不為零，也可能為零。對稱性自發破缺在保持物理定律的對稱性前提
下，允許現象的對稱破缺，這導致弱相互作用的規範粒子質量。而描述強
相互作用的量子色動力學中，規範對稱沒有破缺，規範粒子膠子的質量確
實為零，但是夸克和膠子被囚禁着。

對於對稱性自發破缺機制，楊振寧曾經評論道[24]：「自發破缺的觀念既
解決了規範粒子的質量問題，又沒有破壞對稱精神。」

1999 年，戴森説[25]：「非阿貝爾規範場的發現打下了一個新的知識結構
的基礎，這個知識結構的建造花費了 30 年。按照現代理論所描述，又為
現代實驗所證實的，物質的狀態是非阿貝爾規範場的湯，這些規範場由楊
振寧 45 年前發現的數學對稱性聚集在一起。」

2009 年，戴森説[26]：

> 楊振寧佔據了韋耳的位置，成為我這一代物理學家的領頭鳥⋯⋯楊
> 振寧還畫龍點睛地指出，愛因斯坦的引力理論符合同一個框架⋯⋯非阿
> 貝爾規範場生成非平庸的李代數，場之間的相互作用形式被唯一地確定
> 下來。這個想法是楊振寧對物理學最大的貢獻。這是一個翱翔於我們其
> 他窮其一生所研究的小問題所構成的雨林之上的鳥的貢獻。

2002 年在巴黎的聯合國教科文組織舉行的理論物理大會的最後一個大
會報告中，楊振寧指出，二十世紀理論物理的主旋律是對稱性、量子化和
相位因子[27]。楊－米爾斯理論正是這三個主旋律通過交融和變奏達到的高潮。

9. 1956 年的 G 宇稱（E7）

1955 年，反質子發現後，楊振寧和李政道提出 G 宇稱的概念，聯合電
荷共軛對稱和同位旋對稱，由此確定了強相互作用過程的一些選擇定則[28]。

10. 1956 年的弱相互作用中宇稱不守恆（C1）

1956 年，「θ–τ 之謎」是粒子物理學中最重要的難題。θ 和 τ 這兩個粒子在弱相互作用主宰下，分別衰變成 2 個和 3 個 π 介子，而 π 介子的宇稱是 -1，因此 θ 和 τ 的宇稱分別是 +1 和 -1。但是 θ 和 τ 的質量和壽命完全一樣。當時普遍討論宇稱是否可以不守恆。如果宇稱守恆，那麼 θ 和 τ 就是兩個不一樣的粒子，大自然就需要將它們的其他性質微調成完全一樣。這是很奇怪的。

楊振寧和李政道從「θ–τ 之謎」這個具體的物理問題走到一個更普遍的問題，提出「宇稱在強相互作用與電磁相互作用中守恆，但在弱相互作用中也許不守恆」的可能，將弱相互作用主宰的衰變過程獨立出來，然後經具體計算，發現原來以前並沒有實驗證明在弱相互作用中宇稱是否守恆，他們還進一步指出了好幾類弱相互作用關鍵性實驗，以測試弱相互作用中宇稱是否守恆 [29]。吳健雄於 1956 年夏決定做他們指出的幾類實驗中的極化原子核 β 衰變的實驗。次年 1 月初，她領導的實驗組通過用低溫方法極化的 ^{60}Co 原子核 β 衰變實驗證明在弱相互作用中宇稱確實不守恆，引起整個物理學界的巨大震盪。因為這項工作，楊振寧和李政道獲得 1957 年的諾貝爾物理學獎。

量子力學的興起使得對稱性在物理學中佔據前所未有的重要地位。它將原子光譜中的量子數 l 和 m 解釋為轉動算符的本徵值。到了 1950 年代，所有的量子數與對稱操作聯繫在一起。宇稱與空間反演或鏡面反射相聯繫。因此宇稱守恆有着直覺上的吸引力，被當作自然的、神聖的，而且在實驗上非常有用，特別是在核物理的實驗分析方面。所以不難理解，在這樣的氣氛下，1956 年楊振寧和李政道建議檢驗弱相互作用中宇稱是否守恆的文章受到普遍的異議乃至嘲弄。同樣也不難理解，1957 年初吳健雄宣布她的實驗結果後，楊振寧和李政道的這一研究當年即榮獲諾貝爾獎。這個得獎速度創造了諾貝爾獎整個歷史上的記錄，至今未被打破，前無古人，後無來者。

温伯格（Steven Weinberg）說過 [30]：「李政道和楊振寧扭轉了從愛因斯坦開始的物理學家的一個傾向，即對稱性是不言而喻的原理。每個人都感到這一突破帶來的激動。」

11. 1957 年的時間反演、電荷共軛和宇稱三種分立對稱性（C2）

1956 年接近年底時，楊振寧、李政道和歐米（Reinhard Oehme）寫好這篇論文，討論弱相互作用中，三種分立對稱性各自不守恆之間的關係。宇稱不守恆實驗上確定後，1957 年 1 月 7 日投稿 [31]。

12. 1957 年的中微子二分量理論（E8）

宇稱不守恆意味着，可以用手性區分中微子和反中微子（自旋總是沿着或逆着運動方向），各自波函數只有兩個分量。因此實驗上確定宇稱不守恆後，楊振寧和李政道 1 月 10 日又提交了中微子二分量理論文章，詳盡討論了實驗相關問題，簡潔地指出中微子探測的截面應該是原來理論結果的雙倍 [32]。在有實驗證據之前不隨便猜測，而有了實驗證據後透徹討論，這種研究風格有費米之風。這個理論還促進了弱相互作用矢量－軸矢量理論的建立，具有重要歷史地位。

雷納斯（Frederick Reines）在諾貝爾演講中説：「正如我們幾年後從李政道和楊振寧處了解到的，截面應該擴大到兩倍，因為宇稱不守恆及中微子手性。」

13. 1957 年的玻色子多體問題（A2）

1955 年開始，楊振寧和黃克孫、路丁格（Joaquin Luttinger）合作，將贋勢法用到玻色子多體問題。由於一個發散問題，這個工作的兩篇論文遲至 1956 年 10 月才投稿 [33]。

1956 年 4 至 6 月，楊振寧和李政道集中研究「θ–τ 之謎」。然後在等待粒子物理實驗結果的時候，楊振寧回到玻色子多體問題，和李政道用二元碰撞方法，得到了與贋勢法一致的結果，而且通過將最發散的項求和，首先得到了正確的基態能量修正。然後又和黃克孫、李政道用贋勢法得到同樣的結果以及低激發譜。

由於粒子物理方面的工作壓力，他們寫了二元碰撞計算的簡單總結，12 月投稿。1957 年 1 月，在多體理論會議上，楊振寧對這兩個方法作了綜述。3 月 19 日他們將贋勢法的結果投稿。

在獲得諾貝爾獎之後，楊振寧和李政道有時間回到玻色氣體問題。他們先是將李－黃－楊贗勢法擴展到有限溫度，在兩篇文章中給出了低溫簡並稀薄玻色氣體的熱力學函數和輸運性質，然後又寫了五篇文章，通過巨正則系綜和變分方法討論了各種性質[34]。1960 年，楊振寧在多粒子問題會議上，對這些工作做了綜述，其中有一些討論與兩年後的非對角長程序論文相關。

1992 年，楊振寧被問到「他選擇 10 到 20 年後變得重要的問題的能力」，他回答[35]：「必須尋找與物理現象或者與物理學基本結構直接相關的課題。」玻色子問題就是他這一方法論的一個很好的例子。

14. 1957 年的超子衰變（E9）

宇稱不守恆確立後，人們紛紛研究其他弱衰變實驗，包括超子衰變為 π 介子和核子。楊振寧和李政道對此作了分析。他們定義的幾個關鍵參數成為這個領域的標準語言。

15. 1960 年的高能中微子實驗的理論探討（C3）

因為中微子束方法和 μ 中微子的發現而獲得諾貝爾獎的斯坦伯格（Jack Steinberger）指出[36]：「這種實驗的物理意義在李政道和楊振寧的論文中被列表討論，這個文章被證明是預知未來的……當中微子束和探測器愈來愈有力後，這些過程成為多年深入實驗的課題。」

在這篇文章中，楊振寧和李政道也討論了傳遞弱相互作用的中間玻色子，並命名為後來被廣泛採用的 $W^{\pm}$。

16. 1960 年的中間玻色子（E10）

1957 年 4 月羅切斯特會議上，楊振寧曾經提出弱相互作用的中間矢量場可能是規範場[37]。後來有更多人這麼猜測。但是楊振寧和李政道並不喜歡猜測性的工作，而是採取更踏實的策略，集中於中間玻色子的唯象和邏輯分析。楊振寧認為不應當馬虎地將規範場變成唯象的東西，認為有的牽強嘗試破壞了規範不變性。

在 1960 年的這篇文章中，他們考慮實驗事實的限制，對中間玻色子場作了若干理論探討。與一位合作者所作的中微子束產生 W 粒子的截面計算另外成文。

17. 1961 年的超導體磁通量子化的理論解釋（B1）

1961 年夏，楊振寧訪問斯坦福大學[38]。在那裏，費爾班克（William Fairbank）和戴佛（Bascom Deaver）在實驗上發現超導環中磁通量子化。楊振寧和拜爾斯（Nina Byers）合作，給出這一現象的正確理論解釋。

18. 1962 年的 ξ 極限（E11）

這篇文章也是楊振寧和李政道關於 W 粒子的唯象和邏輯研究，是關於它們與電磁場的相互作用。為了處理一個發散問題，楊振寧發明了叫做 ξ 極限的方法[39]。這個方法後來也用在規範理論中。

19. 1962 年的非對角長程序（B2）

楊振寧的玻色氣工作引導他考慮密度矩陣的結構，磁通量子化工作引導他考慮超導理論的涵義，這些問題最終統一起來。1962 年，楊振寧提出非對角長程序的概念。他後來指出，此文是「我一直所喜愛的文章，雖然意猶未盡。」[40]

2006 年，萊格特（Anthony J. Leggett）在量子凝聚的專著中說[41]：「我從一開始就採納首先由楊振寧闡明的觀點，即應該簡單地考慮在對所有粒子的行為平均之下，單粒子或者粒子對的行為，用術語說，就是單粒子或兩粒子密度矩陣。」

20. 1964 年的 CP 不守恆的唯象框架（C4）

此文集中於未來實驗的仔細分析。克羅寧（James Cronin）指出[42]：「在 1964 年的所有這些理論文章中，只有兩篇今天還被引用。其中之一是吳大峻和楊振寧的題為〈K^0 和 $\overline{K^0}$ 衰變的 CP 守恆的破壞的唯象分析〉的文章……在過去的 29 年中是實驗的指導。」

與 C2 一道，此文定義了使用至今的理論框架和術語。斯坦伯格在回憶，正是吳－楊文章啟發他去測量中性 K 介子衰變的主要參數[43]。

21. 1967 年的非阿貝爾吳－楊磁單極（E12）

本文是楊振寧 1955 年之後的第一篇規範場論文。這是經典純楊－米爾斯理論的第一個解。

22. 1967 年的楊－巴克斯特方程（A3）

楊振寧 1947 年鑽研的四個課題之四是貝特（Hans Bethe）1931 年關於一維鐵磁體的文章。1962 年，楊振寧完成非對角長程序工作之後，重燃對貝特擬設的興趣，導致 1967 年關於楊－巴克斯特方程的工作[44]。楊－巴克斯特方程成為一個重要領域。

23. 1968 年的高能散射幾何模型（E13）

1965 年開始，楊振寧與合作者對高能強子碰撞作了一系列研究，將強子看成一個延展物，發展了一個唯象幾何模型，解釋了很多現象，提出許多被普遍使用的概念。我們選擇 1968 年與鄒祖德合作的文章作為代表。

24. 1969 年的一維 δ 函數排斥勢中的玻色子在有限溫度的嚴格解（A4）

這是歷史上首次得到的有相互作用的量子統計模型在有限溫度（T>0）的嚴格解。關於這項工作，楊振寧評論[45]：「它形成了起飛的穩固平台。」

25. 1970 年的電荷量子化（E14）

此文證明了規範群緊致導致了所有的電荷必須是某個基本單位的整數倍。索利斯（David J. Thouless）在他書中介紹了這個論證[46]。

26. 1974 年的規範場的積分形式（D2）

1967 到 1968 年，楊振寧注意到規範場場強與黎曼幾何中的黎曼張量之間的類似，意識到規範場有深刻的幾何意義[47]。此文是 1954 年推廣規範理論的兩個動機之後的第三個動機或者方法，將不可積相位因子推廣為不可積李群元素。

27. 1975 年的規範場論與纖維叢理論的對應（D3）

楊振寧和吳大峻意識到規範對應於主座標叢，勢對應於主纖維叢上的聯絡，規範場具有整體的幾何涵義，可以自然地用纖維叢概念表述[48]。

菲爾茲獎獲得者阿蒂亞（Michael Atiyah）寫道[49]：「1977 年以後我的興趣轉向規範理論以及幾何與物理的相互作用……1977 年的激勵來自兩個源泉。一方面，艾沙道爾·辛格（Isadore Singer）告訴我楊－米爾斯方程，通過楊振寧的影響，它正在向數學圈滲透。」

這篇文章包含了用不可積相位因子，重新研究狄拉克磁單極。這在文獻中有時稱作阿貝爾吳－楊磁單極，揭示了拓撲和物理的深刻聯繫。

出於對阿哈羅諾夫－玻姆（AB）效應的濃厚興趣和深刻理解，楊振寧還建議外村彰用超導環驗證 AB 效應，實驗 1986 年成功，通過電子全息術測量了 AB 相位[50]。

28. 1976 年的無弦磁單極（E15）

楊振寧和吳大峻意識到可以用纖維叢概念討論磁單極問題，揭示背後的非平庸叢真正特性，解決幾十年關於奇異弦的困難。楊振寧認為這是他最優雅的工作之一[51]。

29. 1977 年的自對偶楊－米爾斯場（E16）

楊振寧討論了楊－米爾斯場的自對偶條件，得到一個類似拉普拉斯方程的方程。這後來被稱為楊方程[52]。唐納森（Simon Donaldson）以自對偶楊－米爾斯場為工具，得到唐納森定理，從而獲得 1986 年菲爾茲獎。

30. 1978 年的 4 維球空間上的 SU_2 磁單極（E17）

楊振寧將狄拉克磁單極推廣到五維平直空間或者四維球空間的 SU_2 規範場，它具有 SO_5 對稱性。

31. 1989 年的 η 配對（E18）

楊振寧通過 η 配對機制，在哈伯德模型（Hubbard model）裏找到很多具有非對角長程序的本徵態。

32. 1990 年的哈伯德模型的 SO_4 對稱性（E19）

在 η 配對基礎上，楊振寧和張首晟發現了哈伯德模型的 SO_4 對稱性，與超導性和磁性都相關[53]。在此基礎上，張首晟發展出高溫超導的 SO_5 理論。

三　影響和引用情況

從影響力和引用分析，上述 32 項工作主要可以分為七類。

第一類最特殊，是 **D1**。很少人知道第一篇短文的存在。第二篇論文，即楊－米爾斯理論原文，被 1,992 篇文章引用（圖 1）。1979 年的最高峰之前，每年引用呈增加趨勢，特別是 1960 年代初和 1970 年代中期有跳躍式增加。然後原文引用下降，1990 年代以來持續穩定增加。

但是引用數只是反映引用原文的情況，楊－米爾斯理論原文已發表多年，已成為標準知識，絕大多數人不引用原文了。這反襯其重要性，就好比關於相對論的文章一般不引用愛因斯坦的原文。在 Web of Science，在文章主題中搜索「Yang Mills」得到 20,931 篇文章，而在標題中搜索「Yang Mills」得到 6,016 篇文章；在文章主題和標題中搜索「nonabelian gauge」（非阿貝爾規範），分別得到 7,224 篇和 959 篇文章；在文章主題和標題中搜索「nonabelian gauge」，分別得到 5,290 篇和 137 篇文章。總共是原文引用數的 20 多倍。

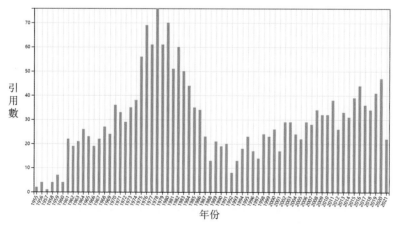

圖 1 1954 年楊－米爾斯理論的論文的歷年施引文章數，總數是 1,992。

第二類是**不斷上升型**。屬於此類的是 **A1**，即 1952 年的三篇相變論文。剛發表時，重要性沒有立即充分顯示出來，但是此後不斷顯示出來，每年引用數保持單調上升趨勢，漲落很小，現在還在不斷保持上升。圖 2 顯示，三篇文章被引用情況非常類似。在 1960 年代有一個跳躍，然後一直保持增

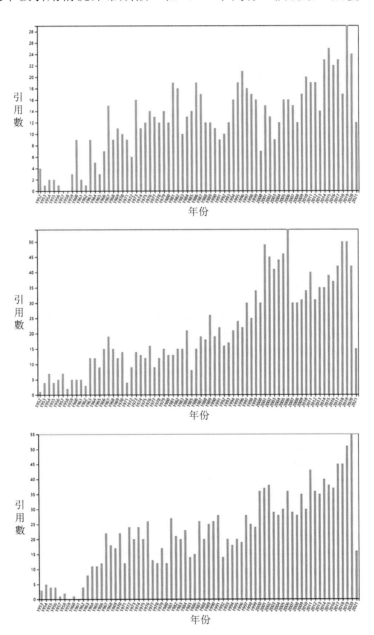

圖 2 1952 年三篇相變論文（按發表順序排列）的歷年施引文章數，總數分別是 875、1,503 和 1,535。

長趨勢。通常論文每年被引用數呈下降趨勢。這個「反常」的共同形態反映了統計力學的發展情況和持續性，以及這三篇相變論文的重要地位。

第三類是**波浪上升型**。屬於此類的有 **A3** 和 **A4**（圖 3）。

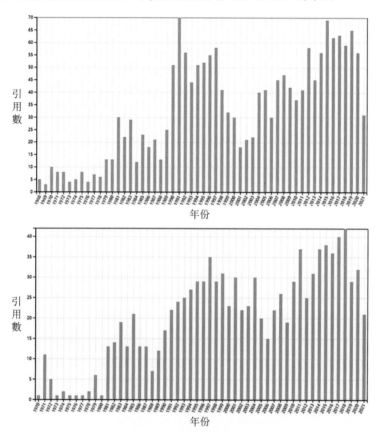

圖 3 按時間順序排列：1967 年楊－巴克斯特方程的論文（A3）的歷年施引文章數，共 1,775；1969 年有限溫度下一維玻色子的論文（A4）的歷年施引文章數，共 1,052。

A3 被 1,775 篇文章引用，1980 年代有一個峰，1990 年有一個更大的峰，2000 年以來穩定增長。A4 被 1,052 篇文章引用，1971 年、1980 年代、1990 年代以及近年來，有愈來愈高的峰。

與第二類相比，第三類的引用存在一點下降階段，但是不改變向上的長期趨勢。說明在暫時冷卻後，有新發展，新熱潮再次興起，而且持續時間和高度都超過以前。

第四類是**衰減復興型**。屬於此類的有：**C1**，**C2**，**A2**，**B1**，**B2**，**E2**，**E4**，**E5**，**E9**。這類工作發表後立即有其他研究者跟隨，體現於發

表後緊隨的引用峰。然後有個衰減階段。但是後來因為新的發展，引用又開始增加。

　　獲諾貝爾獎的 C1 很快為實驗所證實，出現引用極高峰（圖 4）。因為是歷史里程碑式的工作，問題解決後，成為本領域的核心知識，原文的引用自然出現衰減。但是 1990 年代以來，引用又增加起來，C2 亦如此，不過都沒有超過當初的高峰。

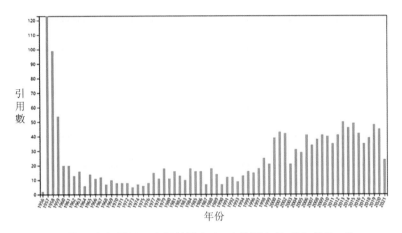

圖 4　質疑弱相互作用中宇稱是否守恆的論文（C1）的歷年施引文章數，共 1,640。

　　而 A2、B1、B2 復興後的影響和引用都遠超當初，因為後來的相關實驗和理論工作遠多於當初。多年後，愈發顯得重要。例如，A2 研究的玻色氣當初沒有實驗，後來有冷原子這個新領域。四篇文章都是這種類型，特別是李－黃－楊修正文章，近年來保持強勁的增長勢頭，並不斷創新高（圖 5）。

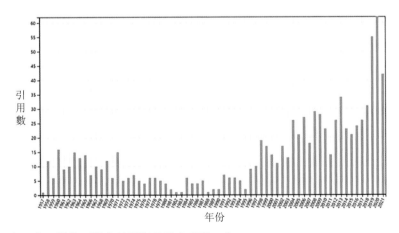

圖 5　李－黃－楊修正論文的歷年施引文章數，共 897。

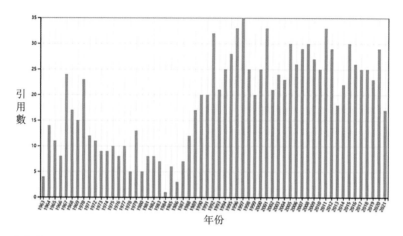

圖6　非對角長程序論文 (B2) 的歷年施引文章數，共 1,106。

B2 在 1968 年左右有一個引用峰，1980 年代後出現了高原 (圖 6)，
表明近年來有很多關於量子凝聚現象的研究。

E5 的引用復興尤為突出 (圖 7)。在 1950 年代引用較多，這是很自然
的。有趣的是，從 1970 年代開始，引用在趨勢上愈來愈多。本世紀以來，
每年引用很多，遠超以前，出現了引用高原。

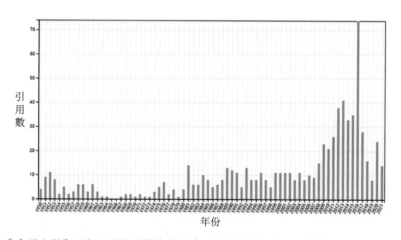

圖7　π^0 介子衰變為兩個光子的選擇定則文章 (E5) 的歷年施引文章數，共 749。

第五類是**恆強型**。屬於此類的有：**D3**，**E15**，**E19**。

D3 和 E15 第一篇文章發表後立即產生重大影響，引發熱潮。很多年
來引用趨勢基本沒有衰減 (圖 8)。這是因為發現了豐富的礦，物理學家
和數學家能從中不斷發掘出新的發現。

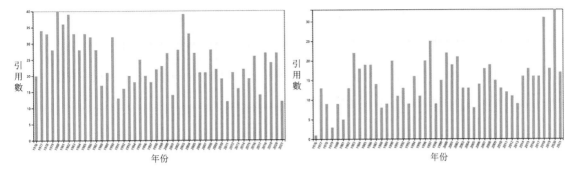

圖 8 楊振寧和吳大峻 1975 年規範場與纖維叢對應的論文（D3）以及 1976 年第一篇磁單極論文（E15）的歷年施引文章數，分別共 1,128 和 683。

第六類是**波浪型**。屬於此類的有：η 配對（E19）。隨着相關領域的情況變化，引用數有峰有谷。E19 在 1997 年達到高峰（圖 9），然後下降，目前正在攀登第二個峰。相對而言，此文發表時間距今還不長。

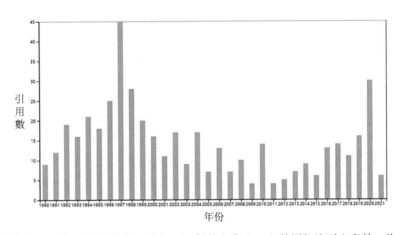

圖 9 楊振寧 1990 年關於哈伯德模型中 η 配對的文章（E19）的歷年施引文章數，共 459。

第七類叫**沉睡蘇醒型**。屬於此類的有：E1，E17。發表後一直引用極少，但是多年後，每年引用數開始增加。從沉睡時間和蘇醒幅度來説，最突出的是 E1，1990 年代之前，引用很少。但是 1990 年代開始，特別是本世紀以來，因為非對易幾何的興起，引用大大增多（圖 10）。

第八類是**衰減型**。屬於此類的有：C3，C4，D2，E6，E7，E8，E10，E11，E13，E16。D2（規範場積分形式）和 E16（自對偶楊－米爾斯場）開闢新領域，提出新視角，都非常重要。其他都是粒子物理唯象

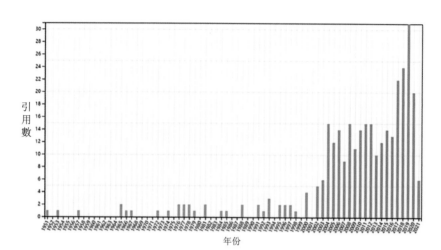

圖 10　楊振寧 1947 年量子化時空的短文（E1）的歷年施引文章數，共 322。

工作，與實驗密切聯繫，引領本領域飛速發展，有很強的時效性。大多數
工作已經成為重要的標準知識，進入教科書，很多人不引用原文了。如果
將來出現復興，就轉化為衰減復興類。

　　E3 和 E14 引用較少，大概是因為討論很基本的問題，很快成了標準
知識。E12 發表於泰勒 60 歲壽辰的祝壽文集，很多人不引用原文。E12
和 E19 在 Web of Science 沒有引用信息。在 Google Scholar，分別有 80
和近千個引用。

　　13 項重要貢獻迄今總共被 14,766 篇文章引用 17,364 次。19 項其他
貢獻中除 E12 和 E19 之外，17 項貢獻被 5,863 篇文章引用 6,356 次。198
篇文章（幾乎所有被 Web of Science 收錄的文章）總共被 24,539 篇文章引

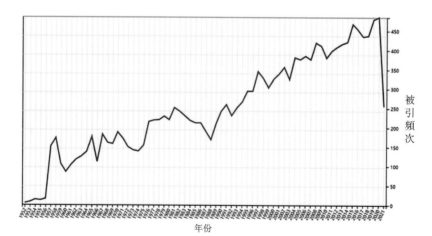

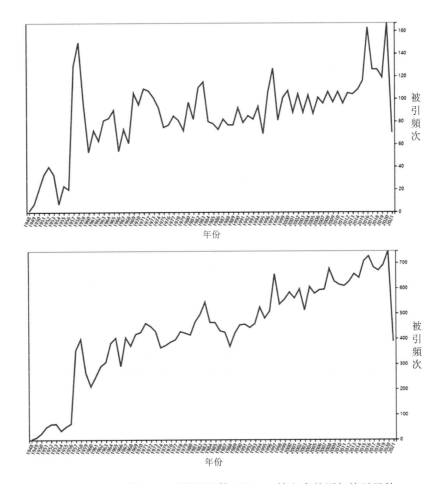

圖 11 楊振寧的 13 項重要貢獻、17 項其他貢獻以及 198 篇文章的歷年總引用數。

用了 32,103 次。圖 11 顯示了歷年引用數，13 項重要貢獻和所有文章的引用趨勢非常一致，說明前者確實是突出代表。

不管是 13 項重要貢獻，還是其他貢獻，都反映出楊振寧很多成果的生命力非常強，說明他眼光非常深遠。

四　討論

楊振寧是二十世紀後半葉理論物理大師，具有極其鮮明獨特的研究風格和品味，可以概況為：原創、優雅、功力、物理。他曾經總結物理工作成功的三個要素[54]：眼光（perception）、堅持（persistence）、力量（power）。這正是他本人工作的寫照。

　　無論是場論與粒子物理，還是統計力學與凝聚態物理，楊振寧的研究工作都體現了他對物理學理論的美的追尋，一方面與實驗事實緊密相關，一方面又注重物理學的基本結構和理論形式的優美。這種追求和特徵貫穿了他的整個研究生涯。從學生時代直到現在，楊振寧總是有自己的思想、想法和直覺，做研究不趕時髦，不隨大流，不落俗套，而是獨立思考，從物理現象和從自己的物理思想出發，作出深刻的發現，展示物理之美。

　　楊振寧伴隨了整個二十世紀後半葉的物理學發展。他有些工作的重要性因為得到實驗支持很快被承認，最著名的例子是關於弱相互作用中宇稱不守恆的工作；而有些工作的重要性經過很多年以後才被其他物理學家接受，成為相關領域的奠基石，最著名的例子就是楊－米爾斯理論。因為醉心於自己的追求，楊振寧會把一時還不能完善或尚未顯示出其重要性的想法放在一邊，等待時機成熟。他將論文選進《選集》時，也不單純以物理重要性為標準。正所謂「文章千古事，得失寸心知」。

　　1954 年，楊振寧和米爾斯從物理結構出發提出楊－米爾斯理論時，雖然知道這是一個極美的理論，但當時並沒有意識到它如此重要，更不了解規範場的幾何意義。楊振寧是物理學家，不是數學家，是從物理現象歸納基本理論，而這些基本理論的結構需要用數學表達。在追尋物理理論的美的過程中，他紮根於物理現實。但他又具有高超的數學能力，能夠欣賞數學之美。

　　值得注意的是，在楊振寧的 13 項重要貢獻中，三分之二以上是關於物理現象與代數或幾何的對稱性之間的關係。在另外列出的 19 項貢獻中，大概也是如此。這表明了在楊振寧的思考中，對稱性佔據中心地位。

　　1979 年，在紀念愛因斯坦百年壽辰的演講中，楊振寧總結了「對稱支配力量」（或者「對稱性支配相互作用」）這一論斷 [55]。今天可以清楚地看到：(1) 這個論斷簡潔地抓住了過去半個世紀理論物理主要的概念性進展，(2) 這個論斷將繼續為理論物理的進步提供一般性指導。

　　楊振寧梳理，在愛因斯坦提出的狹義相對論基礎上，閔可夫斯基（Hermann Minkowski）最早發現了對稱性原理：物理定律必須滿足在洛倫

茲變換下的不變性。廣義相對論基於洛倫茲不變性到廣義座標不變性的推廣，愛因斯坦由此決定了引力場方程，確定了引力定律。可以說，愛因斯坦通過廣義相對論開啟了「對稱性支配相互作用」這個原理。

楊－米爾斯理論提出時，並沒有考慮到廣義相對論，只是作為韋耳的電磁規範理論的推廣。但是韋耳電磁規範理論源於推廣廣義相對論的嘗試，後來將尺度因子改為相位因子

在四種基本相互作用中，引力由廣義相對論描述，其他三種力直接主宰物質微觀結構，由楊－米爾斯理論描述。廣義相對論和楊－米爾斯理論都由對稱性決定。

「對稱性支配相互作用」使得主宰世界的基本規律別無選擇，成為必然，可以被確定，消除了任意性。也就是說，在深層次的規律上，美就是真，真就是美，美支配真，通過美確定真。當然，要通過實驗檢驗。這是人類思想史上極其深刻的一筆。

十六世紀，日心說被哥白尼（Nicolaus Copernicus）提出時，並不比托勒密（Claudius Ptolemy）的地心說更符合觀測，優點在於美。哥白尼甚至還借用托勒密的方法，對地球用了偏心，對其他行星和月球用了本輪。日心說在觀測上的優勢，要等到伽利略（Galileo Galilei）用望遠鏡作出的發現。而它在理論的缺陷，要等到開普勒（Johannes Kepler）提出橢圓軌道來改進。然而哥白尼依然提出行星繞日轉動，這個核心思想是正確的，其他的問題後來得到解決。

與之類似，楊－米爾斯理論非常美，然而提出時，規範粒子質量問題沒有解決，沒有直接的實驗支持。但是楊－米爾斯理論的核心元素是正確的，規範粒子質量問題後來得到了解決。粒子物理標準模型的成功證實了楊振寧的眼光、判斷和勇氣。這是物理學歷史的幸運。

「對稱性支配相互作用」原理的歷史脈絡就是：

愛因斯坦－韋耳－楊振寧

1995 年，漸近自由發現者之一、2004 年諾貝爾獎得主格羅斯（David Gross）說[56]：「對稱性支配相互作用而楊振寧支配對稱性。」

戴森認為，楊－米爾斯理論是狄拉克方程之後，理論物理最重要的
發現。

戴森 2015 年評論了他 1999 年關於楊振寧的文章 [57]：

> 我強調了楊振寧的三個傑出品質，這些品質通常很難結合在一起。
> 第一，奇特的數學技巧，這使得他能夠解決技術問題。第二，對自然的
> 深刻理解，這使他問重要的問題。第三，社會精神，使他在中華文明的
> 復興中扮演了重要角色。這三個品質共同將他塑造成他，一位繼往開來
> 的保守革命者。

愛因斯坦、韋耳和楊振寧是「對稱性支配相互作用」這一思想的三位
關鍵人物。他們曾同時是戴森在普林斯頓高等研究院的同事，包括構造
楊－米爾斯理論的時期，雖然楊振寧沒有與愛因斯坦和韋耳討論過這個
問題 [58]。楊－米爾斯理論完美詮釋了研究院院徽（圖 12）所表達的美與真
的理念。那是研究院創辦者弗萊科斯納（Alexander Flexner）從濟慈（John
Keats）的詩受到的影響：

> 美即是真，真即是美
> （*Beauty is truth, truth beauty*）

圖 12　普林斯頓高等研究院的院徽。

五　致謝

感謝楊振寧先生的討論並提供黑色立方體的照片。

有幸與楊先生交往多年，並得到楊先生多年指導，不勝感激。2002 年夏在巴黎國際理論物理大會聆聽楊先生講二十世紀理論物理的三個主旋律；2003 年夏在石溪坐楊先生開的車，一起在中餐館用餐；2003 年下半年收到楊先生傳真來的他 1947 年關於非阿貝爾規範場的嘗試；2003 年聖誕節前，聽楊先生說他要回北京定居，並收到《歸根》詩傳真；2004–2005 年在楊先生處（清華大學高等研究中心）做高級訪問學者，也旁聽了楊先生所有的大學物理課；此後與楊先生多次重聚……都是永遠清晰珍貴的記憶。關於物理學和物理學史，很多次當面或郵件請教楊先生，受益匪淺。將來爭取整理出一些文字。

感謝楊振寧先生對物理學的偉大貢獻！恭祝楊振寧先生百歲生日快樂！祝楊先生保持身體健康，科學生涯再譜新篇！

1　Chen Ning Yang, *Selected Papers 1945–1980 with Commentary* (W. H. Freeman, 1983; Singapore: World Scientific, 2005).

2　Freeman Dyson, "A conservative revolutionary", *Modern Physics Letters A*, 14: 1455–1459 (1999).

3　Chen Ning Yang, *Selected Papers II with Commentaries* (Singapore: World Scientific, 2013).

4　施郁：〈物理學之美：楊振寧的 13 項重要科學貢獻〉，《物理》，43 卷（2014），1 期，頁 57–62。

5　Yu Shi, "Beauty and Physics: 13 important contributions of Chen Ning Yang", *International Journal of Modern Physics A*, 29, No. 17, 1475001 (2014)；"Brief overview of C. N. Yang's 13 important contributions to physics", *International Journal of Modern Physics A*, 30, No. 36, 1530069 (2015)；「第 8 屆全球華人物理學家大會」邀請報告（2014 年 6 月 23 日，新加坡）；「楊－米爾斯理論 60 周年紀念大會」邀請報告（2015 年 5 月 27 日，新加坡）。

6　見註 1。

7　見註 1。

8　楊振寧：〈我的學習和研究經歷〉，《物理》，41 卷（2012），1 期，頁 1–8。

9　見註 8。

10 見註 1。

11 見註 1。

12 Frank Wilczek, in *Fermi Remembered*, ed. James W. Cronin (Chicago: University of Chicago Press, 2004), p. 34.

13 見註 1。

14 見註 1。

15 見註 1。

16 Joseph E. Mayer, "The statistical mechanics of condensing systems. I", *Journal of Chemical Physics*, 5: 67 (1937).

17 M. Born & K. Fuchs, "The statistical mechanics of condensing systems", *Proceedings of the Royal Society of London. Series A*, 166: 391 (1938).

18 David Ruelle, *The Mathematician's Brain* (Princeton: Princeton University Press, 2007).

19 見註 1、註 8。

20 見註 1。

21 見註 1。

22 見註 3。

23 T. T. Wu, in *Symmetry and Modern Physics*, ed. Goldhaber A, Shrock R, Smith J, Sterman G, van Niuwenhuizen P, and Weisberger W (Singapore: World Scientific, 2003), p. 199.

24 楊振寧著、張奠宙編:《楊振寧文集》(上海：華東師範大學出版社，1998)。除楊振寧的文章外，該文集也收錄其他作者的文章。

25 見註 2。

26 Freeman Dyson, *Birds And Frogs: Selected Papers Of Freeman Dyson, 1990–2014* (Singapore: World Scientific, 2015).

27 見註 3。

28 見註 1。

29 見註 1。

30 Steven Weinberg, *Facing Up: Science and Its Cultural Adversaries* (Cambridge, MA: Harvard University Press, 2003).

31 見註 1。

32 見註 1。

33 見註 1。

34 見註 3。

35 見註 24。

36 Jack Steinberger, *Learning about Particles — 50 Privileged Years* (Springer, 2005).

37 見註 1。

38 見註 1。

39 見註 1。

40 見註 1。

41 Anthony J. Leggett, *Quantum Liquids* (Oxford: Oxford University Press, 2006).

42 James Cronin, in *Chen Ning Yang: A Great Physicist of the Twentieth Century*, ed. C. S. Liu and S. T. Yau (Boston: International Press, 1997).

43 見註 36。

44 見註 1。

45 見註 1。

46 David J. Thouless, *Topological Quantum Numbers in Nonrelativistic Physics* (Singapore: World Scientific, 1998).

47 見註 1。

48 見註 1。

49 Michael Atiyah, *Collected Works: Volume 5: Gauge Theories* (Oxford: Oxford University Press, 1988).

50 見註 3。

51 見註 1。

52 L. Chau, in *60 Years of Yang–Mills Gauge Field Theories: C. N. Yang's Contributions to Physics*, ed. L. Brink and K. K. Phua (Singapore: World Scientific, 2016), p. 79.

53 見註 3。

54 見註 2。

55 見註 1。

56 D. Gross, "Gauge theory — past, present and future", in *Chen Ning Yang: A Great Physicist of the Twentieth Century*, ed. C. S. Liu and S. T. Yau (Boston: International Press, 1997), p. 147.

57 見註 26。

58 見註 1、註 3。

A Congratulatory Message

George Sterman

C. N. Yang Institute for Theoretical Physics and Department of
Physics and Astronomy, Stony Brook University

I am George Sterman, speaking as the third director of the C. N. Yang Institute for Theoretical Physics, the YITP, at Stony Brook University, having succeeded my distinguished colleague Peter van Nieuwenhuizen, who took over at the retirement of C. N. Yang himself.

Frank, it is a great pleasure and a great honor to convey the wishes, congratulations and thanks of the faculty and staff of the YITP on this auspicious occasion.

In 2017, you recorded a video that helped make the YIPT's 50th anniversary symposium, a truly memorable meeting. I also remember well the wonderful conference held at Tsinghua University to mark your 80th birthday in 2002. While it would have been wonderful to have been able to join you again in person, I am grateful to have this chance to extend these remote congratulations.

Ninety-nine years is quite a while, and Stony Brook was your home for over a third of that time. Your association with Long Island is even more extensive, stretching back to summers in the 1950s at Brookhaven National Laboratory. It is universally recognized that your scientific work of that long period has left an indelible mark on the science of that era, of this era, and inevitably coming eras in the future.

Your achievements, however, are only partly documented by your scientific papers. At Stony Brook University, you helped create an institution, not only an institute, and both have grown to international stature. Working alongside other pioneers in turbulent times, you helped create an environment in which your colleagues could do work of lasting value. At the YITP we are still following your example, training students who go out into the world well prepared to make their own lasting contributions.

At Stony Brook, the echoes of your direct involvement are with us every day in the collaboration of the YITP and the Simons Center for Geometry and Physics. In this development, Stony Brook University is realizing locally the close contact in the world communities of mathematics and physics, to which you referred in your video message a few years ago, and to which you contributed so much. From what I saw in the years we shared at Stony Brook, and from all I have heard and read at each stage of your long and illustrious career, you have been a leader, an example, and an adviser. And on a larger scale, you worked to build on the common ground of science strong bonds of friendship and understanding that can weather the changing tides of international relations.

In your memoirs, you recall watching a beautiful sunset over Long Island Sound, which played a role in your decision to join Stony Brook, from a residence called, aptly enough, Sunwood. On behalf of all my colleagues, I wish you many more sunrises and sunsets. We all look forward to joining in your 101st birthday celebration.

The Yang Institute at Fifty Five

George Sterman

C. N. Yang Institute for Theoretical Physics and Department of Physics
and Astronomy, Stony Brook University

Abstract: I review a little of the history of the C. N. Yang Institute for Theoretical Physics at Stony Brook University, the YITP.

1 The Dawn of an Institute

1.1 A New University

Stony Brook University is nearly sixty years old at its current location, which is an intermediate age for universities worldwide, still young, but by no means among the youngest. The State University of New York, its parent organization, is about fifteen years older[1]. Although Stony Brook is young compared to the founding institutions of higher education in the United States, like Yale, Harvard and Pennsylvania, and indeed to the "old-line" Land Grant state universities like Illinois, Michigan, and in New York State, Cornell, it is among the first of the post-World War II public universities. Spurred on by population growth and, equally important, a population that felt a growing need for higher education, new universities were founded in many US states. Some are quite large, and while most do not aim for the status of "research universities," they often encourage their faculty to undertake research in their fields of study. In China, higher education experienced a similar expansive growth. Nevertheless, Stony

Brook was, and remains in many ways, a young university, still striving to reach its full potential, yet celebrating its grand successes, among which is the C. N. Yang Institute for Theoretical Physics.

Stony Brook is a pioneer institution among these new universities, with the ambitious goal of reaching the first rank of universities worldwide. From the start, an Institute for Theoretical Physics was envisioned as a key part of this effort[2]. The idea developed when the new university President, John Toll, was about to join, and when the Department of Physics was led by the very able and energetic Alec Pond. At that time, physics was perhaps the most prestigious of the natural sciences, and a strong physics program was a natural part of the early planning. This surely led to the recruitment of John Toll, who had created a thriving physics program at the University of Maryland almost from scratch. He was an exceptionally young department chair at Maryland, and then a very young president at Stony Brook, but he had a vision for the university, with physics at the fore, yet extending far beyond it. He had a sense of conviction, a level of energy, and an ability to persuade that left an indelible mark on the university.

1.2 C. N. Yang Goes to Stony Brook

Certainly, the highest-profile initiative that Toll undertook, even before he officially assumed office, was to work toward luring Chen Ning Yang, then at the ivory tower and manicured lawns of the Institute for Advanced Study, in storied Princeton, New Jersey, to the muddy ground of an institution whose physical construction was just beginning. Stony Brook had no established traditions, its graduate programs were only recently approved, and its expanding budget was still dependent on the whims of the state government. Joining in this effort with Toll and Pond was one of Pond's senior faculty, Max Dresden. We can only assume that Toll used his personal charm and a preexisting friendship, which must have dated from

the time he was a graduate student at Princeton, and Yang was a rising star at the Institute*.

Looking back, we may still ask why Toll, Pond and Dresden could hope to succeed. C. N. Yang has addressed aspects of this question in the first volume of his collected papers[3], and like any historic development, it surely has many sides. We may conjecture that, with the strong personalities that often go along with creative ability, politics at the ivory tower might not have been simple, all the more so with its long-time director, Robert Oppenheimer, preparing to step down. Yang has written that he was approached by Oppenheimer to assume the directorship himself. For Oppenheimer to have asked one of his faculty who was at the peak of his creative productivity to take the mantle of director was, it seems to me, a great compliment on the one hand, but a sign of difficulties on the other. I believe that the world is richer for the time that C. N. Yang saved by accepting the job at Stony Brook, serving as director of the ITP, a much smaller and more focused unit, and from the beginning, one of his own creation. I shall try and say a bit more about what that unit was like when he was director, and what it has become in the years since. To anticipate, though, I shall from here on refer to C. N. Yang as Frank, his adopted American name, by which he was universally known among his colleagues at Stony Brook. It might seem a bit informal in an essay such as this, but at Stony Brook it was a name that carried a deep respect, and sometimes awe.

About a year before Toll, Pond and Dresden initiated their discussions with Frank, the State of New York had initiated a program of Einstein

---

* Much of this story, and indeed much else in this document, comes from a collection of materials, including personal recollections, assembled by the late Professor Peter B. Kahn, the long-time chair of the Department of Physics, in Endnote 2. His materials complement C. N. Yang's accounts given in Endnote 3. I am grateful to Peter for sharing this labor of love on his part with the Institute and Stony Brook University. Certainly, significant omissions of important events and research contributions are inevitable in a brief history like this, and I offer regrets for them to my colleagues past and present.

Professorships, designed to lure distinguished natural scientists to positions at universities of the state. These were open to both public or private universities if a strong case could be made, and indeed the presumption of the well-established private universities was that they would succeed in filling these positions. It takes, however, a special chemistry to move leading scholars, and not every effort was successful. Personal chemistry was part of the success that Toll, Pond and Dresden achieved. Perhaps it was as well the very challenge Frank felt of joining a new university, with the highest of hopes, and the chance to help guide its development. This was an opportunity that no Ivy League university, with set traditions, could offer. His remarks at a university of similar age, The Chinese University of Hong Kong, reflect such a viewpoint[4].

It was well recognized among the Stony Brook administration and senior faculty that an old mansion overlooking Long Island Sound, known as Sunwood, was a wonderful recruiting tool[5]. And indeed, in his Collected Papers[6], Frank refers to a sunset, shared with his family on a visit, that helped seal the deal.

But there is more than that to the geography surrounding Stony Brook. About twenty miles to the Southeast of Stony Brook, accessible by somewhat winding roads at the time, is Brookhaven National Laboratory. Since the early 1950s, Frank had spent substantial time there. Those visits were at the times of some of his most famous discoveries. In 1954, his work with Robert L. Mills was done there, and there is a connection to the discovery of parity nonconservation as well. There was the excitement of new experiments and new results happening in real time right next door. There were also great scientists who had become personal friends, especially the Brookhaven Director, Maurice Goldhaber and the accelerator theorist, Ernie Courant. Courant, in particular, joined the Institute for some years, helping to initiate outstanding careers in accelerator physics, such as Alex Chao's.

Among the documents I've seen at Stony Brook was one predating Frank's arrival, which identified three areas of special opportunity in theoretical physics: elementary particles, statistical mechanics and gravity. Although I do not know the author of this document, I believe it reflects the judgement of Max Dresden. In any case, the scientific development of the ITP can be understood in these terms over its many decades to the present day.

In a tribute to Frank on his sixtieth birthday, John Toll wrote[7], "His talent is so unique that wherever he located would almost inevitably become an international Center of Theoretical Physics." And thus it came to be, not only for the ITP, but for Stony Brook in its entirety, about which Toll goes on to write that it "has been infused with his example." His first task, however, was bringing together a faculty for his new Institute.

1.3 Assembling a Faculty

Leading up to his arrival in the fall of 1966, Frank assembled the original faculty of the Institute, which included Dresden as Executive Vice Director, and Ernest Courant, whose appointment was a joint one with Brookhaven. Surely the biggest original "catch" was Benjamin Lee, who moved from the University of Pennsylvania, where he was a young full professor. Rudy Hwa and Boris Kayser rounded out the original faculty. Among those who formed the core senior faculty of the Institute for the next few decades, Alfred (Fred) Goldhaber joined in 1967, Gerald (Jerry) Brown, Hwa-Tung Nieh and Daniel (Dan) Z. Freedman in 1968, Barry McCoy and John (Jack) Smith in 1969, William (Bill) Weisberger in 1972 and Peter van Nieuwenhuizen in 1975.

Quite naturally, not everyone stayed, and in particular Ben Lee moved on to become the director of the theory group at Fermilab, where his stellar leadership and research showed Frank's judgement in bringing him to the ITP in the first place. Dan Freedman moved on to MIT in 1981. But both

Lee and Freedman made signature discoveries while at the Institute. For example, Freedman's proposal of coherent neutrino-nucleus scattering has now been realized in the laboratory. Hwa and Kasler also moved on, Hwa for an outstanding career at Oregon, and Boris Kayser to important service and research at the National Science Foundation, continuing at Fermilab.

The earliest postdoc appointments were equally impressive in hindsight: William (Bill) Bardeen, Michael Nieto, Wu-Ki Tung and York-Peng (Ed) Yao. Each of them made significant contributions over long careers. We may note that Bill Bardeen and Wu-Ki Tung returned to Stony Brook for the YITPs 40th anniversary symposium.

2 The Sweep of Time

2.1 Early Milestones

Frank ensured that the Institute would be a place of discovery with his early papers (1966 and 1967) in solvable models, including the one that introduced the Yang–Baxter equation. He has identified this as one of his three greatest achievements, alongside the papers bringing to light non-Abelian gauge theories and parity non-conservation. It's worth mentioning that both of the latter papers list Frank's affiliation as Brookhaven National Laboratory. On a visit Frank made to Stony Brook in 2010, I was called upon to make a short presentation at a ceremony at which he was in the audience. I said that these papers showed there was "something in the air of Long Island that was good for theoretical physics", and he indulged me with a smile.

Another early contribution of Frank's, which began a long-time collaboration with T. T. Chao, a postdoc brought by Max Dresden, was the concept of limiting fragmentation in the collisions of nucleons and other strongly-interacting particles. It is worth noting a feature of Institute

work that we will see again. This is the persistence of the influence of fundamental insights. The concept of limiting fragmentation, developed to understand proton-proton collisions proved its relevance and usefulness forty years later, in the description of nucleus-nucleus collisions at the Relativistic Heavy Ion Collider at Brookhaven.

It was during those early days that the quantization of Yang–Mills theories was achieved, and Ben Lee's work with Jean Zinn-Justin played an important role in bringing this ground-shaking development to maturity. The landmark review, *Gauge Theories*, by Abers and Lee served as a standard introduction to these modern developments for many years. Nieh's work with Ben Lee and M. L. Yan covered both gauge and gravity theories, while McCoy, with T. T. Wu of Harvard pushed forward studies of correlation functions in solvable models.

2.2 Illuminations of the Mid-1970's

In particle physics, the years of 1974 and 1975 were exciting ones at the Institute, no less than everyplace else with an interest in elementary particles. The discovery of the J/Ψ meson, and the increasing evidence of a fourth quark, had the effect of bringing quantum field theory back to center stage. Coupled with data on high energy electron-positron scattering from a few years earlier and evidence for neutral currents in the weak interactions, our contemporary Standard Model, began to present itself in the laboratory, echoing previous theoretical proposals, most famously those of Glashow, Salam and Weinberg.

The resulting Standard Model, is fully confirmed as the correct "effective theory" for fundamental forces in the energy and luminosity ranges explored up until now. The Standard Model famously includes the unification, or more accurately mixing, of weak and electromagnetic interactions. Although the strong interactions are not part of this mixing/

unification, the electroweak interactions of strongly-interacting matter are described perfectly. The Standard Model is a triumph of the concept of Yang–Mills non-Abelian gauge field theories, but leaves unanswered the question of "why these gauge theories?" Two nearly-simultaneous advances at the Institute created new perspectives on how such questions might be answered.

In 1975, a parallel development, seemed to have the potential to address such questions, and hence carried its own excitement. This was the discovery of Supergravity at the Institute, by Peter van Neiuwenhuizen and Daniel Freedman, with coworker Sergio Ferrara. Supergravity opened a new breadth in the applicability of symmetry concepts within quantum fields, and demonstrated for the first time, a formalism capacious enough to encompass all four of the fundamental forces.

Also at the Institute, and around the same time, a series of intimate lunchtime lectures by the then-Mathematics Chair, James (Jim) Simons opened the door to a new understanding of gauge theories. Frank speaks in an interview of how, while teaching Einstein's General Relativity, he realized strong parallels with non-Abelian gauge theories[8]. As developed by Einstein, general relativity is all about the geometry of space-time. So where is the geometry of Yang–Mills theories? Well, the Mathematics Department at Stony Brook had become, under Simons' leadership, a powerhouse in geometry. What better way to find out than to consult with the Chair himself? Both Frank and Jim have recounted both the halting pace of their discussions, and how in time their mutual understanding flowered, and led to new insights. These insights in turn inspired some of the great names of mathematics, including Isadore Singer and Michael Atiyah, and shortly after, Simon Donaldson.

The geometrical connection also provided physics with a new perspective on the fundamental fields of the Standard Model, and of the

deeper theories that might be at its origin. At the Institute, it helped motivate influential work by Fred Goldhaber, independently and with Frank, on magnetic monopoles.

2.3 When I Arrived

I personally arrived at the YITP in 1976 as a postdoc and stayed for two of the pivotal years of my scientific career. Then after a year away at the Institute for Advanced Study, I followed Frank's path back to the Institute. I was lucky enough to have a choice, but, based on what I had experienced as a postdoc and what I'd learned about my other choices, I felt that my future at the Institute would be judged primarily on the advances in physics I was able to make. My experience confirmed my expectations.

When the Institute was being planned, the teaching responsibilities of Institute faculty were left for Frank to define. Indeed, some early documents suggest that Institute faculty would have no teaching duties at all. Starting early, however, that changed, and Institute faculty taught first advanced, and then over time introductory undergraduate courses, a practice that continues to this day.

I first visited the Institute in 1976, arriving by car after a rather long, rainy ride on the Long Island Expressway. I recall Frank in the audience as I gave my interview seminar. Seeing him react with approval to the central idea of my talk was a thrill. Of course, in very typical Frank style, his verbal comments began with something like "if you have proven this, it is important... ". I also remember the clear positive reaction of my long-time colleague, Fred Goldhaber, at the talk. Others of my colleagues to be surely understood as well, but Fred was in the front row, and his warm sign of appreciation is also a memory I cherish all these years later.

I can remember around that time a brief chat I had with Frank in his office, across a table that remains today in just about the same place.

I saw a very attractive bronze vessel in the style of the early Chinese dynasties, and asked if it were an "original". Of course not, Frank replied, "if it were real it would be in a museum." Another memory, perhaps from some years later is representative of the lunchtime conversations of early years. We were discussing computers, the conversation having begun with Frank mentioning that his son, Franklin I believe, was taking a course on computer programming, and had encountered the problem of programs that never stop running. The conversation led to the question of whether there could be a test (a program itself presumably) of whether or not any program would end. This led to the realization that if such a test could be made, it would allow one to solve many, perhaps most, theorems in number theory. I recall that another postdoc, David Wilkinson, made that observation, after I asked "could we tell whether a program that looked for ten thousand sixes in a row in the expansion of pi would ever end?".

Although Ben Lee had left for Fermilab before I arrived, I was pleased to find in the acknowledgement section of the Abers and Lee review on gauge theories, an appreciation of the memorable Hannah Schlowsky, for her expert help in typing and assembling the manuscript. I too worked with Hannah quite a lot.

It is perhaps at this point that I should mention the continuity of administrative assistants at the ITP. To my knowledge, there have been only four Assistants to the Director over the entire lifetime of the Institute, only one more than the number of Directors. The very capable Jeri Schoof was the first, who went on to a career in Stony Brook's Provost Office. The others are Kitty Turpin, who retired with Frank in 1999, Betty Gasparino, who retired in 2018, and currently Dawn Huether. Frank set a tone and expectations for how to interact with faculty, visitors, postdocs, students and staff, which each of these capable and understanding administrators have honored and extended over the years.

2.4 The Years That Followed

The founding concept of the YITP is not a single scientific or technological development, but the conviction that theoretical physics will remain a focus of human interest and a magnet for the finest intellects into the indefinite future. By maintaining an outstanding and creative faculty and an open spirit of discussion and collaboration, the YITP also serves as an ideal environment for the training of future leaders in science. From the illuminations of the mid-1970's followed repeated instances that "a greater chance of significant work" can come from entering "a promising field" even, or perhaps especially, for a researcher who is "young and inexperienced" [9]. In the years that followed, the Institute added junior faculty to explore the potential of particle physics through the 1980s and '90s (Robert Shock, George Sterman) and the potential of supergravity and supersymmetry (Martin Roček and Warren Siegel). In Statistical Mechanics, the tradition was continued with the hiring of Jacques Perk in 1980 and Vladimir Korepin in 1990. In 1987, Jacques moved to Oklahoma State University.

The very significance of the developments of the mid-1970s can be found, and became clear, with discoveries extending to the end of the Twentieth Century. The Particle Physics of the 1980s and 90s may be described as a Journey Toward the Standard Model. One key landmark was the discovery of the top quark at Fermilab, announced in 1995 (a development in which the Stony Brook group in High Energy, led by Paul Grannis, played a central role). The careful analyses of data in the light of theory would not have been possible at the necessary level of precision without the advances in fundamental concepts in the strong interactions at high energy, many developed at the Institute (Sterman). The same can be said for the discovery of the Higgs Particle, with key calculations carried out at the YITP (Smith). Similarly, the development of experiments to

observe neutrino masses, and of guidelines of leptonic flavor violation were pioneered here (Shrock). These high-precision observations guided the increasing confidence in the Standard Model as the century came to a close.

In the closing decades of the Twentieth Century, Supergravity became a key component of String Theory, and with the clarification of concepts of duality and holography, it took a position of center stage in many fields. Supersymmetry became a widely-studied formalism for extensions of the Standard Model, often relying on the supergravity formalism to limit the astounding variety of models. At the YITP, research continued at what seems to me a more fundamental level, often finding links to contemporary mathematics (Roček) and to string theory (Siegel).

In statistical mechanics, solvable models were studied at a new level, with derivations of exact correlation functions for the Ising Model (McCoy, with former YITP student, Craig Tracy). These developments, along with the work of C. N. Yang at the ITP, influenced some of the groundbreaking theoretical advances of Alexander Zamolodchikov, who later joined the Institute as the first C. N. Yang–Wei Deng Professor of Theoretical Physics. Later, new solvable models were found here (McCoy with Perk and Au-Yang). Advances in solvable models made possible new results on the Hubbard Model, and to a review of methods in solvable models that is as influential as the Abers-Lee review of gauge theories (Korepin).

An era ended for the Institute with Frank's retirement. His retirement symposium was exciting both for the science and the sense of community in the broad range of fields where Frank's work was held in the highest esteem. The program was rich in former Nobelists, and Nobelists to be. The proceedings were published in *Symmetry & Modern Physics: Yang Retirement Symposium*[10].

2.5 The Institute Pivots to the Future

It is a testament to Frank's unequalled status in creating an identity for Stony Brook that there was no serious talk of reorganizing or repositioning the ITP within the university at the time of his retirement. (At least none that I, as a senior faculty member at the time heard.) At the banquet of the retirement symposium, it was announced that henceforth the ITP would be known as the C. N. Yang Institute for Theoretical Physics. Afterwards, I was told that Frank said that we shouldn't have done this, but should rather have used the name as an attraction for a wealthy patron. In retrospect, however, it was the right move; with Frank's name aloft as our flag. In this way, the Institute was reaffirmed as an organic part of Stony Brook University's enduring structure.

In the years approaching his retirement, Frank relied on Peter van Nieuwenhuizen to take on many of the responsibilities of Director, and it was natural for Peter, himself a prize-winner and natural leader, to take over the reins. In time, however, Peter gravitated to his natural role as Professor, teaching far more than the average faculty member, and developing a wide range of courses. Peter went on to be recognized with a university-wide award in teaching, which he described at the time as the formal recognition of which he was most proud (this from a co-winner of the Dirac and Heineman Prizes and later the Breakthrough Prize in Fundamental Physics). In September of 2001, the author of these notes became the YITP Director.

Starting in 2003, the Institute, along with the Department of Mathematics, took the leading role in organizing a series of Simons Summer Workshops, reinvigorating the mathematics-physics tradition that began with the conversations between Jim Simons and Frank decades before. These workshops have continued until the present day, under the inspired leadership of Cumrun Vafa of Harvard and Martin Roček.

The preparation for the first workshops was uncharted ground, and the Institute staff, Elizabeth Gasparino and Doreen Matesich, worked heroically alongside faculty, especially Martin and George, to find lodging, organize lunches, and process reimbursements for dozens of participants. These included senior leaders in the field and junior scientists of all levels, and revolved around discussion, with limited formal presentations. This tradition has continued. The workshops established Stony Brook as a destination, offering a unique ground for the interplay between theoretical physics and mathematics.

The history of the Simons Center for Geometry and Physics will be written elsewhere, but suffice it to say that the resounding success of the Simons Summer Workshops helped pave the way to its establishment. The first news, electrifying to the Stony Brook community, came in 2006, with the announcement of a major gift by Jim and Marylin Simons, and the planning and construction continued until a grand opening in 2010. There was a sense of a new beginning as members of the Institute and the Departments of Physics and Astronomy and of Mathematics saw the new building rise from what had been a long-neglected open field. In the academic year of 2009–10, the Institute served as a base for the first postdocs and faculty of the Center, until the doors were ready to open. Permanent physics faculty of the Center are members of the Institute, and this stellar list has included Michael Douglas (until 2015), Nikita Nekrasov and Zohar Komargodski, who joined permanent members in mathematics, the renowned Kenji Fukaya and Simon Donaldson. The Center quickly grew to international stature under the leadership of Directors John Morgan and Luis Alvarez-Gaumé. In this growth, and in many Center activities, Institute faculty have played and continue to play an ongoing role.

The years following Frank's retirement have brought a new round of faculty to the Institute, whose work continues organically the development

of the enduring Institute themes of gravity, elementary particles and statistical mechanics. The first two decades of the Twenty-first Century have seen what is perhaps a refocussing of attention in Theoretical Physics, pulling back from the search for a "theory of everything", and finding the richness available in realizable models and materials, all the while developing ideas that extend our current knowledge of elementary particles and quantum cosmology.

In this development, we may recall the words of caution Frank offered long ago at the Centenary Conference for the Massachusetts Institute of Technology[11]. This took place in 1960, which was, Frank reports in his talk, a time when hopes were high for a new "overarching" theory that could encompass all natural phenomena in a newly-discovered formalism. Certainly, progress was made at that time, but the horizon of a "final theory" receded, only to reappear in the 1980s, after the triumph of non-Abelian gauge theories and the very advances in String Theory that brought Supergravity back to the fore.

By now, however, String Theory and Quantum Field Theory have moved closer together, a process enabled in large part by arguments based on holography and duality. Their applicability is also now broadened, and a new sense of shared interests, methods and aims is found between theoreticians in elementary particle, condensed matter, and nuclear physics, including a growing interest in quantum information. These are once again heady times, reflecting the belief that Theoretical Physics will remain at the forefront, and indeed will help create frontiers, not necessarily bounded by a final theory, at least not yet.

The Institute is proud to characterize all of its appointments in the Twenty-first Century as significant contributions to its tradition. Working in particle phenomenology, Maria Concepcion Gonzalez-Garcia, who joined in 2001, is an established world leader in the determination of

neutrino masses and mixing parameters from the world's evolving data, and also in testing the Standard Model in collider physics. Patrick Meade's (2009) close examination of data from the Large Hadron Collider has influenced searches for anomalies that might be signs of new physics, and he has identified influential models that demand reevaluations of the way data is analyzed. Rouven Essig (2011) is one of the originators of search techniques for light dark matter. He has a breadth of interests from collider searches to dark matter direct detection in the laboratory, where, although a theorist, he is co-spokesperson for several important experiments.

On the "formal" side in quantum field and string theory, Leonardo Rastelli, a doctoral student of Dan Freedman, joined in 2006. Working broadly in string and quantum field theory, Rastelli has become a leader in deriving exact, nonperturbative results in field theories, and serves as the leader of the Simons Collaboration on the Nonperturbative Bootstrap. The presence of Christopher P. Herzog (who left for King's College in 2019) and Shu-Heng Shao (starting this year) further strengthened the Institute's efforts in string and quantum field theory. Shu-Heng brings pioneering work in new areas, with shared high energy and condensed matter physics implications. In quantum information, Tzu-Chieh Wei (2011) is widening Institute connections to the Department of Physics and Astronomy, as is Vladimir Korepin, who is bringing the methods of solvable models to quantum information. With Marilena LoVerde in 2015, the Institute branched into the exciting field of cosmology, in concert with the Department of Physics and Astronomy. Marilena has departed for the University of Washington, but cosmology at the Institute will continue with Vivian Miranda, who has special interests in the investigation of dark energy.

By the end of this period, the original senior faculty have retired, but it is a pleasure to report that Peter van Nieuwenhuizen, Barry McCoy

and Fred Goldhaber kept active involvement with the Institute, through the university post-retirement program of Toll Professorships. Peter, in particular, has become the first C. N. Yang Lecturer, continuing to lecture in retirement in advanced courses, some of his own creation, to a new generation of graduate students.

In 2013, the Institute received its first endowed chair, made possible by a donation in honor of Chen Ning Yang, by Wei Deng, a Beijing-based industrialist. The donation was transferred in a ceremony at his headquarters, attended by Frank and other dignitaries, along with Stony Brook President Samuel Stanley and Institute Director George Sterman. An international search for this position brought one of the pioneers of contemporary quantum field theory, Alexander Zamolodchikov to Stony Brook. This appointment had a special resonance at and beyond the Institute, for the importance of Frank's work of the 1960s to Sasha's ground-breaking advances. At his installation, Sasha warmly recounted the pinnacles of Frank's work mentioned above, and placed his own achievements with pride within the current of the Yang–Baxter tradition. A particularly satisfying connection is the way in which the work of Zamolodchikov laid the groundwork for Rastelli's non-perturbative bootstrap program. Fittingly enough, just a few years after the establishment of the Yang–Deng Professorship, a donation from Renaissance Technology personnel made possible the first Renaissance Professor of Theoretical Physics, which was awarded to Leonardo.

Our newer faculty have done well in research in the opening decades of the Twenty-First Century. For example, last year Rouven Essig received a New Horizon Prize and became a Fellow of the American Physical Society, and Leonardo Rastelli was named a Simons Investigator.

Along with research, teaching and mentorship are key missions of the Institute. In the summer of 2020, for example, seven students graduated,

all going on to top postdoctoral positions (Berkeley, Edinburgh, Harvard, Hopkins-Maryland, Rutgers, UC Davis and UCLA). Graduating student Samuel Homiller (Patrick Meade, advisor) was awarded the 2021 J. J. & Noriko Sakurai Dissertation Award by the American Physical Society. This level of training success is a sign of the continuation of another great tradition at the YITP.

As this snapshot illustrates, former YITP graduate students and research associates alike have spread the influence of the YITP throughout the world. They have served as directors for theory programs at international laboratories, such as Luis Alvarez-Gaumé at CERN and Eric Laenen at NIKEF, and as national scientific advisors (José Labastida in Spain). They are Fellows of scholarly societies, including the Royal Society (Ashoke Sen) and the National Academy of Sciences (Bill Bardeen) and have won international prizes, including the Heineman Prize (Bill Bardeen and Barry McCoy) and Breakthrough Prizes (Sen and the late Shucheng Zhang). They are well represented in the faculties of leading institutions in North and South America, Europe, Asia and Australia. Recent former YITP students who have attained tenured positions within the past few years include students Elli Pomoni at DESY and Abajit Gadde at Princeton.

2.6 What Research Will Survive for Ten Years? For Fifty?

In 2016, the Institute held a Fiftieth Anniversary Symposium. A highlight was Frank's video greeting, in which he saw ahead fifty more years of discovery, much of it in concert with the Simons Center for Geometry and Physics. As noted above, Frank pointed out that young people are fortunate to work in a new field, making discoveries as they bring it to maturity[12]. On the other hand, Frank has commented more than once that most of our efforts will be forgotten in ten years, and indeed it

must be that way, to open room for progress. Yet, foundational insights have a way of resurfacing repeatedly over time

In many cases, those very discoveries open new methods that may find application in other fields. Frank's own research portfolio shows so many examples of this phenomenon. In my brief talk at the conclusion of Frank's retirement symposium[13], I thanked him on behalf of my colleagues for making discoveries that allowed us, "in our finest moments, to make discoveries and creations of our own, on which we may look back with pride." In this light I look with pride, and sometimes even awe, at the scientific output of my colleagues, from those who were there when I arrived, to those who joined in the present century. Much of this work has, and will continue to make, an impact after ten, and in some cases, fifty years. We have seen it, in some of the examples given above. But more than that, it is the process itself, building on what we inherit, of carrying on in parallel or in collaboration with a stable set of colleagues over decades that makes scientific research at a place like the C. N. Yang Institute for Theoretical Physics so rewarding.

In summary, looking back over the fifty-five years of the Institute so far, through his leadership and example, Frank Yang created an environment where the air is good for theoretical physics, as he had found it on Long Island many years ago. Someday, in a term of years comparable to a single, full professional life in science, the Institute itself may celebrate its one hundredth birthday, at which participants will look back on this celebration for Frank's 100th birthday as one of the milestone in its history.

Acknowledgements

This brief sketch of the YITP is an expression of appreciation and gratitude for all Frank's contributions, and for the chance to build my

career within the tradition he created. Thanks are due as well to all my colleagues, who have made my time as director so satisfying, in their many and deep contributions to that tradition. This work was supported in part by the National Science Foundation, through award PHY-1915903, itself the continuation of a connection founded by C. N. Yang.

August 26, 2021

1 Sidney Gelber, *Politics and Public Higher Education in New York State: Stony Brook—A Case History* (Peter Lang Press, 2001).

2 Sidney Gelber (2001); *C. N. Yang and the ITP*, written and compiled by Peter B. Kahn. Three volumes, unpublished.

3 C. N. Yang, *Selected Papers 1945–1980 with Commentary* (W. H. Freeman and Company, 1983).

4 C. N. Yang, "Forty Years of Study and Teaching," based on a speech delivered at The Chinese University of Hong Kong. Reproduced in Endnote 2, Peter B. Kahn, volume 3.

5 Sidney Gelber (2001).

6 C. N. Yang (1983).

7 See Endnote 2, Peter B. Kahn.

8 See Endnote 2, Peter B. Kahn.

9 See Endnote 4.

10 George Sterman, Alfred Scharf Goldhaber, Robert Shrock, Peter van Nieuwenhuizen and William Weisberger, eds., *Symmetry & Modern Physics: Yang Retirement Symposium* (World Scientific, 2003).

11 "The Future of Physics," based on remarks delivered at a Panel Discussion, M.I.T. Centennial Celebration (8 April, 1961). Reproduced in Endnote 2, Peter B. Kahn, volume 3.

12 See Endnote 4.

13 George Sterman et al., eds. (2003).

跟隨楊振寧先生做研究的往事回憶

孫昌璞

中國工程物理研究院研究生院、北京計算科學研究中心

一　幸運多顧我，初識大先生

　　1987 年，我於東北師範大學獲碩士學位並留校工作。就是在那年夏天，我去吉林大學聽葛墨林老師關於「經典楊－Mills 場理論」的系列講座，第一次見到了我後來的博士導師葛墨林老師。講座結束後，葛老師請我幫他把「經典楊－Mills 場理論」講義整理成書。為此，我閱讀了包括楊振寧和米爾斯（Robert L. Mills）那篇經典文獻在內的 20 餘篇關於規範場的文章，並推導了大部分內容。葛老師還邀請谷超豪先生幫助我們。我和葛老師一起花了兩年時間合作完成了《經典楊－Mills 場理論》一書的初稿（即將出版）。通過完成這一艱巨的任務，我初步領略了楊振寧先生關於「物理學與美」的科學思想。

　　1989 年秋天，我來到南開數學研究所葛老師門下攻讀博士學位，開始了楊－巴克斯特（Yang–Baxter）可積系統的研究。在葛老師指導下，我與劉旭峰、薛康等同學合作，成功地用量子群（代數）不可分解表示構造了楊－巴克斯特方程的新解。也許因為這個

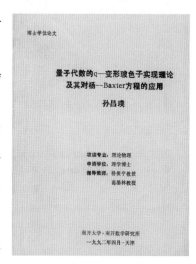

圖 1　孫昌璞博士學位論文封面。

小小的成績，我被選為楊先生和葛老師聯合培養的研究生。當楊先生和葛老師的名字同時出現在我博士論文封面上時，我自然有按捺不住的欣喜與激動，同時也感到了沉甸甸的壓力（圖 1，另見本書頁 40 右上圖）。

當時楊先生在國內期間都很忙，每次在南開都是匆匆一見。未能得到楊先生的具體指導，我內心深處不免感到有一些缺憾。為了解除這一心結，1992 年博士畢業前我鼓足勇氣給楊先生寫信，請求去美國跟隨他做研究。葛老師也鼓勵並推薦了我。非常幸運的是，楊先生欣然同意了我的請求，讓我申請「與中國教育交流委員會」（Committee on Educational Exchange with China, CEEC）基金，去美國紐約州立大學石溪分校他創建的理論物理研究所進行工作訪問。

到了美國後我才知道，CEEC 基金起源於楊先生 1974 年開始的與谷超豪先生關於楊－Mills 場理論的合作。當時國內學術界萬馬齊喑，他們這次富有成效的合作，促使楊先生產生了與中國進行更加系統學術交流的想法。於是，1980 年楊先生主持成立了 CEEC。為了給 CEEC 籌措經費，他奔走於美國和香港之間，一個一個地找人捐錢。每個 CEEC 學者有一個

學者	單 位	捐獎者	時 間
蘇運霖	暨南大學	查濟民獎金	1989 年 11 月到 1990 年 8 月
斐庄欣	西藏博物館	应行久夫人獎金	1989 年 10 月到 1990 年 7 月
陳曉漫	復旦數學	利氏獎金	1989 年 9 月到 1990 年 6 月
程 艺	科技大學	刘永齡獎金	1989 年 10 月到 1990 年 7 月
張文興	北航	葛任门獎金	1990 年 1 月到 1990 年 10 月
曾善庆	中央藝院	旭日集團獎金	1990 年 6 月到 1991 年 3 月
徐胜兰	高能所	梁銶琚獎金	1990 年 9 月到 1991 年 1 月
吳 奇	人民大學經济	利氏獎金	1990 年 9 月到 1991 年 6 月
戴显熹	復旦物理	旭日集團獎金	1990 年 9 月到 1991 年 6 月
李漢林	社会學所	利氏獎金	1991 年 1 月到 1991 年 10 月
張奠宙	華東師大數學	查濟民獎金	1991 年 1 月到 1991 年 10 月
蘇超偉	西安西北工大	葛任门獎金	1991 年 1 月到 1991 年 10 月
薛 康	南開數學所	旭日集團獎金	1991 年 11 月到 1992 年 8 月
王 元	北京數學所	旭日集團獎金	1992 年 11 月到 1993 年 3 月
孫昌璞	东北師范大學	查濟民獎金	1992 年 10 月到 1993 年 6 月

圖 2　左：CEEC 學者名單（最後頁）；右：孫昌璞（後排左）與楊振寧先生和王元先生（前排右）的合影。

捐贈項目，項目結束後楊先生與 CEEC 學者分別給每個捐贈者寫信表示感謝。楊先生一直堅持此事到他年齡很大的時候，這極其不容易，我是最後一個 CEEC 學者（圖 2）。在那個艱難時代，CEEC 基金對培養我國高端人才發揮了重要的作用。谷超豪（曾任中國科學技術大學校長）、楊福家（曾任復旦大學校長）、陳佳洱（曾任北京大學校長）、葛墨林等前輩和我都是在得到這個基金支持後先後成為中國科學院院士的。大數學家王元先生也獲得過這個基金資助，作為同期的 CEEC 學者，王元先生和我合住一套楊先生預留的公寓近半年，相識成為忘年交，我也有幸向王先生學習了不少「純美」的數學。

我於 1992 年 10 月中旬來到位於紐約長島的紐約州立大學石溪分校。伴隨着夏天的悶熱轉為秋天的涼爽，襯托着海天一色的湛藍，樹葉變為黃、橙、紅顏色層迭的亮麗，使秋天的長島異彩紛呈，加上楊先生對我工作和生活方面各種細緻周到的照顧和安排，使得第一次遠赴異國他鄉的我倍感溫暖，並且能夠立即開始自己的研究工作。令我十分驚喜的是，楊先生幾乎每個周末都安排半天多的時間，與我和余理華等討論量子開系統和各種其他學術問題。開始時，還在從事高能物理研究的許瑞明博士也加入我們的討論，但不久他受楊先生鼓勵轉去冷泉港生物實驗室（The Cold Spring Harbor Laboratory），現在他已經回國，是中國科學院生物物理研究所的研究員和所長。

今天我非常後悔沒有寫日記記錄事情的習慣，沒有記下楊先生與我們討論內容的全部，既有楊先生在學術上的真知灼見，也有他喜歡談論的、鮮為人知的學界軼事。所幸那時候我每周都有「兩地書」給我妻子並保留至今，那裏除了談論我們剛剛兩歲的女兒成長的點點滴滴，更多的是談跟隨楊先生在美國工作學習的心得感受，有的簡單扼要，有的細細道來。在楊振寧先生百年誕辰的吉時良日，我重新翻閱了這些「兩地書」，由此重新回憶起我在楊先生指導下工作的珍貴往事。今天把它們寫出來，以感恩我追隨楊先生學習工作的難忘歲月，因為那是我職業生涯乃至人生新的起點。

二 神往學步時，數理築我夢

　　1987 年 8 月，在南開數學所理論物理研究室舉辦的「量子可積系統」會議上，我第一次見到神往久已的楊振寧先生。會議專門安排了楊先生同與會研究生們的一次座談。此前，我知道楊先生在不同的場合鼓勵年輕人要做與實驗和實際聯繫密切的「活的物理」，而這次會議倡導的可積系統和共形場的研究屬數學物理領域，相對比較抽象。在提問環節，我寫了一個紙條請教楊先生：「⋯⋯（這些）是活的物理嗎？」楊先生沒有直接回答我的問題，但他說：「由於那些與實驗密切的前沿物理需要精良的先進裝備，中國目前尚不具備，中國年輕人主攻數學物理容易很快達到前沿。」這個回答體現了楊先生一貫倡導的務實精神，對我後來相當長一段時間堅持數學物理的研究有極大的鼓勵作用。其實，此前我雖然沒與楊先生謀面，但我已經在他的直接影響下開展了具體的研究工作。

　　例如，我是在楊先生主持的 1987 年量子可積系統會議上知道量子群的。我把此前在東北師大跟吳兆顏老師學習的群表示論的 PBW 定理應用到量子群（代數），構造其不可分解表示，完成了一篇關於玻色子算子 q 變形的文章。由於這篇文章用了物理學家易於接受的二次量子化方法研究量子群，引起了國際數學物理領域的重視。這篇文章入選美國斯坦福大學圖書館「Papers most cited in mathematical physics articles」（「二十世紀引用最多的數學物理文章」），排名 51，楊先生 1967 年關於一維量子多體嚴格解的文章也位列其前。我這篇數學物理文章的成功，多少印證了楊先生因地制宜、在中國開展數學物理研究的洞見。毫無疑問，我是這一務實見解的直接受益者。

　　1986 年 5 月前後，楊振寧先生在中國科學院研究生院系統講授一門名為「相位與現代物理」的短期課程，內容共有七個主題（圖 3）：(1) 中子干涉；(2) 阿哈諾夫－波姆效應（Aharonov–Bohm effect）；(3) 磁通量之量子化；(4) 全息照像，自由電子激光與準晶；(5) 高能彈性散射；(6) 狄拉克磁單極與纖維叢；(7) 非亞（阿）貝爾規範場。楊先生講的這些內容出乎當時聽課者的預料和期望。那時在中國理論物理學界被認為「高大上」

的是超弦、場論和粒子物理，而楊先生講的卻是這些大家大多並不熟悉，卻體現了「二十世紀物理學的真精神的東西」。若干年後，我讀了楊先生在巴黎國際理論物理會議上的報告「二十世紀物理學的三個主旋律：量子化，對稱性，相位因子」，我才體會到楊先生所指的「真精神」是甚麼，以及他多年前講的東西為甚麼今天經常會成為物理學的主流。

由於當時研究生經費的限制，東北師大物理系只安排我參加那年早些時候李政道先生在高能物理研究所主持的「Charm Physics」會議及其預備講習班。不過我請求去聽楊先生課的東北師大的一位老師幫我複印了楊先生講課的透明片。當時，在學習量子力學和規範場論時，我雖然練就了較強的計算能力，但對於整體相位和局域相位的概念仍不甚清楚。既然楊先生強調了「相位」在「現代物理」中的重要性，我就先通過他講義的透明片去了解這方面最近的進展是甚麼。

楊先生在最後一個主題中指出了當時貝里（Michael V. Berry）新近的一篇文章（1984），討論了與量子力學參數緩慢變化的絕熱過程相聯繫的一種相位因子。楊先生說：「這種相位因子和規範場有關係，有重要意義。」由於此前吳兆顏老師指導我研究過量子絕熱過程，我就趕緊找來貝里的文章並仔細閱讀推導，弄懂了動力學相位的正確定義，開始了我關於貝里相因子的系列研究工作。除了一些中國學者（如李華鍾、吳詠時和牛謙等）早些時候在美國開始了貝里相位的研究，我大概是在國內最早開始這方面研究並發表論文的。後來國內一批批的人加入了貝里相位的研究，使這個研究領域一度在國內變得很熱。我關於貝里相因子和相關的高階量子絕熱近似

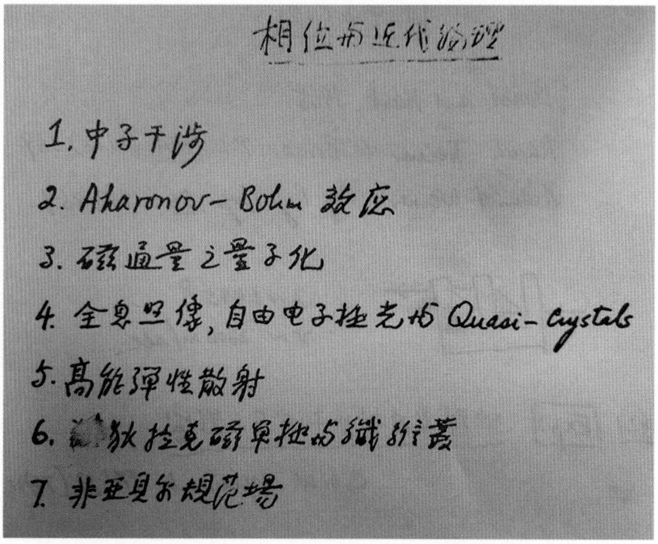

圖3 楊振寧先生在中國科學院研究生院講課的講稿。

方法文章發表後不久就被國際同行廣泛引用，並被寫入專著和國際評述論文。受楊先生講課的直接影響，我關於貝里相位研究工作的初步成功鼓勵我堅定地走向科學研究道路，深深地影響了我後來的職業生涯。

三　學涯指路松，渡我上正程

2003 年楊振寧先生從紐約石溪搬回北京，寫下《歸根詩》，有「學子凌雲志，我當指路松」一句，正合我長島求學的經歷。正是楊先生勁松指路，才成就了我今天的學術人生。楊先生對整個物理學有巨大的影響，對中國物理學的「指路」作用是非常具體的，他通過指引一個個人，一件件事，一個一個研究方向，一步一步地推動中國科學的進步。他不僅對科學研究方向有戰略性把握，而且對具體科學問題的了解細緻入微，讓他身邊不少的人心境明快、如沐春風地進入各自適合的領域，並取得一定的成績。

我在石溪求學期間，楊先生的「學術指路」不僅十分具體，而且富有方向性和啟發性。在南開時，我受葛老師指導，主要從事量子群（代數）表示理論及其對楊－巴克斯特可積系統的研究。剛剛到美國，我就問楊先生我是否繼續這方面的工作。楊先生沒有直接回答我，而是介紹我去找剛剛來石溪工作的前蘇聯著名數學物理學家列昂‧塔赫塔詹（Leon Takhtajan）。列昂是量子群的發明人之一，有世界性影響。我向他介紹了我來石溪前幾乎完成的非對稱 quantum double 的工作。列昂認為很好，說將仔細讀後推薦到一個著名的數學物理期刊發表。但過了兩天，他告訴我這個工作只是一般結合代數 e 指數表示的一個特例，沒有他當初想像的那麼重要，他還介紹相關的書籍給我。我仔細看了列昂推薦給我的結合代數專著後，有些失望和氣餒。我覺得與一個好的數學家相比，我從物理角度學到和理解的數學確有點「三腳貓」，而楊－巴克斯特可積系統和量子群的研究愈來愈「數學」，愈來愈「抽象」，我能否在這個方向走下去？

我把這件事連同我的疑惑告訴了楊先生，說我希望做一點更「物理」的東西，並特別請他給我推薦新的研究方向。楊先生聽說我以前做過貝里

相位的研究，就建議先和他一起研究介觀物理和量子開系統，並告訴我萊格特 (Tony Leggett) 最近的工作有熱起來的苗頭，而更長遠應該關注與朱棣文實驗工作相關的冷原子領域和史砚華「鬼成像」實驗相關的量子糾纏問題。其實，去美國前，我在國家自然科學基金委申請到一個面上項目，這個項目是關於量子開系統（非厄米體系）的量子絕熱過程的，正好契合楊先生感興趣的東西，因此我準備這一次美國之行把重點放在量子開系統研究上。

當時，楊先生也要了我到了石溪就寫好的關於非對稱 quantum double 的文章，隨後，他就去巴黎訪問幾周。期間，我突然接到他的電話說，我的那個工作雖然在數學上的意義不夠大，但在數學物理領域也許是有意思的，數學家和物理學家對待數學有不同的態度。根據楊先生的建議，我把文章投到 *Journal of Mathematical Physics*，不久就接收發表了，後來還引起了一些關注。這是一篇我證明了九個引理才得到一個中心定理的文章。楊先生對人洞悉內心、關懷細微，可能他看出了我的「敝帚自珍」的心情，才鼓勵我發表的。這件事情表明了楊先生的待人之道，特別對於年輕人，他常常從年輕人的角度看問題，替年輕人着想。

能夠表現這一點的還有另外一個例子。在石溪經常有中國來的學生跑到楊先生的辦公室學術「問路」，楊先生一般不指向「高能物理」。我直接問他為甚麼打消人家研究高能物理的積極性。楊先生說：「如果他是我的孩子，在美國我告訴他做甚麼？我首先推薦的不是前途對一般人不大好的方向。」楊先生要當有志學子的「指路松」，一定是如此真誠地指路！

楊先生指導余理華和我一起進行量子開（耗散）系統的研究。楊先生對我們指導得非常具體，他也非常重視與我們的合作。在法國訪問期間還給我們傳真回來他的算稿，其內容直指我們研究的問題要害 —— 對耗散諧振子要尋求時間無關的基本對易關係（圖 4）。楊先生當時指給我們的方向，在今天看來也非常重要，因為近兩年關於非厄米性的研究又重新成為凝聚態理論的一個「新」熱點，而楊先生在 30 年前就在指導我們做這方面的工作。我們關於量子耗散這個工作的很多思想來自楊先生，比如，

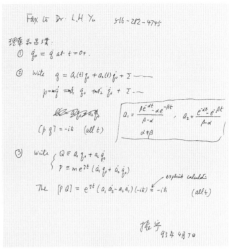

圖 4 左：孫昌璞與楊振寧先生在石溪楊先生辦公室討論；右：楊振寧先生寫給余理華和孫昌璞的算稿。

波函數的整體結構是甚麼？布朗運動如何用波函數來描述 —— 系統座標對熱庫座標的線性依賴。楊先生的思想提供了研究量子開系統非常獨特的視角。楊先生在寫好的文章初稿中，刪掉了我們加上的他的名字。楊先生說，這篇文章會有較大的影響，而他的名氣大，會淹沒余理華和我的貢獻，他就不署名了。其實，這篇文章的引言和部分正文都是楊先生一字一句修改的。對於這段往事，余理華在過去的文章中有詳細的回憶。這個工作發表後的確產生了一些學術影響，它給我帶來的一個意外收穫是結緣了彭桓武先生。在研究量子開系統的過程中，我了解到彭桓武先生在 1980 年前後就研究過這個問題，並發現了他文章裏面有一處錯誤。我知道彭先生在國內是位赫赫有名的大科學家，我能給他「挑錯兒」嗎？楊先生鼓勵我說：「彭先生這個人非常直率，你有甚麼就跟他說甚麼。」於是我便給彭先生寫了一封信，他也因此記住了我這位給他「挑錯兒」的「東北人」，並希望我以後能夠給他量子力學的文章「把關」。

那時候只要楊先生不出差，楊先生幾乎每個周末都與我們有長時間討論，甚至帶領我們一起去推導具體的方程。楊先生親自動手演算，這給我留下了深刻的印象。有一次，我推導楊先生和拜爾絲（Nina Byers）合作

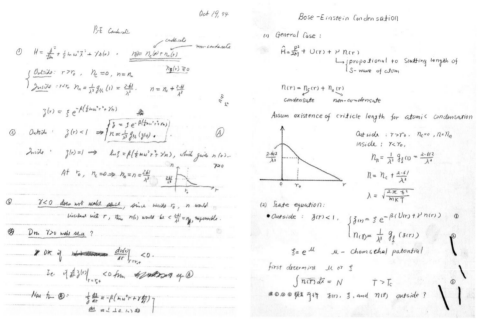

圖 5　左：楊振寧先生的手稿；右：孫昌璞的手稿。

的那篇關於磁通量子化（Byers–Yang theorem）的文章。我覺得文章中的一個公式有符號問題，結果我們倆一起仔細檢查推導了一下午，最後又翻出來楊先生過去的算稿，仔細比較後，才發現還是我錯了。楊先生還指導我研究冷原子的玻色－愛因斯坦凝聚（Bose–Einstein condensate）。我跟隨他一起計算了一些非常具體的東西，圖 5 左邊是楊先生的算稿，右邊是我的算稿，我只是把楊先生研究的諧振子勢推廣到更一般的約束勢。1993 年楊先生訪問東北師大，在學術座談會上他還專門強調了冷原子和玻色－愛因斯坦凝聚研究的重要性，說它們是未來十年物理學的重要新領域。

　　工作了一段時間後，楊先生對我的科研能力和物理感覺都給予了肯定，覺得我應該擴大一下研究領域，進一步積累一些研究經驗。他建議我跟隨他研究擴展的赫巴德模型（Hubbard Model），探討在無法精確求得基態的情況下如何判斷它有沒有非對角長程序。這是延續楊先生和張首晟合作的 SO(4) 高溫超導的工作。我在這個方面努力了兩個多月，雖然沒有取

得成功，但對我後來進入超導量子計算和量子相變的研究有極大的幫助。我在給我妻子的「兩地書」中寫道：

> 能夠得到楊先生這位科學大師的肯定，對於我來說就是最高的獎勵。但我決不會因為楊先生的鼓勵就得意忘形。不能把楊先生很籠統的一個「好」字當作為招牌。我必須加倍努力，把楊先生的鼓勵珍藏在心底，作為自己今後更高層次工作的起點。我要學習楊先生，不僅要學習他的知識，重要的是學他的研究風格和對物理學的品味（taste，沒有恰當的中文詞）。

> 楊先生把他一堆相關手稿給我了，這裏還有他做了但還沒完成的工作。這樣我可以全面學習楊先生的工作風格，從怎樣提出問題到怎樣解決問題，怎樣克服困難，我都有了一個全面的了解，這對我進一步提高和充實十分重要。可以說，我還是得到了點「真傳」。當然，我必須認識到自己目前還不行，才能對自己有一個較高的要求，我希望出國不僅僅是「鍍金」，而且要拾幾塊真金，哪怕是小碎塊也好。現在可以說，我還拾到了點金子。

大家經常說，楊先生是一個偉大的物理學家，對物理學的發展方向他有非常深遠的洞察力。我近距離看到的事實確實是這樣。楊先生對物理學大方向有非常非常強大的把握能力和預見性。不僅如此，他在物理學每一個他感興趣的地方都能深入到非常細微之處。我複印和保留了楊先生當年不少的算稿，並不斷學習領悟，對我理解和把握理論物理學的精神十分重要。

四　潤物細微處，家國繫真情

1992 年，改革開放的春風在中國大地又一次習習拂面；在大洋彼岸，我不僅見到作為科學大師的楊振寧，而且也見證了作為愛國者的楊振寧。

　　1991 年美國愛荷華大學裏發生了中國留學生盧剛槍殺五人的惡性事件。雖然大多數美國人把此事看成個案，但這件事對華人社圈卻有着極負面的影響。1992 年 11 月一天早晨，楊先生憂心忡忡地走到我的辦公室告訴我，《紐約時報》剛剛報道了又一起華人大學生殺人的消息。他覺得兩件華人殺人案連在一起，會對大陸來的留學生在美國生活、就業產生極壞的影響，他想應該馬上聯合一些人採取一些行動挽回這種壞的影響。後來進一步報道證實了第二次事件的當事人是在美國出生的華人，他才稍稍鬆了一口氣。

　　1992 年中英香港問題談判處在膠着狀態。楊先生對英國當時一些作為極為生氣，他說要向中國有關方面建議搞好宣傳，宣傳這個問題要懂得外國人的心理，講好我們自己的道理。他說，「如讓我做這件事，寫好幾篇文章就能讓英方 ××× 下台。」此話雖然有些意氣之說，但這裏可以顯見楊先生的愛國之心！當時我感覺，身處美國的楊先生立場完全是中國的，關鍵時刻他就是站在中國人當中。

　　記得有一次楊先生請我到一家我們常去的中國餐館吃飯，我們邊吃邊聊足足談了三個小時，主要談的是中國經濟發展和科技發展。楊先生的觀點很精闢，而且客觀全面，對中國的未來發展充滿信心。楊先生對國內當時的發展形勢有很多獨到且深遠的見解。他認為，中國的首要問題是穩定發展，這樣發展一、二十年，中國將很厲害。他說當時人民幣快速貶值是一件好事，這將大大擴大中國的出口，但 5–10 年後，可能衝擊美國市場。那時美國必定要採取措施抑制中國「出超」（今天我們叫「逆差」）太大的問題，然後迫使人民幣升值，而且會有很大幅度升值，因為台灣和日本都有這樣的經歷。楊先生還認為，當時只有一些低端的產品進入了美國市場，一旦有一天高端的中國產品佔據美國市場，大到一定的份額，中美之間競爭和爭端必將發生，兩國之間的關係還會發生一些大的變化，中國和中國人都要有思想準備。我在「兩地書」中記錄下了楊先生 30 年前這些長遠的洞見，就像他當時預言了物理學發展新方向（如冷原子、量子糾纏和量子開系統）一樣的準確。今天我仔細想來，真是不可思議！

圖6 左：楊振寧先生在長白山天池邊小憩；右：楊先生與孫昌璞女兒田田合影。

　　1993 年，我想邀請楊先生訪問我的母校東北師範大學。我還沒說完理由，他就欣然同意了。他說，「我訪問你們可能對省裏（或教育部）支持你們學校有些幫助」，「你可以和我一起回去，我知道你很想家」。此前，楊先生在我辦公室看到我辦公桌前牆上貼滿了我那不到三歲的女兒的照片，他就問我是否思念女兒和想家。楊先生這麼細心關懷我，當時我非常感動。楊先生 1993 年 7 月底訪問了東北師大，模仿當年楊振寧兒子楊光諾和愛因斯坦合影那樣，我還特意請楊先生和我三歲的女兒合照了一張照片（圖 6 右）。這次紀念楊先生百年誕辰，我遠在劍橋做博士後的女兒孫田舒博士也回想起當年與楊爺爺合影、給楊爺爺背詩的幸福時光。

　　東北師大訪問活動結束後，吉林省政府安排楊先生到長白山考察，中間我們路過渾江市（今白山市渾江區）。午宴前的間隙，市領導講起發生在這裏的抗日故事，如八女投江和楊靖宇將軍的壯烈故事。楊先生聽後有些激動，即興唱起他小時候父親教唱的那首歌：

中國男兒　中國男兒

要將隻手撐天空

長江大河　亞洲之東　峨峨昆侖

古今多少奇丈夫

碎首黃塵　燕然勒功　至今熱血猶殷紅

當時，我並沒有記下全部歌詞，但後來在楊先生撰寫的〈鄧稼先〉（已經編入中學語文課本）一文中看到了以上歌詞。聽說這是甲午戰爭前後中國的一首軍歌，周恩來、陳毅等青年時代留法時也愛唱這首歌。楊先生在白山黑水之間唱起這首愛國歌曲，別有一番意境。

此後，我又回到楊先生那裏工作了一段時間，然後回到東北師大工作。後來作為「楊振寧訪問教授」在香港中文大學訪問時又與楊先生多次見面。等我從東北師大調到北京後若干年，楊先生從美國石溪搬回北京清華，我又能常與楊先生見面了，雖然不太密集，但時常還是能夠受到他的直接教誨。與楊先生的這些際遇，是我人生和職業生涯之巨大幸事。值此楊先生百年誕辰之際，我懷着無比感恩之心，衷心祝福先生健康長壽，學術永葆青春。

2021 年 11 月 6 日星期六完稿於北京陽春光華橡樹園

2022 年 4 月 12 日完成最後修改

跟楊振寧先生談密碼與數學

王小雲

清華大學高等研究院

今年是我以楊振寧講座教授身份加入清華大學的第 17 個年頭，恰逢楊先生 99 周歲生日。謹以此文感謝楊先生過去十幾年來對我本人和密碼團隊的支持與幫助！

沒有任何出國留學與國外工作的經歷，在山東大學一個國際交流比較活躍的團隊，也就是潘承洞老師帶領的解析數論團隊，從事密碼與解析數論學習與研究，這大概是我 2004 年之前唯一的學習與工作經歷。而正是一個如此簡單的經歷，成為楊先生十分關切並且經常向我詢問的一個話題，特別是關於我的導師潘承洞先生，以及其弟弟潘承彪教授等，還有解析數論團隊發展起來的密碼研究團隊與人才培養情況。楊先生是一位令人尊敬的科學大師，沒有門第偏見，對做出科學貢獻的年輕學者給予了無私的支持。楊先生支持的不僅有物理領域的青年學者，也包括數學、計算機科學甚至藝術等領域。

在山東大學求學和工作期間，周邊不時有老師和同學到清華大學參觀遊玩，這其中也包括我自己的研究生。他們談論的話題總離不開清華美麗的校園和高考成績極為出色的學子們，而那時的我，並不確定自己何時才能到清華大學看看。直到 2004 年 10 月底，在楊振寧先生和姚期智先生共同決定下，由姚先生發出邀請，我第一次來到清華大學，做了一個關於哈希函數碰撞攻擊的學術報告。報告結束後，姚先生和時任高等研究中心（後改名為高等研究院）主任的聶華桐先生向我表達了楊振寧先生希望我

到清華大學工作的想法。這個邀請似乎是在我邁進清華大學校門的那一刻就預感到的事情。

訪問清華大學後，我應著名密碼學家多伯汀（Hans Dobbertin）教授邀請啟程訪問德國波鴻大學（University of Bochum），在訪問期間多伯汀教授也當面向我提出了到波鴻大學工作的邀請。隨後，11 月 11 日，楊先生訪問山東大學，向山東大學提出希望我到清華工作的建議。

實際上，自 2004 年 8 月我在美國聖巴巴拉召開的國際密碼學會議上公佈了 MD5 等幾個算法碰撞攻擊後的半年時間內，我的工作選擇已經不僅僅局限於這兩個邀請，由於有些郵件不能夠及時處理，已錯過不少機會。考慮到當時的情形和在山大的工作，以及下一步的工作計劃和發展，我不得不進行了很認真的思考。到國外工作無疑會對我帶領的山大團隊工作造成很大影響，也是我決定直接放棄的首要原因。而在不影響山東大學已有團隊工作的前提下加入清華，似乎是個不錯的選擇。因此，最終我先以「楊振寧講座教授」的身份受聘於清華大學。一年之後，經過多次協商，清華大學與山東大學以雙聘教授身份解決了我的工作變動問題。這期間得到了楊先生與清華大學領導們的大力支持。應該講這種工作模式在過去十幾年時間，取得了很大的成功，也得到大家的普遍認可。

「楊振寧講座教授」對我來說是一個很高的學術榮譽，這個榮譽本該授予物理學家的，而我是研究數學與密碼的，這不僅是楊先生對我個人工作的高度支持與認可，也體現了楊先生對數學與密碼等領域的重視與包容。這讓我想起，為甚麼最早的最先進的密碼破解技術來源於上世紀 40 年代圖靈（Alan Turing）設計的恩尼格瑪（Enigma）密碼破譯機，而香農（Claude Shannon）又在他的為數不多的偉大工作中專門定義了完善密碼安全的概念。我想這些都源自於他們對密碼重要性的深刻認識，儘管在 1949 年之前，現代密碼學還未真正開始。而在上世紀 80 年代中後期，潘承洞老師支持團隊啟動密碼研究，則體現了對基於深厚數學基礎的密碼學這一新興科學領域的高度重視。通過這些年的交流，我清楚地知道楊先生最期待中國人能夠做出世界一流的科研工作，並且能夠用我們自己創造的

世界領先技術解決中國的實際問題。另外，我個人認為，中國的頂尖海外人才引進是楊先生首先在中國做出了嘗試，楊先生也最早地推行了國際評估的人才引進體制，並且近年來已經發展到不局限於國際評估的人才引進機制。得益於高研院人才引進政策的及時調整與實事求是的態度，清華大學才擁有一支以清華大學、山東大學自主培養為主，與海外人才引進相結合的研究團隊。這一點是值得國家層面也包括高校認真思考的事情。

第一次真正跟楊先生面對面交流，是 2005 年 4 月正式入職清華大學的時候。當時的具體談話內容已經有些模糊了，但是仍記得談及最多的是關於數學與熟悉的數學家，以及物理與物理學家。為甚麼談數學，我想一是我的工作主要研究密碼理論，屬數學問題，楊先生很認真地了解密碼涉及的數學問題主要有哪些，我也向楊先生介紹了轉學密碼的背景，哪些數學問題在密碼中發揮重要作用。特別談到大整數分解問題對於現代密碼的影響時，楊先生顯得很感興趣，讓我頗感意外的是楊先生也曾經對一類特殊的整數分佈問題做過初步研究。二是楊先生的父親楊武之先生和閔嗣鶴先生都是研究數論的科學家，還是世交，而我的導師潘承洞先生是閔先生的研究生，可以說大家對數論這個領域是有感情的。圍繞楊武之、閔嗣鶴、潘承洞三位先生的談話無疑拉近了我跟楊先生的距離。

確切地說，我是帶着山東大學的研究生們一起進入清華大學高等研究院工作的，學校和高研院盡可能地提供了山大學生們的辦公和生活的場所。高等研究院擁有安靜舒適的科研環境，老師們安心地在辦公室思考問題。偶爾半掩的辦公室傳來討論問題的聲音，或者傳來報告廳演講者的聲音，這是清華大學高等研究院的工作常態，到訪過的密碼同行經常會由衷地表達「在這裏工作真幸福」……。

記得剛來高等研究院工作的前兩年，每天路過朱邦芬院士辦公室，見到朱老師坐在堆滿書籍的辦公桌前思考問題，很少有人出入。而我的辦公室，學生們進進出出地討論問題，我也頻繁地督促學生們努力進行跟密碼分析有關的編程工作，鍛煉密碼研究的基本功；還時常跟學生們工作到深夜甚至通宵，這種熱鬧的工作狀態破壞了周圍寧靜的環境。但是就是這樣

一個「熱鬧」的團隊，不僅沒有引起大家的反感與排斥，反而得到了更多的包容並逐漸與研究院融為一體。有一次見到楊先生，楊先生還特地告訴我，他晚間曾到樓上看過，發現我的學生們都在工作，他感到非常高興也表示很認可。

楊先生對前沿科學問題的研究與發展趨勢高度重視，並保持着敏銳的洞察力。而密碼學最新進展與數學領域的某些突破，也成為楊先生跟我開展對話與交流的主要話題，這是讓我既感到高興，同時也有些壓力的一件事。由於自己的專業能力有限，會擔心描述得、解釋得不夠清晰。但無論我的回答是否足夠準確，楊先生都是非常包容地進行提問，並會自然地轉向新的話題。

清晰記得在張益唐師兄（潘承彪老師的研究生）發表孿生素數研究的突破性成果不久，楊先生非常認真地向我了解這個貢獻的內容。比較遺憾的是，除了問題本身和成果的描述外，我無法對該成果的研究方法給予更多的解釋。

在區塊鏈被大家關注的較早時期，楊先生也向我進行了詳細了解，希望我能夠給他講一講區塊鏈到底是甚麼。楊先生想了解區塊鏈主要有兩個原因，一是我的工作跟區塊鏈密切相關，我也正在組織團隊大力發展區塊鏈；二是楊先生個人的困惑，希望找到一些答案。因為曾經有人談及楊先生很會選人，由他主導引進的姚期智先生和我本人，都是對區塊鏈中的核心密碼技術做出了重要貢獻的專家。我很認真地向他表述的一個觀點是：大數據行業沒有安全就不可能發展下去，而大數據＋安全需要突破以前通過部署加密機、基於數字證書的驗簽機的安全加固模式，搭建及部署從系統架構設計之初就將安全納入設計理念的系統，而區塊鏈正是這種新型的帶安全解決方案的大數據工作系統和工作模式。我也對區塊鏈的關鍵科學問題進行了描述：主要包括密碼技術與分布式系統等。而區塊鏈的所有模塊離不開密碼技術的支持，多數模塊的本質就是密碼技術。即使是分布式系統的核心模塊共識機制，其核心理念也與密碼學思想無異。近幾年共識機制的許多創新都是通過不同密碼技術創新保障安全、減少消息複雜度及

通信複雜度以提高效率。如 Facebook 曾經提出的區塊鏈 Libra，主要貢獻就是基於門限簽名，將共識機制的廣播由二重廣播降低為三次線性廣播。而姚先生提出的多方安全計算，在區塊鏈的隱私保護中有重要的應用前景，我跟大家一起設計的 SM3 和國際上其他國家研製的雜湊函數，如美國 FIPS 標準 SHA256 等，則是實現數據上鏈、保障數據溯源以及降低通信複雜度的核心技術。楊先生聽完我的描述，很認真地提了一個建議，希望我能夠有時間寫一本通俗點的區塊鏈科普書籍，他還要認真讀一下。這個問題我一直記在心裏，但由於時間原因還未實現。

高等研究院的研究特色是物理基礎理論。除了密碼與數學，楊先生會主動跟我談及物理和物理學家的故事，他大概會簡單清晰地介紹一些著名物理學家的故事，特別是跟他本人有交集的人和事，其中有愛因斯坦（Albert Einstein）、韋耳（Hermann Weyl）、吳健雄、鄧稼先等。得知我高中時的物理學習很優秀，他後來特別送我一本書：《郵票上的物理學史》，是秦克誠老師寫的，並告訴我很容易讀懂。有些遺憾的是除了幾個零星郵票故事，我始終沒有時間系統地認真地仔細讀完。

楊先生給予大家的支持方式也是很簡單、很純粹的。對我所帶領的密碼團隊的支持就很多。在我的印象裏，基本每次徵求意見或者提出工作建議時，楊先生都會認真地先聽我介紹。我的山東口音很重，很多談話由翁帆老師簡單明了地清晰轉述，這種方式也讓我感到談話輕鬆了很多。楊先生了解清楚後會提出自己的一些建議與看法，有時也會質疑。認為很有必要的，特別是對國家很重要的事情，都會給予同意和支持。這些支持包括了在計算機系成立密碼理論與技術研究中心、擔任山東大學網絡空間安全學院院長、在高等研究院引進年輕密碼學研究人員等。

每次談話，無論哪類談話主題，我均能夠感受到楊先生對中國的深厚感情。這種感情我認為是從兒童時期起就一直伴隨着他的，甚至在美國工作期間依舊根深蒂固的那種感情。1972 年中美建交以及 1979 年時任副總理鄧小平訪問美國，對楊先生的影響是極為深刻的。楊先生一直尋找中美建交後回國訪問的機會。我一直在想一個問題：為甚麼楊先生能夠對中美

關係發展的每一階段發生的事情、每一階段他自己想做的事,特別是推動中美學術交流的事,每一個細節都如此清晰?我個人認為這不僅僅因為他是一位偉大的科學家,有很強的記憶力、洞察力、智慧,最根本的還在於他對中國的刻骨銘心的深厚感情。

對於改革開放以來中國的教育楊先生是很認可的。他認為一個國家的教育是否成功在很大程度上要看對經濟發展的影響。中國改革開放以來,經濟的快速發展跟教育、科技的發展是密不可分的,他認為中國的教育是很成功的。我也很贊成他的觀點,因為我也是教育與改革開放的受益者。當然教育體制的改革還需要不斷完善。

總的來講,楊先生對中國科技發展的影響是巨大的,作為一位偉大的科學大師,他的科學成就是不需要我來評價的。如果一定要評價,就是他對中國的感情是最為深厚和真摯的,對年輕科技人才的支持幫助是無私的。楊先生對中國科技事業的支持也常常體現在他的一些具體行動上,例如他通過一些他在國內外的影響以及他本人的捐款來籌集資金,盡量不給國家增添太多的財政壓力。同時,楊先生又很低調,我跟楊先生交流次數很多,從沒有聽他提過自己捐款的事情,但會談論他的美國朋友賽蒙斯(Jim Simons)夫婦的捐款。

楊先生很喜歡分析在中國發展過程中政府出台的很好的政策與措施,也會談及中國的科技應該如何發展會更好,哪個科學家在哪一方面的貢獻值得關注等等。他支持年輕人,從不看出身,我知道的就有好幾位年輕學者得到了楊先生的大力支持,儘管他們工作過的大學並不是特別有名。我們有時會覺得他應該也有很多煩惱,但楊先生從不談及自己的苦惱,而是更多地引導我們、給予我們榜樣的力量和科學探索的精神。我想這些力量和精神我們應該要很好地傳遞下去。

2021 年 8 月

楊振寧先生從根本上改變了清華物理系

王亞愚

清華大學物理系

清華大學物理系成立於 1926 年，是清華成立最早的十個院系之一，在葉企孫先生的帶領下，迅速成為近代中國最好的物理系之一。經歷了 1952 年全國高等學校院系調整，清華物理系在中斷辦學 30 年後，於 1982 年艱難復系。在社會各界、國內外同行和清華校友的關心支持下，在全體師生的不懈努力下，清華物理系在復系不到 40 年的時間裏又回到了國內一流的行列，並正朝着國際一流物理系的目標邁進。

在清華物理系重振輝煌的進程中，楊振寧先生「為清華大學物理系的發展指明了方向，從根本上改變了清華物理系的面貌」[1]。值此慶賀楊先生百年壽辰之際，我們略舉二三往事，以饗讀者。

一 遠見卓識，指明物理系發展之路

自從 1971 年第一次回到故國，楊振寧先生一直給予清華物理的發展以特殊的關注和幫助，但真正具體參與到清華物理系的發展，作出獨特貢獻，緣起於物理系第一次國際評估。2002 年 6 月，為了實現建設國際一流大學物理系的遠景目標，時任清華校長王大中院士聘請了楊振寧先生和沈元壤、沈平、沈志勛等四位國際著名物理學家組成評審委員會，對清華物理系開展了國際評估。評審委員會針對物理系的學科建設、人才培養及

管理體制等多方面的工作進行了深入考察和討論，最後向學校提交了正式的國際評估報告。這次國際評估對清華物理系產生了深遠影響（圖 1），物理系以該評估報告為基礎提出了《清華大學物理系機構改革方案》。2003年朱邦芬院士擔任物理系主任後，在學校的支持下，全面實施人事、教學、科研等方面的改革方案[2]。

圖 1　2002 年在國際評估現場聽取報告。

2010 年，清華大學再次邀請楊先生、參與第一次評估的「三沈」、再加上沈呂九、楊炳麟共六位專家對物理系進行了第二次國際評估。這一次評估進一步推動了人才培養工作和教師隊伍建設，以及此後物理系新系館的建設。

近 20 年來，物理系堅持「教授治學」的原則，在學術共同體建設、人才評價、教學和培養等方面進行了一系列積極的探索，引進了一批傑出的人才，完善了學科佈局，建設了多個國際一流水平的研究組，並培養了多位嶄露頭角的學術新星。楊先生的遠見卓識對促進物理系的發展、提升物理系的水平起到了重要作用。借用王大中前校長的話：「清華物理系有今天的成就，楊教授功不可沒。」[3]

二　珠聯璧合，推動量子科學與技術研究中心成立

　　1997 年楊先生在清華大學成立了高等研究中心（2009 年更名為清華大學高等研究院），邀請了多位國際物理學界最出色的華人學者來訪問工作。其中，張首晟是他在石溪時期的學生，作為高等研究院的客座教授，

指引物理系本科畢業生和研究生祁曉亮、劉朝星、王靖、徐勇等進入到拓撲絕緣體這一前沿領域，並在國際上最早理論預言了量子反常霍爾效應的存在（圖 2）。同時期，物理系薛其坤院士則帶領團隊向量子反常霍爾效應的實驗實現發起衝擊。

圖 2　左起：楊先生、張首晟、祁曉亮合影。

　　2012 年 9 月，物理系成立了以薛其坤和張首晟為共同主任的「量子科學與技術研究中心」（圖 3），在他們的領導下物理系在拓撲絕緣體和界面高溫超導等方面取得了一系列國際領先的成果。特別是 2013 年，薛其坤領銜的實驗團隊和張首晟等理論物理學家合作，在國際上首次觀測到量子

圖 3　量子科學與技術研究中心成立儀式。

反常霍爾效應，被楊先生評價為「諾貝爾獎級的成果」。楊先生慧眼識珠，
無意之間促成了這一合作，也是中國物理學界的一段佳話。

圖 4　楊先生參加基科班 20 年、學堂班 10 年慶典活動暨拔尖人才培養論壇。

三　春風化雨，桃李滿天下

楊振寧先生《歸根》詩中有兩句：「學子凌雲志，我當指路松」。詩以
言志，行為世範。楊先生對清華物理系的獨特貢獻，不僅在於上述他在學
科佈局和研究領域所起的引領作用，還融入於日常的人才培養中。

2004 年，82 歲的楊先生為清華物理
系四個班 120 餘名大一新生講了整整一
學期的「大學物理」課。他關心青年學生
的成長，多次與基科班、學堂班的學生
們面對面討論問題（圖 4）。他參加了物
理系首次承辦的國際中學生物理奧林匹
克競賽中國國家隊的集訓開營儀式，並
和同學們分享了學習物理的體會（圖 5）。

圖 5　楊先生參加國際中學生物理奧賽國家隊集訓的開營儀式。

四 殷切期待，重振輝煌夢

　　楊先生在清華園度過了美好的少年時期，又在西南聯大打下了受益終身的物理學基礎。他一方面見證過清華物理系早期的輝煌，另一方面對清華物理系今後的發展也充滿了關心和期盼。1999 年，物理系搬入新建成的理科樓，楊先生應邀出席落成儀式，並在儀式後欣然揮毫寫下「重振輝煌」，贈予物理系（圖 6、圖 7）。

圖 6　楊先生在理科樓前廣場與物理系師生交流。

圖 7　楊先生手書「重振輝煌」。

2022 年，清華物理系即將迎來復系 40 周年，並將搬入國際一流水準的新系館，我們期待着屆時楊振寧先生再次見證這一歷史時刻。清華物理系師生將繼續在一代物理大師的引領下，領略科學之美，樂享真理之趣。楊振寧先生從根本上改變了清華物理系，清華物理系也必將不負重託，重振輝煌！

1　朱邦芬：〈回歸後楊振寧先生所做的五項貢獻〉，《物理》，46 卷（2017 年），9 期，頁 573–581。

2　高原（記者）、駱潔（聯絡員）：〈清華物理系人事制度改革正式啟動〉。http://tsinghua.cuepa.cn/show_more.php?doc_id=1125329。

3　見註 1。

量子反常霍爾效應

王亞愚　　薛其坤

清華大學物理系

在學校的大力支持下，楊振寧先生於 1997 年創建了清華大學高等研究中心（現改名高等研究院，以下簡稱「高研」）。高研建成之後很快便成為清華校園裏的科學活動中心，並吸引了大批世界知名的科學家擔任教職或客座教授。美國斯坦福大學張首晟教授作為楊振寧先生在石溪時期的學生，曾經多次訪問高研。他把當時在國際上新興的拓撲絕緣體領域帶進了中國物理學界，並在高研指導了幾位極具天賦的年輕學生。此外，張首晟教授開創性的理論工作，在清華物理系薛其坤教授領導的聯合實驗團隊發現量子反常霍爾效應的過程中也發揮了關鍵作用。該團隊由幾個分別在材料生長、樣品表徵和輸運測量方面世界領先的研究小組構成，由王亞愚教授、馬旭村、何珂教授和呂力教授等分別領導。在量子反常霍爾效應的實驗探索過程中，這個聯合團隊一直與張首晟教授理論組保持着密切的合作。在這篇文章中，我們將簡要回顧量子反常霍爾效應及其實驗發現歷程，以及楊振寧先生對這項工作的評價。

量子霍爾效應是現代凝聚態物理學中最令人興奮的領域之一。1980 年，馮·克利青（Klaus von Klitzing）與合作者發現，在強磁場中，二維電子氣體的霍爾電阻率 ρ_{yx} 會表現出大小為 h/ie^2 的平台，其中 i 是一個整數，與此同時，四端法測量的縱向電阻率 ρ_{xx} 會下降到零。這樣一個數值約為 25.8 kΩ 的物理量 h/e^2 後來被稱為量子電阻。在量子霍爾效應中，二維電子氣的能帶在強磁場的作用下形成分立的朗道能級。所有來自體態的

載流子在雜質的作用下會被局域化，但是處於樣品邊界上的一維邊緣態會保持其延展性，形成一維導電通道。每個一維邊緣通道在輸運上貢獻一個大小為 e^2/h 的霍爾電導，這是整數量子霍爾效應中「整數」的物理含義。此外，由於向前和向後運動的一維手性邊緣態在空間上是分離的，兩者之間不會發生散射，因此量子霍爾效應中的電子運動是沒有能量耗散的，所以在輸運上表現出消失的縱向電阻。在量子霍爾效應發現的兩年後，崔琦和施特默（Horst Stormer）在超高遷移率的二維電子氣中發現了分數化的量子霍爾效應，其中電子之間的強關聯效應扮演了重要的作用。整數和分數量子霍爾效應的發現分別於 1985 年和 1998 年被授予了諾貝爾物理學獎。

通過深入分析，索利斯（David Thouless）與合作者意識到，實驗上發現的量子霍爾態可以被看作一類特殊的具有拓撲非平庸電子結構的絕緣體。人們可以對一個被電子填滿的能帶定義一個拓撲特徵量（陳數）來描述這種拓撲性。陳數的大小與電子能帶的貝里曲率在整個布里淵區的積分成正比，通常來說對於拓撲平庸的能帶，積分的結果是零，但是對於一個朗道能級，積分結果是 1。在量子霍爾效應中，以量子電導 e^2/h 為單位，霍爾電導的數值是所有被佔據的朗道能級的陳數之和。

一個有趣的問題是能否在零磁場中實現量子霍爾效應，這種零磁場的量子霍爾效應可以被視為鐵磁材料中由自發磁化引起的反常霍爾效應的量子化版本。圖 1 比較了量子反常霍爾效應預期的實驗結果和高磁場下整

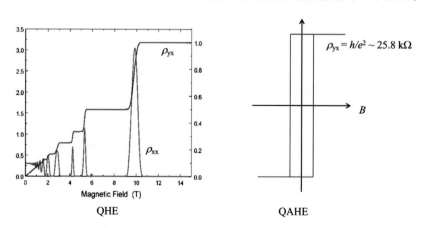

圖 1　左：量子霍爾效應的實驗結果，在強磁場中形成量子化的霍爾平台。右：量子反常霍爾效應的預期行為示意圖，其中霍爾電阻率在零磁場中是量子化的。

數量子霍爾效應的實驗結果。量子反常霍爾效應不僅是一種新的拓撲量子物態，而且對於無能量耗散邊緣態在高速低能耗電子器件中的應用具有重要的意義。1988 年，霍爾丹（F. D. M. Haldane）提出了第一個無朗道能級的量子霍爾效應的理論模型。其模型基礎是在石墨烯晶格中利用周期性磁場打破時間反演對稱性，但是保持整個系統淨磁通量為零。霍爾丹的理論模型在後來拓撲物態理論的發展中發揮了關鍵作用，然而在實驗中去實現這一模型是極其困難的。

2005 年拓撲絕緣體的發現為實現量子反常霍爾效應帶來了新的途徑。拓撲絕緣體中強自旋軌道耦合引起了其拓撲非平庸的特性，導致了體態導帶和價帶之間會發生能帶反轉。2006 年，當時還在高研讀研究生的祁曉亮與吳詠時教授和張首晟教授合作，提出了一類通用的二維模型，該模型推導出的霍爾效應在沒有外磁場的情況下就表現出了量子化的拓撲特性。兩年後，高研的另一名研究生劉朝星與張首晟教授等人合作，預期 Mn 摻雜的 HgTe 量子阱存在量子反常霍爾效應。在三維拓撲絕緣體被發現之後，戴希、方忠和張首晟等人提出，具有類似拓撲特性的磁性摻雜的 Bi_2Se_3 系列拓撲絕緣體是實現量子反常霍爾效應的理想候選材料。在這些理論的啟發下，薛其坤教授領導的聯合團隊於 2009 年踏上了實現量子反常霍爾效應的征程。

量子反常霍爾效應的實現要求材料同時具有鐵磁性、拓撲性和絕緣性。材料拓撲非平庸的能帶結構保證拓撲保護的邊緣態的存在。此外，樣品必須具有磁化方向垂直於樣品平面的長程鐵磁序，以保證在零磁場下反常霍爾效應的存在。最後，樣品還必須具有真正絕緣的體態，從而確保只有一維手性邊緣態對電子輸運有貢獻。顯然，找到這樣一種神奇的材料是一項極具挑戰性的實驗任務。下面，我們簡要回顧一下量子反常霍爾效應所需的這些必要條件是如何一步步地被實現的。

為了實現量子反常霍爾效應，生長厚度為幾個五原子層原胞（QL）的超薄拓撲絕緣體薄膜是一個必要的條件。減少薄膜厚度可以有效減小來自體態和樣品側表面導電通道對電子輸運的貢獻。通過利用分子束外延的方

法，我們這個團隊首先實現了高質量 Bi_2Se_3 家族拓撲絕緣體薄膜的生長，並且能夠將其厚度精確控制至 1 QL。更重要的是，我們可以通過角分辨光電子能譜和掃描隧道顯微鏡對拓撲絕緣體薄膜的電子結構進行原位表徵。薛其坤教授團隊在一個超高真空聯合系統中曾把分子束外延、角分辨光電子能譜和掃描隧道顯微鏡三項技術結合在一起進行過科學研究。沒有想到，這種獨特的設計在磁性拓撲絕緣體和其他低維量子材料的研究中發揮了不可或缺的作用。

為了進一步獲得體態真正絕緣的拓撲絕緣體，我們團隊發明了能帶結構工程技術，以進一步消除來自體態載流子對輸運的貢獻。由於 Bi_2Te_3 和 Sb_2Te_3 同屬於一類拓撲絕緣體家族，但通常條件下生長的薄膜具有相反類型的體載流子，因此，通過將兩者混合成 $(Bi_{1-x}Sb_x)_2Te_3$ 三元化合物的形式可以系統地調整費米能級的位置。我們通過分子束外延的方法生長了一系列不同 Sb 含量 ($0 \leq x \leq 1$) 的 $(Bi_{1-x}Sb_x)_2Te_3$ 薄膜，通過角分辨光電子能譜證實該體系在整個摻雜範圍內都保持拓撲非平庸的能帶結構。進一步結合輸運測量的數據，我們確認了費米能級一直位於體態能隙內，並且在 Sb 含量達到 x ~ 0.95 時系統變得真正絕緣。

實現了一個真正體態絕緣的拓撲絕緣體之後，一個重要問題便隨之而來，即當磁性元素通過摻雜進入拓撲絕緣體之後，長程鐵磁序是否能建立起來。因為大多數鐵磁體都是金屬，巡遊電子對於通過 RKKY 機制導致的鐵磁序至關重要。當巡遊電子在拓撲絕緣體中被消除時，人們通常會預期鐵磁性將被強烈抑制。為了澄清這個問題，在保持相同的 Cr 含量情況下，我們生長了一系列厚度為 5 QL 但不同的 Bi:Sb 比的 $Cr_{0.22}(Bi_xSb_{1-x})_{1.78}Te_3$ 薄膜。有趣的是，所有的樣品在輸運行為上都表現出顯著的反常霍爾效應，在磁場中霍爾電阻的曲線具有近乎方形的磁滯回線，這樣的行為在高度絕緣的區間依然如此。同時，我們發現樣品的矯頑場大小和居里溫度對樣品中的載流子類型和濃度的依賴性非常弱。這種與載流子無關的鐵磁性支持了戴希和方忠等人提出的范弗萊克機制，即磁性

拓撲絕緣體中的鐵磁序是由體電子能帶結構中的導帶和價帶決定的，而非費米能級附近的巡遊電子導致的。

我們通過能帶工程調節不同的 Bi/Sb 比率可以成功將費米能級調到大的體能隙中。然而，為了實現量子反常霍爾效應，必須把費米能級更加精確地調控至由鐵磁性在狄拉克點打開的表面態的小能隙中。磁性摻雜的拓撲絕緣體的居里溫度一般在 10 K 左右。粗略的估計表明，由時間反演對稱性破缺導致的能隙大小只有 1 meV。為了精準地控制費米能級的位置，額外的門電壓 V_g 也是必不可少的。通過使用 $SrTiO_3$ 作為襯底來生長拓撲絕緣體薄膜，我們在厚度為 0.5 mm 的襯底上，實現了柵極電壓 V_g 在 ±200 V 之間大小為 $3×10^{13}$ cm^{-2} 載流子濃度變化的調控。

在原子級尺度控制薄膜生長實現對能帶結構的精細調控並不是全部的故事。為了觀測量子反常霍爾效應，低溫高精度的量子輸運測量也是不可或缺的。當世界上大多數研究組在材料生長或輸運測量方面各自獨立工作時，這個聯合團隊從實驗的一開始就一直在這兩個方面密切合作。王亞愚教授帶領的輸運研究組從實驗的最開始階段就加入了這項工作，而呂力教授的研究組則在實驗的最後階段完成了稀釋製冷機中 30 mK 溫度下極低溫的輸運測量。材料生長小組和輸運測量小組之間的閉環反饋式的強強合作保證了團隊能夠非常有效地解決最具挑戰性的問題。通過許多優秀研究生近四年的不懈努力，在 $SrTiO_3$ 襯底上生長的超薄 Cr 摻雜 $(Bi_{1-x}Sb_x)_2Te_3$ 拓撲絕緣體薄膜滿足了實現量子反常霍爾效應的所有要求。

2012 年 10 月，聯合團隊最終在厚度為 5 QL 的 $Cr_{0.15}(Bi_{0.1}Sb_{0.9})_{1.85}Te_3$ 中成功觀測到了量子反常霍爾效應。圖 2 顯示了在 30 mK 溫度下測量到的不同柵極電壓 V_g 下的霍爾電阻率隨磁場的變化。在柵壓為 200 V 時，樣品的體態被強烈的電子型摻雜，零磁場下的反常霍爾電阻率只有 0.1 h/e^2。隨着柵壓 V_g 的減小，反常霍爾電阻率迅速增加，並在電荷中性點 $V_g^0 = -1.5$ V 附近的範圍內，霍爾電阻率表現出完美的量子化數值，並形成一個很寬的平台，這與量子反常霍爾效應的行為預期幾乎一致。隨着柵極電壓進一步減小到一個很大的負值，愈來愈多的空穴型載流子被注

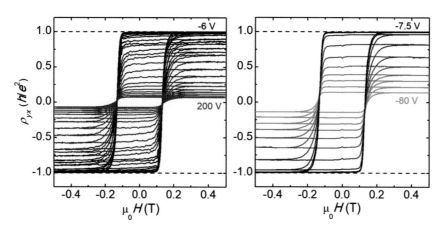

圖 2 在 30 mK 溫度下測量的量子反常霍爾效應的實驗結果。霍爾電阻率隨磁場的變化顯示在電荷中性點附近的 V_g 範圍內反常霍爾電阻率表現出完美量子化。

入，樣品的霍爾電阻率的數值再次下降。伴隨着反常霍爾電阻量子化平台的形成，磁性拓撲絕緣體薄膜的縱向電阻率迅速下降並接近零，這表明樣品中的輸運是由無能量耗散的邊緣態所貢獻的。這些標誌性的特徵毋庸置疑地證明了量子反常霍爾效應的實驗發現。聯合團隊在實驗上首次觀測到量子反常霍爾效應的結果最終發表在《科學》雜誌上 [1]，並很快得到了世界各地的多個實驗小組的證實。

楊振寧先生聽說了量子反常霍爾效應的實驗結果後，邀請我們在高研就這一主題做了一次報告。報告結束後，楊先生對這項工作的意義給予了很高的評價，並問清華團隊取得成功的最關鍵因素是甚麼。我們回答說，除了研究實力外，團隊成員之間的合作精神、相互理解和謙讓的態度在面對這樣一個極具挑戰性的任務時非常重要。聽了我們的回答後楊先生表示，這個成功表明中華民族的傳統美德在科學探索方面也是可以發揮重要作用的。幾天後，楊先生特別設宴招待我們，祝賀並鼓勵我們。圖 3 是晚宴後拍攝的照片。在晚宴上，楊先生與我們相談甚歡，分享了許多他在生活上和物理研究生涯中非常有趣的一些軼事。

磁性摻磁拓撲絕緣體薄膜中量子反常霍爾效應的實驗發現，結束了長達數十年的對無磁場量子霍爾效應的探索，同時它還為由電子能帶結構貝里曲率產生的反常霍爾效應的內稟機制的存在提供了明確的證據。量子

圖3　在晚宴上拍攝的照片，左起：薛其坤、楊振寧、王亞愚。

反常霍爾效應的發現為實現此前預測的許多其他新的量子現象開闢了一條新的途徑，例如拓撲磁電效應、鏡像磁單極子和手徵馬約拉納費米子等等。它還將促進無耗散邊緣態在電子設備中的應用，以及推動量子電阻在新的電阻基準方面的應用。

　　最後，我們再次強調，由楊振寧先生創立和領導的清華大學高等研究院在量子反常霍爾效應的實驗發現過程中發揮了非常特殊的作用，藉此文表達我們晚輩們對楊先生崇高的敬意和衷心的感謝！

1　*Science*, 340: 167 (2013).

在楊先生身旁做研究的一段經歷

汪忠

清華大學高等研究院

一 磁單極子

2014 年春夏之交的某一天，我收到楊先生發來的一封電子郵件，正文是簡短的一句話：

Can you come to my office next Monday at 11am? I have a problem in physics which you may find interesting.（下星期一上午 11 時，你來我辦公室一趟如何？我這裏有一個物理問題，你可能會感興趣。）

幾天之後，楊先生在他的辦公室向我解釋了這個問題。這是一個關於磁單極子的問題。磁單極子是楊先生非常喜愛的一個物理概念。我們知道，自然界中帶正電或者負電的粒子可以獨來獨往，然而南、北磁極卻總是成對出現。迄今為止，人們從未發現單獨行動的磁南極或磁北極。1931 年，特立獨行的物理學家狄拉克（Paul Dirac）構思出磁單極子這種假想粒子，它們是單獨的磁南極或磁北極。假如磁單極子存在，描述電磁現象的麥克斯韋方程（Maxwell's equations）將會具有完美的電磁對稱性，而電荷量子化這一事實也能得到解釋。楊先生多年來對磁單極子極有興趣，我猜背後可能有多方面的原因。首先，磁單極子代表了一類最簡單的纖維叢，而纖維叢是楊先生長期鍾愛的一類數學結構；其次，楊先生一直欣賞對稱之美，而磁單極子使得電與磁的地位完全對稱。

1976 年，楊先生與吳大峻教授採用纖維叢的語言，寫下了描述磁單極子、帶電粒子與電磁場相互作用的經典拉格朗日量（Lagrangian）。一個很有趣的特徵是，這個拉格朗日量是多值函數。這篇文章收錄在楊先生的文集 *Selected Papers 1945–1980* 裏（文章編號為 76d）。在完成這篇文章之後，他們計畫更進一步，對這個經典拉格朗日量作量子化，以期得到電荷、磁荷、電磁場相互作用的量子理論。然而，沿着這一思路的最初進展並不順利，所以他們後來另走哈密頓量（Hamiltonian）途徑作量子化，最後的結果是楊先生文集中的論文 78e。這些早期進展是楊先生所說的物理問題的背景。

回到那個星期一的上午，楊先生告訴我，他認為從拉格朗日量出發作量子化將是更優美的做法，並建議我考慮這個問題。我當然聽從了他的建議，認真嘗試這個思路。在隨後幾個月裏，楊先生和我數次討論，並通過一系列郵件頻繁交流。每當我以郵件向楊先生彙報進展時，總能很快得到他的回覆，速度時常令我驚訝。他的建議中肯而清晰，例如，他認為電磁對稱性意味着我所寫的量子化方案應該有一個對偶描述（dual formulation），建議我寫出來。我這麼做了，並發現這確實有助於理解問題。

時間過得很快，幾個月之後，這項工作基本成型。在文章寫作方面，楊先生也有非常具體的建議。例如，我的初稿裏附錄所佔比例很大，楊先生建議我削減其比例。重新審視文稿的時候，我才意識到，把太多內容扔進附錄裏，乃是寫作脈絡組織不佳的表現，於是我大幅改寫了全文。這篇文章於 2015 年發表在 *Physical Review D* 上。

因為這項工作始於楊先生的建議，而且他對整個工作從結構到細節都有多方面的貢獻，我理所當然地認為我們應該共同發表它。不過，楊先生婉拒了共同署名的提議，他認為自己沒有參與具體計算，所以不應署名。他說，他對這項工作確實也有貢獻，但這貢獻是間接的，沒有親手完成一項工作所帶來的那種直接的「proud」之體驗，所以不該署名。楊先生關於「proud」之體驗的這一番話，我一直記得很清楚。後來我才了解到，指導年輕同行的工作而不署名，對楊先生來說並不稀奇。此外，這番話也讓

我對「文章千古事，得失寸心知」這句楊先生喜愛引用的古詩有了更深的理解。

這個關於磁單極子的工作和我個人的研究主線聯繫並不密切。對我而言，這項工作的意義遠遠超過其內容本身。做這項研究的過程讓我有機會近距離感受楊先生想問題、做學問的方式。雖然只能算管窺蠡測，也是我的極大收穫。

二　感受學問之道

在見到楊先生之前，我已經看過一些楊先生談如何做研究的文章，覺得很有收穫。然而，我後來才體會到，閱讀大師寫在書上的經驗，和親耳聽見大師本人口中說出的話，效果真的不一樣。

許多物理學家感歎，在物理中，凡是楊先生碰過的東西都成了好東西。確實，楊先生許多看似輕描淡寫的工作後來往往變得非常重要。為甚麼呢？簡單的回答是楊先生極有眼光，這毫無疑問是對的，不過並沒有完全回答問題。楊先生的眼光究竟是甚麼呢？楊先生當初為甚麼要研究那些問題呢？

在關於磁單極子的一次討論中，楊先生說的一句簡單的話，一語點醒了我。他說：「這是一個極其自然的問題。」我頓時明白了，自然的問題便是好問題。那一刻，我感覺恍然大悟，呆若木雞，以至於沒有聽清楊先生隨後幾句話說了甚麼。是的，有些問題雖然一時無人問津，卻出於自然，無人工雕琢之痕。細細推究，也許璞玉便在其中。一個自然的問題，其性質單純質樸，沒有華麗修飾，更有可能直指事物本性。

此後，我在自己的研究中時常想起楊先生這句話，以自然程度作為審視問題的一個尺度。這對我後來的研究很有幫助。正是在這個尺度下，我告別了某些當時更受關注的問題，開始了另外一些問題的探究。

在另外一次交談中，楊先生和我提到一個有趣的建議：同時研究相距較遠的兩個方向，是不錯的做法。理由有二：首先，這兩個方向也許有隱秘的聯繫，一旦洞察，即為重要進展；其次，當我們在一個方向的進展裏

足不前時，可以切換到另一個方向，調節研究狀態，找回銳氣。在談及此事時，楊先生以他本人當年在粒子物理和統計物理之間的自由切換為例。

三　我與清華高研院

我最早正是從楊先生那裏聽說了清華大學高等研究院這個地方（當時名為高等研究中心）。那時候我在中國科學技術大學讀本科，得知楊先生要去作報告，早早就去報告廳坐下等待。在提問環節裏，有聽眾問楊先生最近在研究甚麼，楊先生回答說，他當前的主要工作是幫助清華大學辦好一個開展基礎研究的高等研究中心。我當時就對這個地方心生好奇，但是未曾預料自己將會與其有緣。

後來，我在博士期間去斯坦福大學跟隨張首晟老師做研究，並在 2011 年博士畢業後來到清華高研院工作。我那時候才發表過兩篇論文，但是高研院並不在意文章數量，給了我副研究員職位。我很快就發現高研院是一個可以完全沉浸於學問的地方，因此非常喜歡這裏。

能夠經常看見楊先生，是在清華高研院工作的一大福利。我第一次在清華見到楊先生，是在高研院屋後、工字廳前方的樹影斑駁的林子裏。我遠遠看見楊先生和聶華桐先生（當時擔任高研院院長）一起走來，那是我第一次近距離見到楊先生，心情相當激動。楊先生中氣十足地說：「我相信高研院的凝聚態物理將來會有很大發展。」幾天之後，他找我去向他介紹我博士論文裏的一項工作，他此前聽說過這項工作，並有興趣了解更多細節。他還問了一系列關於拓撲絕緣體和其他凝聚態物理方向的問題。那次交流之後我也了解到，楊先生對研究前沿一直保持高度關注。

我想，楊先生這樣的大師，我們只要能在樓裏時常看見，對於我們做物理研究已是莫大激勵。而我還在他的直接指引下做過研究工作，更屬有幸。其中收穫，難以言表，這裏只能略記一二。在楊先生百歲華誕之際，我想感謝楊先生的指引和激勵，並祝楊先生身體健康！

楊振寧先生與加速器物理

韋杰

密西根州立大學稀有同位素束流設施實驗室
（Facility for Rare Isotope Beams Laboratory, Michigan State University）

　　楊先生是物理學大師，也是我的老師。我想在此以我自身的經歷談談楊先生對加速器領域的高瞻遠矚，及對學生晚輩的啟蒙和幫助。

　　1984 年 9 月，我離開清華大學工程物理系理論物理組，來到楊先生所在的紐約州立大學石溪分校物理系（圖 1）攻讀博士學位，準備主攻凝聚態理論物理。楊先生時任理論物理研究所主任，並在物理系任教。第一年我修了楊先生開講的量子力學 PHY515 課程。楊先生用的是席夫（L. I. Schiff）的量子力學課本 *Quantum Mechanics*，講得深入淺出，很受研究生

圖 1　1986 年紐約州立大學石溪分校物理及天文系年照。
（Department of Physics and Astronomy, State University of New York at Stony Brook）

們歡迎。第一次留作業，留了兩道對於我來說頗有難度的題目。我請教了高我一屆的張首晟學長，也第一次感覺到做理論物理可能不是自己的強項。

一年後，我通過了物理系博士資格考試，開始在導師指導下開展凝聚態理論物理研究。努力一年後，感覺進展緩慢，困惑之中來到楊先生的辦公室請教。楊先生指點：高能理論物理需要實驗驗證，而實驗驗證所需的高能態則依賴於粒子加速器。在現有的加速原理及技術手段下，建造超高能加速器耗費巨大，所以高能物理的前途在於新的加速器物理理論和方法。楊先生列舉了在他的教誨下從理論物理轉行做加速器物理的成功範例，如領導超級超導對撞機（Super Superconducting Collider, SSC）物理設計的趙午學長、原創性拓展自由電子激光（Free Electron Laser, FEL）理論的余理華學長等，他們的名頭在石溪物理系的研究生中如雷貫耳。經楊先生兩次點撥，我決定改變研究方向，主攻加速器物理。楊先生遂與加速器領域的先驅柯朗（Ernest Courant）先生聯繫，推薦我到距石溪 30 公里的布魯克海文國家實驗室（Brookhaven National Laboratory）師從柯朗，而楊先生則成為我在石溪的博士學位導師。當時，布魯克海文國家實驗室正在進行相對論性重離子對撞機（Relativistic Heavy Ion Collider, RHIC）加速器工程的預研。1989 年底，我以 RHIC 的研究課題在石溪完成論文答辯（圖 2），

圖 2 1989 年韋杰博士論文答辯會後與答辯委員會成員合影。左起：李世元、J. Kirz、楊振寧（委員會主席）、柯朗、韋杰。

論文題目是〈臨界能穿越的非絕熱縱向動力學〉（"Longitudinal dynamics of the non-adiabatic regime at transition crossing"）[1]。答辯會後楊先生很高興，並謙虛地說：I learned something.

回想在石溪的五年，楊先生引導我學習和體會如何實現自己的價值，做自己最為擅長的專業，在加速器領域發展。楊先生既是令人仰望的物理學大師，也是許多晚輩們的良師益友，許多在石溪的同學都受益於楊先生的教誨（圖 3）。每次向先生請教，他都會仔細凝聽，問出的問題總是很敏銳，並總能給出獨到的見解，令人豁然開朗。當然，楊先生超然的睿智及敏捷的思維也每每讓我感到難以望先生項背。楊先生給的「Symmetry」講座，至今同學們還津津樂道。每年春節前後，石溪的中國學生學者聯誼會舉行慶祝活動，楊先生都會應邀前來。楊先生在石溪數學樓六樓頂層的辦公室，時常會浮現在我的記憶裏，先生的教誨令我受益終身。

自 1986 年進入加速器領域後，我有機會參與了數個加速器領域前沿大型工程的預研、設計和建造。在攻讀博士學位期間，我在加速器領域的傳統課題臨界能穿越（transition crossing）上練手，發現了 RHIC 作為世界上首台需要穿越臨界能的由超導磁鐵構成的同步加速器環，由於超導磁場需緩慢提升場強，縱向非線性效應在臨界能附近會導致嚴重的束流能

圖 3　1997 年，第二屆全球華人物理和天文學會（OCPA）會議在台北圓山飯店舉行。會議期間，楊先生邀請數位由他引導進入加速器領域的石溪校友在凱悅酒店聚餐，包括趙午（左四）、李世元（左一）、余理華（左六）、韋杰（左三）等。

圖 4 建造於布魯克海文國家實驗室的相對論性重離子對撞機加速器工程鳥瞰圖。（布魯克海文國家實驗室）

散及損失。在發現與此相關的重大工程設計缺陷後，提出了利用降低射頻電壓減小束流穿越能散及臨界能跳躍等改進措施，且被採納。我順利獲得了博士學位，並為工程建設作出了貢獻。畢業後的 10 年，我繼續在 RHIC 工程（圖 4）做加速器物理研究、工程物理設計及建造[2]。當時提出的採用隨機冷卻機制（stochastic cooling）解決因束內散射（intrabeam scattering）導致的束流損失及發散問題的方案，約 20 年後成功在 RHIC 裝置上實施。此後，我負責了布魯克海文國家實驗室參與歐洲核子研究中心（European Organization for Nuclear Research, CERN）的大型強子對撞機（US part of Large Hadron Collider, US-LHC）的加速器物理工作，提出了對撞區域磁場誤差的束流動力學校正原理及具體方案。自 1999 至 2005 年，我參與了由六家美國能源部國家實驗室合作，在橡樹嶺國家實驗室（Oak Ridge National Laboratory）建造的散裂中子源工程（Spallation Neutron Source, SNS）（圖 5），初期負

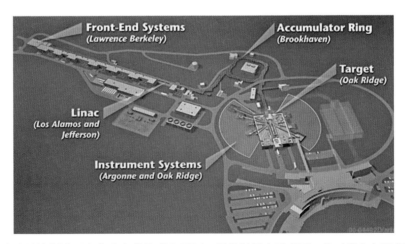

圖 5 建造於橡樹嶺國家實驗室的散裂中子源工程設計概念示意圖。該工程由六所美國能源部所屬國家實驗室合作建造。（橡樹嶺國家實驗室）

責工程加速器物理、物理設計及預研，後來全面負責 SNS 儲存環及輸運系統的設計和建造，直至工程順利完工[3]。此間，由楊先生作為推薦人之一，我由助理研究員逐步成為布魯克海文國家實驗室的終身研究員，並於 2003 年成為美國物理學會會士（American Physical Society Fellow）。

在過去 70 年裏，高能物理加速器的設計都基於 1952 年柯朗等先輩發現的加速器強聚焦原理[4]。隨着加速粒子能量的不斷上升，高能物理加速器的建造愈來愈趨於周期冗長、建設團隊龐大、建設費用高昂。更先進的加速原理的研究至今遲遲無法成熟到能應用於具體工程中。鑒於這些原因，這些年楊先生更致力於支持中、低能量及應用型加速器的發展，包括服務於能源、生物、材料、醫療等領域的光源、中子源、離子治療等加速器項目。2005 至 2009 年，在楊先生的直接支持、鼓勵及香港方潤華先生的幫助下，我來到中國科學院高能物理研究所參與中國散裂中子源（China Spallation Neutron Source, CSNS）的設計和預研（圖 6），並擔任中國散裂中子源工程（籌）經理，負責工程的籌備工作[5]。這項由中國科學院高能物理研究所負責的基於強流加速器的工程於 2018 年全面建成，目前已達到設計指標並開放運行，成為中國第一座脈衝散裂中子源，服務於眾多前沿研究領域。

2009 年，在楊先生的支持下，我應唐傳祥系主任和顧秉林校長的邀請來到清華大學工程物理系任教，籌建基於質子束的緊湊型脈衝強子源

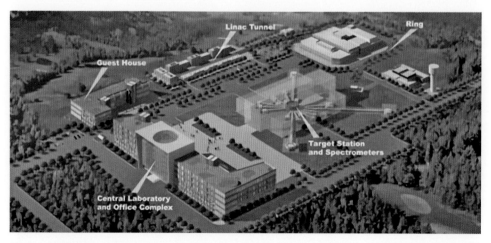

圖 6　中國散裂中子源於 2007 年選址東莞的籌建概念設計示意圖。（中國科學院高能物理研究所）

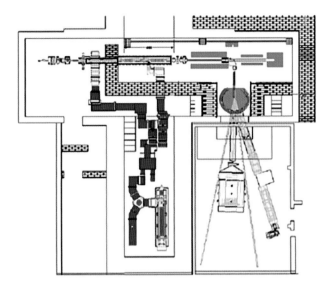

圖 7 建造於清華大學主校園的緊湊型脈衝強子源於 2010 年的概念示意設計圖。（清華大學）

（Compact Pulsed Hadron Source, CPHS）（圖 7）[6]。這個項目所推動發展的技術不僅適用於低、中能質子加速及中子散射、成像平台，並可拓展至質子應用平台、離子治療、核物理研究及應用平台和加速器驅動次臨界裝置（圖 8）等。強子加速器項目與清華傳統的基於電子加速器和光源及輻照技術形成技術互補，形成適合大學發展的加速器研發平台。當時，關遐令、龍振強等老師一同加盟清華，組建了一支質子加速器及中子技術隊伍。有居住在清華的楊先生的熱情鼓勵，顧秉林校長的全力支持，及唐傳祥、陳懷璧等系領導全方位配合，項目設計及預研發展很快，並在清華主校園迅速選址開建[7]。2010 年我離開清華

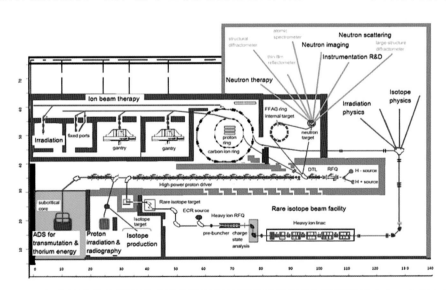

圖 8 2010 年基於清華大學緊湊型脈衝強子源技術發展設想的加速器發展方向，包括中子應用平台（中子散射、中子成像、硼中子醫療等）、質子應用平台（強子輻照、成像等）、強子醫療、核物理研究及應用平台（同位素採集、稀有同位素研究）和加速器驅動次臨界應用（核嬗變廢料處理、釷基核反應能源）。

後，王學武老師接手負責項目發展，很快該加速器項目建成出束並進入用
戶運行。近些年來，清華質子加速器團隊又承擔了基於質子同步加速器的
空間輻照模擬設施的設計和建造任務，並於近期成功調試運行。

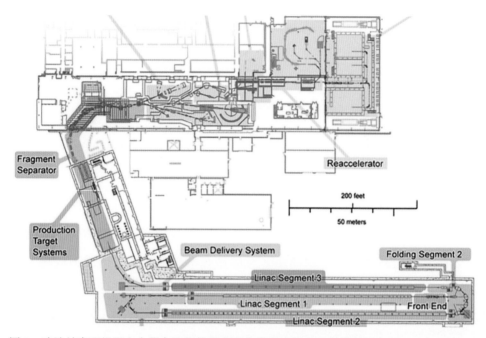

圖 9　建造於密西根州立大學主校園的稀有同位素束流設施工程設計示意圖。（密西根州立
大學）

2010 年，我應美國密西根州立大學邀請，到該校任職，並擔任稀有
同位素束流設施（Facility for Rare Isotope Beams, FRIB）加速器項目負責
人，負責加速器的設計、預研、建造、調試及運行（圖 9）[8]。這項由美國
能源部和密西根州立大學合作的加速器工程項目建設總投資約十億美元，
於 2010 年立項，2012 年通過工程基準，2014 年開工建設，目前工程進
展順利，將於 2022 年建設完工並開始用戶運行。這項世界上最大規模的
重離子直線加速器採用 2 K 液氦超導射頻腔加速、液態金屬膜電子剝離及
旋轉靶站和旋轉廢束站技術，將以最先進指標服務於核物理領域的研究和
應用[9]。

自 1986 年由楊先生引薦到加速器領域，至今已 35 年。對我個人來說，
加速器行業的回報是如此獨特，以至可以通過工程項目的執行將物理想法

圖 10 2017 年韋杰在香港沙田拜會楊先生。

變為現實。在整個建設過程中，體驗到在物理、技術、團隊合作和建立友
誼諸方面的無盡收穫[10]。能夠親歷從概念到實體的全過程，讓我感到無勝
榮幸，並樂此不疲。很幸運在我事業起步迷茫之時有楊先生的及時指點，
找到自己擅長並熱愛的事業（圖 10）[11]。衷心感謝恩師楊先生三十多年來
的教誨、指導和支持，衷心祝願楊先生童心永駐、鶴髮常新、健康長壽！

1　J. Wei, "Longitudinal dynamics of the non-adiabatic regime on alternating-gradient synchrotrons",
Ph. D. Thesis, State University of New York at Stony Brook, U.S.A., 1989.

2　H. Hahn, E. Forsyth, H. Foelsche, M. Harrison, J. Kewisch, G. Parzen, S. Peggs, E. Raka, A.
Ruggiero, A. Stevens, S. Tepikian, P. Thieberger, D. Trbojevic, J. Wei, E. Willen, S. Ozaki and
S. Y. Lee, "The RHIC design overview", *Nuclear Instruments and Methods in Physics Research A*,
499: 245–263 (2003).

3　J. Wei, D. T. Abell, J. Beebe-Wang, M. Blaskiewicz, P. R. Cameron, N. Catalan-Lasheras, G.
Danby, A. V. Fedotov, C. Gardner, J. Jackson, Y. Y. Lee, H. Ludewig, N. Malitsky, W. Meng,
Y. Papaphilippou, D. Raparia, N. Tsoupas, W. T. Weng, R. L. Witkover and S. Y. Zhang, "Low-
loss design for the high-intensity accumulator ring of the Spallation Neutron Source", *Physical
Review Special Topics — Accelerators and Beams*, vol. 3, 080101 (2000).

4　E. D. Courant, M. S. Livingston and H. S. Snyder, "The Strong-Focusing Synchrotron — A New High Energy Accelerator", *Physical Review*, 88 (5): 1190–1196 (1952).

5　J. Wei, H. S. Chen, Y. W. Chen, Y. B. Chen, Y. L. Chi, C. D. Deng, H. Y. Dong, L. Dong, S. X. Fang, J. Feng, S. N. Fu, L. H. He, W. He, Y. K. Heng, K. X. Huang, X. J. Jia, W. Kang, X. C. Kong, J. Li, T. J. Liang, G. P. Lin, Z. N. Liu, H. F. Ouyang, Q. Qin, H. M. Qu, C. T. Shi, H. Sun, J. Y. Tang, J. Z. Tao, C. H. Wang, F. W. Wang, D. S. Wang, Q. B. Wang, S. Wang, T. Wei, J. W. Xi, T. G. Xu, Z. X. Xu, W. Yin, X. J. Yin, J. Zhang, Z. Zhang, Z. H. Zhang, M. Zhou and T. Zhu, "China Spallation Neutron Source: Design, R&D, and outlook", *Nuclear Instruments and Methods in Physics Research A*, 600: 10–13 (2009).

6　J. Wei, H. B. Chen, C. Cheng, Q. Du, T. B. Du, Z. Feng, X. L. Guan, X. X. Han, T. C. Huang, R. K. Li, W. Q. Li, C. K. Loong, B. B. Shao, C. X. Tang, Q. Z. Xing, Y. G. Yang, H. Zha, H. Y. Zhang, S. X. Zheng, B. Zhong, S. N. Fu, J. Z. Tao, Y. L. Zhao, T. J. Liang, L. T. Sun, H. W. Zhao, J. H. Li, Q. X. Feng, T. Kawai, G. H. Li and D. S. Zhang, "The Compact Pulsed Hadron Source: A Design Perspective", *Journal of the Korean Physical Society*, 56: 1928–1935 (2010).

7　見註 6。

8　J. Wei, H. Ao, S. Beher, N. Bultman, F. Casagrande, S. Cogan, C. Compton, J. Curtin, L. Dalesio, K. Davidson, K. Dixon, A. Facco, V. Ganni, A. Ganshyn, P. Gibson, T. Glasmacher, Y. Hao, L. Hodges, K. Holland, K. Hosoyama, H.-C. Hseuh, A. Hussain, M. Ikegami, S. Jones, T. Kanemura, M. Kelly, P. Knudsen, R. E. Laxdal, J. LeTourneau, S. Lidia, G. Machicoane, F. Marti, S. Miller, Y. Momozaki, D. Morris, P. Ostroumov, J. Popielarski, L. Popielarski, S. Prestemon, J. Priller, H. Ren, T. Russo, K. Saito, S. Stanley, M. Wiseman, T. Xu and Y. Yamazaki, "Advances of the FRIB project", *International Journal of Modern Physics E*, 28, no. 3, 1930003 (2019).

9　見註 8。

10　J. Wei, "Particle Accelerator Development: Selected Examples", *Modern Physics Letters*, vol. 31, no. 10 (2016) 1630010-1 (13 pages) (World Scientific Publishing Company DOI: 10.1142/S021773231630010X); also in *60 Years of Yang–Mills Gauge Field Theories, C. N. Yang's Contribution to Physics*, ed. L. Brink and K. K. Phua (Singapore: World Scientific, 2016), pp. 473–486.

11　J. Wei, "The joy of accelerator physics", in *Proceedings of 2010 International Particle Accelerator Conference (IPAC'10)* (Kyoto, Japan, 2010), p. 3658.

我在高研十二年
—— 恭祝楊振寧先生百歲華誕

吳念樂

清華大學物理系及高等研究院

　　值此楊先生百歲華誕，文集的編輯委員會邀請我也做點貢獻，我覺得我應該寫、也必須寫。從 2006 年 4 月至 2018 年 10 月，我在高等研究院工作了 12 年半，當然屬於楊先生的「密接者」之一。這些年來，我親歷了高研院的穩步發展，目睹了楊先生為建設高研院的傾心付出，也用心領悟着楊先生在把握高研院發展方向上的深刻洞見。這些年來，我心目中先生的形象，除了令人高山仰止的科學巨匠外，更增添了平易親切的一面。先生是一位關懷後輩的師長，與人為善的長者，真誠相待的朋友。誠如楊先生老朋友黃昆先生評價的那樣，他是「最正常的天才」。

　　我很喜歡楊先生言簡意賅、惜字如金的行文風格，但自己落筆時又難得真諦。我就寫寫自己的體會和感受吧，從自己與先生交往中的點滴經歷，到楊先生在高研發展進程中的真知灼見，算作一篇隨筆，聊表祝福先生百年壽誕的一點心意。

一

　　2006 年 4 月，學校領導要我去高研中心接任廖沐真教授中心副主任一職。雖然沒有思想準備，但我還是毫不猶豫地接受了。

　　我答應得這麼痛快主要是兩個原因。一是這些年來，物理系的許多本科生喜歡「泡」在高研中心，眼看着他們在高研那個學術環境中迅速成

長起來，他們不僅具備了出類拔萃的學識和能力，尤其是心氣、視野和整體氛圍，都是以往物理系學生所不及的。看到這些場景，自然心中喜悅。我認同高研在做學問、培養人方面的一系列理念和做法，對高研的印象很好。更重要的原因是楊先生在高研中心。楊先生是我從小就仰慕的大科學家，他正在把幫助清華建設好高等研究中心作為他歸根清華之後最重要的事業，我能有機會參與到他「最重要的事業」之中，深感幸運已極！

那年我正好 60 歲，我給自己的定位就是盡我所能，協助兩任院長開展工作，在退休前為高研師生做好服務。時光飛逝，轉眼就是五年，在我即將退休時，楊先生突然問我：「念樂，你願意在高研繼續幹下去嗎？」我確實喜歡高研，並已融入高研，實話實說：「當然願意」。就這樣，我又繼續幹了七年。

12 年來，印象最為深刻的是能經常和楊先生交流，聆聽他的教誨。

先生 95 歲之前，只要在京，每天上午必來上班，95 歲後才改為凡有訪客約定的那天必來。起初我的辦公室在科學館二層北端，而楊先生的辦公室在最南端，楊先生上班後常常要找我說些事情，我不在辦公室時，還難免讓先生空走來回，實在不好意思。後來我看楊先生辦公室對門的房間騰空了，便問楊先生：「我搬到您對門好不好？」楊先生非常贊成，這樣我們交流就方便多了。楊先生是個急性子，有時想起一件事要找我，剛走出電梯，外套還未脫下，徑直就先到我辦公室來了。

與楊先生交流最常用的方式是電子郵件。寫作此文期間，複習了一千多封楊先生給我的郵件，勾起了許多回憶。與楊先生通郵件時常會感到壓力，因為他回郵件非常快，總讓我感到回復不及時的愧疚。

有急事時，楊先生也會給我打電話。通話時照例由楊先生先講，我聽，楊先生簡潔明瞭、邏輯性強，我能聽得清楚也記得明白。但楊先生耳背，輪到我講他聽時，電話就很難繼續下去了，這時我經常會和楊先生約時間向他當面匯報。正事談完，楊先生講故事的時間就到了，那些他所經歷的物理、數學界的歷史故事，那些以前只在教科書上見過的鼎鼎有名的大科學家的軼事，不僅精彩、生動，而且對高研該如何發展等現實問題都極具啟發性。

二 [1]

　　我最早聽到楊先生對高研發展持肯定意見是在 2012 年高等研究院成立 15 周年時，楊先生說，「15 年來，從高研中心到高研院，發展得很好。」以後又多次聽到楊先生對高研發展狀態的肯定。

　　評估一個學術機構成功與否的標準，物理學前輩，也是楊先生在西南聯大時的老師吳大猷先生有過精彩論述：「主要是根據他們在若干年之內是否建立了傳統，包括人、設備與穩定的氣氛三方面；他們在幾年後又能吸引多少學生或是激勵、喚起多少個學生繼續做物理研究工作。」[2] 按此標準，楊先生對高研院的充分肯定是恰如其分的。

　　高研院發展的歷史正是這樣。首先是營造一個盡可能好的學術環境，讓引進的年輕教師可以心無旁騖地專心研究。慢慢地，這批優秀的教師吸引來了優秀的學生，一批又一批的學生從高研起步，立志把潛心學術、追求真理作為自己終身的目標。

　　高研院畢業的博士生中，有 80% 以上至今仍然從事學術工作；高研院出站的博士後更是幾乎全部繼續從事學術工作。高研教師雖人數不多，但優秀的年輕院友數量卻迅速上升。2012 年，高研成立 15 周年時，正值楊先生 90 華誕，我們組織了「高研 15 年院友學術交流會」，共有 25 位院友做了學術報告。五年之後，高研成立 20 周年，又逢楊先生 95 華誕，我們又組織了「高研 20 周年系列學術活動」，共有 60 位院友每人做了一小時的學術報告，其中絕大多數都是年輕院友。

　　這些數據只是高研人才培養成果的一個側面，其實還有許多諸如文章、獲獎、頭銜之類的亮麗數據，這裏不再贅述，高研的價值觀並沒把那些指標看得多麼重要。二十餘年來的實踐表明，高研確實做到了吳大猷先生所說的吸引、激勵、喚起愈來愈多的學生繼續做物理研究。這是對楊先生創辦的高研院「很成功」的最好證明。

　　楊先生歸納高研院的成功有三個最重要的因素：「學校的大力支持」、「對於永久人員這個關把得很嚴」和「有選擇地向某些方向發展」。

「學校的大力支持」是毋庸置疑的。難能可貴的是高研成立 24 年來，校長換了四任，黨委書記也換了四任，但學校對高研的大力支持，始終如初。

學校對高研最大的支持是政策支持。成立伊始，學校就將高研確定為「學術特區」，並專門通過了〈清華大學高等研究中心（院）章程〉，從制度上保障了高研為教師營造一個寬鬆的學術環境。高研從不對老師們提出文章、經費、獲獎、頭銜等要求，唯一要求是：埋頭科學探索，潛心學術研究，爭取做出在科學史上留得下來的成果。要求雖然沒有指標，但老師們在學術上都非常活躍，成果頻出。高研也因此成為學校的「最早改革單位」。

學校對高研院另一項重大支持是房屋空間，包括科學館和陳賽蒙斯樓。科學館位於老清華的核心區，是老清華四大建築之一，是清華校園中最具科學傳統底蘊的標誌性建築。學校把它作為高研院的辦公場所，所有來訪者第一次走進科學館，幾乎都會感歎道：這才是真正適合做學問的地方！

2001 年，楊先生老朋友賽蒙斯（Jim Simons）來訪，他非常感動於楊先生在當時相當艱苦條件下，決心依靠中國自己的力量發展基礎研究，於是決定要捐資為高研院建造一幢訪客宿舍（後定名為陳賽蒙斯樓）以表達對楊先生的支持和敬意。學校也大力支持，決定將它建在距離科學館很近，同樣是文化底蘊深厚的勝因院中。

科學館與陳賽蒙斯樓這兩處建築，對營造高研院的學術環境起到了至關重要的作用。楊先生曾經高興地說：「清華幾任校長、黨委書記都極力地支持我們，所以我們高研中心對於清華的領導非常感謝，包括這個房子（科學館）和後來我們又建的陳賽蒙斯樓。我們從國外來的訪客，覺得我們的條件好極了。」

「永久人員這個關把得很嚴」是自高研成立之初楊先生就確定的方針。楊先生認為：「流動非常重要，要不然像清華這樣一個機構很容易變得非常之大。『非常之大』在目前中國這個發展形勢下容易被認為是好，人多了可以弄來很多經費，認為是好。可是從學術研究上看這是錯誤的方向。」

首任院長聶華桐先生（1997–2012 在任）從高研創立伊始就把關很嚴，在他任期內引進的教授（永久人員）僅林家翹、姚期智、翁征宇、朱邦芬、王小雲五位學術大師和資深教授；所有的研究員和副研究員皆為非

永久性聘期制。到顧秉林任院長（2012 至今）時，面臨的新問題是一代新人成長起來了，如何從優秀的年輕學者中遴選出教授（永久人員）？如何在遴選過程中嚴把質量關？為此，高研院制定了嚴格的學術評審程序，並嚴格遵照執行。迄今為止僅翟薈、姚宏兩位年輕人通過評審，成為高研院教授（永久人員）。

高研院認識到，嚴把教授質量關這一點非常重要，它不僅是在向國際學術界宣告清華高等研究院是甚麼樣水準的研究機構，同時也給後來者樹立了一個成為高研院教授的學術標準與程序樣板。據我所知，許多優秀的年輕人下不了回來的決心，並非待遇、經費問題，而是國內普遍存在的學術評審不規範問題。楊先生創建的清華大學高等研究院在這個問題上做出了表率。

「永久人員這個關把得很嚴」，也意味着來到高研的老師絕大多數是幾年後要離開的。堅持人才流動是國際一流研究機構的共同特徵，但這個制度在中國實行起來困難重重。幾十年來，在一個單位從年輕幹到退休已成慣例，如今要實行流動，當事人面臨的具體困難和社會壓力可想而知。坦白講，我對很多在高研院潛心學術多年，很優秀的研究員、副研究員的離開，心中也甚是不捨；但看到所有離開高研的 20 餘位教師均去了一流的學術機構，獲得了很好的學術發展，許多副研究員還直接被對方破格聘為教授，心中又充滿欣慰。這些老師在高研期間潛心學術，為高研院的學術聲譽做出了貢獻，離開高研後在新單位的優秀表現又為高研院的學術聲譽續添光彩，高研院由衷地感謝他們！

楊先生對此評價說：「我們把住了這個關，很多很好的年輕人我們沒有留下來，他們都找到了很好的工作，高研保持了高的學術聲譽標準，這是成功的一個非常重要的要素」。楊先生也對高研院繼續堅持這個制度充滿期待：「普林斯頓 IAS 歷史上也是這樣做的，它吸引來很多人，最後留下很少幾個，我們也堅持這樣做了，我希望還要繼續這樣做」。

「有選擇地向某些方向發展」是楊先生始終不斷在思考的問題。楊先生認為，高研從一開始發展，最重要的就是選擇方向。

就目前高研發展現狀而言，做得比較成功，又有一定規模，在海內外頗有影響力的研究領域包括：凝聚態物理、冷原子物理和密碼學。楊先

生認為，高研院在物理學科中主要是做傳統的物理，比如像凝聚態物理、冷原子物理，這些領域跟實驗有密切關係，是老老實實的學問，高研院20年來在選擇領域方面是做得相當成功的。

楊先生也有不主張高研進入的領域，比如超弦。過去30年，許多做理論物理的學者進入了超弦領域。楊先生覺得超弦裏有很好的數學，可是跟物理不容易沾邊，完全和實驗脫節，它的目的是想要解決引力的問題，可是到現在還沒法落實。超弦最紅的時間已經過去了，高研院沒搞到這個方向去是很幸運的。

楊先生常說，每個領域一般有10–20年的快速發展期，然後又會有新領域發展起來。事實上，楊先生隨時都在思考哪些領域未來有發展前景，哪些領域適合高研院進入。

楊先生認為，「對於以後10–20年，物理和與物理有關係的這些科學發展會有哪些方向要特別注意？這是一個很複雜的問題，不過我有一個印象是，恐怕最重要的將是一些與應用有關係的方向。這個有很多道理，有學術自己內涵的發展規律，也跟世界的大勢有關聯。」

楊先生非常推崇加速器物理領域，認為高研院是可以大大發展的，以後10–20年會是一個愈來愈重要的領域。（本《文集》中趙午、余理華、韋杰、陳和生、趙振堂和陳森玉都有著文，介紹有關楊先生關注加速器物理領域發展的詳情。）高研院曾請趙午教授在清華講授「加速器物理」課程，楊先生主張在高研物理學各領域做研究的學生，都值得去聽聽。第一堂課楊先生親自去教室做了開場演講，來聽課的學生把教室擠得滿滿的，但多數是工程物理等專業與校外聞訊趕來的學生，鮮有高研院學生參與，楊先生對此甚為不滿。

在純粹學術方面，哪個領域最值得高研院進入？楊先生認為是天文學。目前天文學的發展趨勢是實驗和理論深度融合，但實驗不是高研院容易開展的。高研已經請來了一位研究員，還要繼續物色理論做得好的、年輕的天文學家，關鍵看能否被我們請來。

引進人才方面，楊先生常以美國二十世紀30年代，密西根大學物理系的成功為例。當年密西根大學物理系從荷蘭同時引進了博士畢業不久的

烏倫貝克（George E. Uhlenbeck）和古德斯密特（Samuel A. Goudsmit），正是他們兩個人通過組織每年的暑期學校，將起源於歐洲的量子力學引入了美國，使得整個 30–40 年代密西根大學對美國物理學的影響很大。楊先生由此得到啟示，要發展一個領域不能只找一個人，一個人太孤單；當然更重要的還要能夠把握未來哪個領域有前途，這方面「採取小心保守的態度，恐怕是最聰明的辦法。」

高研成立伊始一直想發展基礎數學，楊先生也一直關注數學學科的發展。楊先生認為，目前數學最活躍的領域是從數論發展出來的朗蘭茲綱領（Langlands program），高研是有可能發展的。我們感到很幸運的是，普林斯頓大學的張壽武教授是華裔數學家中在該領域做得最好的，他在我們高研擔任訪問教授累計已有近 20 年的歷史。他教出來的幾個學生也成績卓著，其中有一位非常想來高研，由於外界的一些干擾因素未能如願，但始終同我們保持着良好的關係。

選定研究領域很難，找到合適的人才入職到位，在高研把這個領域發展起來同樣困難，其間充滿了變數。恰如姚期智先生所說：「這要看緣分，也要看運氣」。但我還是很有信心，高研一定會沿着楊先生開創的成功之路愈辦愈好。

三

說完高研建設的大事，我想再說說楊先生生活中的一些「小事」。

網上流傳着很多有關楊先生工資、住房的不實信息，楊先生從來不予理睬。我在高研工作時也經常看到這些，有時令我氣憤，有時又覺可笑，但也從不說半個字。現在我退下來了，忍不住想「解密」一二。

楊先生是 1999 年接受清華大學聘任為教授，決定歸根清華的，緊接着應用數學大師林家翹先生也回到清華，落戶高研中心。國家對楊先生、林先生這樣的海外高層次人才回國非常重視，支持清華為他們創造良好的工作和生活條件，當然包含了工資和住房。

　　我 2006 年到高研中心任職，第一份給學校寫的報告就是有關如何使用當年度楊先生捐出的全部工資 100 萬元的計劃書。那時的 100 萬元，在清華差不多是十來個教授全年總收入之和，對我們高研院的日常運行，極為寶貴。很快，教師工資津貼逐漸提高了，高研教師還能從楊先生創立的基金會拿到津貼，收入大為改觀。形成鮮明對照的是，楊先生及家人在此生活，開銷不小卻沒有人民幣可花。終於在 2009 年楊先生接受了我的建議，給校長寫信，改為捐贈一半，另一半留作生活開銷。

　　再說住房。學校在國家支持下蓋了三棟專家公寓，除了楊先生、林先生之外，還有一棟恰好留給了圖靈獎得主姚期智先生，他受楊先生感召也決定來清華任教。我要告訴大家的是：房子的所有權屬於學校，不存在遺產繼承問題。

　　每棟專家公寓為二層小樓，一層的客廳挑頂，所以實際居住面積並不寬裕。2018 年 4 月楊先生的三個子女一起來北京看望父親，結果兩個兒子只能租住陳賽蒙斯樓。臨走時，楊先生親自去交房費。物業知道這樓是楊先生老朋友賽蒙斯先生捐贈的，一時不知如何是好，就把球踢回到高研辦公室。我知道楊先生的處事風格，跟楊先生確認後，就讓物業按規矩正常入帳，開具收據。

　　專家公寓房齡已 20 年了，去年學校房管部門撥下一筆數額不小的專款，用於修繕和裝修改造。其實楊先生家設施老化的問題也日漸突出，特別是屢次維修依然反反覆覆出現的漏雨現象也曾讓我頭疼不已。一次大雨後我去楊先生家裏，看到客廳裏接雨水的桶和盆就擺了四五個，等雨停了還得繼續接上一兩天，直至房頂的積水流乾。面對這次重新裝修改造的機會，楊先生的要求實在很低，只希望把房頂漏雨問題解決就滿意了。結果下撥的專款只花了個零頭，其餘的統統退回。

　　高研是個大家庭（圖 1），每年夏天和冬天，外來的訪客較多，畢業的同學要走，我們都會舉行一次冷餐會，師生主客齊聚集，家屬孩子皆歡迎，很有家庭氛圍，這已經成為師生和院友們十分喜愛的傳統活

圖 1　高研是個大家庭（2017 年，楊麗英攝）。

圖 2　楊先生與高研師生院友共赴夏季冷餐會（2017 年，楊麗英攝）。

動（圖 2）。楊先生只要在北京，每次都會參加，大家長出席，氣氛更為溫馨。聚餐費用來源高研院採取教師捐款辦法，楊先生帶頭認捐，老師們紛紛解囊，後來引來院友也慷慨捐贈。其實我們的冷餐會，只求食物來源安全可靠，真是十分簡單。正應了當下飯桌上流行的一句話，吃甚麼不重要，重要的是跟誰一起吃。

　　楊先生經常會問我們對一些問題的看法，他也説自己的看法。儘管他的見解獨到深刻，但從不居高臨下、強加於人。他喜歡我們實話實説，我們發表與他不一樣的看法，不會感到有任何壓力。討論的問題可以是一些有趣的小問題，也可以是高研發展建設中一些比較大的問題，我們在楊先生面前都可以無拘無束地發表自己的見解。

　　記得第一次與楊先生對話是在 2002 年 6 月，那時我還沒來高研，在物理系主管教學工作。時任校長王大中聘請了楊振寧、沈元壤、沈志勛、沈平四位海外專家對物理系開展國際評估，由我來當面向楊先生等專家匯報物理系的人才培養工作。我匯報研究生培養工作時，講到了我們決定在博士生資格考試中參照加州柏克萊物理系的考試辦法，實行嚴格的淘汰制度。沒想到楊先生問我：「有沒有通融的餘地？」我不假思索就回答說：「在國內要堅持一個嚴一點的制度很不容易，但通融、放水卻很容易」。楊先生說：「我在芝加哥時的一個師弟實驗做得很好，資格考試沒通過，後來導師到系裏去求情了，最後他得了諾貝爾物理獎。」

　　我驚訝於自己第一次與楊先生對話居然毫不緊張，有老師還開玩笑說我竟然敢「懟」楊先生。其實這正是後來與楊先生近距離接觸所體會到的，楊先生平等待人，讓你感覺不到緊張和壓力。

　　自此以後，我們還是聽從楊先生的建議，對規則作了修改，將原先「三次考試不過即淘汰」的規定，改為「由導師書面提出要求，經學位分委員會討論同意，允許增加考試次數」。後來的經歷使我愈來愈體會到楊先生提醒的重要價值。要提高博士生培養質量，嚴格考試固然需要，但最重要的是提高教師的整體科學研究的水平；況且每個學生特點也各不相同，教師需要做的是幫助學生找到他自己喜愛同時又擅長之所在，引導他進入一個有發展前途的領域。

　　楊先生待人誠懇，不論職位高低，對朋友都平等相待。有一段時間楊先生原來的司機調動工作離開了，高研為此東借西尋，很不方便，也不妥當。後來在校園網上招聘，果然來了一位劉小運師傅。劉師傅跟我同年，年輕時在北京當過工程兵，開大卡車，復員後回山西老家在企業裏當司機。他的女兒都在北京工作，其中一位就在清華。劉師傅年前剛退休，老倆口就來到北京和女兒團聚。劉師傅尚未適應退休生活，閒來沒事就想試試，結果彼此滿意，我們就簽下了勞務合同。劉師傅服務很好，駕駛技術不錯。論駕齡楊先生比劉師傅還長，楊先生對行車路線的記憶力驚人，坐在車上也時常會和劉師傅討論這個時間段走哪條路合適。楊先生評價劉師傅開車像個年輕人，開得快但很穩當。楊先生對劉師傅這個人和他的工作

是滿意的，每年都會提醒我別忘了給劉師傅漲點工資；劉師傅時常對我說楊先生待人好，他幹得很舒心。

劉師傅 2007 年 5 月來上班時已經 60 歲了，幹得開心，所以一年一年過得飛快，雖然自己身體都還不錯，但給楊先生那麼重要的大科學家開車，他心裏愈來愈感覺不安。劉師傅把他的不安告訴我，我也覺得確實有風險，等找到年輕的沈師傅來接替，已經是 2016 年 1 月了，掐指算來劉師傅給楊先生當司機也有 9 年零 8 個月了。劉師傅是主動要求離開的，但他在離開前向楊先生告別時還是依依不捨，楊先生邀請他從山西老家回北京後到家裏來作客。

圖 3 楊先生與劉師傅喜相逢（2018 年，楊麗英攝）。

以後我多次見到劉師傅，他總要問我楊先生身體可好？但劉師傅沒有去楊先生家作客，他不是不想，是實在不好意思打擾先生。直到兩年後 2018 新年聚會，我告訴劉師傅楊先生會來參加。圖 3 照片上顯示的正是那天分別兩年後的兩位「老司機」、「老朋友」再相會時的感人情景。

其實劉師傅的心情我最能理解，我也幾次三番跟顧秉林院長講，跟校長、書記講，希望盡快找到合適的人來接替我，但真到這一天還是會有不捨。2018 月 10 月 23 日我的離職通知下達了，我用郵件告訴了楊先生。10 月 26 日楊先生回了我一封郵件，我第一反應是高興，得到楊先生的表揚，當然高興，同時也因先生的過譽而感到不安。過幾天楊先生又追加了一封郵件，說「In my 10/26 message I had chosen words very carefully」，我實在為楊先生的真誠而感動了。又過幾天後，楊先生以高等研究院基金會董事長的身份，給全體董事發郵件，提議在下一次基金會年會上給我頒發一個獎。為了這個獎牌，楊先生親自設計、擬詞、監製，始終盯着這件事，真的讓我非常非常感動了，為楊先生如此真誠地待我而感動。

圖 4　楊先生親自給我頒獎牌，並親自讀了獎牌上寫的文字（2019 年，李麗攝）。

　　2019 年 10 月的基金會年會上楊先生親自給我頒了獎，並親自讀了獎牌上寫的文字（圖 4）。這個獎，雖稱不上有甚麼級別，但卻是我一生中最感榮耀的獎！我要告訴楊先生，我在高研的 12 年，是我人生中最為快樂、最有長進、最值得回味也最無法忘懷的 12 年！

　　衷心祝福楊先生身體健康，天天快樂！

1　本節楊振寧先生講話均引自「清華大學高研研究院基金會記錄（2012–2020）」。

2　吳大猷：《早期中國物理發展的回憶》。

風骨超常倫 —— 為楊振寧先生塑像記

吳為山

中國美術館

上世紀 90 年代初，我開始了為中華傑出人物塑像的文化工程。當然，楊振寧先生是我十分希望要塑的對象。

真巧，1997 年 5 月 25 日，「楊振寧星」命名大會在南京舉行，我應邀參加。當時，我向楊先生介紹了我部分作品的圖片，他極敏銳地看到我受紅山文化、羅丹（Auguste Rodin）、賈克梅第（Alberto Giacometti）的影響，並寫下「吳為山的雕塑極有創建性」。之後，他在來信中評價了我所塑造的魯迅、費孝通、吳作人像。先生對雕塑藝術形與神，以及像與藝術性的問題的闡釋的深刻性，使我對科學大師深厚廣博的人文底蘊和對藝術的直覺感悟有了更為深入的了解。關於我為他塑像的問題，先生表示：等我們熟識後再塑。不久，他寄來了他的著作《讀書教學四十年》和論文〈美與物理學〉。

熟識，我的理解是相知。而人之相知，貴心相知。要能知楊先生，對於我這個高考物理只得 69 分的人而言，是不可及的。然而，令我好奇與感興趣的是，楊先生談美。在〈美與物理學〉文中，先生剖析了科學家論文的風格，談科學實驗中產生的美，以及物理方程與詩的共同點。他認為對美的準確規律的把握增加了實驗室工作者對自然現象的美的認識；學物理的人了解了像詩一樣的方程意義後，對它們的美的感受是既直接又十分複雜。在談論科學家的論文風格時，他通過狄拉克（Paul Dirac）的論文就像「秋水文章不染塵」，沒有任何渣滓，直達深處，直達宇宙的奧秘，與

海森堡（Werner Heisenberg）朦朧，不清楚，有渣滓，有時似乎茫然探索的特點進行比較，從中感悟到楊先生對風格與研究方式，對結構的美和妙的不同認識，對美與創造性的內在聯繫的洞見。在楊先生看來，每個創造性活動都表現為一種風格，風格的強烈決定了創造者的貢獻。

楊先生精闢的論述也適用於對美術家的藝術風格之理解，從很大意義上道破藝術表現的天機。我所力倡與不斷實踐的寫意雕塑便是在模糊中、在光影浮動中、在形體的隱顯凹凸中塑造生命的內在結構，與海森堡闡釋世界的方法與文風頗有相似之處。

所以，我確信楊先生對我雕塑的看法是入骨的。果然，他在多種場合發表講話、撰寫文章，其核心內容為：

> 吳為山一次又一次從中國三千年漫長而複雜的歷史中探索着「中國」二字的真義。他的雕塑打造了一種神似與形似之間的精妙平衡，而這種平衡是中國藝術的立足之本。

楊先生如此「熟識」我，他以平衡二字妙釋了客觀世界與主觀世界的能量轉化與守恆的關係，他的點化使我在對着這位「知音」塑像時，充滿自信。因為我已知，他懂我，他對我是滿有信心的。

我想，他所講的「熟識」乃指彼此之間的熟識吧。

記得第一次是在南京大學我的工作室，我面對面塑他。熊秉明先生在場，他建議「你要把楊振寧的數理性做進去」。我汗流浹背。楊先生一會兒微笑，一會兒嚴肅，一會兒沉思，他甚至說，「你可以摸我的頭，你可以感受」，他很懂藝術家的心。等泥塑稿出來後，楊先生拿着照片一點一點地琢磨，像是發現科學真理。他讓熊秉明看，又特意請他的弟弟看，他說：「秉明雖是我的老友，但他是哲學家、雕塑家，他可以從遠處看，我弟弟是近距離看的，從生活方面更了解我。」

時隔十年，在北京我的工作室，同樣是面對面塑他。翁帆和我夫人在場，楊先生泰然自若，也許他從翁帆的眼神中得到肯定。二小時後，面對

塑就的胸像，楊先生對待已熟識的自己，沒有提任何意見，也沒有詢問在場的任何人。他已超然。正如他所言：

> 塑像是一個三度空間的東西，是一個靜止的，可是一個雕塑家要把它製作出來，成為一個超越時空，而且有一種特別的精神，可以想像是非常困難的。……當然我知道這雕像還有一個特點，再過幾十年以後，大家覺得這個就是楊振寧應該的樣子。

以客觀自然規律和歷史邏輯看待自己的人生，評價雕塑的價值，在藝術與現實之間，在塑者與被塑者之間，楊先生以豁達的態度，以詩化的哲學，在宏寬的多向維度，品味着藝術與藝術作品，人生與人生境界……

自 1997 年至今，我先後為楊先生塑過頭像、胸像、全身像。有青銅鑄就的，也有漢白玉雕琢的，分別立於南京大學、南京博物院、清華大學、香港中文大學、台灣新竹清華大學……塑像中那臉型，飽滿的天庭，富有數理邏輯的方正臉型，一絲不苟的髮型，儒雅內斂的嘴角，永遠向世界發出疑問又獲得肯定的敏銳而深情、仁厚的雙眼……或立於圖書館的大廳，或佇立於大學綠色草坪，或在博物館展廳，在燈光或自然光的照耀下，單純、清晰，雕塑的線條和塊面，受光面與投影，構成利落大方，客觀本然的藝術形體。隨着光線的移動，產生無數的韻律，它還原了藝術創作過程中手指與刀痕的節奏變化，時淺時深，時捷時緩，時曲時直，十指連心，大拇指順着形體結構的滑動，推壓所形成的軌跡。在微妙的神情中，展示了科學家認識世界的無限可能，彷彿宇宙萬象也在光的晃耀中進入科學家探索真理的心靈。其實，這心靈在融通有形與無形，連接客觀與主觀世界中，表現為「性靈」，正像楊振寧先生所喜歡的高適的詩句：「性靈出萬象」。它包涵了儒家關注現實的人世之道，也包涵了道家超然出世的「逸」境，這是中華人文精神所在，在楊先生的氣象裏，還輝映着科學理性之光。這性靈遙接中國古聖賢思想智慧。楊先生在評述我創作的孔子像時這樣寫道：兩千多年來，中華民族遵循孔子的教導，創建了世界上最

悠久持續，最多人口，最有堅韌生命力的和諧文化傳統，所以中國人尊稱孔子為至聖先師。

可見以儒家思想為代表的中華文明之魂滲入其脈。因此，拳拳赤子心，殷殷家國情在他的精神深處，且時時流露。在他的塑像落成清華大學時，他說：

> 我出生在中國，生長在舊中國，現在定居在清華大學，我對新中國有了進一步的認識，從舊中國到新中國是一個史無前例的，不能想像的變遷，而且這個變化還在繼續進行着。我自己覺得能夠在晚年參與這樣一個重大的變遷而感到非常幸運。當然，這個裏面也包含了很多朋友的促成，這個雕像放在這裏也就是許多促成當中的一個……

由此可知，雕像在楊先生心中的份量。因為，從雕像可以看到立體的自己，可以看到他人的評價，不僅可以「吾日三省吾身」，還可讓歷史、未來「三省」其身。記得，2001 年，楊先生看我為他所作的泥塑像時，曾意味深長地對他的老友熊秉明先生說：「我想，如果把每個人看自己塑像之前的心理狀態作一番記載，那將是很有意義的。」

其實，塑像是主客觀相結合的產物。真的塑像是自我塑造。正如我曾給楊先生的信件中所寫：「在人類發展的進程中，您用自己的人品、學識自塑了一尊雕像……因此我想底座上還是只寫『楊振寧』三個字，不要任何後綴（頭銜），且最好你自己來寫」。

回顧與楊振寧先生的交往，1998 年他第一次到我工作室便題「藝術與科學的靈魂同是創新」；2002 年為熊秉明先生的《孺子牛》題寫「秉明塑造出二十世紀幾代中國知識分子的自我認識」，在談到他一生的成就，他說：「我一生中最重要的貢獻是幫助改變了中國人自己覺得不如人的心理作用」。這些近乎於公理、定律的思想精粹折射了他的學養、道德、修為。令我十分崇敬的是他將珍藏的熊秉明三件代表作捐贈給中國美術館，變家寶為國寶。近 20 年來，我時常去清華園楊先生家中，聆聽其真切、

睿智的預言和真理。所感動者，近百歲的大哲思路清晰，語言流暢，對中華民族偉大復興充滿信心與期待。

　　寫到這裏，敬仰之情，由內而外。

　　我們將真性可以比喻成天空，雲之上，一片澄明。楊先生，一個世紀走過來了，這是無數次吐古納新的生命歷程。他在自己的漢白玉像前佇立，凝神，那微笑可算是這世界上返璞歸真的最純真、最燦爛的笑！

　　　　　　　　　　　　　　　　2021 年 9 月 11 日於中國美術館

1972 年楊振寧在中國的一次學術報告

吳詠時

猶他大學（University of Utah）物理及天文系

幫助中國科學事業的發展，是楊振寧先生一生的夙願，也是他一生的踐行。朱邦芬在 2017 年《物理》雜誌第 9 期，發表過一篇文章〈回歸後楊振寧先生所做的五項貢獻〉，系統地總結了楊先生自 2003 年歸根後的重要貢獻，講了不少楊先生做實事的故事。我在這裏講述楊先生在歸根前，在 1970 年代初期中國處於「文革」的特殊時期，幫助中國科學發展的有重要意義的一件大事。這件事，我是親歷者和見證者。很可惜，由於有很強的專業性，這件事在楊先生的許多傳記中都沒有提及。我希望本文可以彌補科學史上的這個缺憾。

我第一次見到楊先生應該是 1972 年的夏天，他在北京大學的一個學術報告會上。

恰好一年前，是楊先生離開中國多年後第一次回國探親訪友之旅，距離中美關係「乒乓外交」破冰只有三個月的時間。楊先生那次的訪問，轟動了中美學術界。在北京他訪問了中國科學院幾個研究所，但好像並未安排學術報告（至少我沒有聽說）。所以楊先生 1972 年在北大的報告會，是他在離開中國多年後的在國內的第一次學術報告，也應該是中美之間多年以來的第一次學術交流報告。對我而言，則是我 1965 年大學畢業、分配到中國科學院物理所後，第一次參加的國際學術交流。（1966 年夏天，在北京科學會堂召開的層子模型國際研討會，我因去山西鹽湖參加四清運動一年，無緣參加國內那時的層子模型工作。）

　　我記得那次報告發的票多，北大的一個階梯教室密密麻麻都坐滿了。
我認得的科學院物理所、數學所和原子能所（後高能物理所）老、中、青年
研究人員去了不少。北京大學、清華大學兩校 1971 年剛開始招收「工農兵
學員」，聽眾沒有學生；在校的老師也很少，因為兩校老師大部分都被趕
到江西鯉魚洲接受「再教育」去了。報告結束後，大家都很是興奮，議論紛
紛，捨不得立馬散開：好些年沒有過這樣認真的專注於學術的場面了。

　　楊先生在京接連的兩場報告講了兩個課題：（1）規範場的積分表述，
和（2）貝特擬設（Bethe ansatz）嚴格可解的一維多體系統。現在回頭看，
楊先生這次報告的選題可謂引領潮流、精彩非凡。老實說，楊先生的報告
我當場沒有聽懂多少：這些課題對我都是前所未聞。但是楊先生的報告，
可說是舉重若輕，一針見血，對聽眾是淋漓暢快的享受。他平實而又深刻
的表述，簡潔中蘊含非凡道理的報告風格具有很強的說服力。那時我大學
畢業已七年了，正處在事業的迷茫期：林彪事件已過一年，美國尼克松總
統訪華不到半年，社會大環境開始有所鬆動，我得想想在科學研究上要幹
些甚麼。楊先生的報告對於我就是一場及時雨。很快我就憑直覺認定了：
這兩個課題的相關領域就是我未來的研究的方向。其實對於中國的物理工
作者，當時都有和我類似的迷茫於工作方向的問題。所以，楊先生的這些
學術報告，徑直把中國理論物理學界帶向國際的前沿。

　　1970 年代和 1980 年代世界數理科學的發展，就是以這兩個課題密切
關聯的幾個領域為中心發展的。

　　楊先生的第一個題目是關於規範場理論。當時我們在國內這方面的
知識是極為缺乏的。不僅楊和米爾斯（Robert L. Mills）1954 年的非阿貝
爾規範場論的首創文章[1]，在國內就沒有聽說過，就是 1967 年基於楊－米
爾斯規範理論提出的溫伯格－薩拉姆（Weinberg–Salam）的弱－電統一模
型，儘管那時已在國際上受到廣泛關注，但在國內多年消息閉塞、研究停
頓的情形下幾乎不被人知。報告中規範場的積分表述是楊先生當時尚未發
表的工作，兩年後（即 1974 年）才在美國《物理評論快報》（*Physical Review
Letters*）上發表[2]。積分表述有別於早年楊－米爾斯的規範理論文章用的微

分表述，是一個新的等價的理論框架體系。微分表述更符合於物理學家的直觀思維方式，而積分表述則在數學上更為深刻，揭示了規範場的數學結構，打通了規範場和幾何學（聯絡）的關係。1970 年代中期，楊－米爾斯規範場方程開始受到國際數學界的普遍重視。後來 1980 年代更發現楊－米爾斯方程的解和四維流形的拓撲不變量有莫大的關係，從此打開了探討規範場論與拓撲學緊密關係的科學新篇章。1980 年代末期，美國數學物理學大師威滕（Edward Witten）的工作更建立了四維和三維的拓撲量子場論（它們都是量子規範場理論）分別和拓撲學的唐納森不變量（Donaldson's invariant）和瓊斯紐結不變量（Jones knot invariant）的直接關係。

　　1972 年，那時基於規範場論的粒子物理的標準模型正在成型，尚待實驗的檢驗。楊先生的這個報告高瞻遠矚，把國內的學術界（包括物理界和數學界）的注意力一下子就帶到了規範理論這個世界科學的主流前沿。國內有兩個地方立即開展了有關規範場的數學物理研究。在上海，楊先生和復旦大學谷超豪－胡和生小組合作研究，發表了一系列關於規範場的數學物理性質的文章。在北京中國科學院物理所十三室，數學所陸啟鏗開始主持纖維叢上聯絡的講習研討班，培養了一批年青人，進行了規範場的拓撲性質和引力規範場論的數學物理研究。我個人有幸參與其中，並和陸先生合作做過研究。楊先生的報告，也促進了中國數學界和粒子物理界中一批中年和青年學人對於經典和量子的規範場理論進行研究。在北京中國科學院物理所十三室，數學所理論物理室的戴元本帶領粒子物理研究小組，開始了對量子的規範場理論，特別是 SU(3) 規範群的楊－米爾斯理論（即量子色動力學）的研究。我也有幸和他合作，用微擾論三圈圖計算了夸克－膠子頂角的漸進行為。此外，清華大學張禮，中科院高能物理所冼鼎昌，以及這兩個單位和北京大學都有年青學人，立即開始研究量子規範理論和弱電統一模型（後來大統一模型）及其在高能物理實驗中的現象學。

　　自 1972 年後，楊先生幾乎每年至少一次回國訪問，直到歸根之年。幾乎每次他都不僅在北京，而且風塵僕僕奔波於各大城市，舉行學術報告會或學術座談會，切實地推動國內規範場理論的研究。例如上海還有殷鵬

程、倪光炯，廣州李華鍾、郭碩鴻，蘭州段一士、葛墨林，西安侯伯宇，杭州汪容等。國內粒子物理界在「文革」後期出現相對欣欣向榮的景象。1980 年 1 月初，在李政道和楊振寧先生的熱情贊成和支持下，錢三強先生組織主持的廣州粒子物理理論討論會在廣東從化舉行。會上許多國外的華裔粒子物理學家第一次來華參會，對國內粒子物理理論的成熟程度，和一批相對年青的理論工作者在「文革」年代的成長，表示訝異。我向他們解答時，總是不由想起楊先生在 1970 年代多次訪華，奔波於美中之間，輾轉於中國各地，不遺餘力推動國內規範理論從零開始發展、成長壯大的辛勞。

楊先生另一場報告的課題是，「貝特擬設嚴格可解的一維多體系統」。

這裏的系統是指量子多體系統。這個報告涉及楊先生 1967 年的一篇文章開創的另一個重要方向[3]，屬有關凝聚態物理或統計物理的數學物理問題。楊先生用貝特擬設求解得到具有德爾塔函數排斥作用的一維多體系統的嚴格解。這個工作當時在物理界的爭議頗大。從數學的角度，其正確性是沒有疑問的：從楊先生青年時代就獨立發明了二維伊辛模型的嚴格解法起，楊先生的數學能力是有口皆碑的。然而，在報告會後，我就聽到有位做凝聚態理論的老先生說：「這種問題在物理所我們永遠不會做」。口氣傾向負面。我到美國的初期（1980 年代初期），也聽到有人把楊先生的這個工作說成是「純數學」的遊戲，不相信物理上會有甚麼用。但是我那時想，量子多體問題就是量子場論問題，得到量子場論的嚴格解不該是一件大好事嗎？楊先生有一次和我說，「凡基本的都是重要的」。我非常同意他的話。也許懷疑論者是想說，我們生活在三維空間裏，討論一維系統有甚麼意義？到了 1980 年代後期，這種論調就消失了，因為它被實驗否定了：一維的量子多體系統，如自旋鏈，量子線都可以在實驗室裏做出來，進行測量；實驗證實了一維多體可解模型嚴格解的預言。現代低維物理已成為凝聚態物理的一個重要的分支，有着重要的實際應用。但是即使在今天，類似的對待數學物理的無聊、負面的論調，仍然會時不時地冒出來。面對這種論調，楊先生當年深邃的眼光，獨到的功力，攻關重大的數學物理難題的定力和韌性，依然是年青一代物理學人的楷模。

　　另外有趣的一點是，在楊先生的這個工作中出現了奇跡：楊先生在文章中提出一類嚴格可解的一維量子多體系統的充分條件，可以寫為一個可解的具有如下簡潔形式的超定的非線性方程：

$$A(x)B(x + y)A(y) = B(y)A(x + y)B(x)$$

其中 x 和 y 通常是實參數，更複雜的情形下也可以是複參數。A 和 B 都是具有特殊形狀的 $N^3 \times N^3$ 的矩陣。這裏楊先生的非凡功力就體現在：一般在求解具體問題時，不會去辨認哪一個方程是可解性的關鍵的充分條件，更不會考慮在普遍情形下把它寫成簡潔的形式。慧眼識珠、畫龍點睛，楊先生這兩步都做到了。這就開啟了登堂入室發現諸多寶藏之門。這個方程後來命名為楊－巴克斯特方程（Yang–Baxter equation）。凡可解的超定方程背後必有神奇的數學結構，如連續群理論（或李代數理論）中的雅可比恆等式，決定該連續群的結構常數。楊－巴克斯特方程的一個特例是當 x = y = 0 的情形，它化簡為 ABA = BAB。這就是所謂辮子群（或編織群）中生成元必須滿足的方程。1984 年我證明了二維空間中的物理系統，其準粒子激發一般可以不是通常的玻色子或費米子，而是滿足以上 ABA = BAB 關係的辮子群編織統計的任意子。那時楊－巴克斯特方程的名字好像還沒出現（或者剛出現還沒叫開）。我最初是從辮子群的角度來看待這個方程的。我把文章寄給楊先生，他立即敏銳地指出，這就是他1967 年寫下的方程的特例。

　　楊－巴克斯特方程是俄國數學物理大師法捷耶夫（Ludvig Faddeev）的學派命名的。1980 年前後，他們發展了一般形式的代數貝特擬設，用以構造和求解相當一大類的嚴格可解的一維量子多體系統或二維經典統計系統。楊－巴克斯特方程就是此代數貝特擬設的自洽性（結合律）條件。他們據此又研究了楊－巴克斯特方程的系統求解方法。1984 年瓊斯（Vaughan Jones）用辮子群的數學技術，構造了三維空間中的紐結的新型多項式的拓撲不變量，使得楊－巴克斯特方程開始受到數學界廣泛的注意。1985 年，法捷耶夫學派同一研究所的數學家德林菲爾德（Vladimir

Drinfeld）發現了楊－巴克斯特方程的兩大類解所定義的數學結構，都是特殊類型的無窮維的非線性代數。他以「量子群」和「楊代數」（Yangian）分別為之命名。後者的第一個例子就是楊先生 1967 年找到的楊－巴克斯特方程解；前者可以看作通常的李代數（或李群）的變形推廣。1990 年數學界著名的菲爾茲大獎頒發給四位青年學者，其中三人（德林菲爾德、瓊斯和威滕）都和楊－巴克斯特方程有關。物理學家的工作啟發數學家新的研究方向，物理學家的名字用來命名新型的數學結構，這種物理和數學的交互作用推動科學發展的事例，必是科學史上熠熠生輝的範例。

我開始從規範場理論的研究轉向到與楊先生報告的第二個課題密切有關的二維（可能）可積的量子場論，發生在 1981 年初我訪問紐約長島石溪楊先生的理論物理所期間。葛墨林那時也在那裏。我們便合作研究二維時空中經典的主手徵模型，發現其中有無窮多非定域的守恆荷，並算出了它們無窮維代數的結構的簡潔公式。1980 年代中後期，數學大師陳省身回歸他的母校南開大學，創建南開數學所（現為南開陳省身數學所），在其中又創建理論物理室，委託楊先生任開創主任。楊先生遂召葛墨林到南開，研究方向就定為楊－巴克斯特方程有關的數學物理。我因和葛墨林在有關方向有合作，1990 年代到南開數學所多次訪問，親身見證了理論物理室的成長。葛墨林成為楊－巴克斯特方程（特別是楊代數表示論和量子群）方面的國際知名專家。南開大學理論物理研究室培養了一批年青俊傑，成為這個領域的國際研究重鎮。葛墨林常和我談起楊先生為此付出了多少心血，我對此也有同感。這個研究室的成長和成功，也是楊先生對發展中國數學物理學科的重要貢獻。

規範場理論和楊－巴克斯特方程可能共現於同一物理系統嗎？

自 1980 年代後期起，以高溫超導材料的發現為契機，一維或二維量子多體問題的嚴格解在凝聚態物理中愈來愈受到注目。嚴格解超越了微擾論和平均場的思想，它可以反映多體系統內因強耦合導致的有整體性變化的新型物態，即強關聯物態以及高度糾纏物態。甚至拓撲物態的出現都變成很自然的事。這些都是凝聚態物理新的分支。一個有趣的趨勢是，在

某些新近的發展中，有規範場理論和楊－巴克斯特方程攜手亮相的理論現象。這也是當年我聽了楊先生 1972 年的報告後一直在好奇的想法，也是一生在追尋的夢想。（我有個也許荒唐的「論證」：既然這兩個看來風牛馬不相及的觀念可以在同一個偉大的大腦中湧現，為甚麼不能在自然界的同一個其他系統中攜手共現？）

現在看來，這在數學上和理論物理上已不稀奇。對二維空間系統的演生統計規範場，陳－賽蒙斯方程（Chern–Simons equation）起着三維空間中楊－米爾斯方程同等的作用：即二者的規範耦合常數都是無量綱的。在某些特殊的二維材料中，如果系統的基態是所謂的內稟拓撲物態，而系統的元激發又呈現準粒子的形態，那麼滿足陳－賽蒙斯方程的演生統計規範場的源，很有可能就是滿足辮子群統計（即楊－巴克斯特方程）的系統元激發準粒子。真正的挑戰是找到這樣的真實二維材料，並從實驗上證明系統的元激發具有準粒子形態，而且是滿足辮子群編織統計的非阿貝爾任意子。如果成功，規範場理論和楊－巴克斯特方程真的共現於同一物理系統的理論描述，那麼楊先生 1972 年的學術報告就是科學史上的一段絕美佳話。此外，一個最棒的「副產品」就是：這材料很有可能用來實現拓撲量子計算。

值此慶賀楊先生百歲華誕之際，謹以此文恭祝楊先生生日快樂，長壽健康，再約荼壽！

校後記：近年有資料顯示，楊振寧先生 1972 年夏在北京大學共做了四場學術報告。我很幸運，獲准出席了其中兩場，其題目分別是：(1)「規範場 —— 一個新定義」(7 月 1 日)；(2)「一些統計力學的嚴格解」(7 月 3 日)。

1　C. N. Yang and R. Mills, "Isotopic spin conservation and a generalized gauge invariance", *Physical Review*, 95 (1954); C. N. Yang and R. Mills, "Conservation of isotopic spin and isotopic gauge invariance", *Physical Review*, 96: 191 (1954).

2　C. N. Yang, "Integral formalism for gauge fields", *Physical Review Letters*, 33: 45 (1974); "Erratum", *Physical Review Letters*, 35: 1748 (1975).

3　C. N. Yang, "Some exact results for the many-body problem in one dimension with repulsive delta-function interaction", *Physical Review Letters*, 19: 1312 (1967).

百年友誼　祝賀　百歲壽誕

許鹿希[*]

敬祝楊振寧先生福如東海，壽比南山，百歲生日快樂！

楊振寧的父親和鄧稼先的父親，兩位都是清華大學教授，也都是安徽人。楊、鄧兩家是世交，若是計算起來已遠超百年的友誼。現在，只看楊振寧先生與鄧稼先這一代人的友誼，共計百年。1993年，楊先生在〈鄧稼先〉一文中寫道：

> 抗戰開始以前的一年，1936年到1937年，稼先和我在北平崇德中學同學一年。後來抗戰時期在西南聯大我們又是同學。以後他在美國留學的兩年期間我們曾住同屋，50年的友誼，親如兄弟。

鄧稼先與楊振寧有50年的友誼。

1972年，楊振寧先生在第二次訪問大陸時，與鄧稼先夫妻相見。在一個晚上，他來到北京郊區鄧家，與鄧稼先歡聚暢談。當時在茶几兩邊，各放一個舊單人沙發，楊先生坐在東邊的沙發上，鄧稼先坐在西邊靠門的沙發上，我坐在他們的南邊的一個折疊椅子上，給他們送上切好的西瓜，泡好的清茶，靜聽他二人聊天。

1972年是許鹿希首次見到楊振寧先生。此後，這兩個沙發被我們精心保存。44年之後，2016年12月2日，楊先生與夫人翁帆老師來到鄧家，看望我。楊先生再次坐在沙發上，手裏拿着一本書，這是一本1988年出版

---

[*] 鄧稼先夫人。

的英文書（*China Builds the Bomb*）。楊先生在美國買到這本書，託人帶到大陸寄到北京，給許鹿希，這本書使我受益良多。楊先生告訴我，他和夫人翁帆打算在天暖和的時候，去四川梓潼參觀九院老點──鄧稼先舊居。三個多月之後（2017年3月23日），95歲高齡的楊先生與夫人翁老師，西行數千里，前往四川省綿陽市梓潼縣，在山溝裏的九院老點，參觀了鄧稼先舊居，懷念曾經在此奮鬥過14年（1971–1985）的老朋友。從1972年到2022年，是楊先生與鄧稼先全家第二個50年的友情。兩者相加，共計百年。

　　1957年，鄧稼先親筆寫賀信，託人帶到瑞典的諾貝爾獎會場，交給了楊振寧先生，衷心祝賀楊先生在宇稱不守恆等方面的成就。此後，鄧稼先經常對人說：

　　　　楊振寧在規範場方面的造詣非常高，它比起宇稱不守恆來，對物理學的貢獻還要基本，還要深遠。如果不是有次數限制，憑着楊振寧在規範場方面的成就，應該再獲一次諾貝爾物理獎。

　　鄧稼先還說，科學上的成就，有時間長短和影響範圍的不同。楊振寧在科學上的造詣，其指導作用不僅只在當前，而將以世紀來計量。也就是說，其影響覆蓋全人類，恩澤惠及子孫後代。

　　另附相片六張：

圖1　1949年美國芝加哥大學。左起：楊振寧、鄧稼先、楊振平。　　圖2　1986年5月30日，北京301醫院病房外走廊。右起：楊振寧、鄧稼先。

圖 3 1986 年 5 月 30 日，北京 301 醫院病房外走廊。右起：楊振寧、鄧稼先、許鹿希、鄧志平。

圖 4 1994 年 5 月 14 日，北京王府飯店。右起：楊振寧、彭潔、鄧昱友、鄧志平。（許鹿希攝）

圖 5 2016 年，北京鄧稼先故居。左起：翁帆、楊振寧、許鹿希。

圖 6 2017 年 3 月 23 日，四川梓潼九院老點。前排右起：胡思得、翁帆、楊振寧。

敬祝楊振寧先生健康，安好，生日快樂。

許鹿希與孩子們同賀

2021 年 8 月

有緣千里

徐榮凱*

一

和楊振寧先生相識，並和楊先生、翁帆一家成為朋友，説起來，已是將近 14 年前的事了。

2007 年 10 月 10 日上午，清華經管學院老院長朱鎔基來到經管學院看望師生，中午在學校會見楊振寧先生和姚期智先生，並邀共進午餐。我有幸參加了這兩場活動。朱鎔基雖然從總理位置上退下五年了，但大家仍習慣稱他為朱總理。他是清華經管學院首任院長，雖然後來不當院長了，但始終關心清華大學及經管學院的發展。餐中，朱總理把我叫過去，介紹給楊先生和翁帆。朱總理介紹説：「徐榮凱，也是清華的學生。在國務院當過我的副秘書長，後來調到雲南當省長。你們要去雲南，找他。」楊先生對雲南有深厚的感情，早年跟隨父親到雲南，先在昆明昆華中學讀高中二年級，1938 年考入西南聯大，1938 年到 1944 年在西南聯大物理系讀書，先後獲學士和碩士學位，其間還到昆明西南聯大附中教書，自然對我這個來自雲南的人有好感，我們都有一見如故的感覺。我當即發出邀請，請楊先生和翁帆到雲南，或者度假，或者進行學術活動，能夠對雲南的發展進行指導那就更好了。楊先生表示很願意故地重遊。這也是我第一次見翁帆。她默默地站在一旁，聽我們説話，像個小女生，微笑着不時地點點頭，給我留下了很好的印象。

有緣千里，從此相識。

---

* 原雲南省省長。

二

2008 年 11 月 1 日，楊先生攜翁帆到雲南師範大學參加紀念國立西南聯合大學在昆明建校暨雲南師範大學 70 周年校慶活動。西南聯大 1946年在清華、北大、南開三校北返後，留下了西南聯大師範學院，1984 年成為現在的雲南師範大學。雲南師範大學老校區至今保留了西南聯大很多的舊跡，成為西南聯大的標誌。活動結束後，我陪他們去麗江，隨行還有楊先生的弟弟楊振漢、妹妹楊振玉夫婦、秘書許晨。

麗江海拔 2,400 米，楊先生已是 86 歲高齡，我們都有點擔心。沒有想到，先生的身體狀況極好，精神矍鑠。中午到後，稍事休息，就到古城遊玩，邊走邊看，還到商店給翁帆挑選了一條有納西民族風的圍巾。古城的晚上，街道十分繁華，到處有人在空地上和着音樂打跳（跳舞）。商店具有民族特色的小商品琳琅滿目。特別是酒吧林立。這裏的酒吧和大城市不一樣，進去以後好像都是久別重逢，一起喝酒，一起唱歌跳舞，其實誰也不認識誰。晚飯後，我們來到「千里走單騎」酒吧。先生和翁帆以及隨行的人員，誰也沒來過這種地方，大家為濃郁的民族風味，為人們的和善與真誠而傾倒。我們上到二樓，臨窗而坐。一個流浪樂手背着吉他來到我們面前邊彈邊唱。優美的旋律，優雅的歌聲，特別是略帶憂傷的嗓音打動了每一個人。古城有很多小街，街道旁的小河溝流淌着清澈的溪水。小街不寬，鋪着五花石，街道兩旁房子不高，只有二、三層，隔得很近，對面的人看得很清楚，說話都聽得見。我們和對面窗戶的人打了招呼，開始了對歌。一方唱完另一方要接着唱，誰要跟不上就算輸，對方就會奚落你，喊着「回家洗洗睡吧！」我們都興奮起來，不想落人之後。尤其是楊先生和翁帆，立馬變成了小青年，高聲唱着，企圖壓倒對方。一首歌沒唱完，楊先生就叫着快想下一首歌，他不僅跟着吼唱還揮舞手臂打拍子，儼然一個啦啦隊長。一樓有一個小舞台，可以到上面去跳跳蹦蹦。樓上唱夠了大家就下樓去蹦。我大膽拉着翁帆、振漢上去蹦，後來振玉夫婦和許晨都上來蹦了，那個歡快勁兒啊就別提了！楊先生也高興地拿着照相機跑來跑去

為我們攝像。後來他也控制不住自己了，跑到台上跟着音樂扭動。可惜他不能為自己攝像，最後只留下我們的鏡頭，而沒留下他珍貴的身影。事後大家都為這件事而惋惜：誰也沒想到先生會上去蹦迪，準備不足啊！

　　第二天上玉龍雪山。按照這個海拔高度，楊先生這個年齡已經不適合登山了，翁帆、振漢、振玉等千方百計想阻止先生。但楊先生像個頑皮的孩子，量血壓不給量，說血壓一向很好；問睡眠，說睡得很好。倒是翁帆說自己睡得不好，晚上醒了好幾次，楊先生卻一覺睡到天亮。沒辦法，只好讓先生上山。雖然坐纜車上，但畢竟高度在那兒，下纜車後還要走些路，但先生興致極高，精神極好，和翁帆手掌相握十指緊扣，一步步走上觀景台。天氣原本雲遮霧罩，待我們上得山來，突然霧開雲散，陽光燦爛，天空碧藍，白雲如玉帶不時飄動。雪山完全打開了，一片銀色世界，讓人讚歎有如此人間美景！楊先生興奮不已，拿着相機四處觀賞，不停拍照，拉着翁帆合影。工作人員多次提醒我們已經待了不少時間了，該下山了，但楊先生玩興不減，不知何叫缺氧。經我們多次催促，才在 4,506 米的海拔豎碑處，和翁帆留影，和大家照相留念，戀戀而歸（圖 1）。

圖 1　在玉龍雪山 4,506 米處留下身影。

從山上下來，又去看了露天廣場上演的《印象麗江》，楊先生一行給予了高度評價。這次麗江行，楊先生身心愉快，平安回到北京。有感於楊先生高齡上麗江、登雪山，我為先生寫了一首詩：

登峰

86 個歲月的生命軌跡

延伸——

到麗江，

到玉龍山，

在 4506 米的雪峰，

留下足跡。

一生不停攀登，

登上兩座山峰——

諾貝爾獎的科學高峰，挑戰極限的生命高峰。

在上面，

輕輕撩開雲帷，

閱覽世界。

贈送給楊先生後，先生專門覆信，表示喜歡，還給我打電話，說最喜歡最後三句。得到先生讚許，心中多少有點得意。

三

騰沖是位於雲南西南部的一座美麗縣城，那裏有文化底蘊深厚的和順古鎮，有中國遠征軍的抗日紀念館和國殤墓園。楊先生一直想去騰沖，2017 年 5 月下旬，這個願望終於實現了，我有幸再次陪同。隨行還有翁帆媽媽和姐姐翁珂。楊先生這時已是 95 歲高齡，從北京到昆明，再從昆明去騰沖，路程長，但先生精神飽滿，沒有倦意。杜致禮夫人的父親杜聿明先生曾任中國遠征軍副司令、第五軍軍長，在滇西抗戰紀念館，有介紹

他的事蹟。楊先生駐足照片前，凝視許久，滿足了拜謁的心願。國殤墓園立有 3346 方抗日陣亡烈士墓碑，先生和大家繞行墓園並敬獻了花圈。在和順古鎮，坐車遊覽，楊先生驚奇這裏有這麼好的古鎮建築，這麼好的鄉村圖書館和這麼美麗的風光。

　　在這裏特別要記述兩件事。一件事是上火山。騰沖有三座火山，最後一次爆發在六千年前，現在成為安靜的火山。山上樹木鬱鬱蔥蔥，盆底也長滿了灌木和雜樹。遊客都可以爬上火山口去觀看全貌。最小的小空山海拔 1,937 米，相對高度 40 米，爬起來不難。我們主張，翁帆年輕，可以和媽媽、姐姐爬小空山，我們陪楊先生遠遠地看一下就行了，不必爬上去。但先生不僅要爬小空山，還想坐熱氣球飛上天去看一看。當然坐熱氣球絕對不行，只好同意上小空山。小空山不高，坡度也緩，對一般人不是個事，但對 90 多歲高齡的人來説，卻是一件大事了。大家伴着楊先生，走一會停一會，説説笑笑走到了山頂。小空山火山口直徑 150 米，深 47 米，我們圍着火山口走了

圖 2　在騰沖小空山火山的碗口處。

一圈。遊客看到楊先生，都覺得驚奇，怎麼會在山上遇見這個偉大的人物，他居然能爬上火山口瀏覽火山！楊先生上得山來自然很高興，也為自己的堅持而得意（圖 2）。

　　第二件事是，晚上住在雲峰山下的「石頭紀」酒店。這是日本著名建築師隈研吾設計的酒店。酒店是用各種不同色調的石塊砌成，十分新穎。一個個獨立的小院，在院子裏有露天的石頭泡池，可以邊泡溫泉邊看星星，聆聽鳥鳴。先生一家十分喜歡這裏，一家人還坐纜車上雲峰山遊覽。楊先生在酒店，常常利用休息時間給同去的朋友們講物理學的發展，普及

量子通訊知識。最有趣的是，我們到附近的傈僳人家吃晚飯。大家穿起了民族服裝，吃着民族風味飯菜，唱起歌跳起舞。楊先生興致勃勃穿上傈僳服裝，戴上大帽子，儼然一個傈僳族人的形象（圖3）。住在舒適的「石頭紀」的院落，我突然來了靈感，寫下了一首詩。楊先生和翁帆看到後，很感興趣，先生說這首詩翻譯起來有點難，但是有興趣翻一翻。過了些日子，楊先生和翁帆把它翻譯成了英語，我在這裏錄入，與大家共享。這首詞後來寫成了歌，用中、英文演唱。

圖3 傈僳人家來了新人。

石頭紀	The Houses of Stone
天湛藍　溪潺流，	Brilliant sky, chattering brooks
雲峰山麓鳥啁啾。	Twittering birds amidst craggy peaks
風搖竹　山花秀，	Swaying bamboo, smiling flowers
溫泉氤氳凝脂柔。	All 'round the Royal Consort's bath
青山隱　煙雨濛，	Misty rain, towering hills
白晝落盡小築幽。	Silence all enclosing silence
琴聲起　身影留，	Music flows, silhouette stays
月下把酒不思愁。	And moonlight washes sadness away.
一門一個世界，	In this fabled land of Oz
一院一方神仙，	One door leads to one world
悠閒天上人間，盡覽天下。	Like heaven and earth
一次和你相遇，	On an enchanted evening
一生不會忘記，	The lost stone finds its way home
迷失的石頭，找到了家。	Memory of a lifetime.

四

　　我怎麼也沒有想到，會和楊先生夫婦在音樂上又進一步結緣。我是理工科生，雖然喜愛文學，喜歡音樂，但從來沒想過搞音樂。2006 年我從省長崗位退下，在和朋友告別晚餐會上，以詩的形式向大家傾訴了惜別之情。沒想到喜愛作曲的弟弟徐榮旋把它譜成了歌，挺好聽，還受到很多人喜愛，後來還拍成了 MV。我受到啟發，感到業餘時間多了，不如把寫歌詞作為業餘愛好，不讓腦子閒着。於是和一些作曲家合作，開始了歌詞創作。2008 年北京奧運會後，國家進入籌備 2010 年第 16 屆廣州亞運會。著名作曲家、音樂人撈仔跑來邀我寫歌詞，合作創作會歌，參加全國競選。我也是初生「牛犢」不畏虎，居然答應了。

　　歌詞寫好後，要翻譯成英文，沒辦法，我到楊先生家（圖 4），請教他們，幫忙出出主意，如何找人翻譯。楊先生不僅是物理泰斗，他對中華文化十分熱愛，對韻律很有研究。沒想到他和翁帆看了歌詞，都很認可。楊先生說，翻譯歌詞，不能就詞譯詞，要翻出整體歌詞的意境。要意譯，還要押韻，要和歌曲旋律相配。楊先生一通解說，讓我茅塞頓開，原來有

圖 4　在楊先生家裏討論歌詞翻譯。

這麼多學問。楊先生說:「我喜歡這個歌詞,我和翁帆翻一稿。但是我再介紹一個人:許淵沖,請他也翻一稿。他是中國的翻譯大師,我們同在西南聯大,是多年的好友。」我不認識許老先生,又是晚輩,不敢攀識。於是楊先生出面請客,翁帆參加,一起吃了頓飯。許先生比楊先生還年長一歲,但精神十分的好,聲音洪亮,特別善談。一見面就對我說:「西南聯大我是外語系的,楊振寧是物理系的,考外語居然他比我還高 1 分。」他還指着楊先生和翁帆說,他倆結婚我很贊成,還為他們倆寫了首詩,當即大聲朗讀:「振寧不老松,揚帆為小翁。歲寒情更熱,花好駐春風。」吃飯在歡快輕鬆的氣氛中進行。我對亞運會歌詞作了介紹,楊先生說,我和翁帆翻一稿,你也翻一稿,我們都為廣州亞運會做點貢獻。許老先生聽後欣然同意。過了兩周的樣子,許先生就翻好了。現將二位泰斗的譯文奉錄於下,與大家分享。兩位大師為同一首歌做翻譯,這是絕無僅有的事,我感到特別榮幸。許淵沖先生剛剛作古,高齡謝世,在這裏安放老先生的譯詞,也是對他的紀念。

以下是楊先生、翁帆的譯文:

重逢	**Here we meet again**
萬水千山,	Mountains and Seas
相隔多遠,	Have set us apart
珠江彎彎,伸手相牽。	By Pearl River again we meet
眼睛和眼睛重逢,	Eyes blue and brown
黑眼睛藍眼睛,	Skin dark and light
一片風雲無數柔情,	Happiness sorrow and glory
閱盡滄桑和美麗。	All vicissitudes of life.
隔山遙望,	Over hills messages fly
跨海相約,	Across ocean dreams meet
綠茵賽場難說再見。	It's hard today to bid goodbye

力量和力量重逢，	Speed against speed
彈跳躍起高度，	Height over height
奔跑收穫超越，	Victory defeat and glory
把自豪舉過頭頂。	Every essence of pride.
Asia　太陽升起的地方，	Asia where the sun has risen
Asia　古文明的殿堂，	Asia where civilizations were born
啊　這裏的風光最美，	Ah, here is the most beautiful!
啊　這裏的陽光最亮。	Here is the most bright!

以下是許淵沖先生譯文：

重逢	**We Meet Again**
萬水千山，	Mountains and streams in view
相隔多遠，	Keep us apart from you
珠江彎彎，	But River Pearl beams with smile sweet
伸手相牽。	With open arms again we meet
眼睛和眼睛重逢，	Black eyes again greet blue eyes
黑眼睛藍眼睛，	
一片風雲無數柔情，	Like wind and cloud love and friendship rise
閱盡滄桑和美麗。	Even the seaside is beautified.
隔山遙望，	We look from afar
跨海相約，	For where you are
綠茵賽場難說再見。	From the green field how can we part?
力量和力量重逢，	When the strong meet the strong
彈跳躍起高度，	Who jumps high is loved long
奔跑收穫超越，	Who runs fast is glorified
把自豪舉過頭頂。	And who lifts the weight overhead with pride.

Asia　太陽升起的地方，	Asia where we see the earliest sunshine
Asia　古文明的殿堂，	And civilization fine!
啊　這裏的風光最美，	Oh what beautiful sight!
啊　這裏的陽光最亮。	Oh the sun is so bright!

這首歌在參選的 1,000 多首歌裏，通過投票和專家評審，最終被選為第 16 屆廣州亞運會會歌。撈仔作曲，孫楠、毛阿敏演唱。譯文最後選用的是楊先生、翁帆版，他們的譯文為這首歌增色不少。

亞運會會歌成功，對我們是個很大鼓舞。自此以後，和楊先生及翁帆多有合作，我寫詞，二位翻譯。我們為昆明首屆南博會寫了會歌《相約昆明，相約未來》，為雲南景邁山茶山申遺寫了《想那個地方》，還有前面提到的《石頭紀》。這些歌都是著名作曲家萬里作曲，演唱後都得到好評。

在這裏我特別要提到和楊先生、翁帆合作的另二首新歌。一首是《地球媽媽》。《聯合國生物多樣性公約》第十五次締約方大會 2021 年在昆明召開，約 200 個國家和組織代表參加。我們都熱愛大自然，都對美麗的雲南傾注深情，要為這個大會做點實事，於是誕生了《地球媽媽》這首歌。還是由萬里作曲，楊先生和翁帆翻譯：

地球媽媽	**Mama the Earth**
（童聲合唱）	(Children's chorus)
世界上有很多不同的語言	In the world there are many different tongues
卻有一個相通的聲音叫媽媽	With one word in common: it is oh-Mama
媽媽的媽媽還有媽媽	Mama's Mama... There's one more Ma
那就是我們的「地球媽媽」	It is our common Mama the earth.
別讓媽媽為我擔心	Don't let Mama worry for us
漫天的花雨撒給媽媽	Leave her clear and blue water
別讓媽媽為我哭泣	Don't let Mama cry for us
永遠的微笑留給媽媽。	Make her smile forever and ever.

《地球媽媽》由雲南青年指揮家劉施貝指揮，「山林童話」少年合唱團演唱。天籟般的童聲深深打動人心，召喚人們熱愛環境，善待養育我們的地球媽媽，演唱獲得廣泛好評。由楊先生和翁帆翻譯的英語，與音律深深契合，演唱時縈音繞梁，感人淚下。其中「漫天的花雨撒給媽媽」，沒有用字譯，而是意譯為「leave her clear sky and blue water」，比硬譯字少，唱起來很順暢。孩子們都說，本來唱到英語部分都怕唱得不好，沒想到好記也好唱。足見楊先生和翁帆翻譯功底。

另一首歌就是為剛剛結束的北京 24 屆冬季奧運會寫的歌《夢想指路》。為廣州亞運會寫了會歌，讓我們為大型國際性運動會寫歌增添了自信。在家門口舉行冬奧會，自然不會放過機會，我們一拍即合，決定和撈仔再次合作，參加會歌徵選。雖然後來組委會決定本屆冬奧會不使用會歌，但是新華社看中了這首歌，決定拍成視頻在冬奧會結束當天在全網推出，讚揚來到北京追逐夢想、挑戰極限、超越自我的運動員，獻給為實現夢想繼續前行的人。沒想到，視頻一經推出，社會反響熱烈，不到一天，點擊量過億，這讓我們感到欣慰。

夢想指路	**Follow Our Dream**
雪花飛舞的季節	It is the season of dancing snow
我在雪野揮灑舞步	The wide open field
銀裝素裹是我的裝束	Surrounded by virgin forests
山舞銀蛇是我的征途	Covered in fresh flakes
不管崎嶇的山谷	You and I stride forward
不管前方驚險密佈	Towards the final line
奮力衝向勝利的終點	In spite of the rugged path
我和你一起輕歌曼舞	In spite of the obstacles ahead

去征服就沒有孤獨	Follow our dream
我有夢想指路	And there will be no fear
就在今天，就在現在	It's today and it's now
就在這個時刻	It's this moment
這裏是我的世界	That we be ourselves
我的未來我做主	In our world

　　楊先生與翁帆一共和我們合作了六首歌。這也是楊先生與生以來翻譯的僅有的六首歌。六首歌中有四首和雲南有關，楊先生對雲南情有獨鍾。這些歌有的是楊先生翻譯、翁帆修改，有的是翁帆翻譯、楊先生修改。翁帆說，每拿到一首歌，楊先生都像做物理研究那樣，十分認真，反覆琢磨，有時候為一句詞兩人會討論半天，真是令人欽佩。除此之外，先生還關心我寫的其他的歌，並給予鼓勵。為慶祝清華大學百年校慶，我和徐榮旋寫了《我要回家》。2011 年初，清華大學新年茶話會演唱了這首歌，楊先生第二天就給我寫了一封信，信中說「我剛剛去參加了清華大學新年茶話會，第一個文藝節目就是你的《我要回家》。祝新年好。」清華大學 110年校慶，我又和李健合作了一首《一路花香一路唱》。楊先生年齡已不適合出席露天晚會了，但仍然由翁帆參加了校慶晚會，觀看李健的演唱。楊先生的關懷讓我十分感動，鼓舞了我多寫歌，寫好歌。

　　楊振寧先生 1971 年首次回國省親以來，一共到雲南六次。從 2007年我們相識以後，回昆明三次，我都有幸陪同，朝夕相處。在北京更是來往很多，成為很好的朋友。其實我也老大不小了，但楊先生始終把我當成年輕人。我們之間的關係，應該說，楊先生和我是忘年交，我和翁帆是忘年交。我們共同的，都是清華的校友。在相處中，楊先生睿智過人，記憶力極好，過去的事，雖然已經是幾十年前，幾月幾日甚至上午下午都記得清清楚楚。知識面極廣，講一件事，邏輯清晰，娓娓道來。在科學上有這麼高成就，如此成功，但從來不居高臨下，而是平易待人，以溫和商量的口吻說話。在楊先生身邊，學到了很多知識，更學到了如

何為人，如何待人。我和先生的家人也成了很好的朋友。翁帆溫文爾雅，總是笑眯眯的。她還是個文藝青年，在騰沖一個夜晚，圓月高照，我們坐在院子裏，喝着茶和咖啡，翁帆彈起吉他，唱起了流行歌曲（圖 5）。婦唱夫隨，楊先生也唱起他喜歡的趙元任的《教我如何不想她》。翁帆悉心照料楊先生，出外總是十指相扣。結婚 17 年，兩人感情極好，在家裏互稱 darling。今天我們在這裏慶賀楊先生百歲華誕，翁帆功不可沒。

圖 5　翁帆拿起吉他彈奏《羅曼史》，是在敍述他們的羅曼史嗎？

　　我這一生能夠遇見楊振寧先生，受到薰陶和教育，是我沒有想到的。回憶是珍貴的，一幅幅畫面鐫刻心中，成為人生經歷難忘的一部分。

　　有緣千里，一生之幸。

我的大哥

楊振漢[*]

　　我四歲時，大概有了永久記憶，記得大哥在清華園西院 11 號西屋，做化學實驗給二哥和我看，在試管裏倒上沒有顏色的水，再倒進燒杯也是沒有顏色的水裏，燒杯裏立即出現豔麗的藍色！重複這個試驗，燒杯裏出現鮮豔的紅色。那時大哥 14 歲，在崇德中學唸書。

　　「七七事變」後我們全家離開北平，回到父母親老家合肥，父親去長沙臨時大學工作，大哥進合肥一所中學繼續唸書。母親特別偏愛大哥，每晚 8 點鐘，等二哥、小妹和我睡進有帳子的床上後，母親一定買一碗湯圓給大哥吃，我們只好隔着帳子看着！

　　日本軍隊佔領南京，我們全家輾轉逃到香港，租住彌敦道彌敦酒店對門的新新酒店六樓天台上的大屋子裏，那時彌敦道上好像都是六層樓的建築，從天台上向南望，可以清晰看見整個香港島，入夜島上建築燈光星星點點。有一天，一艘三個大紅黑煙囪的豪華郵輪訪問香港，停泊在維多利亞港裏，幾乎遮掉整個香港島！大哥和大壽哥（楊振聲）從酒店六樓走下去，直到彌敦道再走去尖沙咀看那艘大郵輪！二哥和我緊跟在他們後面，也想去看，可惜沒跟上！

　　因為二哥、小妹和我都出疹子，全家只好滯留在九龍新新酒店 40 多天，大哥找到一本《中國分省地圖集》，指給二哥和我看，我們家從北平回

* 楊振寧先生胞弟。

到合肥走過的路，又從合肥經過三河，六安，桐城，潛山，太湖，黃梅，廣濟，武穴，武漢，廣州，深圳，到香港九龍走過的路！

我們三人病好後，全家坐船從香港到越南的海防，又到河內，在河內住了幾天，從老街、河口到雲南昆明，這時已經是 1938 年 3 月！

1940 年春的一天，父親一早去西南聯合大學，昆明預行警報拉響了，母親叫大哥帶着二哥和我，出小東門去到城外山上躲警報，她帶着小妹、五弟躲進城牆腳下的防空洞內。我們出城門不久空襲警報響了，到我們走到小山上，緊急警報響了，不久後飛機嗡嗡聲由遠而近，藍色天空出現 27 架日本土黃色的轟炸機，呈「品字」形慢慢飛過，開始投炸彈，只聽見像吹哨子的噓噓聲，炸彈着地後一股黑煙拔地而起！

一輪轟炸後日本飛機遠去，昆明城內到處冒煙，大哥告訴二哥和我，在我們家方向，有大房子冒煙，希望我家沒中炸彈！解除警報響了，我們走進躲完警報回城的人流裏，路邊被炸壞的房子還冒着煙，死去親人的人坐在地上痛哭！到我們回到家旁，才知道院子正中炸彈，我們租住的二樓已不存在，好在母親、小妹、五弟都無恙！父親帶着幾位學生來，準備挖出還能用的東西！

第二天，叔叔叫了一部卡車，帶我們全家，去到昆明西郊的龍院村惠老師大院子南面房子住下！在龍院村我們一住就是三年！

大哥那時已經是聯大物理系二年級學生，全家搬離昆明城後，從此大哥開始住聯大學生宿舍，後來住研究生宿舍，很少回家住！

每星期日，大哥騎單車從城裏來到龍院村，常常給弟妹們講故事，講他看過的英文小說，《金銀島》(*Treasure Island*)、《最後的摩西根人》(*The Last of the Mohicans*) 等，我們聽得津津有味！

1941 年底日本飛機轟炸珍珠港後，美國正式參加世界大戰。陳納德的美國飛虎隊，1942 年春進駐昆明巫家壩機場，從此日本飛機空襲昆明的次數大減。龍院村在昆明西郊外，正處在從印度飛昆明的駝峰航線上，我們每隔五六分鐘，會看到一架美軍運輸機或轟炸機，從龍院村上面飛過！

我們家 1943 年搬回昆明城裏，大哥除了在西南聯大讀研究生外，還去美軍兵營裏教中文，當美軍翻譯！也就這一年，大哥報考清華庚子賠款赴美留學物理專業，只有一位名額，大哥被錄取了！聯大校園裏傳出小道消息，說這一次報考留美物理專業的，有浙江大學、中央大學、重慶交通大學和西北聯合大學的十幾位物理系研究生投考，唯有楊振寧成績最好！

1944 年大哥碩士研究生畢業，等赴美讀博士研究生前，在聯大附中四、五年級教了一年書。杜致禮、馮鍾璞等都是大哥學生。

1945 年春大哥接到通知，先飛印度，再乘船去美國。臨離開前一天晚上，大哥打開蚊帳，同二哥和我告別，他深情的要求我們好好唸書，要求我們多幫母親做家事，照顧好小妹五弟等！

大哥走後不久，德國投降了，到 8 月，美國投下兩顆原子彈，日本無條件投降，大哥仍滯留在印度，父親幾次去印度駐昆明總領事館詢問，總是不得要領！直到 11 月，大哥才到美國紐約，輾轉去到芝加哥大學讀研究生，父親很高興，芝加哥大學是父親讀研究生的大學！

每年到二哥、振玉和我生日時，大哥會從美國寄生日卡來！

1948 年秋，二哥和鄧稼先同船去美國，大哥已安排好，二哥去布朗大學讀學士，鄧稼先去普渡大學讀研究生！1949 年春我們全家來到上海！

從 1950 年春節開始，每年大哥都會在陰曆年初一早晨，打長途電話給父親母親祝歲！1953 年父親得「抗藥性糖尿病」住進華東醫院，醫生希望大哥從美國寄「濃縮胰島素」來（每毫升 500 單位），一個月後這個藥寄到上海，救了父親一命！

1957 年大哥得諾貝爾物理獎，父親在醫院得知消息，心情大快！1958 年大哥寫信來，希望父親去日內瓦見面，父親寫信給周總理，得到批准，於 6 月動身離開上海，在北京辦理出國手續，於 7 月到日內瓦同大哥、致禮、長孫楊光諾歡聚近兩個月！此後 1960 年、1962 年兩次父親母親都去日內瓦同大哥、致禮、二哥振平見面，歡聚數月！

　　1964 年冬，我從任職的洛陽拖拉機廠工廠設計處出差回上海，再同父親母親、小妹一起乘火車到廣州，住幾天辦好手續，到深圳，走過羅湖橋，有中旅社人員來接，順利到九龍金馬倫道 Park Hotel 大哥已預定的房間住下。這是小妹和我與 19 年沒有見到的大哥的首次見面！19 年前小妹和我還是少年，那天我們都已是 30 歲出頭的青年！

　　大哥表示，在日內瓦歡聚，父親母親長途跋涉太辛苦，在香港歡聚最好，香港天氣不冷不熱，又是中國人社會，大家往來都方便！香港中文大學校長李卓敏是陳省身教授的好朋友，李校長在香港地位很高！我們來到香港，都是李校長幫的忙！

　　1966 年「文革」開始，學校停課，工廠停工，社會秩序大亂，大哥不再在春節的第一天從美國打電話來！父親在復旦大學任教的工資，忽然停發！我的工資，勉強維持家用。父親取出瑞士一家銀行的支票簿，撕下一張支票，簽上 100 美元銀碼，交給上海中國銀行，一個月後，100 美元支票已兌換成人民幣，貼補家用！

　　原來 1962 年父母親去日內瓦時，大哥和父親聯名在這家銀行開設支票戶頭，大哥存錢進去，父親簽支票取錢！1971 年大哥在香港告訴我，1966 年大哥檢視瑞士這家銀行的支票戶頭，看見父親簽字的支票複印件，父親剛勁有力的簽字，讓大哥放心不少，知道父親健在，而且身體不錯！

　　1971 年大哥應中文大學邀請，再次來到香港。此時父親已經臥病住進華山醫院，不能去探親，只得由我陪同母親去到香港，小妹留在上海陪父親 ！二哥振平也來到香港，這是我們兄弟分離 23 年後首次見面！

　　過完春節，即將離開香港時，大哥說他很樂觀地看待未來國際局勢，尼克松急着要結束越戰！正在醞釀大動作！

　　果然，1971 年 7 月，大哥到加拿大中國大使館取得允諾，在法國巴黎中國大使館取得簽證，乘法航班機來到上海，下飛機後立即到華山醫院看望父親！在上海逗留幾天，訪親問友後，到合肥參觀大哥出生宅第，到北京訪問師友，見到鄧稼先，去大寨參觀，見到芝加哥大學研究生同學，美籍華人寒春（Joan Hinton）！

1972 年 7 月大哥再次訪問中國，去大慶、哈爾濱等地參觀，在北京飯店，參加中科院舉行的研討會，與會的學者、教授都希望大哥能向中國領導層建議，政府投資建大加速器，這個建議大哥不贊成！

此後幾乎每年夏天，大哥都回國探親，講學，參觀！

1986 年，大哥應中文大學聘請，任該校「博文講座教授」。母親和我全家來到香港定居。

1997 年 7 月香港舉行回歸祖國盛大交接會議，大哥受邀參加，親眼看見英國的米字旗降下，中國的五星旗升上去！回來後心情激動，對我說，這一天洗去百年國恥！父親能看見這一天就好了！

1999 年，大哥在長島紐約州立大學退休，擬受聘於清華大學剛成立的高等研究中心主任。因為大嫂致禮得病，須回美國治療，直到 2003 年大嫂去世，大哥才正式回到清華園，住進清華大學為大哥蓋的住所（大哥命名此住所為「歸根居」）！從此在美國生活近 60 年後，大哥回到他青少年時代生活過的清華園，開始新生活！

80 年代大哥在汕頭開會，曾認識汕頭大學學生翁帆，2004 年翁帆來到大哥身邊，他們於當年年底結婚！

轉眼間大哥回到清華園就快 20 年，今年大哥將 100 周歲。大哥為清華高等研究院、清華大學物理系貢獻良多！

祝願大哥健康，茶壽！

我的誠正、平和、樂於助人的大哥

楊振玉*

　　1978 年秋，我在工作的中國科學院上海生理研究所獲得赴美訪問的機會，我先申請哥倫比亞大學 Witkovsky 實驗室，在我等待簽證時，Witkovsky 由哥大遷至位於長島的紐約州立大學石溪分校，於是我在 1979 年 2 月來到了石溪分校，大哥正在該校物理系任愛因斯坦講座教授；直到 2003 年大哥回清華大學之前的 24 年中，我有很多機會和大哥相處，深化了我對他的認知和理解。

　　大哥帶我到長島的布魯克海文國家實驗室（Brookhaven National Laboratory），告訴我説，在這裏，他寫出了一生中最重要的兩篇文章。1956 年他到此度夏，5 月底因一節脊椎移位背疼劇烈臥床，由他口授、大嫂致禮筆錄他和李政道的宇稱不守恆研究工作結果，打印後，由大哥手寫填入公式，文章的編號是 BNL2891，這篇就是他和李得到諾獎的文章。另一篇文章是 1954 年他和米爾斯（Robert L. Mills）的規範場理論。

　　1994 年，美國富蘭克林研究所（Franklin Institute）因楊－米爾斯規範場理論，舉辦授予大哥有名的鮑爾獎的儀式與宴會，我有幸參加了。頒獎詞是「這個理論模型，已經躋身牛頓（Isaac Newton）、麥克斯韋（James Maxwell）和愛因斯坦（Albert Einstein）的工作之列，並將對未來世代產生相當的影響。」大哥的老同事、老朋友、量子電動力學的奠基人之一

---

* 楊振寧先生胞妹。

戴森（Freeman Dyson）當時作了演講，説「楊教授是繼愛因斯坦和狄拉克之後，二十世紀物理學的卓越設計師。」我因此認識到了規範場理論對物理學的深遠影響。

石溪大學物理系設有理論物理研究所（Institute for Theoretical Physics，ITP），成員包括美國國家科學院院士、國際物理學大獎獲得者、研究工作很棒的教授，大哥任所長。大哥待人真誠、平和，與 ITP 成員及物理系同仁們關係融洽；他不與同事爭研究生和博士後，在申請研究經費時，時常也包括同僚的申請項目，以期這些項目更易被批准。大哥在石溪服務了 33 年，於 1999 年退休。在退休的宴會上，校長當場宣佈將 ITP 命名為「C. N. Yang Institute for Theoretical Physics」。大哥在 2003 年冬回到清華園之後，又多次返回石溪來交流學術，看望老朋友。2011 年之後，醫生建議他不再做長途返美飛行。有一天，我在 C. N. Yang Institute 的走廊上遇見 ITP 的成員麥考伊（Barry McCoy），他馬上問我：Frank（大哥的英文名）甚麼時候再來看我們？此後，石溪大學校長數次率團訪問清華大學交流合作。

大哥主張系間學術交往，數學系教授賽蒙斯（Jim Simons）和大哥的交往就是很好的例子。大哥説賽蒙斯不僅把「纖維叢上的聯絡」這一專門術語介紹給他，而且把這個數學概念通過一系列課程介紹給 ITP 成員，使大家都明白這個概念是甚麼，這是他和吳大峻教授合作的一篇重要論文的來源。賽蒙斯後來做投資預測，獲益頗豐，他捐出鉅款給石溪蓋成賽蒙斯幾何和物理中心大樓，專門設立一間辦公室給大哥，期盼他時常從清華回石溪來交流，大廳的牆上，刻着重要的物理方程，如麥克韋斯電磁方程、愛因斯坦相對論方程、楊－巴克斯特方程、狄拉克量子力學方程，以及楊－米爾斯規範場方程等。大哥回清華後，建立了高等研究中心，賽蒙斯去中心訪問，大哥表示中心正在開展學術交流，缺少訪問學者住宿公寓，賽蒙斯慷慨捐出兩百萬美元，加上清華出的一份錢，蓋成了陳賽蒙斯樓。陳是數學大師陳省身，賽蒙斯的老師，這樣，在石溪開出的花朵，在清華結出了果實。

　　80 年代初，大哥在石溪創辦了「與中國教育交流委員會」（Committee on Educational Exchange with China, CEEC），幫助中國學者來石溪大學交流訪問，以及通過石溪大學和美國其他大學學者進行交流。這在改革開放初期是雪中送炭，當時中美在基礎科學領域差距明顯，尤其是急需前沿領軍人才。為此大哥以他的聲譽在美國和中國香港兩地募捐，以支持中國來的 CEEC 訪問學者。這些學者沒有駕駛執照，大哥要求校方提供兩幢研究生宿舍樓，供學者們住在校區內。20 多年下來，訪問學者人數達到近百人，學科包括數學、物理、化學、生物、醫學、地質、水利、航空、電子、電機、經濟、藝術，等等；有不少位以後成了中科院院士，例如葛墨林、楊福家、孫昌璞、陳佳洱。

　　大哥的合作者和學生們一般都比他年輕，包括我的二哥楊振平、吳大峻、鄒祖德、薩瑟蘭（Bill Sutherland）、張首晟、趙午、余理華、米爾斯、管習文、翟薈等，他們都感激大哥，因為大哥幫助他們找到了正確的方向。

　　大哥和我們談話，話題還涉及科技以外的古今中外文學、藝術、哲學等，令我們受益良多。大哥很幽默，在退休前，有一天大哥對同事稱，他有重要發現，同事都注意聽時，他於是說：我發現人是會變老的！我還想起來抗日戰爭時在昆明，用長木凳上放木板做成床，板上放被褥，床邊豎起竹竿綁上蚊帳。有一天大家正睡在床上，大哥說，我不單會說英語，還會說德語，二哥振平問德文蚊帳怎麼說，大哥想了一下，洋腔洋調地說 you-xu-dou-dong，聽來很像外國話，我們都認同了，過了一會，二哥說不對，你這不是在說有許多洞嘛！大哥笑起來了。大哥很節儉，在石溪常穿的一件外套，到了清華仍舊常穿。外套已經很舊，但他覺得很溫暖。

　　1997 年清華大學王大中校長邀請大哥回清華，創建高等研究中心。大哥原則答允，但是否全時回國需要研究。

　　1998 年開始，大嫂致禮罹患癌症，時好時壞，2003 年秋在石溪逝世，結束了她和大哥 53 年的婚姻生活。

2003 年底，大哥搬到北京清華大學定居，命名住所為「歸根居」。2004 年底與翁帆女士結婚。十多年來他指導清華大學高研中心發展，發表學術論文，繼續參加國際學術活動等等。

大哥是一位有歷史觀的學者，他說他的成長時代是中華民族似無止盡的長夜，到他晚年，看到了曙光，更看到了晨曦。

大哥的人生很精彩，敬祝大哥百歲生日快樂，預祝茶壽！

Some Reminiscences with Professor C. N. Yang

Yao York-Peng 姚若鵬

Department of Physics, University of Michigan

I would like to thank the organizers of the Festschrift for inviting me to participate in the celebration of Professor C. N. Yang's Centenary. I shall relate some memorable recollections we have had with him.

I graduated from Pui Ching Middle School in Hong Kong in 1955. Because of the pernicious colonial policy of the British, I was not given a chance to apply for admission to the University of Hong Kong, on the pretext that the teaching language used in my education then was mostly in Chinese. I stayed behind for one year and received a scholarship from the College of St. Thomas in St. Paul, Minnesota. There I went, and one day the teaching assistant of my physics class told me that two Chinese physicists Lee and Yang received the Nobel Prize in Physics. I was of course full of ethnic pride, even though had no idea what parity violation was about.

St. Thomas was a very good liberal arts college, but I was more interested in science and engineering and so after one year I transferred to the University of California at Berkeley. I was able to take quite a few graduate courses in physics, but the dominant figure there then was Professor Geoff Chew, whose interest was in analytic S-matrix dealing with strong interaction. That approach did not provide a concise way to understand the underlying interactions and their symmetries, including the discrete ones, such as C, P and T. It was not until I went to Harvard for my

graduate studies that I learned the essence of symmetries in fundamental interactions. My thesis advisor was Professor Julian Schwinger, who was a great master in quantum field theory, which was the natural ground to formulate symmetry properties and explore consequences.

After four years at Harvard, in 1964 I went to the Institute for Advanced Study at Princeton, New Jersey to do my post-graduate work. That is where I met Professor C. N. Yang, the first time in the cafeteria. We had a short conversation and he asked me what my interest was and I told him that I was studying a series of papers by Schwinger on fundamental interactions and that I was very fascinated by the celebrated article by him and Professor Mills. That was how I was exposed to the idea that symmetries can dictate and even generate interactions.

One of the outstanding issues in those days was how to renormalize a massive vector boson theory when it coupled to a non-conserved current. There were two issues. As conventionally done then, a massive vector meson theory lost local gauge symmetry, which the massless case possessed. The other problem was that the vector propagator had bad high momentum behavior, whereby the theory was considered to be non-renormalizable. I wrote a paper shortly showing that, (in what was known to some as the Stueckelberg formalism that I was not aware of), there is in fact a local gauge invariance by the introduction of a supplementary scalar field. Professor Yang asked me to give a talk about it, but I asked for a delay, because I was working out the quantization and the propagators. At that time, the fads were current algebra and soft pion physics due to partially conserved axial vector current. Like many others, I was side tracked. Furthermore, because of the renormalizability concern, attempts to understand weak interaction in the context of vector boson theory were considered by many eminent experts to be dead ended. It was not until a year later that I returned to finish the quantization and constructed the

propagators. I was then looking for a teaching position and Professor Yang recommended me to the Physics Department of the University of Michigan and I gave a talk about it as a part of the interview in 1966. The issue of renormalization remained, because the implications of Higgs mechanism were not yet fully understood to generate masses softly.

As it turned out what I did was a generalization of the ξ limiting procedure done by Professor Yang and Professor Lee a few years earlier. The vector propagator in my work has two gauge parameters and has good high momentum behavior. It also implies that the apparent high momentum behavior is a reflection of the gauge choice. If one imposes a condition on the gauge parameters to avoid the vector and scalar mixing, then it is known today as the R_ξ gauge, which is now a standard tool in electro-weak calculations. I regret that I did not tell Professor Yang about my work before he left for SUNY Stony Brook. I did not submit it for publication until 1972, which was the dawn of the feverish days of theoretical model building which culminated in the Standard Model.

While I was at the Institute, one day Professor Yang told me that there was an issue with the data of a neutrino scattering experiment performed at Argonne National Laboratory. He was suspicious that the Fermi motion of the nucleons in the target nuclei might not have been properly treated. He handed me some notes and asked me to look into the problem. That was the first time I was introduced to data analysis. The summer after one year at the University of Michigan I was invited to Argonne by Dr. T. Novey to see if I could help to make the whole data set consistent. It was not possible, unfortunately. (However, the extra salaries I made because of the visit afforded me to buy my first new car, a lime green Mustang!)

Some of my work in subsequent years, such as the infrared problem, the high energy behavior (with H. T. Nieh) in non-Abelian gauge theory, Wu–Yang conjecture in vector boson theory, etc. were motivated by

Professor Yang's seminal ideas. I am deeply indebted to him for his influence on me.

A memorable event was when Professor L. N. Chang and I were asked in 2001 to interview Professor Yang at Stony Brook by The Chinese University of Hong Kong. For three days, we asked him prepared questions which covered a wide range of topics including education, cultures, history, his outlooks, etc., not just physics. His views were broad, deeply personal at times, and provoking. His recollection of people, events and times was truly impressive. (The transcript is in a repository in CUHK.)

Fig. 1 Yao (left) interview with Yang (right).

On the personal side, Professor Yang came to my wedding with Cynthia at Princeton in 1965. His wife Chih-li came to visit us when our first child Michelle was born in 1966. We spent my first sabbatical at SUNY Stony Brook and visited Institute of Advanced Study, Tsinghua University several times. We were received by him with warmth and hospitality. One very unforgettable experience was in 2007 when he and his wife Fan Fan invited us to visit the newly established Art District 798 and to an art auction the following night. We had a chance to observe first hand how much he was recognized, admired and respected by Beijing denizens and how gracefully he reacted to the attention. On one of his visits to Ann Arbor, he went to the Ann Arbor Hands-On Museum, founded by Cynthia, and we had a good time together. We truly enjoy the friendship and cherish our times together. On this very special occasion, we full heartedly wish him a very very happy and healthy 100th birthday.

Fig. 2 Yang and Yao at the Art District 798 in 2007.

How Professor Yang Guided Me to Solve Two Major Puzzles in My Life — In Celebration of Professor Yang's 100th Birthday

Yu Li Hua 余理華

National Synchrotron Light Source II, Brookhaven National Laboratory

As the centenary of Professor C. N. Yang's birth approached, I could not help but think about the ancient Chinese saying: " 師者，所以傳道授業解惑也。" Professor Yang is not only the greatest living contemporary physicist, but also a caring and inspiring teacher to me as well as many other students that he has mentored over the years. On this happy occasion of his one hundredth birthday, I would like to express my deep appreciation for his contributions and best wishes for his continued long life.

Professor Yang guided me to answer many puzzles in my career, here I would like to share with readers two major ones among them. The first was how to choose the direction of my research for my career, and the second was the statistical interpretation of quantum mechanics. It is my great pleasure to share with readers of this volume how he influenced my work habits, research path and way of thinking.

1. Graduate School at Stony Brook

Words cannot describe how thrilled I was when I first met Professor Yang in 1979. At that time, I was fascinated by the problem of statistical

interpretation of quantum mechanics. According to this interpretation, the wave function of a particle would collapse into a point at the instant when it is being measured. I thought this was inexplicable and inconceivable. I always wanted to develop an experiment to test this, which I discussed with Professor Yang at length. Caring much about his students, he very patiently discussed the issue with me twice. The third time he said, "I thought about this. This problem is indeed very mysterious. But from now on, we will not discuss this problem anymore. This is a kind of obsession. An obsession may lead to nowhere." Without a doubt, this discussion made a strong impact on me. I finally understood and was able to let go of this obsession.

Fig. 1 In 1993 Professor Yang helped me to revise an article.

Professor Yang often mentioned one of his habits: after thinking about a problem without progress for two or three days, he would suspend his effort and turn his attention to other problems. I have since learned to do the

same in my own career. If I attacked a problem without progress but was reluctant to give up, I would remind myself of his advice, which made it possible for me to temporarily step back from the problem.

Professor Yang once asked me how I would read a book. I said that I would read it line by line. If there was a line that I did not understand, I would read it again and again, look up the literature if necessary, until the meaning became clear. He said that there is another way to read, which is to jump, jumping across many pages or even several chapters further on, and then return. He said one of his sons read books this way and I followed his advice. Since then, I have found that not every manuscript needs to be read line by line from start to finish, which actually limits what and how much we can learn.

I was once very frustrated by a seminar that I did not comprehend. During the break, I approached him to ask why it was so difficult for me to understand. He said this was very common and there are many concepts that are hard to grasp. He said that one needed to try being like an antenna: to extend very high and try to catch some signal. What I learned from that statement was that even the process of not understanding can often lead you to find a new problem to solve. Consequently, I overcame my fear of not understanding and was able to take what I learned from one problem and apply it to another completely unrelated subject.

At Professor Yang's 60th Anniversary celebration in 1982, the Stony Brook Chinese Student Union invited him to give a talk, during which he described the period of graduate school as one of the most difficult in one's life. I felt great encouragement from this because as a graduate student, I was no longer working on problems like I did in the past. Instead of working on problems assigned by teachers, a graduate student needs to identify a meaningful problem that they wish to solve on their own. This challenge initially perplexed me. What Professor Yang said in that speech

gave me great comfort in knowing that my situation was not unique and was the one that all graduate students must overcome.

Professor Yang also said that when we are given a problem, knowing that there is an answer is an important part of finding the solution. Why are we often able to work out difficult problems during examinations? It is because we know that they usually have answers, and thus we try every way possible to find the answers. On the surface this seems very simple, but this is really a core principle of all research. We need to assess the probability that there is an answer to any given question before tackling it. Based on that, we can then choose the most promising direction for achieving success.

Another related point that he often mentioned was that we need to search for new directions. In an area already extensively explored, it would be very difficult to find something novel, whereas in an uncharted area it may be possible to find treasures everywhere. Hence, it is very important to constantly search for new directions to move towards.

The above are only a few of my favorite examples of Professor Yang's thoughts and teachings which have had great influence on me throughout my career. On the surface these ideas might seem obvious. However, they did not occur intuitively to a young graduate student before he brought them to light. The more I thought about these ideas, the more I realized the deep reasoning behind them. Putting them into practice has had very profound effects on my way of thinking throughout my career and personal life.

In graduate school, I was looking for a new direction. As Alexander W. Chao described, Professor Yang often discussed the current state of high energy physics. He said that the development of high energy physics was dependent on the development of large accelerators. Currently, the accelerators are becoming larger and more expensive. It is difficult to sustain this trend over the long term and could eventually lead to a lack

of new experimental data for high energy physics. Eventually, this would create a situation in high energy physics akin to the Chinese saying, "there is less porridge but too many monks". Eventually, there may be too many scientists working on high energy physics, despite the number of workable problems becoming fewer and fewer.

This idea motivated me to look for ideas that expanded over a larger number of disciplines. Around this time, I heard about a report from Brookhaven National Laboratory about free electron lasers, which was an entirely new direction. After some consideration, I left the world of particle physics that I was so interested in and joined Brookhaven National Laboratory to explore the field of free electronic lasers, in which I received a Ph.D in 1984. Later I realized that this was the solution to the first major puzzle in my life.

2. High Gain Free Electron Lasers

Just as Professor Yang said, the area of free electron lasers was a new direction of development which was full of new topics to explore. By the time I had joined this field, a new concept appeared, that is, the concept of high gain free electron lasers. When an electron beam passes through an undulator, it can amplify the input laser. Under high gain conditions, only one pass would be enough to amplify the input laser exponentially up to a very high intensity. Because only one pass is sufficient, there is no need for mirrors. This method may be applied to a short wavelength laser, where there is a lack of mirrors with high reflectivity. Thus, the possibility of X-ray laser appeared.

From 1987–1988, the advances in free electron lasers around the world had already led to significant qualitative understanding. However, we still did not know what kind of parameters would lead to the realization

of X-ray free electron lasers. To search for the conditions required for realizing X-ray free electron lasers, we needed a quantitative method to scan through a very large parameter space within a short period of time to optimize the parameters. In 1989, S. Krinsky and I finally derived the formula for the high gain calculation, which was published in *Physical Review Letters*. After optimization, we obtained a set of parameters for X-ray free electron lasers. The set of parameters showed that the technology at that time had already been close to approaching soft X-rays. However, there was still about a factor 10 improvement of emittance needed to reach hard X-rays.

During that period, I still met with Professor Yang regularly. In our discussions, he mentioned the thought that advances in technology often occur rapidly, to the extent of several or even dozens of times within a few years. Thus, it appeared that hard X-ray laser was a possibility. In a discussion with S. Krinsky, we decided that we should discuss this with our Associate Director, R. Palmer. We listed the set of parameters on the blackboard in his office, which excited him and prompted him to organize a workshop called "Prospects for a 1 Å Free-Electron Laser Workshop". Henceforth, the X-ray laser was no longer just a hope, but a realistic target with a concrete and feasible direction.

The workshop opened in April 1990 at Sag Harbor. In a talk under the title "Scaling Relations and Parameters for 1 Å FEL", I presented the first set of specific parameters for a 1 Å free electron laser, as shown in Fig. 2. This set of parameters is clearly suitable for the electron beam provided by a Linac (a linear accelerator). The first hard X-ray free electron laser Linac Coherent Light Source (LCLS) in the world, which was built 19 years later, had a designed wavelength at 1.5 Å. A careful comparison with the last column in Fig. 2 shows that because this set of parameters used 1 Å instead

E(GeV)	0.25	5	1.67	50	28
K	1	1	1	5.2	3.7
B_w	1.07	1.07	10.7	0.8	1
λ(Angstrom)	400	1	1	1	1
λ_w(cm)	1	1	0.1	7	4
ϵ_n(mm-mrad)	4	0.2	0.07	2	2
$\sigma(\times 10^{-3})$	1	1	1	1	1
I(Amp)	100	2000	670	10360	10360
power gain length (m)	1.73	1.73	0.17	12.1	9.9
λ_β(m)	6.28	6.28	0.628	44	26
natural λ_β(m)	6.9	140	4.8	1860	830

Fig. 2 The right column is a set of specific parameters for a 1 Å free electron laser, quoted from "Prospects for a 1 Å Free-Electron Laser Workshop".

of 1.5 Å, it is different from the LCLS parameters designed years later by less than a factor of two.

Two years later, in 1992, W. Barletta, A. Sessler and I published an article titled "Using the Two Mile Accelerator for Powering An FEL", which again presented two sets of parameters for 1 Å and 40 Å free electron lasers, respectively, using the linear accelerator of SLAC (Stanford Linear Accelerator Center). This paper, along with a paper published at the same time at a 1992 workshop at SLAC by C. Pellegrini that suggested building an X-ray free electron laser using SLAC linear accelerator, together laid the theoretical foundation for the launch of LCLS. Fig. 3 illustrated the logical relation between these works and LCLS. LCLS started operating in 2009.

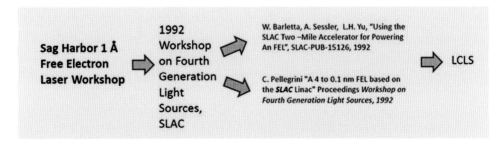

Fig. 3 The logical relation between the two workshops and LCLS.

These theoretical works mentioned were each about the amplification of spontaneous radiation. This type of radiation has a wide bandwidth and is not completely coherent.

Subsequently, I developed a process called "High Gain Harmonic Generation" (HGHG) to generate fully coherent light. Since 1990, we dedicated our efforts to experiments to confirm these theories. In 1997 and 2002, S. Krinsky, I. Ben-Zvi, and I, along with other team members, carried out the HGHG experiment in 5 micron and 266 nano-meter ranges at Brookhaven National Laboratory, leading to publications in *Science and Physical Review Letters* (Fig. 4). These experiments not only confirmed our gain calculation, but also confirmed the theories about the spontaneous radiation start-up power, and the harmonic generation start-up power. During this period, the parameters for X-ray free electron lasers were confirmed without any doubt.

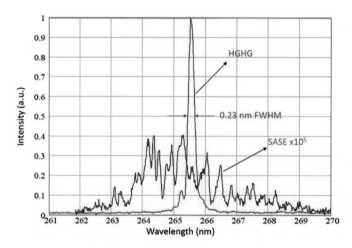

Fig. 4 HGHG spectrum compared with the spectrum of the Self-Amplified-Spontaneous-Emission (SASE) (2002), quoted from *Physical Review Letters*, 91, 7, 074801 (2003).

3. The Development of Free Electron Lasers in China

During my time at Brookhaven National Laboratory, I was fortunate to continue to meet regularly with Professor Yang to discuss various

interesting topics. Around 1997, he asked me about the progress of the X-ray free electron laser. I said that I thought it was bound to be successful. Professor Yang said, "Since it is bound to be successful, I should recommend the development of X-ray free electron lasers in China." Professor Yang acted very quickly to bring this idea to the attention of the Chinese scientific leadership.

In 2017, in the celebration for Professor Yang's 95th birthday, Chen Jiaer gave a detailed introduction to these advances and showed the letters of proposal from Professor Yang. He also described the successes achieved by the Shanghai Institute of Applied Physics, including the publication of the result of the harmonic generation experiment in *Nature*. I would also like to highlight another important success, which was the Dalian Coherent Light Source.

In January 2018, the Dalian Institute of Chemical Physics, assisted by the Shanghai Institute of Applied Physics, successfully commissioned a coherent free electron laser that worked in the wavelength range of 20−100 nanometers, based on the HGHG principle. This is the first free electron laser facility operating within this wavelength range in the world. This high intensity, fully coherent laser attracted many scientists from other nations to Dalian for experiments. This success received recognition in the world scientific community when it was reported in the January 20, 2017 issue of *Science*.

In 2021, the Shanghai soft X-ray free electron laser project (SXFEL-UF) of The Shanghai Institute of Applied Physics (SINAP) achieved its design goal, which reached full coherence below water window at 20 angstroms. Meanwhile, on a larger scale, SINAP is in the process of developing a high repetition rate hard X-ray free electron laser system driven by a superconducting accelerator. Professor Yang's promotion of the field of free electron lasers in China has led to these significant strides in the field.

4. Wave Function Collapse and Decoherence, Bose–Einstein Condensation, and Others

While I worked on free electron lasers and other subjects related to storage rings at Brookhaven, I was very fortunate to have had opportunities to continue discussions with Professor Yang about various other physics problems.

Around 1993, there was a development in the foundation of quantum mechanics called decoherence. Professor Yang knew I was always interested in the problem of statistical interpretation of quantum mechanics, and in particular, the problem of wave function collapse. He met with me and C. P. Sun, who was a visiting scientist at Stony Brook at that time, to discuss the decoherence issue. With much effort, we were able to solve the problem of a particle, which obeys the Schrödinger equation, but is in interaction with an environment of a bath full of simple harmonic oscillators. The solution showed that the wave function will collapse, and that the time of collapse is equal to the decay time of the damped particle oscillation. In addition, the wave function will collapse into a statistical distribution consisting of many point functions that are incoherent from one another. The paper we published explicitly described the process by which the wave function collapses into the point functions. This turned out to be a very interesting answer.

The wave function collapse problem was a problem that I could hardly erase from my mind when I arrived at Stony Brook. After the publication of this paper, the problem remained mysterious for a while, because we still did not know at which point in the statistical function the wave function should collapse into. However, years later, this subject became much clearer and was no longer completely incomprehensible to me. After all, the final distribution is completely determined by the initial distribution of

the environment of the bath. Thus, the collapse of the wave function of the bath happened not at the time of the measurement, but a long time before at the beginning. It is simply a part of the initial condition. Hence, this puzzle was completely solved. This afforded me with an entirely unexpected intellectual gain of a lifetime and brought me immeasurable joy. When I reflect on how Professor Yang helped me to break my obsession with this problem when I arrived at Stony Brook, I am even more appreciative of how his redirection and guidance eventually led me to this point.

In 1995, there was a very important breakthrough in physics: the experimental confirmation of Bose–Einstein condensation in dilute gases. Professor Yang had done very important theoretical work in this area in the 1950s. The theories from 40 years ago could finally be tested with experiments. However, the experimental setup was different from the setup assumed by the original theory in that the new experiment had a potential well for the particles, which allowed for comparisons between experiments. For the derivation of the formula, I had to read Professor Yang's paper line by line. After I was able to understand this theory, Professor Yang raised a very specific question, namely, whether it is possible to derive the exact solution for the distribution function under zero interaction. After some thought, I recalled lecture notes by Richard Feynman about statistical physics, that indicated that if one replaces the temperature in the problem with the inverse of an imaginary time, the solution of the problem would become the solution of the wave function collapse mentioned above. It then occurred to me that these two problems, though seemingly unrelated from each other, are actually closely related. To me, this embodies the beauty of physics theory. Professor Yang adopted this solution as a small part of a paper that was later published in *Physical Review*, on which I again had the tremendous pleasure of working with him.

In my recent work on storage rings, I found a new method to solve a nonlinear dynamical equation. I recalled that Professor Yang mentioned on several occasions that one's chances of making great discoveries are far greater if one explores uncharted water（尚未開發的寶藏）. Since this method is very new, I am motivated to find better methods for identifying the solution, keeping in mind Professor Yang's words.

With Professor Yang's centenary birthday approaching, I cannot help but reflect on how instrumental his guidance has been in leading me to the answers to the major puzzles in my life. I have treasured his mentorship and insight, which have guided me throughout my career as a scientist.

For Professor Yang's One Hundredth Birthday, it is with gratitude that I wish him great health and happiness!

一封未完成的賀信
—— 回憶首晟與楊先生的師生情

余曉帆*

每當有回國的計劃，首晟都會第一時間告知楊先生，希望能有機會去拜訪，匯報和分享近期的研究與生活情況。2017 年 4 月的回國之旅也不例外，徵得楊先生的同意，我們一起來到了他在清華科學館的辦公室（圖 1）。那裏有楊先生兒時和他的父親一起相伴的回憶，現在成為了楊先生退休回國後培養新一代物理學家的搖籃。

記得在歡聊間隙，首晟看到楊先生桌上有本 2008 年《紐約時報年鑒》，便好奇地問先生為何對此書感興趣。楊先生風趣幽默地說他想從世

圖 1 首晟與楊先生在清華園，2017 年。

＊張首晟夫人。

界最長壽人員統計數據中推算自己的壽命。他打趣地分析:「我現年 95
歲,目前同齡人一半在醫院或病床上,能像我這樣能自理的為數不多。」
首晟和我聽到後不禁開懷大笑,「您何止自理,現在還堅持工作,思維敏
捷依舊,『90 後』的上班族屈指可數啊!」楊先生笑談相信自己一定能迎
接百歲誕辰,並盛情邀請我們一定要來參加百歲盛宴。於是我們在歡笑聲
中欣然接受了邀請,承諾一定五年後一定在北京相聚為先生慶生。那次拜
訪,首晟還與楊先生分享了拓撲絕緣體研究工作的新進展,以及前一天參
加的麻省理工科技評論在全球範圍內評選的 MIT TR35 在中國區評選啟動
儀式。他興奮地給先生介紹了中國的年輕企業家們在科學發明研究、創業
創新、深睿遠見、人文情懷和先鋒開拓五大領域的領導人物,楊先生一邊
聽一邊點頭稱讚,他對國內外在此領域的年輕人一向非常關心。

　　此次訪問後,首晟便開始起草關於他和楊先生 35 年的師生情誼,以
及楊先生對他物理生涯的指導,引領和支持的點滴,準備寫給楊先生百歲
生日的賀信。可惜首晟英年早逝,未能親自完成這封賀信。

一　石溪 —— 首晟與楊先生的第一次相見

　　1983 年 8 月,剛滿 20 歲的首晟在柏林自由大學孟大中教授的推薦
下,來到紐約州立大學石溪分校,帶着對楊先生的敬仰和崇拜,首晟選擇
在楊先生創辦的理論物理研究所攻讀博士學位。楊先生對每一位新生都十
分關心,並親自接待,尤其照顧中國學生(圖 2)。開學第一周剛從日本出
差回來的他就約了與首晟見面,了解到首晟對數學和高能物理的鍾愛和執
著後,他同意首晟師從范尼烏文赫伊曾(Peter van Nieuwenhuizen)教授,
從事超引力(supergravity)領域的研究工作。但楊先生一直認為高能物理的
黃金時代已經過去,可以做的實驗愈來愈少,並且儀器造價愈來愈昂貴。

　　1986 年,在楊先生的建議和推薦下,首晟決定放棄高能物理轉入凝
聚態物理的研究,師從當時在石溪物理系執教的年輕教授基弗森(Steven
Kivelson)。被問起從高能物理轉到凝聚態物理領域經歷時,首晟曾說,

圖 2 首晟、首晟父親和我與楊先生在石溪辦公室初次見面，1987 年於石溪校園。

「楊先生身為導師最可貴的地方在於他不吝嗇分享自己的遠見和好的『嗅覺』。一切為學生的研究前途和興趣着想，從不刻意建議最有潛力的學生留在他從事的領域裏工作，並（且）把他的工作發揚光大；但是他勸我做的領域卻是他認為更有前途的。」當時楊先生建議，下一個世紀的突破口，不是在高能而是在凝聚態；若是能把尋美的精神從數學研究出發帶進凝聚態物理的研究領域，定將大有可為。

石溪求學的四年時光中，令首晟深受啟迪的是楊先生親自教授的「Selective Topics in Theoretic Physics」這門課。其中有幾堂課楊先生講授的都是磁單極這個鮮有人關注、並且在一般教課書中都很難找到的課題。「我記得他當時整整花了三堂課來講一個題目。如果急功近利的話，大家總是要找一個有用的課題，他講的內容看起來不可能有任何用的；但它的數學結構非常非常之優美，而這恰恰最好地體現了理論物理和數學的統一，也充分體現了理論物理的美。這些是在別的地方學不到的，而我從楊振寧先生身上學到的一個風格，那就是尋美而求真。」

「大自然的很多現象我們並不知道。楊振寧先生教給我了一種信念，雖然到現在為止我們都還沒找到磁單極，但我們非常非常堅信，它在某種

意義下肯定是存在的，因為它的數學實在是太美了。他的這種精神，這種
情懷，這種使命感感染了我。」

二　IBM——首晟與楊先生的首次合作

1989 年 11 月首晟在完成了加州大學聖塔芭芭拉分校（UC Santa
Barbara）博士後研究工作之際，接受了 IBM Almadan 研究所的聘請，並
加入了剛剛成立不久的凝聚態物理研究部門。在 IBM 工作開始的第一個
月，他就邀請楊先生到 IBM 做一個傑出科學家講座，先生欣然答應了。
那次楊先生講座的題目是「Symmetry and 20th Century Physics」。

期間首晟對楊先生當時關於 η 配對的論文有一些自己的想法，便跟
先生交流起來。令首晟感動的是，楊先生在從加州飛回紐約的飛機上，做
了大量的計算來深入說明他的想法是值得推廣的，下飛機後第一時間便將
計算的手稿傳真給了首晟。那長達 20 頁的楊先生的傳真手稿，充滿了密
密麻麻的數學公式，展現了先生深厚的數學功底和嚴謹的科學作風。在長
達數月的電話交流和書信往來後，首晟有幸首次與楊先生合作發表論文：
〈SO4 Symmetry in a Hubbard Model〉。

這篇完全從數學的美來指引凝聚態物理的實驗也成為了首晟日後科
研的典範。楊先生一直驅動着一代科學家，教給了他們一種信念，一種做
學問堅守、紮實卻又創新的風格。使他們堅信雜亂無章的背後都是有序
的，用美去指引研究，以美來詮釋凝聚態物理。

首晟說：

> 楊先生經常跟我提起做物理研究需要中國傳統文化中的君子之風。
> 我覺得的確對他也是對我個人而言，做物理研究最大的一種回報就是當
> 你完全是從尋美求真出發，完全是追求一種最美麗的概念，這個靈感，
> 完全是在你自己的大腦裏面，在你自己的思想之中，數學原理的推導也
> 證明這美麗概念的可存在性。當有一天，在實驗中，大自然中你這美麗

的靈感被驗證了的時刻，這就是理論物理研究到達的至高無上的境界。
這個境界遠遠高於一切的獎勵。

三　斯坦福校園 —— 楊先生的初次家訪

首晟經常提起楊先生對他人生的影響以及他對楊先生的感恩之情，其
中令他最為感動的莫過於 2000 年楊先生專程來到我們位於斯坦福大學的
住所，親手將清華高等研究中心的邀請信交給首晟，雖然那時候幾乎所有
的邀請信都是以電子郵件或者信件形式寄出的（圖 3）。接到邀請後，首
晟便加入清華成為特聘教授，榮幸地與楊先生一同在清華高等研究中心培
養新一代的物理學家。楊先生對於後輩的提攜以及重視令首晟銘記於心。

圖 3　楊先生到斯坦福家中探望時與長子張晨波和首晟合影，2000 年春於斯坦福校園。

楊先生常與我們提起他與斯坦福的緣分。他的父親 1923 年曾在斯坦
福求學，還成為當時的中國俱樂部（Chinese Club）成員之一，積極推動着
那個時代華人學生在斯坦福的影響力。在聽了楊先生分享他父親和斯坦福

Back row:　HOW, TSI, CHEU, HUANG, TSUI, WU, H. WONG
Third row:　SAH, BAIN, TSAO, TAN, HAO, CHENG, K. SHEN, WANG
Second row:　T'AAM, E. SHEN, FANG, YEE, CHI, K. YANG, TENG, L. YANG
First row:　CHUCK, PING, HAHN, CHANG, CHUAN

CHINESE CLUB
Founded at Stanford University, 1910

圖 4　第二排右三是楊先生的父親楊武之先生。

經歷後，首晟和我竟然在斯坦福圖書館找到了這張珍貴的老照片（圖 4）。不禁感歎，無論甚麼年代，華人學生都一直在斯坦福展現着自己獨特的風範與光芒。

四　華東師大 —— 第一次與楊先生同台分享師生情

　　2017 年，受華東師範大學黨委書記童世駿和華師大校長錢旭紅之邀，楊先先和首晟在華師大麗娃河畔的「大師講台上」第一次分享他們之間的師生情誼（圖 5）。能與楊先生同台，對首晟來說是莫大的榮幸；與最尊敬的恩師同台，並肩開拓、推進科學發展進程，也是他人生中重要的里程碑。

　　首晟在台上和學生們分享着他的學術生涯：「楊先生是我的偶像，他改寫了我一生的研究方向。一切偉大的科學靈感和被驗證的過程就來自於『尋美求真』的理念」和「寧拙毋巧」的態度。他認為「我們整個理論物理學裏面有三位大師，一位是愛因斯坦（Albert Einstein），一位是狄拉克

圖 5　楊先生與首晟在華師大同台講述師生情，2018 年秋於華師大。

（Paul Dirac），一位是楊振寧。他們的研究都體現了這種尋美求真的風格，用數學的美來引導理論物理，從而達到科學研究的至高境界」。

　　2019 年 6 月為紀念首晟對物理學、清華大學及清華高等研究院發展所作的貢獻，楊先生親自帶領由顧秉林教授、朱邦芬教授、翁征宇教授、崔薈教授、姚宏教授及汪忠研究員組成的委員會，為首晟舉辦了他的研究學術討論會。由於兒子張晨波（Brian）在英國學業繁忙，當時只有女兒張晨婷（Stephanie）與我同行。開會的前一天，楊先生和夫人翁帆特邀我和女兒共進晚餐。此時我心情十分沉重，雖盼望早點見到楊先生這位大家長，給自己多一份溫暖與力量，卻又因沒能照顧好首晟，讓先生經歷白髮人送黑髮人之痛，心中倍感內疚，不知如何面對恩師。

　　楊先生非常體諒我的心情，當我和女兒到達清華的餐廳時，他與夫人翁帆早已入席等待。見到小女兒後，他臉上頓時化悲為喜，眼睛裏閃爍着光芒，驚喜地說「女兒長得真像首晟！」席間楊先生細緻地詢問了女兒學習生活情況，當得知女兒對教育研究感興趣，並被哈佛大學錄取將繼續攻讀博士學位時，臉上露出了欣慰的笑容。翁帆也熱情地和女兒分享她自己讀博的經驗和勸勉（圖 6）。

圖 6 我和小女張晨婷與楊先生、翁帆，2019 年夏於清華園。

圖 7 與首晟的學生及好友們合影，2019 年夏於清華園。

　　回憶起此情此景，讓我感覺到首晟並未離去，他與楊先生的師生情和
未竟事業將通過學生和孩子們延續下去（圖 7）。

　　願這封賀信帶着我們天地間的感恩和歡喜，一同恭賀楊先生百歲華誕
幸福、快樂；也願今日回憶寫下的點滴，能承載着首晟與先生昔日的師生
情誼，遙祝楊先生，健康長壽，再創奇跡！

Emergence of Nonabelian Gauge Structure in Quantum Physics

Anthony Zee 徐一鴻

Kavli Institute for Theoretical Physics,
University of California at Santa Barbara

Thirty years after the celebrated paper of 1954 by Yang and Mills,[1] F. Wilczek and I wrote a paper[2] in 1984 titled "Appearance of Gauge Structure in Simple Dynamical Systems" in *Physical Review Letters* (received April 9, 1984 and published June 11, 1984). Thanks to the pioneering work of Yang and Mills, we realized, as soon as we learned about Berry's phase, how to generalize it. The paper took us only a few days to work out and write. Little did I know that it would become one of my most cited papers, with 1,843 citations as of September 19, 2021.

It is perhaps not widely appreciated, particularly in the particle physics community, that nonabelian gauge structures[3] are ubiquitous in physics, occurring far beyond the traditional boundary of fundamental particle theory, as could be seen by a cursory glance at the list of citations. Here I show the most recent citations in 2021 (Fig. 1).

Before I start discussing the natural emergence of nonabelian gauge structures, I would like to indulge in remembering the many interactions with Professor Yang I was fortunate to have over the decades. Here are two photographs taken (Figs. 2 and 3), both in China, some thirty years apart, showing clearly the passage of time.

I was part of a delegation of ethnic Chinese theoretical physicists led by C. N. Yang and T. D. Lee. While I was born in China, this was my first visit

Appearance of gauge structure in simple dynamical systems

☐ Search within citing articles

Fragile topology and flat-band superconductivity in the strong-coupling regime
V Peri, ZD Song, BA Bernevig, SD Huber - Physical review letters, 2021 - APS
In flat bands, superconductivity can lead to surprising transport effects. The superfluid
"mobility", in the form of the superfluid weight D s, does not draw from the curvature of the
band but has a purely band-geometric origin. In a mean-field description, a nonzero Chern ...
☆ 〟 Cited by 16 Related articles All 9 versions

Experimental realization of nonadiabatic geometric gates with a superconducting Xmon qubit
PZ Zhao, Z Dong, Z Zhang, G Guo, DM Tong... - SCIENCE CHINA Physics ..., 2021 - Springer
Geometric phases are only dependent on evolution paths but independent of evolution
details so that they possess some intrinsic noise-resilience features. Based on different
geometric phases, various quantum gates have been proposed, such as nonadiabatic ...
☆ 〟 Cited by 8 Related articles All 9 versions

Second chern number and non-abelian berry phase in topological superconducting systems
H Weisbrich, RL Klees, G Rastelli, W Belzig - PRX Quantum, 2021 - APS
Topology ultimately unveils the roots of the perfect quantization observed in complex
systems. The two-dimensional quantum Hall effect is the celebrated archetype. Remarkably,
topology can manifest itself even in higher-dimensional spaces in which control parameters ...
☆ 〟 Cited by 11 Related articles All 7 versions

Dynamical-decoupling-protected nonadiabatic holonomic quantum computation
PZ Zhao, X Wu, DM Tong - Physical Review A, 2021 - APS
The main obstacles to the realization of high-fidelity quantum gates are the control errors
arising from inaccurate manipulation of a quantum system and the decoherence caused by
the interaction between the quantum system and its environment. Nonadiabatic holonomic ...
☆ 〟 Cited by 4 Related articles All 4 versions

[HTML] Optical analogue of Dresselhaus spin–orbit interaction in photonic graphene
CE Whittaker, T Dowling, AV Nalitov, AV Yulin... - Nature ..., 2021 - nature.com
The concept of gauge fields plays a significant role in many areas of physics, from particle
physics and cosmology to condensed-matter systems, where gauge potentials are a natural
consequence of electromagnetic fields acting on charged particles and are of central ...
☆ 〟 Cited by 7 Related articles All 6 versions

Quantum algorithm for approximating maximum independent sets
H Yu, F Wilczek, B Wu - Chinese Physics Letters, 2021 - iopscience.iop.org
We present a quantum algorithm for approximating maximum independent sets of a graph
based on quantum non-Abelian adiabatic mixing in the sub-Hilbert space of degenerate
ground states, which generates quantum annealing in a secondary Hamiltonian. For both ...
☆ 〟 Cited by 3 Related articles All 7 versions

Distributed geometric quantum computation based on the optimized-control-technique in a cavity-atom system via exchanging virtual photons
M Yun, FQ Guo, M Li, LL Yan, M Feng, YX Li... - Optics ..., 2021 - osapublishing.org

Fig. 1 Recent citations of "Appearance of Gauge Structure in Simple Dynamical Systems" in 2021.

Fig. 2 A photo taken in the winter of 1979–80: C. N. Yang, with H. M. Chan, Florence Tsou, and the author.

Fig. 3 C. N. Yang and the author, with our respective spouses, and Max Zee.

to China as an adult. It was an extremely interesting and exciting trip during which I have the honor of meeting and speaking with Deng Xiao-ping.

The second photograph was taken at Tsinghua University, during an informal event celebrating Professor Yang's 90th birthday. I could time this almost exactly since my son Max is now 10 years old.

After a lecture I gave in 1987 at the State University of New York at Stony Brook, C. N. Yang presented me with his collected papers with his autograph. He also wrote some words of advice as shown here (Fig. 4).

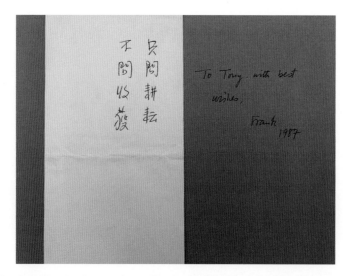

Fig. 4 Advice from Frank Yang to the author, together with an autograph. I might note that by 1987 I had joined the Institute for Theoretical Physics of the University of California, Santa Barbara as a permanent member. It is perhaps not widely known that Yang was on the founding Advisory Board of this institute.

Let us now return to the natural emergence of nonabelian gauge structures in physics. Consider a time dependent quantum mechanical system governed by the Hamiltonian $H(t)$ with a set of n degenerate eigenstates $|\alpha(t)\rangle$, $\alpha = 1, 2, \ldots, n$, viz $H(t)|\alpha(t)\rangle = E_0|\alpha(t)\rangle$. Replacing $H(t)$ by $H(t) - E_0$, we could write, more conveniently,

$$H(t)|\alpha(t)\rangle = 0 \tag{1}$$

The degeneracy may be due, for example, to a symmetry which continues to be respected by $H(t)$ as it varies in time. Also, by the usual construction, we could take the eigenstates to be orthonormal

$$\langle \alpha(t)|\beta(t)\rangle = \delta_{\alpha\beta} \tag{2}$$

As always, we are instructed to solve Schrödinger's equation

$$i\frac{\partial}{\partial t}|\Psi(t)\rangle = H(t)|\Psi(t)\rangle \tag{3}$$

We now assume that the time variation of $H(t)$ is sufficiently slow so that $|\Psi(t)\rangle$ stays within the space spanned by $|\alpha(t)\rangle$:

$$|\Psi(t)\rangle = \sum_{\alpha=1}^{n} c_\alpha(t)|\alpha(t)\rangle \tag{4}$$

In other words, transitions between the degenerate states to nearby states are negligible, which would be the case if the time scale over which $H(t)$ varies is much longer than $\hbar/\Delta E$, where ΔE denotes the energy gap separating the states $|\alpha(t)\rangle$ from neighboring states.

Plugging (4) into (3), we obtain

$$\sum_\alpha \left(i\frac{dc_\alpha(t)}{dt}|\alpha(t)\rangle + c_\alpha(t)i\frac{\partial}{\partial t}|\alpha(t)\rangle \right) = \sum_\alpha c_\alpha(t)H(t)|\alpha(t)\rangle = 0 \tag{5}$$

Contracting with $\langle\beta(t)|$ and using (2), we find

$$\frac{dc_\beta(t)}{dt} = i\sum_\alpha A_{\beta\alpha}(t)c_\alpha(t) \tag{6}$$

where we have defined

$$A_{\beta\alpha}(t) = i\langle\beta(t)|\frac{\partial}{\partial t}|\alpha(t)\rangle \tag{7}$$

Differentiating the orthonormality condition, we obtain

$$i\langle\beta(t)|\frac{\partial}{\partial t}|\alpha(t)\rangle = -i\left(\frac{\partial}{\partial t}\langle\beta(t)|\right)|\alpha(t)\rangle = \left(i\langle\alpha(t)|\frac{\partial}{\partial t}|\beta(t)\rangle\right)^* \tag{8}$$

(where * denotes complex conjugation.) Thus, $A_{\beta\alpha}(t) = A_{\alpha\beta}(t)^*$. The matrix A with entries given by $A_{\beta\alpha}$ is hermitean: $A = A^\dagger$.

We are of course free to use a different eigenbasis related to the one used here by a unitary transformation: $|\alpha(t)\rangle' = U^*_{\alpha\gamma}(t)|\gamma(t)\rangle$. (The

complex conjugation on the unitary matrix $U(t)$ is just a notational choice to make a later equation conform to standard convention.)

Differentiate to obtain

$$\frac{\partial}{\partial t}|\alpha(t)\rangle' = U_{\alpha\gamma}^*(t)\frac{\partial}{\partial t}|\gamma(t)\rangle + \frac{\partial U_{\alpha\gamma}^*(t)}{\partial t}|\gamma(t)\rangle \qquad (9)$$

Contract with $\langle\beta(t)|\,' = U_{\beta\delta}(t)\,\langle\delta(t)|$ and multiplying by i, we find

$$A' = U A\, U^\dagger + iU\frac{\partial U^\dagger}{\partial t} \qquad (10)$$

In general, the Hamiltonian H might depend on d parameters $\lambda^1, \lambda^2, \cdots, \lambda^d$ which vary with time, thus tracing out a path defined by $\{\lambda^\mu(t),\, \mu = 1, 2, \cdots, d$ in d–dimensional space. For example, for a spin Hamiltonian, λ^μ could represent an external magnetic field. Denote differentiation in parameter space by $\partial_\mu = \frac{\partial}{\partial \lambda^\mu}$, and define

$$(A_\mu)_{\beta\alpha}(t) = i\,\langle\beta(t)|\partial_\mu|\alpha(t)\rangle \qquad (11)$$

as the gauge potential living in parameter space. Then we can write (10) as

$$A_\mu' = UA_\mu U^\dagger + iU\partial_\mu U^\dagger \qquad (12)$$

The nonabelian gauge structure known to mathematicians and physicists has popped up in front of our very eyes!

The "transport" equation (6) is easily solved:

$$c(t) = Te^{i\int_0^t dt' A(t')}c(0) \qquad (13)$$

Here T denotes the usual time ordering, needed since the unitary matrices $e^{i\Delta t' A(t')}$ evaluated at different t's do not commute. Alternatively, we could write

$$c(\lambda) = Pe^{i\int_{\lambda_0}^{\lambda} d\lambda'^\mu A_\mu(\lambda')}c(\lambda_0) \qquad (14)$$

with P the path ordering operation along the path in parameter space connecting the initial point λ_0 to the final point λ. In particular, if the path is a closed curve, by the time we return to the initial point, the wave function will have acquired a matrix phase factor $Pe^{i\oint d\lambda^\mu A_\mu(\lambda)}$, namely the Wilson loop factor.

One could readily think of experimental processes to which the preceding analysis could be applied. For instance, one could consider the nuclear quadrupole resonance of a spin 3/2 nucleus in a time varying magnetic field.[4] The corresponding experiment was later performed by A. Pines. Since then, many experiments have been performed in several different areas of physics.

I am somewhat amused by the citation history of this paper on the natural emergence of nonabelian gauge structure. According to Google Scholar, it had only 6 citations in 1985, but the number of citations then increased, reaching a peak of 58 in 1989. The number later dropped to an all time low of 17 in 1997, but subsequently climbed steadily to 105 in 2020. I naturally wonder if this number will be surpassed in 2021.

I am pleased to be invited to contribute a paper on this truly remarkable occasion celebrating a great physicist. Very few theoretical physicists have made as many important contributions as Professor Yang and even fewer [5] have gotten to celebrate their 100th birthday.

---

1   C. N. Yang and R. Mills, "Conservation of isotopic spin and isotopic gauge invariance", *Physical Review*, 96 (1): 191195 (1954).

2   F. Wilczek and A. Zee. *Physical Review Letters*, 52: 2111 (1984).

3   The discussion here is adapted from A. Zee, *Quantum Field Theory in a Nutshell* (Princeton University Press 2003, 2010), pp. 260−261. Readers unfamiliar with the notion of nonabelian gauge theory will find a detailed explanation in chapter IV.5 of this book.

4   A. Zee, *Physical Review A*, 38: 1 (1988).

5   Among those whom I am fortunate enough to know personally, the record holder has to be Charles Townes (July 28, 1915−January 27, 2015).

楊先生研究風格對我的影響

翟薈

清華大學高等研究院

二十年前的那個暑假，當時還是大三學生的我來到成立不久的高等研究中心，開始暑期科研實踐。這裏是我心目中神聖的科學殿堂。一天午後，我正在樓道裏用共用複印機複印一篇論文。這時，一位長者出現在我的身後，也準備來複印一個文件。正當我準備讓他先用時，他示意我先複印完，並在等待的時候開始和我隨和地聊天。在這簡短的聊天即將結束時，他對我說：最近有個新發表的實驗很有意思，你去看一看，暑假回來和我討論一下。就是這個看似命運之神信手安排的偶遇，開始了我和楊先生的師生緣。

二十年後，我寫的教材 *Ultracold Atomic Physics* (超冷原子物理學) 在劍橋出版社出版了。在這本書的前言中，我寫道：

> *I sincerely thank my thesis advisor, Professor Chen-Ning Yang, who brought me into the field of ultracold atomic physics nearly 20 years ago. As Professor Yang always said, it is a good luck for someone to grow up together with a young field. His taste in physics and style of doing research, his guidance and encouragement, have had an important impact on my scientific career. This book is a special gift to Professor Yang's coming one-hundredth birthday.*

我將此書送給楊先生，他給我的回信中寫道：「Your book follows your approach to physics. ...」

「your approach to physics」？我其實並不很清楚，在楊先生的心目中，我研究物理的方式究竟是甚麼樣的，甚至連我自己都說不清楚。然而，這句話是一個老師對學生莫大的鼓勵。對於一個科研工作者來說，能有自己的研究方式和風格，是何其幸運的。

細細想來，我做研究的方式，難道不正是多年來在楊先生的潛移默化之下，在不斷學習、體會，甚至可以說是模仿先生的研究風格中，逐漸成型的嗎？於是我想，究竟應該怎樣概括楊先生的研究風格，怎樣總結楊先生研究風格對我的影響，怎樣用這樣的研究風格去繼續影響我的學生，使之傳承下去。

然而，我苦思良久，我想我回答不了這個問題。

正如你去讀唐詩宋詞，你很難簡單地概括李白、杜甫或蘇軾的文風，唯有你用心去讀他們留下的名著名篇。我想，如果有學生問我，如何了解、學習楊先生的研究風格，我會建議他們去認認真真地讀一讀楊先生寫的那些經典的科學論著，關於非阿貝爾規範勢、關於伊辛模型、關於量子氣體、關於非對角長程序、關於磁通量子化、關於不可積相因子，…… 當你找一大段空餘時間，忘記了周邊的一切，全身心地讀這些文章，推演重複文章中的計算，你會感到如沐春風、妙不可言。那裏既充滿了物理模型中數學的優美簡潔，又不是脫離實際物理系統的空中樓閣。如同你在江南園林之中，當你正醉心於數學之美時，前方突然聯繫到物理實驗的現實；又當你正困惑於具體實驗現象時，不遠處突然巧妙地抽象出理論模型。這種感覺，彷彿是置身於實驗和數學之間的「拉格朗日點」，那是一種平衡而優雅的美。

除了這個建議以外，我還能說甚麼呢？我想我可以談一談三句楊先生說過的話，這三句話對我來說印象最深刻，影響也最大。

一　進入一個有發展的領域

「進入一個有發展的領域。」這句話是關於研究方向的。

這句話具有豐富的內涵。下面從幾個不同的角度，漫談我自己對這句話的體會。

楊先生強調年輕人要進入「有發展的領域」，而不是「最難的領域」或者「最具挑戰的領域」。年輕人常常雄心勃勃，要做「大問題」。但是，科學發展是有其自身規律的。試想如果一個十八世紀前葉的理論物理學家，一定要去挑戰牛頓力學，致力於發展「超越牛頓力學的物理學」，即便他再聰明、再努力，恐怕他也很難有機會成功。

甚麼樣的領域是「有發展的」？往往一個新的研究領域是有發展的。楊先生常說，一個年輕人如果能和一個新的領域一同成長，那是一件非常幸運的事情。他也常舉例，他年輕時趕上了粒子物理發展的黃金時代，同時，也是統計物理大發展的時期，因而在這些領域都做出了很重要的貢獻。

同時，楊先生也說，一個人要不斷保持對新生事物的興趣。80 年代高溫超導發現時，楊先生已經是 60 多歲的功成名就的大物理學家了，他還對此非常感興趣。他針對赫巴德模型（Hubbard Model）開展研究，提出了 eta- 配對和赫巴德模型 SO(4) 對稱性等理論，產生了深遠的影響。近年來，我對機器學習用於物理學研究非常感興趣，嘗試着做了一些工作。我告訴楊先生，就得到了他很大的鼓勵。

一個新的領域是不是一定就是「有發展的」，這也是一個仁者見仁、智者見智的問題。沒有人有準確預言未來的能力，這甚至就像你看着一個襁褓中的孩子，去判斷他長大以後是否能大有作為。尤其是在一個新的領域或研究方向剛剛萌芽時，判斷它是否在未來有發展，就很大程度上取決於個人的眼光和 taste。比如 1995 年冷原子物理剛剛出現時，其實很多大物理學家並不看重這個研究方向。因為當時研究的問題主要集中在對「玻色－愛因斯坦凝聚」這一現象的研究，而很多人認為這個現象已經非常清楚了，再研究也沒有新意了。但楊先生就非常看重這個方向，積極鼓勵我們進入這個新興的方向，並親自在清華作報告，介紹最新的發展。20 年後，冷原子領域已經取得了蓬勃的發展，其研究範圍已經遠遠超出了「玻色－愛因斯坦凝聚」這一現象，其豐富的物理內容已經使之成為量子物質研究中不可或缺的一部分，不斷地揭示新的物理，並影響到其他研究領域。這都證明了當時楊先生的眼光和 taste。

　　當然，一個新的領域不能等同於一個有發展的領域。有些新的領域不一定能有很大的發展，也有些「老的領域」在合適的機會下會有新的發展的機會。例如 70 年代中數學物理中對一維可積模型做了很多研究，其中最著名的就是楊先生和巴克斯特（Rodney Baxter）分別獨立提出的楊－巴克斯特方程了。當時，這些研究純粹屬於對理論模型的研究，屬於數學物理的範疇。但 2000 年以後，在冷原子體系中可以實現這些一維模型，因而使得對一維可積模型的研究不僅是純粹的數學物理的研究，而是和實驗有關。這導致了這一研究方向的新的一輪發展。當時，楊先生雖然已經快 90 歲了，還是以很大的熱情投入了這一輪新的研究中。特別是他發現，對於一個多分量費米氣體來說，分量數目愈多，其性質愈接近一個玻色體系。這一理論預言後來很快被佛羅倫薩的實驗組證實了。

　　有朋友曾經問我，楊先生既說要做有發展的領域，又說要做個人感興趣的領域。這兩句話之間是不是有矛盾。我的回答是「沒有」。因為楊先生還說過，一個人的興趣範圍不要太狹窄。這三句話放在一起看就完整了。也就是說，一個人要保持比較寬的興趣面，這樣在個人的興趣面裏，至少可以包括一兩個有發展的方向，這樣就可以把個人興趣和研究領域的發展前景統一起來。

二　寧拙毋巧

　　「寧拙毋巧。」這句話是關於研究態度的。

　　楊先生在很多場合題字時，特別是他給孩子們、年青人題字時，都是題這四個字。楊先生認為這四個字對於當今中國的年青一代非常重要。

　　我想這四個字有兩層意思。一層意思，是不要投機取巧，更不要弄虛作假，強調做學問必須誠實。另一層意思，是說做學問沒有捷徑可走，必須腳踏實地，從最簡單的事情開始，一步一個腳印。楊先生在〈我的學習與研究經歷〉一文中，給學生的建議，其中有一條就是：「永遠不要把所謂『不驗自明』的定律視為是必然的。」

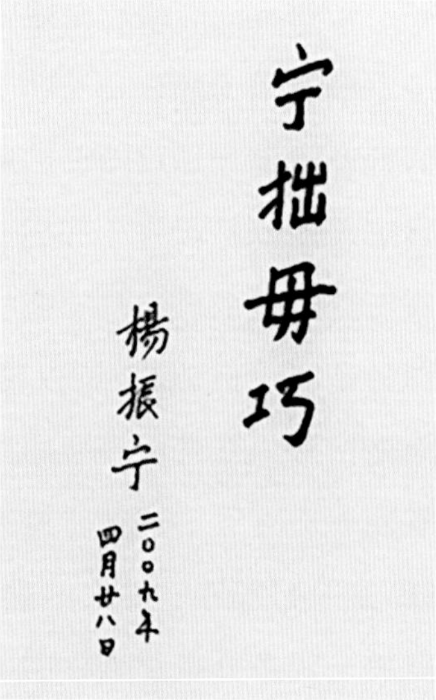

　　我也常常和我的學生們分享一個體會：
很多時候我們面對複雜的問題無從下手，是
因為我們對簡單的問題理解的不深入。對於
很多簡單問題，我們想當然地接受了其中的
結論，認為這些結論是「不驗自明」，而沒有
去打破砂鍋問到底，去深究其中的道理。或
者說：我們之所以苦惱於得不到巧妙的結果，
是因為我們在「拙」字上面花的功夫還不夠。

　　我們看楊先生的很多文章，雖然最終的結
論都極具創新性，開拓了人類知識的邊界，但
如果我們看得到這些結論的過程，都是通過一
步一步紮實的推演得到的。所以，我們讀楊先

圖 1　楊先生給清華百年校慶畫
冊的題字。

生的文章，不僅要看到最終結論的「巧」，更要看到達到這個結論過程中的
「拙」。同樣是創新性的工作，楊先生的文章讀起來讓人有「萬丈高樓平地
起」的踏實感，而另一類文章讀起來，則給我以「天馬行空」的飄忽感。我
想，這是完全不同的兩種研究風格。

三　懂一個東西的標準就是會做推廣

　　「懂一個東西的標準就是會做推廣（generalization）。」這句話是關於
研究方法的。

　　記得我在楊先生指導下讀博士時，有一段時間曾對楊先生關於赫巴德
模型 eta- 配對的工作很感興趣。有一次去找他請教，他對我說：你要是
真正懂一件事情，就要能對它作出 generalization。你能 generalize 這個事
情，才說明你真的懂了。我不曉得楊先生是否在其他場合說過這樣的話。
楊先生在〈我的學習與研究經歷〉一文中，給學生的另一條建議是：把問
題擴大往往是一個好的策略（Putting a problem in a generalized context is
often a good strategy），和這段話有類似的含義。

　　楊先生的這句話當時讓我留下了非常深刻的印象，並成為我此後研究中理解問題的準則。這句話就像金庸小說中絕世武功中的秘訣一樣，哪怕有一點領悟，都會豁然開朗，武功精進。我後來做的工作中，有一些我自己覺得還不錯的，都可以從中看出這句話的影響。

　　為甚麼我認為這句話很重要？因為對於一個理論，可能在一個情形（context）下面，已經發展得很成熟了，但如果要推廣到另一個不同情形下，很多表面的東西變了。如果我們要成功地作出推廣，就要提煉出這個理論中本質的東西。所以，推廣的問題，實際上是提煉本質的問題。因此，只有當我們能提煉出本質了，才是真正懂了。反過來，把一個理論作出推廣，也是提煉其本質最有效的方法和手段。物理學所追求的，正是對紛繁複雜的現象背後統一普適的描述。因而，我們愈是能提煉出一個理論的本質，將其推廣到更多、更一般的情形之下，做出的工作就愈重要。

　　縱觀楊先生的工作，我們也可以更深刻地體會這句話的重要性。楊－米爾斯非阿貝爾規範場論是楊先生最重要的成就之一。這一理論成為後來標準模型的基礎，可以當之無愧地列入人類物理學中最基礎的幾個理論之一。然而，楊－米爾斯理論是對麥克斯韋理論的一種推廣，能作出這一推廣，可以說是楊先生反覆琢磨透了麥克斯韋理論，最後「真正懂了」。這一推廣提煉出規範對稱性這一核心。但麥克斯韋理論是阿貝爾理論，從阿貝爾理論到非阿貝爾理論，具體情形變了，因而楊－米爾斯的這個推廣將規範理論的數學形式更一般化了。

　　楊先生的另一個工作楊－巴克斯特方程是基於對一維可積模型的嚴格解。對於這類模型，貝特（Hans Bethe）最早提出了貝特擬設（Bethe ansatz）方法，後來利布（Elliott Lieb）等人利用貝特擬設方法解決了一維相互作用玻色子問題。之後，楊先生開始利用這個方法求解費米子問題。儘管這個研究似乎可以看成同一個方法從玻色子到費米子的推廣，但正是這個推廣，發現了可積模型中一個非常優美的數學結構。後來，澳大利亞國立大學的巴克斯特教授在求解另一個統計物理模型中，也發現了類似的

結果。後來人們意識到,這是可積模型中的一個普適而本質的數學結構,後來被稱為「楊－巴克斯特方程」。這一發現不僅對後續可積物理模型的研究有重要意義,在數學的很多分支中都產生了重要的影響。

所以,即便是如此具有創新性、有深遠影響的工作,也不是無中生有,從零開始的。

以上所談的三句話,可以說是 20 年來我從楊先生那裏學到的最重要的東西,分別從**方向**、**態度**和**方法**三個方面,時時刻刻指導着我的研究。

最後,我還想感歎一點關於科研論文的文風。讀楊先生的文章,每篇文章開篇都非常簡潔,直達主題。這也是楊先生一貫的風格。楊先生說,「寧拙毋巧」後面還有一句,是「寧樸毋華」。楊先生這種「寧樸毋華」的文風,是我無比仰慕和羨慕的。如今很多的科學論文,由於受種種原因的影響,開篇總是要鋪開一個大框架,恨不得從盤古開天闢地講到未來人類幾百年的科技發展。美其名曰是為廣大讀者考慮,介紹一個大的背景,實則常常是空洞無物。而且愈來愈多的文章,這樣空泛的開篇介紹和這個具體工作所解決的問題都沒甚麼關係。這類空泛的開篇,不僅不能使廣大讀者受益,反而常常會誤導讀者,甚至誤導大眾,也助長了科學上的浮誇之風。然而,無奈這種文風已流行於我們這個時代,以至於楊先生在 2009 年給 *Physical Review Letters* 投去一篇文章,其中一個審稿人也建議他要重新寫開篇引言。何時,我們科研論文的文風,可以有一次「文藝復興」?

囉囉嗦嗦談了這些膚淺理解和體會,有些甚至可能並不準確,就此打住吧。「先生之風,山高水長」,我們站在山腳下仰望高山,難免有「不識廬山真面目」的片面,還需要在未來的不斷攀登中不停地去思考、去領悟。

2021 年 8 月

三次函數的華林問題：
從楊武之定理到鄧越凡－楊振寧猜想

張壽武

普林斯頓大學（Princeton University）數學系

德國數學家高斯（Carl F. Gauss）曾說過：「數學是科學的女皇，數論是數學的女皇」。中國數學家在古典數論取得過輝煌成就。比如孫子定理，又稱為「中國剩餘定理」，是數學中以地區命名的最出名的定理，它起源於中國南北朝時期 (公元五世紀) 的數學著作《孫子算經》的「物不知其數」問題，或「韓信點兵」、「秦王暗點兵」等與軍事有關的民間傳說。南宋朝大數學家秦九韶於 1247 年《數書九章》對「物不知數」問題作出了系統推廣與解答，形成今天所謂的孫子定理。在十九世紀，《數書九章》被英國傳教士偉烈（Alexander Wylie）譯成英文傳入西方，如今發展為現代數學裏一條基本定理，並用於許多其他數學分枝。

中國在近代數論的工作則是從楊武之開始的。1928 年，在他的博士論文裏，楊武之證明了每個自然數是 9 個四面體數 $(x^3 - x)/6$ 的和。1935 年，在楊武之的指導下，華羅庚在證明了每個充分大的自然數是 8 個四面體數 $(x^3 - x)/6$ 的和，並由此開始攀登數學研究的高峰。1994 年鄧越凡與楊振寧通過數值計算，猜想出在華羅庚的定理裏，8 可以換成 4。這應當是現代華林問題研究的一個困難和重要的猜想。本文試圖用通俗的語言描述這些定理與猜想的歷史背景，和提出一些與現代數論相關的問題。由於時間倉促，我們沒能全面考證每個細節。對此我們提前為可能出現的錯誤向讀者致歉。

一 華林問題簡要回顧

在三世紀，古希臘數學家丟番圖（Diophantus）在他的《算術》裏面斷言每個自然數可寫成至多四個自然數的平方和，但沒有給出證明。這個所謂「四平方定理」應該是現代堆壘數論（或加法數論）的起源。在 1659 年，費馬（Pierre de Fermat）斷言他可以證明比這個更廣的定理：每個正整數都可以寫成 3 個三角形數 $n(n+1)/2$ 的和，4 個四角形數（即平方數）n^2 的和，5 個五角形數 $n(3n-1)/2$ 的和，等等。這裏，k – 角形數可定義為整數邊長的正 k – 邊形裏面的格點數：其形如 $(n^2 - n)(k-2)/2 + n$。按照他一貫的做法，費馬沒有給出證明。對於平方數和的問題證明，費馬提到他的無限遞降法：即如果一個自然數不是四個數的平方和，那有一個更小的自然數也不是四個數的平方和。此後，拉格朗日（Joseph-Louis Lagrange）在 1770 年證明了平方和的問題，高斯在 1796 年證明了三角形和的定理，最後柯西（Augustin-Louis Cauchy）在 1813 年證明了一般的 k – 角形和定理。

1770 年華林（Edward Waring）在他的《代數沉思錄》（*Meditationes Algebraicae*）裏，提出了一個猜想以推廣拉格朗日的四平方和定理：每個自然數是 9 個自然數的立方和，14 個四次方和，等等。1909 年，德國數學家希爾伯特（David Hilbert）證明了一個廣泛成立的存在性定理：對任意給定的正整數 k，存在一個數 s 使得對於每一個正整數 n，如下方程有非負整數解 $a_1, ..., a_s$：

$$n = a_1^k + a_2^k + ... + a_s^k \tag{1.1}$$

對於原華林問題，我們需要求算出最小的正整數 $s = g(k)$ 使得上述華林問題有解。由拉格朗日，我們已經知道 $g(2) = 4$。類似的經典方法還可以得到 $g(3) = 9$。但這種古典方法對一般的 $g(k)$ 無能為力。在 1919–1927 年之間，英國數學家哈代（Godfrey H. Hardy）和李特爾伍德（John E. Littlewood）發明了所謂的「圓法」來研究一般的 $g(k)$。到今天我們已經知

道除了有限多個 $k \geq 471600000$ 外，$g(k)$ 等於 $2^k + [(3/2)^k] - 2$，這裏 $[x]$ 表示 x 的整數部分。其中 $g(5) = 37$ 是陳景潤在 1964 年得到的。人們猜測，這個等式對所有的 k 都成立。

根據圓法，研究 $g(k)$ 精確值分兩步：先找出一個數 N 使得方程 (1.1) 在 $n > N$ 條件下可解，然後研究剩餘的 $n \leq N$ 的可解性。這樣我們引進一個新的量 $G(k)$：其為最小的 s 使得方程 (1.1) 對充分大的 n 有解。圓法的出法點是將華林問題變成單位圓上的積分問題。令 $R_{k,s}(n)$ 為上述方程在非負整數解 a_i 的個數，則我們有表達式：

$$R_{(k,s)}(n) = \int_0^1 h(x)^s e^{-2\pi inx} dx$$

這裏 $h(x) = \sum_{a=0}^A e^{2\pi ia^kx}$, $A \geq n^{1/k}$。方程 (1.1) 有解等價於 $R_{k,s}(n) > 0$。通過研究這個積分，人們可以給出 $G(k)$ 的一個上界，甚至求出 $R_{k,s}(n)$ 一個漸近公式。確定 $G(k)$ 是現代數論的一個中心問題。對此數學家似乎沒有甚麼辦法。除了 $G(2) = 4$（拉格朗日）和 $G(4) = 16$（達文波特〔Davenport〕），我們不知道其他 $G(k)$ 的確切值。人們猜測 $G(3) = 4$，但只能證明如下兩個結論：

- $G(3) \geq 4$：任何形如 $9m + 4$ 的數都不是三個整數的立方和。
- $G(3) \leq 7$（林尼克〔Linnik〕）；
- 幾乎所有的自然數是 4 個自然數的立方和（達文波特）。

關於華林問題的詳細進展，參見沃恩－伍利（Vaughan–Wooley）的綜述文章[1]。

二 三次函數華林問題

華林在他的《代數沉思錄》1782 年的版本裏，加入了「類似的結論可能使用於任意次量定義的數」。這句比較模糊的話可能是指將 x^k 換

整值多項式 $f(x)$，然後求 s 使得對每個自然數 n，可以寫成至多個 $f(x)$ 的值：

$$n = f(x_1) + f(x_2) + \cdots + f(x_t), \quad t \le s, x_i \in \mathbb{N} \tag{2.1}$$

當然，一些同餘條件需要加在 f 上，比如，要求對所有的素數 $p, f(x)$ (mod p) 取至少兩個值。這個更廣的華林問題對應的存在性也被卡姆克（Erich Kamke）在 1921 年證明。不過至今無法對一般的 f，確定最小的正整數 $g(f) = s$ 使得上述華林問題有解。同樣，圓法也被用來研究多項式函數的華林問題。所以我們可以引進新的的量 $G(f)$：其是最小的正整數 s 使得上述方程（2.1）對於充分大的 n 有解。確定 $g(f)$ 和 $G(f)$ 是數論中一個極具挑戰性的問題。

最簡單的情形是二次多項式：$f(x) = ax^2 + bx + c$。如果它在整數點取整數值且滿足一些同餘條件，可以寫成：

$$f(x) = \alpha \frac{x^2 - x}{2} + \beta x + \gamma$$

其中，$\alpha > 0, \beta, \gamma$ 是互素的三個整數。關於 $g(f)$ 和 $G(f)$，我們有如下的經典結果：

1. $g(2) = G(2) = 4$（拉格朗日），
2. $g((x^2 - x)/2) = G((x^2 - x)/2) = 3$（高斯）。

我想對一般二次函數 f 應不難求出 $g(f)$ 和 $G(f)$。

接下來的情形是滿足同餘條件的整值三次多項式 f，其可以寫成：

$$f = \alpha \frac{x^3 - x}{6} + \beta \frac{x^2 - x}{2} + \gamma x + \delta,$$

其中 $\alpha > 0, \beta, \gamma, \delta$ 是互素的四個整數。我們稱這種多項式為本原整值多項式。除了已經討論過的冪函數 x^3, 最簡單的就是四面體函數：

$$T(x) = \frac{x^3 - x}{6}$$

1843 年，波洛克（Frederick Pollock）[2] 對此猜測 $g(T) = 5$。1928 年，楊武之（中國第一位數論博士）在他的博士論文裏 [3] 證明了 $g(T) \leq 9$，改進了法國數學家梅勒（Edmond Maillet）在 1896 年得到的 $g(T) \leq 12$。

1929 年，楊武之受聘來清華大學數學系執教。從此，近代數論進入中國。1931 年華羅庚來清華大學數學系任助理員，邊工作邊學習。在楊武之的指導下，華羅庚開始研究多項式的華林問題。1935 年，他在最早發表在德國《數學年刊》（*Mathematische Annalen*）的文章上 [4]，用古典數論的方法，證明了每個充分大的自然數是八個形如 T (x) 的和。1952 年，沃森（George N. Watson）在他的文章裏去掉了「充分大」的條件，從而同時改進楊武之和華羅庚的結果：$g(T) \leq 8$。這個結果至今仍然是波洛克猜想的最好結果。

從 1936 到 1938 年，華羅庚訪問英國劍橋大學，學習當時最先進的哈代－李特爾伍德（Hardy–Littlewood）圓法去研究華林問題。在一系列文章裏，華羅庚第一次對奇次多項式給出 $G(f)$ 的上界。1940 年，對於一般的三次函數 $f(x)$，華羅庚證明了下面兩個結論 [5]：

- $G(f) \leq 8$；
- 除了兩種例外的情形，幾乎所有的自然數都是四個 f 在自然數上的值的和。

上述「例外情形」較為複雜，不過排除了我們關心的冪函數 x^3 和四面體函數 $(x^3 - x)/6$。

1994 年楊振寧和鄧越凡等人進行了更深入的計算 [6]，他們猜想，除了 241 個數之外，任何自然數都是四個 $T(x)$ 值的和，即 $G(T) = 4$。這個猜想和上述華羅庚的工作是吻合的。

研究二次方程和三次方程往往是「經典」與「現代」數論的分水嶺。我們通常對二次方程瞭如指掌，但對三次方程知道的和不知道的都很多。所以我們感覺到，證明 $G(T) = 4$ 和 $G(3) = 4$ 可能是現代數論的一個「臨界」問題。當然，這通常是數學愛好者最喜歡考慮的問題。

在結束這這節討論之前，我們給鄧越凡－楊振寧猜想一個自然的推廣：

給定一個三次本原整值多項式 $f(x)$ 使得 f 的首項係數是正的。令 $\sigma(f)$ 是最小的自然數 s 使得對每對自然數 a, m, 有整數 $x_1, \cdots, x_s$ 使得 $f(x_1) + \cdots + f(x_s) - a$ 被 m 整除。則 $G(f) = \sigma(f)$。

注意對於上述猜想，我們只需要對有限個 m, a 驗證上述條件。

三 三次華林曲面和曲線

設 f 是個整值三次多項式。我們將討論 $s = 2$ 或 $s = 3$ 時，三次華林方程：

$$n = f(x_1) + \cdots + f(x_s) \tag{3.1}$$

這樣，上述方程定義了曲面和曲線。本着為數論愛好者拋磚引玉的目的，我們將從現代數論與算術幾何的角度提出關於這些方程的自然數解，整數解，或有理數解的問題。

曲面上的自然數解

假設 $\sigma(f) = 4$（例如 $f = x^3$ 或 $f = T$）及 $s = 3$。甚麼時候方程 (3.1) 有自然數解？這個問題等價於描述 $\mathbb{Z}$ 的子集合 $N = f(\mathbb{N}) + f(\mathbb{N}) + f(\mathbb{N})$。這是個困難的問題。當 $f = x^3$, 有一個猜想說這個集合有正密度：即存在

一個 $c > 0$ 使得對任意一個充分大的 x：

$$\# N \cap [1, X] \geq cX$$

這樣的猜想對 T 或一般的 f 有可能也是對的。

　　這個問題在二次多項式的時候，應當都是經典的結果。在 1798 年，勒讓德（Asrien-Marie Legendre）證明了它的三平方定理：一個自然數是三個數的平方和：

$$n = x^2 + y^2 + z^2$$

當且僅當 n 不能分解成 $n = 4^a (8b + 7)$，可以算出這種數的密度是 2/3。

曲面上的整點

　　假設 $s = 3$。甚麼時候方程（3.1）有整數解？當 $s \geq 4$，這可能是個容易的問題。比如當 f 是四面體函數時，求差分，我們有：

$$T(x + 1) - T(x) = \frac{x^2 + x}{2}, \quad T(x) - T(x - 1) = \frac{x^2 - x}{2}$$

兩者相減得到：

$$T(x + 1) - 2T(x) + T(x - 1) = x$$

由於 $-T(x) = T(-x)$，我們得到：

$$n = T(n + 1) + T(-n) + T(-n) + T(n - 1).$$

　　所以方程（3.1）對 $s = 4$ 和任意 n 有整數解。當 $s = 3$ 的時候，我們就沒有這樣的公式了。

曲面上的有理點

假設 $s = 3$。甚麼時候方程 (3.1) 有有理數解？對於冪函數，迪克森 (Leonard Eugene Dickson，楊武之博士論文導師) 在他的《數論史》第二卷，726 頁，介紹了幾種解法[7]，其中包括一個參數解。我們不知道，對一般的方程 (3.1) 如何求解。不過根據曾炯之 (中國第一位代數幾何博士) 的定理，這些曲面上一定存在複數上的參數解。不知道曾炯之定理對研究華林曲面上的有理點問題有沒有幫助。

曲線上的有理點

假設 $s = 2$。甚麼時候方程 (3.1) 有有理數解？如果 f 是個二次多項式，這是個經典問題。我們知道一個自然數 n 可以寫成兩個自然數的平方和：

$$n = x^2 + y^2$$

當且僅當這個數的素因子分解裏，所有除 4 餘 3 的素數的冪是偶數。對於 $f = x^3$ 時，則上述問題有很長的歷史了，並和著名的數學千禧問題 BSD 猜想關係密切。我們知道和不知道的都很多。首先，作為費馬大定理的最早證明的情形，1653 年歐拉在給哥德巴赫的信中證明了 1 不是兩個非零有理數的立方和。其次在 1856 年，西爾維斯特 (James Joseph Sylvester，矩陣的發明者) 猜測當 p 是素數且除 9 餘 1,4,7 時，p 是兩個有理數的立方和。最後用現代數論理論，上述問題等價於下面橢圓曲線上的有理點問題：

$$E_n : y^2 = x^3 - 432n^2$$

根據 BSD 猜想對一個無平方因子的有理數 n，上述方程有解的概率是 1/2。特別指出的是中國數學家田野和他的團隊在此做了很多基礎性的的工作。

　　對於一般的三次函數 f，上述方程也可以轉換成一個橢圓曲線上的有理點的問題。由於我們只關心有理數解，我們把 x 換成 $x - \beta/\alpha$，這樣得到 $f(x) = \alpha(x^3 + \lambda x + \mu)/6$，把 n 換成 $\alpha(n + 2\mu)/6$，這樣方程（3.1）就變成如下簡單的形式：

$$n = x_1^3 + x_2^3 + \lambda(x_1 + x_2)$$

再做替換：

$$x = 12n \frac{1}{x_1 + x_2}, \quad y = 36n \frac{x_1 - x_2}{x_1 + x_2}$$

我們得到一個橢圓曲線的標準魏爾斯特拉斯方程（Weierstrass equation）：

$$E_n : y^2 = x^3 - 12\lambda x^2 - 432n^2 \tag{3.2}$$

這個曲線的不變量是：

$$j = -\frac{4^4(-12\lambda)^6}{4^4(-12\lambda)^3(-432n^2) + 27(-432n^2)^2} = -\frac{4^6 \lambda^6}{4^2 \lambda^3 n^2 + 3^3 n^4}$$

當 $\lambda \neq 0$ 時，這個量和 n 有關，所以這些曲線對不同的 n 之間沒有扭曲關係。這樣田野等數學家所用的算術扭曲理論不能用。不過根據田野等人的數值計算，我們還是提出如下猜想：對一個給定的有理數 λ，上述方程（3.2）（等價於（3.1））有有理數解的概率是 50%。

謹以此文獻給楊振寧先生百歲壽辰！

2021 年 9 月 6 日

1　Vaughan, R. C. and Wooley, T. D., "Waring's problem: a survey", in *Number Theory for the Millennium III* (Urbana, IL, 2000) (Natick, MA: A K Peters, 2002) , pp. 301–340.

2　S. F. Pollock, "On the extension of the principle of Fermat's theorem of the polygonal numbers to the higher orders of series whose ultimate differences are constant", *Proceedings of The Royal Society*, vol. 5 (1843): 922–924.

3　Yang, Ko-Chuen, "Various generalizations of Waring's problem", Ph.D. thesis (1928), The University of Chicago.

4　Hua, Loo-Keng, "On Waring theorems with cubic polynomial summands", *Mathematische Annalen*, 111 (1935), no. 1: 622–628.

5　Hua, Loo-Keng, "On Waring's problem with cubic polynomial summands", *Journal of Indian Mathematical Society*, n.s. vol. 4 (1940): 127–135; Hua, Loo-Keng, "On Waring's problem with cubic polynomial summands", *The Science Reports of National Tsing Hua University*, Series A, 4 (1940): 55–83.

6　Deng, Yue-Fan and Yang, Chen Ning, "Waring's problem for pyramidal numbers", *Science in China, Series A*, 37 (1994), no. 3: 277–283.

7　Dickson, Leonard Eugene, *History of the Theory of Numbers, Volume II: Diophantine Analysis* (New York: Chelsea Publishing Co., 1966), pp. xxv, 803.

楊振寧與中國的高增益自由電子激光

趙振堂 中國科學院上海高等研究院

陳森玉 中國科學院高能物理研究所

電磁波，特別是短波長的電磁輻射如 X 射線、同步輻射和激光等，是研究物質內部結構及其動態過程不可或缺的理想探針。二十世紀後期，繼同步輻射光源之後，美國科學家在 1970 年代又發明了自由電子激光（Free Electron Laser, FEL），進而又發展成了利用相對論電子束一次性通過長波蕩器來產生所要波長的相干電磁輻射裝置，即工作在自放大自發輻射（Self-Amplified Spontaneous Emission, SASE）和高增益高次諧波放大（High Gain Harmonic Generation, HGHG）模式的高增益自由電子激光。這種單程放大的高增益自由電子激光不需使用光學諧振腔，從原理上就避免了缺乏短波長反射鏡材料的問題，通過調節電子束能量即可產生任意波長包括 X 射線波段的相干輻射。與先進的第三代同步輻射光源相比，高增益自由電子激光的亮度可提高 8-10 個量級、光脈衝可縮短 3 個量級到飛秒尺度、相干度提高 1000 倍以上直至全相干，為科學研究開闢了全新的領域。高增益自由電子激光的概念一經提出，就引起了世界各科技強國的高度重視並得到了優先的發展，截止目前，已有美國、日本、歐盟、德國、韓國、意大利和瑞士等先後建成了七台 X 射線自由電子激光裝置，在建和設計中還有五台。近年來，在國家發展和改革委員會、上海市政府、中國科學院、科技部和國家自然科學基金委員會的支持下，我國的短波長高增益自由電子激光裝置更是呈現出少有的強勁發展態勢，研製成功了上海深紫外自由電子激光實驗平台（SDUV-FEL）、大連極紫外自由電

子激光裝置（DCLS）、X 射線自由電子激光試驗裝置（SXFEL-TF）；升級成功上海軟 X 射線自由電子激光用戶裝置（SXFEL-UF），獲得了覆蓋水窗波段的自由電子激光輻射並首次獲取了衍射成像數據；目前尚在建設基於超導直線加速器的上海高重頻硬 X 射線自由電子激光裝置（SHINE），正加大步伐走進世界領先的行列。撫今追昔，中國高增益自由電子激光今天的發展形勢和大好局面與楊振寧先生的高瞻遠矚、戰略眼光、鼎力推動和長久支持密不可分。從 1997 年 5 月到 2005 年 3 月的八年間，他先後九次致信宋健、周光召、朱麗蘭、路甬祥和陳至立等科技領導人，力陳高增益自由電子激光的重要意義，力薦中國快速起步發展 FEL 並迎頭趕上，他對中國發展這一光子科學研究利器的歷史性貢獻隨着時代的演進愈顯彌足珍貴、意義重大。

一　洞悉高增益自由電子激光歷史機遇，力促中國快速起步發展

上世紀 90 年代後期，楊振寧先生敏銳地察覺到了國際上短波長高增益FEL 的發展機遇，他認為，「自由電子激光對二十一世紀的科學與工業的影響是無法估計的，尤其是對納米科技與生物學。」當時他和在美國布魯克海文國家實驗室（Brookhaven National Laboratory, BNL）從事自由電子激光研究的華裔科學家、他的學生余理華博士就推斷：1.5 埃波長的自由電子激光將會對生物、醫療、材料科學、物理學和化學帶來巨大深遠的影響，即使是 30 埃的自由電子激光也會給科學技術乃至經濟帶來難以估量的影響。楊振寧先生還認為，這對中國是一個空前未有的機遇，如果抓住有可能使中國在這一領域領先，應該迅速研製短波長高亮度自由電子激光。

1997 年 5 月，楊振寧先生首次致信時任國家科學技術委員會宋健主任和中國科學院周光召院長，建議中國發展高增益自由電子激光。他的判斷是：以現有技術建設波長在 15 埃以上的自由電子激光是完全可行的，實現波長短至 1.5 埃的自由電子激光的可能性也是很大的。中國已經具備了建造自由電子激光的基本技術和設備，已能製造直線加速器、波蕩器和激光等。建造自由電子激光最宜採用攻關的方式來進行，而歷史經驗證明中國

在科技攻關方面是非常強的。楊振寧先生在信的附錄中介紹了國際上，特別是美國、德國和日本的高增益自由電子激光發展情況，以及相關裝置的科學目標和技術方案。那時，他建議中國從建設 1,000 埃波長的自由電子激光起步，進而在世界上首先建成一台 30 埃波長的自由電子激光裝置。

1997 年 6 月，中國科學院數理學部根據楊振寧先生的建議和周光召院長的意見組織召開了「高增益自由電子激光」研討會，與會院士和專家認為紫外自由電子激光裝置涉及多項高技術，應及早開始進行專項研究，我國已具備發展第四代光源的基本條件，建議有關部門予以重視。上海光源（SSRF）工程指揮部總經理陳森玉在會上介紹了「利用 SSRF 直線加速器（升能至 300MeV）兼作深紫外自由電子激光裝置的建議」。1997 年 7 月，中國科學院路甬祥副院長對院士和專家們的建議意見作了肯定批示，明確在 SSRF 上發展深紫外自由電子激光實驗裝置。1997 年 8 月楊先生致信北京大學陳佳洱校長和 SSRF 工程總經理陳森玉等，建議合作提出深紫外自由電子激光的建設計劃。1998 年 5 月，SSRF 工程指揮部聯合中國科技大學國家同步輻射實驗室、中國科學院上海應用物理研究所和高能物理研究所共同向中國科學院提交了〈上海深紫外自由電子激光實驗裝置（深紫外區第四代光源）意向性建議書〉。1998 年 10 月 SSRF 工程領導小組批准這份基於 SSRF 的電子直線加速器建設深紫外自由電子激光的建議。隨後從1999 年起，中國科學院、國家科技部和國家自然科學基金委員會開始以不同形式支持北京大學、中國科技大學、中國科學院上海應用物理研究所和高能物理研究所聯合開展深紫外自由電子激光的前期關鍵技術研究。

由於上海光源工程立項的延遲，中國的高增益自由電子激光起步速度並不快，而且還有些步履蹣跚，沒有達到楊先生當初建議盡速開展短波長高亮度自由電子激光建設的狀態。楊振寧先生為之心急，一年之後他特地致信周光召院長和朱麗蘭部長，信中寫道：「現在此類自由電子激光已成為國際上重點發展的對象，希望盡速考慮此方面的工作，快做可以搶先，否則就要吃虧了。」為了推動中國的高增益自由電子激光研製工作盡快起步，楊先生在 2002 年一年三次給路甬祥院長寫信，通報美國、德國和意大利等發展自由電子激光的最新動態，闡述他對中國發展自由電子激光的

建議，他深信「自由電子 X 光激光是今後十年一定成功的技術，成功後將給生物學、化學等學科帶來革命性的發展，其影響無法估計。」他認為：「自由電子激光是中國極值得發展的方向，不宜坐失良機，應立即進軍。」「中國科技發展的特點是：如能抓住好題目，用攻關方式進攻，成功率極大。」他還對中國發展自由電子激光的技術路線提出了具體建議，包括：(1) 立即動工建設深紫外（880 埃）HGHG-FEL；(2) 與美國 BNL 開展合作，選派科學家參與他們的 HGHG 實驗，同時成立研究組籌備 30 埃 FEL 的建設；(3) 採用 HGHG 模式全力向 1 埃 FEL 進軍，搶佔國際領先地位。他相信「HGHG-FEL 是目前的良機」。

楊振寧先生的建議每每都得到了國家科技領導人和相關部門的高度重視。2000 年 9 月，中國科學院基礎科學局在北京召開了發展深紫外自由電子激光的專家討論會。專家們討論了楊先生當年 8 月寫給路甬祥院長的信，一致認為：深紫外自由電子激光器是世界上先進加速器技術研究的重要前沿，為了能迎頭趕上國際先進水平，必須在四年左右的時間內做出一台實驗裝置來，任務和目標是十分明確的，也是十分艱巨的。會議討論了 SASE 和 HGHG 的技術特點、國內現有電子直線加速器的基礎和差距、技術隊伍現狀和培養需求，認為當前的最佳方案還是結合上海光源的建設一起來做，同時也要比較和研究其他的解決方案。2002 年 8 月，國家科技部基礎司組織召開了「中國自由電子激光發展」專家討論會，會議回顧了楊振寧先生建議中國發展高增益自由電子激光的背景情況和多封來信，分析了國際上高增益自由電子激光的發展動態和我國的發展現狀，討論了我國自由電子激光發展的長遠目標、階段目標和具體計劃，科技部表示將把相關項目納入 973 前沿交叉領域給予有力支持。2002 年 9 月，中國科學院基礎科學局和綜合計劃局組織開展了發展高增益短波長自由電子激光的戰略構想的專題研究，提出了從深紫外起步，分階段實施（根據國內的經濟和技術條件決定發展軟 X 射線自由電子激光裝置，或直接向硬 X 射線自由電子激光進軍），以 X 射線 FEL 為最終目標的總體發展計劃。

這期間經過周光召院長、路甬祥院長、朱麗蘭部長和陳佳洱主任等科技領導人的親自推動，中科院、科技部和國家基金委迅速聯合支持了

「上海深紫外自由電子激光實驗裝置」項目的前期啟動，包括院知識創新
項目——「SSRF 深紫外自由電子激光實驗裝置的前期研究」，國家基金
委重大項目——「深紫外自由電子激光關鍵技術研究」，和科技部重大國
際合作項目——「高精度帶聚焦波蕩器預製研究」。隨後，中國科學院通
過支持研製上海光源的預注入器資助了可用於驅動深紫外自由電子激光
的 100MeV 電子直線加速器的建造，科技部支持了與短波長 FEL 相關的
973 項目——「基於超導加速器自由電子激光的 SASE 自由電子激光的關
鍵物理及技術問題的研究」。中國科學院上海應用物理研究所通過知識創
新工程的投入建設了帶有 65m 長加速器隧道的自由電子激光技術樓，並
進一步投入、配套和整合了部分前期資源，在北京大學、清華大學、中
國科技大學和中國科學院高能物理研究所的支持和幫助下，於 2009 年建
成了深紫外自由電子激光實驗（SDUV-FEL）平台（圖 1），實現了 SASE

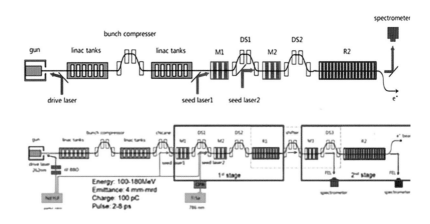

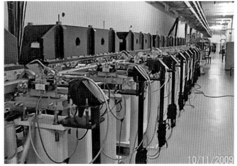

圖 1　上海深紫外自由電子激光實驗平台（SDUV-FEL 裝置）。上：單級 HGHG/EEHG 佈局；
　　　中：級聯 HGHG 佈局；下：直線加速器和輻射波蕩器。

出光，並成為繼美國之後實現了 HGHG 飽和出光的國家。FEL 團隊從設計、建造和調試深紫外 HGHG 實驗平台入手，在國際上率先搭建了級聯 HGHG 實驗平台，驗證了新鮮束團技術並第一個獲得級聯 HGHG 輻射。依託 SDUV-FEL 平台，團隊還完成了若干重要的前沿實驗研究，包括在國際上首次實現了 HGHG 波長大範圍連續調節、金屬褶皺結構對 FEL 的光譜調控和交叉平面波蕩器對 FEL 極化的調控。具有更高諧波轉換效率的 EEHG（Echo-Enabled Harmonic Generation）新機制於 2008 年在美國提出後，FEL 團隊立即抓住機遇集成了實驗驗證裝置，並在世界上第一個實現了 EEHG 放大出光（圖 2），這一結果被《自然－光子學》選為封面文章發表。

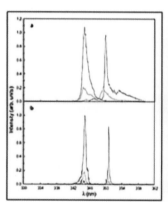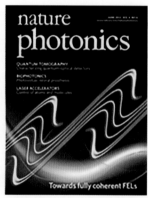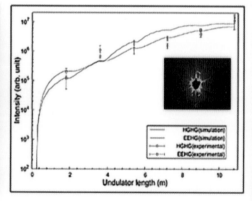

圖 2 首次實現 EEHG 模式的 FEL 出光放大（紅：EEHG、藍：HGHG）。左：HGHG/EEHG 脈衝（上：實驗，下：模擬）；中：EEHG 放大的封面文章；右：HGHG/EEHG 增益曲線。

通過 SDUV-FEL 實驗平台的研製，中國的科研人員掌握了高增益自由電子激光的基本設計和調試方法，掌握了光陰極注入器、束團磁壓縮器、小間隙波蕩器以及激光與電子束團精確同步等關鍵技術，培養和鍛煉了技術團隊。這些工作基礎為日後建設大連相干光源，也就是楊先生最早建議建造的那台 880 埃自由電子激光相同性能的裝置，做好了準備。在國家自然科學基金委員會國家重大科研儀器研製項目支持下，這支隊伍在 2013 至 2017 年間與中科院大連化物所合作建造了中國首台自由電子激光

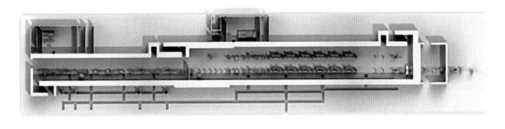

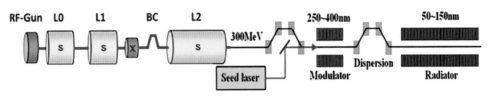

圖 3　大連極紫外相干光源。上：裝置總體組成結構；中：FEL 光源佈局；下：直線加速器
　　　與波蕩器。

用戶裝置——大連極紫外相干光源（圖 3）。這台裝置是目前世界上唯一工
作在極紫外波段的自由電子激光裝置，波長在 50–150nm 間連續可調，建
成時《科學》雜誌曾以〈Unique free electron laser laboratory opens in China〉
作了報道，2018 年全面向用戶開放以來，已經服務於國內外來自 20 多家
科研院所的 60 多個用戶課題組並取得了若干重要研究成果。已發表的工
作成果案例包括：（1）完成了小分子極紫外光化學的系列性工作，揭示了
其在大氣分子演化、原始氧氣起源、大氣輝光和生命起源等過程中的重要
作用；（2）通過中性團簇的高靈敏探測和光譜研究，解析了不同數目的中
性水團簇和金屬團簇的微觀結構，為大氣霧霾和催化等相關交叉學科開闢
了新的研究方向。

二　推動短波長自由電子激光裝置建設，走創新的技術路線

高增益自由電子激光的原理驗證在本世紀初取得了重大進展，美國和德國先後建成了試驗裝置並在紫外和可見光直至軟 X 射線波段完成了演示實驗。美國已開始建設 1.5 埃波長的硬 X 射線自由電子激光——直線加速器相干光源 (Linac Coherent Light Source, LCLS)，德國和歐盟以及日本和韓國也開始設計和籌建 X 射線自由電子激光裝置，中國面臨着如何加快發展中國的短波長自由電子激光的問題。為此，我國在「十五」期間編制的《國家科學技術中長期發展計劃戰略研究第 15 專題》報告中提出，「中國應從深紫外 FEL 研究起步，分階段實施，在 2015 年前後建成 XFEL，以在 2020 年左右能在此領域裏進入世界先進行列」。為加速我國高增益短波長 FEL 研究進程，高能物理研究所於 2002 年 10 月起提出了利用北京正負電子對撞機 (BEPC) 注入器建設軟 X 射線自由電子激光的設想，2003 年 12 月完成了「北京軟 X 射線自由電子激光裝置 (BXFEL) 項目建議書」，2004 年在討論和規劃「十一五」國家重大科技基礎設施重點建設內容時又把這一建議修改為建設基於 6–8GeV 的「中國 X 射線自由電子激光裝置 (CXFEL)」。為建設 CXFEL，高能所提出了利用 BEPCII 的 2GeV 直線加速器建成 100 埃波長的北京 X 射線自由電子激光試驗裝置 (BTF)，開展 CXFEL 預製研究的建議。

楊振寧先生全力支持高能物理研究所提出的 BXFEL 和 BTF 建議，並倡議高能物理研究所和清華大學組成 BTF 聯合設計組，共同開展 BTF 的設計。BTF 的主要目標是實現波長為 9nm (HGHG 模式) 的軟 X 光 FEL 飽和出光；同時，研製 9-cell 超導腔及低溫恆溫器，為我國於 2015 年左右建成 0.1nm 左右的硬 X 射線 FEL 奠定堅實的基礎。楊先生積極推動 BTF 項目的落實和爭取國家的支持，2005 年 3 月初他親自帶領高能物理研究所的陳和生所長和陳森玉院士等人一起面見陳至立國務委員，介紹 BTF 的意義和緊迫性並提交了聯合設計組的「北京 X 射線自由電子激光實驗裝置 (BTF) 項目建議書」。緊接着，中國科學院迅速啟動了 X 射線自由電子激光裝置預製研究項目的研討和申報。

2005 年 3 月底國家發展和改革委員會和中國科學院組織召開 X 射線 FEL 論證評審會，聯合設計組報告了「中國 X 射線自由電子激光裝置及其預製研究的建議」。專家論證認為，「對這樣一種具有戰略意義的技術，我國必須高度重視；我國如欲於 2020 年在前沿學科領域進入世界先進行列，在 2015 至 2020 年之間建成 XFEL 是必要的」。當年 7 月，國家發改委原則同意盡快啟動 X 射線自由電子激光預製研究工作，並上報國務院領導，建議盡快啟動 X 射線自由電子激光裝置預製研究工作，研製一台軟 X 射線自由電子激光試驗裝置；國務委員陳至立批示「同意按程序報批」。國家發改委負責對 X 射線自由電子激光裝置預製研究項目的具體方案進行論證和比選。

2005 年 12 月至 2006 年 12 月，經中國科學院數理學部和基礎局先後多次、以多種形式組織國內外院士及專家對預研項目進行了全面深入的方案比選、論證和評議，2007 年 1 月，中國科學院綜合各方面意見後決定在上海光源園區建設一台電子能量為 0.84GeV 的 X 射線自由電子激光試驗裝置（簡稱 SXFEL），在國際上首先試驗余理華博士提出的級聯 HGHG 的新模式並獲得波長為 9nm 的 FEL，同時研製一個基於 TESLA 型 9-cell 純鈮腔射頻超導加速單元，為我國未來選擇建設硬 X 射線 FEL 用戶裝置的技術路線奠定基礎。然而，2008 年開始，在國家發改委組織對這一預研項目立項進行審批的過程中，國際上高增益 FEL 發展又出現了新的情況，意大利的 FERMI-FEL 裝置順利建成並於 2012 年率先實現了軟 X 射線波段級聯 HGHG 的出光放大。為保持 SXFEL 裝置的先進性，項目團隊在預研方案中增加了試驗 EEHG 與 HGHG 級聯新機制的內容，同時提出研製 C 波段的主加速器以提高裝置的緊湊性和未來升級的潛力。經過進一步的反覆和充分論證，SXFEL 裝置可行性研究報告最終於 2013 年 11 月獲得國家發展改革委批覆，批覆意見將 SXFEL 的科學目標確定為：探索兩級外種子自由電子激光級聯模式，包括兩級級聯 HGHG 和 EEHG-HGHG 級聯模式，以確定硬 X 射線自由電子激光裝置發展的技術路線，

解決並掌握關鍵技術，進行人才與技術儲備，為我國建設硬 X 射線自由電子激光裝置作預先研究。一年後，SXFEL 試驗裝置於 2014 年 12 月底動工建設，建設工期由項目建議書批覆的五年壓縮至三年。2016 年，在上海市和國家發改委的支持下，基於 X 射線 FEL 試驗裝置建設上海軟 X 射線 FEL 用戶裝置的計劃獲批，這一升級裝置，包括一台 1.5GeV 的 C 波段直線加速器、一條 2nm 波長的 SASE FEL 線、一條 3nm 種子型 FEL 線、五個實驗站，是一台性能先進的軟 X 射線相干光源。

　　X 射線 FEL 試驗裝置的目標定位高、系統複雜，採用了一系列需要自主研製的關鍵技術，如低發射度高電荷量的 S 波段光陰極注入器、C 波段高梯度直線加速器、用於能量分佈線性化的 X 波段加速系統、束團磁壓縮系統、多種規格的高精度可變間隙波蕩器、S/C/X 波段偏轉腔束測系統、腔式束流位置探測器、束長和束流達到時間測量系統、高精度激光與束流同步系統、基於束流的軌道校正與反饋系統、驅動和種子激光系統等，加之級聯諧波放大型 X 射線 FEL 運行模式對電子束和激光的極限性能要求，使得項目團隊在建設和調試中不斷遭遇嚴峻的技術挑戰。經過艱苦努力，SXFEL 裝置的直線加速器於 2019 年 3 月全面達到設計指標，其級聯 HGHG 模式和 EEHG-HGHG 級聯模式的 FEL 性能分別於 2020 年 5 月和 2020 年 6 月達到設計指標，SXFEL 裝置與超導加速腔模組一起於 2020 年 11 月通過國家驗收。通過數年不懈的努力，項目團隊全面掌握了軟 X 射線自由電子激光的設計、建造和調試技術，SXFEL 不僅實現了 8.8nm 的級聯 HGHG 飽和出光，而且還在國際上第一個實現了 EEHG-HGHG 級聯模式的出光放大。目前 X 射線 FEL 試驗裝置已升級為上海軟 X 射線 FEL 用戶裝置（圖 4），並於 2021 年上半年成功實現了 SASE 的「水窗」波段全覆蓋並獲取了首批衍射樣品的實驗數據。

　　楊振寧先生非常關心和關注 X 射線 FEL 試驗裝置的立項和進展情況，先後兩次到訪上海光源，了解項目啟動和建設情況，鼓勵項目團隊堅定目標和方向，抓住機遇、取得創新成就。在中國科學院決定了由上海應用物理研究所承建 X 射線 FEL 試驗裝置後的 2007 年 6 月，楊振寧先生

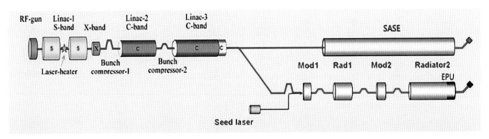

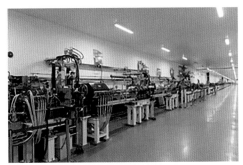
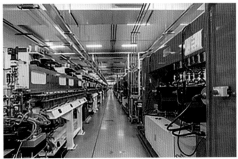

圖 4 上海軟 X 射線自由電子激光用戶裝置。上：SXFEL 光源部分佈局；中：SXFEL 主體建築；下：電子直線加速器與 FEL 波蕩器。

首次到訪上海光源現場（圖 5），他十分興奮地參觀了已建成的 SSRF 直線加速器和 SXFEL-TF 裝置的擬建現場，聽取關於上海光源的建設情況和 X 射線自由電子激光試驗裝置項目的進展情況，並對已取得的成績給予充分的肯定。他認為：二十世紀與二十一世紀的科學發展有個基本的分別，

圖 5　楊振寧先生到訪和參觀上海光源，2007 年 6 月。左：增強器隧道；右：150MeV 電子直線加速器隧道。

二十世紀是基礎研究推動應用研究，二十一世紀基礎研究還有應用研究都要發展，可是整個重心是向應用研究轉移的，這是不可避免的一個趨勢。他說到：

> 你們就是在這一方面「佔了一塊地」，在這一點上面等於是「押寶」押得比較正確的。這個對於一個像中國這樣一個國家，從一個非常窮到比較發展的國家，是必須要走這條路的。你們通過很多年的努力，同步加速器（上海光源）已在建造了，自由電子激光這個計劃也基本批准了，這個發展前途很大。最重要的是走對方向，你們現在所走的這個科學的領域是一個看漲的領域，這個是非常好的，我慶賀你們！

2017 年 9 月，當 X 射線自由電子激光試驗裝置進入調試階段和上海硬 X 射線自由電子激光裝置列入國家「十三五」重大科技基礎設施建設規劃後，楊先生再次來到上海光源園區，興致勃勃地參觀了調試中的 X 射線自由電子激光試驗裝置和上海軟 X 射線自由電子激光用戶裝置的基建現場（見本書頁 43 下圖），詳細聽取了中國高增益自由電子發展情況和硬 X 射線自由電子激光項目計劃等情況的報告。他在講話裏表示：

> 我到這裏的最重要的一個感受，就是非常高興。中國做這種大的計劃通常都是很成功的。我想有機會從剛開始就參加一個大的計劃，

這是一個非常幸運的事情。方才各位介紹了很多關於自由電子激光的已經有的工作跟將來的計劃，使我有了另外一個感受，就是中國很厲害。我一直在講中國的科技發展，網上一般覺得說是太慢了，我不同意這個說法，我認為中國發展得其實是很快的，因為你必須要注意到中國基本上是從零開始的。我非常高興地看到你們在上海發展的這麼快，聽說你們的很多工程上的東西就地就可以做，這個代表中國有極深的技術的潛力，等到你們的 hard x-ray 出光的時候一定要請我來，我來參加慶祝。

楊先生在這次參觀後的講話中還回顧了他關注自由電子激光發展和加速器強聚焦理論的歷史緣由。他說：

關於自由電子激光發展的前途，我想特別講兩點，尤其是光源和研究所對於這個前沿發展，也許有兩點我想提醒大家。一個是對於科學發展的貢獻是評價其價值的依據，得到諾貝爾獎的常常不是大科學裝置而是用它做出的工作。最重要的是科學上的成就，這個我希望大家注意。另一個就是這個自由電子激光，它在理論上是個非常聰明的東西，因為事實上從激光一開始，大家就知道要想做非常短波長的激光有種種困難，現在 SASE 和 HGHG 這兩個計劃都基本成功了。HGHG 有一個天生的優點是時間相干性，即 fully coherent；雖然 SASE 現在也有辦法叫做 self-seeding，希望能夠克服這個只是 partially coherent 的缺點。

楊振寧先生還肯定：

我知道你們對於 HGHG 已經有了一些很好的發展，我想這個單從 HGHG 的發展在全世界各國的實驗講起來，你們是相當成功的一個。從整個的過去的歷史以及今天的計劃，我想你們對於 SASE 和 HGHG 這兩個領域前途怎麼發展要非常注意。

在楊振寧先生的倡導下，上海的 FEL 團隊從一開始就致力於發展具有全相干特性的短波長自由電子激光，在研製裝置的同時還承擔了數十項國家自然科學基金與科技部及上海市支持的 FEL 相關的科研項目，包括第二個 973 項目──新概念、高效率 X 射線自由電子激光物理與關鍵技術研究，兩個國家自然科學基金重點項目等。團隊在 X 射線自由電子激光試驗裝置上率先實現了 24nm 波長的 EEHG 飽和放大及 8.8nm 波長 EEHG-HGHG 級聯放大出光。除此之外，依託國內 FEL 裝置，上海光源 FEL 團隊提出並實驗驗證了相干能量調製的自放大機制，首次實現了基於金屬褶皺結構的 FEL 光譜操控；同時在 FEL 理論研究方面，團隊提出了級聯 EEHG、PEHG、DEHG 和角色散調製等種子型 FEL 的新機制，以及諧波運行、增益聚焦和渦旋模式等 X 射線 FEL 振盪器的新機制，這些理論與實驗研究為未來發展全相干硬 X 射線 FEL 裝置奠定了基礎。

三　支持中國建設高重頻硬 X 射線自由電子激光裝置，衝擊世界最前沿

進入二十一世紀後，X 射線自由電子激光裝置及其應用研究從起步進入了快速發展階段。2006 年，德國的軟 X 射線 FEL 裝置 FLASH 開始服務用戶；2009 年，美國硬 X 射線 FEL 裝置 LCLS 建成投入運行，人類進入 X 射線自由電子激光的時代。緊隨其後，國際上一批 X 射線自由電子激光裝置也進入了全面建設的階段，日本的 SACLA、意大利的 FERMI、歐洲的 European XFEL、韓國的 PAL-XFEL 和瑞士的 SwissFEL 相繼投入建設並陸續建成向用戶開放。在這種形勢下，中國加大了發展硬 X 射線自由電子激光的努力。2013 年 2 月國務院頒佈了「國家重大科技基礎設施建設中長期（2012–2030）規劃」，規劃提出「十二五」「建成軟 X 射線自由電子激光試驗裝置；探索預研硬 X 射線自由電子激光裝置建設」。

2014 年，中國科學院數理學部組織開展了「X 射線自由電子激光學科發展戰略研究」，研究報告認為：我國需要抓住機遇加快啟動硬 X 射線自

由電子激光建設的步伐，建議中國的硬 X 射線 FEL 採取「兩步走」發展戰略。第一步，在國內現有的高增益 FEL 研究的基礎上，採用成熟技術，建成硬 X 射線 FEL；與此同時，針對國際上高重複頻率 X 射線 FEL 的發展情況開展相應的規劃、部署與研發。第二步，建設高水平的高重複頻率硬 X 射線 FEL 裝置。

X 射線 FEL 的發展引起國內科學界的高度關注和重視，2012 至 2017 年的五年間，國內共舉辦過四次香山科學會議，全面深入探討我國 X 射線自由電子激光的科學機遇、用戶需求、發展戰略與技術挑戰，分別是：

- 2012 年 9 月 12 － 14 日，第 432 次香山科學會議，北京（主題：硬 X 射線自由電子激光的現狀與對策）；

- 2013 年 10 月 27 － 28 日，第 474 次香山科學會議，南昌（主題：X 射線自由電子激光在結構生物學中應用的突破性進展）；

- 2014 年 12 月 14 － 15 日，第 S23 次香山科學會議，上海（主題：緊湊型硬 X 射線自由電子激光裝置與應用）；

- 2017 年 4 月 27 － 28 日，第 S34 次香山科學會議，北京（主題：高重複頻率硬 X 射線自由電子激光的科學機遇與技術挑戰）。

2015 年 4 月，中國科學院上海應用物理研究所遞交了硬 X 射線自由電子激光裝置的「十三五」國家重大科技基礎設施規劃項目建議。經過中國科學院的遴選推薦和國家發展改革委委託中諮公司組織的專業組與總體組專家評審，2016 年 12 月國家發佈了《國家重大科技基礎設施建設「十三五」規劃》，其中硬 X 射線自由電子激光裝置列入了 10 個優先佈局的建設項目中。隨着基於超導直線加速器的 European XFEL 的順利建設以及 2013 年美國 LCLS-II 計劃的加速器從常溫方案調整為連續波超導方案，中國的硬 X 射線 FEL 裝置是先走常溫技術路線還是兩步併作一步走超導技術路線，面臨着一個重大的選擇。經過科技人員的分析研究、中科院與上海市主管領導及相關部門的深入調研比較以及親赴美國與歐洲相關裝

置進行實地考察分析，上海市決定申請與國家共同投資在張江建設基於超導直線加速器的高重複頻率硬 X 射線自由電子激光裝置，與中國科學院共同助推中國加快硬 X 射線 FEL 裝置的發展並向領先行列進軍。為這一重大決策，國家發展改革委和中國國際工程諮詢公司組織了多次專家和專題研討與論證，2017 年 3 月中諮公司領導帶領項目論證團隊還專門拜會了楊振寧先生，當面徵求他的意見和建議，並就建設基於超導直線加速器的硬 X 射線 FEL 裝置的相關問題進行了深入討論。楊先生為國家發展改革委的關鍵決策提供了極為重要的客觀積極的支持意見，使得這一項目於 2017 年 4 月順利獲得立項批覆。

上海硬 X 射線自由電子激光裝置（SHINE，Shanghai HIgh repetition rate XFEL aNd Extreme light facility）將是一台衝擊世界最先進水平的高重頻硬 X 射線 FEL 裝置，具備納米級的超高空間分辨能力和飛秒級的超快時間分辨能力，以及開展極端光物理和高能量密度物理研究的能力。SHINE 於 2018 年 4 月獲批破土動工，是「十三五」規劃中第一個開工建設的國家重大科技基礎設施，項目的預研費用和建設費用總計超過 100 億人民幣，計劃的建設工期為七年。該裝置包含一台 8GeV 能量的連續波超導直線加速器、三條自由電子激光波蕩器線（光子能量範圍分別為：3–15keV、0.4–3keV、10–25keV），三條光束線以及 10 個實驗站，還裝有一台用於進行極端條件物理實驗的 100PW 超強超短激光裝置。裝置主體的頭尾總長度為 3.1km，建在緊鄰上海光源園區西側的地下，裝置的隧道埋深約為 30m。目前，SHINE 裝置的工程建設正在加緊推進中（圖 6），分佈在 3.1km 隧道上的五個工作井的地下部分已基本建成，1.4km 長的直線加速器隧道已掘進貫通。直線加速器的注入器、1.3GHz 超導加速模組、永磁與超導波蕩器等一系列技術系統和關鍵設備樣機正在研製和集成調試中，按工程建設計劃將在 2022 年開始裝置設備的隧道安裝，2025 年建成出光。

X 射線自由電子激光是目前世界上最先進的 X 射線相干光源，它將為人類打開全新的科學研究領域，促進物理、化學、生物、材料、環境和醫學等諸多領域的快速發展，為人類認識微觀世界、突破科技前沿、推動經濟社會發展解決重大科學問題提供利器。經過 20 多年的努力和積累，

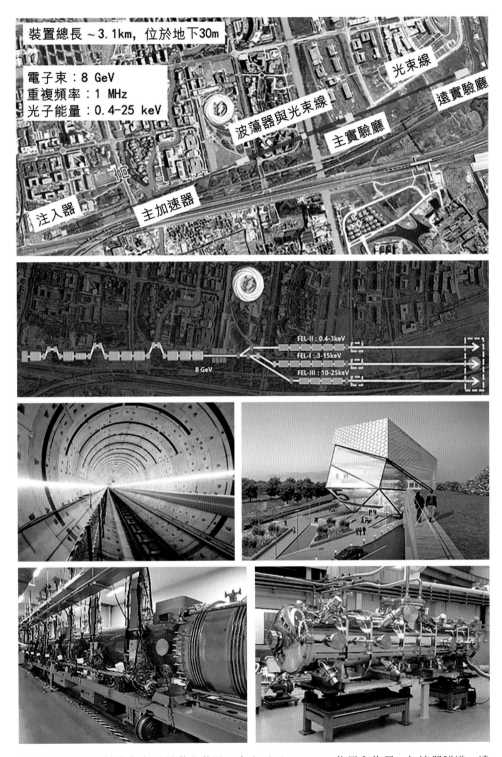

圖 6 上海硬 X 射線自由電子激光裝置。由上至下：SHINE 位置和佈局；加速器隧道；遠
　　　實驗廳；超導加速模組；超導波蕩器。

表 1 中國高增益自由電子激光基本參數情況表

裝置名稱	SDUV-FEL	DCLS	SXFEL-TF	SXFEL-UF	SHINE
波長範圍 /nm	150−350	50−150	8.8−17.6	2−12	0.05−3.0
總長度 /m	65	150	300	542	3100
加速器類型	S 波段	S 波段	S+C 波段	S+C 波段	超導 L 波段
電子束能量 /GeV	0.1−0.2	0.3	0.84	1.5	8.0
運行模式	HGHG/EEHG	HGHG	HGHG, EEHG	EEHG/SASE	SASE/EEHG
首次出光時間	2009	2016	2017	2021	2025（計劃）

我國的高增益自由電子激光有了長足的發展（表 1），抓住了前所未有的歷史機遇，這特別得益於楊振寧先生在科技發展方向和趨勢上的敏銳眼光和非凡的洞察力。中國（從中央到地方）對科學技術前所未有的重視、支持和投入，使我們的 X 射線自由電子激光發展有了後來居上、衝擊世界最先進光源的可能。楊振寧先生推動我國高增益自由電子激光發展的歷史性貢獻將永遠載入中國自由電子激光發展的史冊，我們將會把 X 射線自由電子激光的性能和應用推向更高水平，楊振寧先生 20 年前的美好願望將在未來五年變成現實，屆時我們將再向楊先生報告，請他一同來慶賀他為之奔走呼籲、殫精竭慮和出謀劃策的重大發展成就。

楊振寧先生的研究品味和風格
及其對培育傑出人才的啟示

朱邦芬

清華大學物理系及高等研究院

一 研究的創造性與研究風格和品味有關

楊振寧先生是一位「繼愛因斯坦（Albert Einstein）和狄拉克（Paul Dirac）之後，二十世紀物理學的卓越風格大師」[1]。楊先生和米爾斯（Robert L. Mills）提出的楊－米爾斯非阿貝爾規範場論「為宇宙中基本作用力和自然規律提供了解釋」（美國費城富蘭克林研究所頒發鮑爾獎給楊振寧的文告，1994 年），大自然的一切相互作用力被楊先生歸結為「對稱性支配相互作用」這條基本原理；楊先生和李政道先生提出在弱相互作用中宇稱不守恆，堪稱石破天驚，具有革命性的意義，以致從論文發表到獲得諾貝爾獎相隔只有一年零幾天，至今仍是一項世界紀錄；而楊先生和巴克斯特（Rodney Baxter）分別獨立提出的楊－巴克斯特方程是一個基本的數學結構，在物理和數學兩個領域都有極廣泛的意義。不僅這三項最重要的成就，楊振寧在基本粒子、場論、統計物理、凝聚態物理四個物理學分支領域共有 13 項重要的貢獻[2]；不僅在物理學領域，他在數學、科學技術史領域也有開創性的研究成果；不僅在自然科學研究，他在文學、藝術、教育、考古等其他人文社科領域也有獨特的見解。

為甚麼楊振寧先生具有如此巨大的創造性？這與他獨特的風格和 taste 有關（taste 有的譯為品味，也有譯成愛憎，楊先生都不太贊同，不過目前沒有更好的翻譯，我下面還是譯成品味，或直接用英文單詞）。

在楊振寧《論文選 1945–1980 及評註》(*Selected Papers 1945–1980 with Commentary*) 這本書中，他的第一個評註這樣寫道[3]：

> 在每一個有創造性活動的領域裏。一個人的 taste，加上他的能力、脾氣和機遇，決定了它的風格，而這種風格反過來又決定他的貢獻。乍聽起來，一個人的 taste 和風格竟與他對物理學的貢獻關係如此密切，也許會令人感到奇怪，因為物理學一般認為是一種客觀的研究物質世界的學問。然而，物質世界具有結構，而一個人對這些結構的洞察力，對這些結構的某些特點的喜愛，某些特點的憎厭，正是他形成自己風格的要素。因此 taste 和風格之於科學研究，就像它們對文學、藝術和音樂一樣至關重要，這其實並不是稀奇的事情。

楊先生的這段話可以作這樣的解讀：

（一）taste 和風格，不僅屬於文學藝術，對於創造性的科學研究同樣重要。物理（科學）所研究的宇宙是非常複雜多樣的，呈現出多面性。就像音樂家有不同風格，科學家也有非常不同的風格，不同風格的科學家都可以作出傑出的貢獻。然而，具有某種風格和品味的科學家，容易對某些問題發生興趣，有較高的幾率產生共振，從而為解決創造前提。例如，西南聯大期間，楊振寧對於群論、對稱性與不變性有濃厚興趣，在芝加哥大學讀研究生時他對韋耳 (Hermann Weyl) 的電磁學的規範不變性非常感興趣，想把規範理論從電磁學作進一步推廣，而周圍的其他研究生則沒有興趣，自然不會去研究。這樣，楊振寧有較大可能取得非阿貝爾規範理論的成功，而其他人則沒有這種可能性。

（二）taste 和風格，既有聯繫也有區別。風格決定具體貢獻，而品味是決定風格的一個要素。一個人要有大的成就，就要有相當清楚的 taste。做出創造性成果的研究者，觀察事物往往與別人視角不同，思考問題往往想人之所未想，解決難題往往有「獨門絕技」，因而，研究者的研究風格和研究品味愈與眾不同，愈可能產生獨特的創造性成果。因此，要培育傑出的創造性人才，要讓這些人有獨立之精神，自由之思想，以培育自己的品味和風格。

（三）科學品味往往在學習知識的時候開始形成，就像楊先生所説，「一個人在剛接觸物理學的時候，他所接觸的方向及其思考方法，與他自己過去的訓練和他的個性結合在一起，會造成一個英文叫做 taste」[4]。而從這樣的 taste 出發，進一步學習和研究就會逐步形成自己的「對他將來的工作會有十分重要的影響，也許可以説是有決定性的影響」的風格。

（四）風格通常為一個成熟的研究者所具有。楊振寧先生曾經的同事德累斯頓（Max Dresden）在慶祝楊先生七十壽辰專門撰寫了一篇題為〈試論物理學中的風格和品味〉的文章[5]。這篇文章討論了風格的多樣性，介紹了各種風格的分類，包括奧斯特瓦爾德（W. Osward）分類，郎道（Lev D. Landau）圖，戴森（Freeman Dyson）分類，克拉默斯（Hans Kramers）分類，文章還用費米（Enrico Fermi）和海森堡（Werner Heisenberg），烏倫貝克（George Uhlenbeck）和楊振寧兩個實例來具體比較風格的差異[6]。楊先生評價「這是一個最後沒有完成的關於物理研究風格的非常有趣的分析。這一研究如果徹底做完，我相信將為物理史研究確立一個重要的新方向」。以下本文對科學家一些風格的分析，可參見德累斯頓的文章。

二　楊振寧先生的科學風格

楊振寧先生曾用一個數學式子 (D+E+F)/3 來描述他自己的科學風格，其中 D 代表狄拉克，E 代表愛因斯坦，F 代表費米，這三位物理學大師都是楊先生心中的偶像。狄拉克、愛因斯坦和費米這三位科學大師雖然含有共同的特性，但也具有不兼容的風格，例如，根據戴森分類，愛因斯坦、狄拉克是「統一派」，而費米屬於「多樣派」。楊先生各取三人的 1/3，其實是取三人的部分並加之修正，形成了自己獨特的風格。在戴森分類中，楊振寧是統一派，雖然同時也是一個著名的多樣派。以下是我對楊先生的科學風格的一些淺薄認識和歸納。

（一）對數學之美的欣賞和對物理之美的追求並存，並一以貫之，是楊振寧先生研究風格的一個最顯著特點，其根源也許來自他對美的欣賞和

追求。數學是理論物理學家最常用的語言。愛因斯坦認為「物理學的創造性原理存在於數學之中」,非常強調數學的重要性;狄拉克強調「必須只運用美麗的數學,才可以建立有效和相關的物理理論」,「數學的美麗是區分有希望的理論和混亂的死胡同最重要的單一結構」;「費米是最後一位在理論和實驗領域都做出偉大貢獻的物理學家」,他總是使用最少的必要的數學去達到描述新物理現象的目的,但該用時也從不迴避非常規的數學,如他的 β 衰變理論最早用了二次量子化語言,實際上是一種場論 [7]。

受父親影響,楊振寧很小就欣賞數學的優美和力量。楊振寧既是大物理學家,又積極推動了現代數學的發展,他的楊－米爾斯規範場和楊－巴克斯特方程的影響遍及多個數學分支學科。楊振寧一直批評一些物理學家對數學的「實用主義的態度」,不同意一些人持有的「有的一類研究數學性太強,未必與實際物理學現象有關」的觀點。楊振寧在從事某些課題研究時「以一種直接、平淡的方式去處理問題,分析和解釋實驗結果。這時他常常以一種革新和出其不意的態度盡最大努力在現有的理論中發掘,很少顯示出要進行根本性變革的願望,使人想到費米的風格」[8]。正如戴森在其著名文章〈保守的革命者楊振寧〉中對楊振寧受費米崇尚實際的風格的影響所闡述 [9]:

> 從 1954 年發表的「楊－米爾斯」這篇卓越的文章的題目中看到,今天任何一位談到這篇文章的人,都會將它稱作引入非阿貝爾規範場的文章。可是,文章的題目〈同位旋守恆與同位旋規範不變性〉並沒有提到非阿貝爾規範場……如何了解同位旋守恆這個物理問題出現在先,而抽象數學觀念非阿貝爾規範場出現在後。這是費米處理這類問題時會採用的方式,也是富蘭克(Frank,楊振寧的英文名)處理這個問題所用的方式。費米的偉大在於他既懂得如何計算,又懂得如何傾聽自然的聲音。在其一生中,富蘭克均衡地處理了他抽象數學的天才和費米對於物理細節的腳踏實地地關注。

又如,楊振寧擅長群論和對稱性分析,對於對稱原理重要性的敏感和認識,使他發現許多「大算」可以化為不必要,「頓悟」出解決「θ–τ 之謎」

的關鍵觀念 —— 贋標量[10]。楊振寧對非阿貝爾規範場的數學形式「美」的矢志不渝，一旦得到乾淨的美的表達式，即使質量問題尚未得到滿意解決也認為值得發表，頗有狄拉克信仰「美麗的數學」的味道。而楊振寧把韋耳的規範（相位）不變性保持電荷守恆的概念從電磁學推廣出去，貌似簡單的推廣而得到「對稱決定相互作用」的思想，這又使人想到愛因斯坦的物理。

（二）「獨立」。克拉默斯的物理學家風格分類方案包括四種對偶分類，其中一種對分是「獨立者」和「附屬者」。在克拉默斯看來，附屬型物理學家可以與獨立型物理學家一樣具有很高的創造性和革新性，但附屬型物理學家，由於不能「完全信服自己工作的正確性和重要性，對自己研究的極端重要性缺乏絕對信心」。楊振寧的三位最敬仰的大師 —— 愛因斯坦、狄拉克、費米都是獨立型的大物理學家。被克拉默斯拿來與楊振寧作比較的著名物理學家烏倫貝克，儘管研究做得極好，但是一位附屬性物理學家，這可從他的名言「在物理學領域內，你必須追隨一位大師」可以看出。而楊振寧是一位極端有主見的物理學家，不管是 1980 年廣州粒子物理會議他舌戰群儒，獨自一人反對當時中國建大質子加速器的建議，還是他在美國 1980 年代初就宣稱高能物理「盛宴已過（party is over）」，不受別人左右和獨立性是他風格的一大特點。這個強大「氣場」或許來自他從小熟讀的《孟子》的「善養吾浩然之氣」，來自清華園中王國維紀念碑上陳寅恪先生的「獨立之精神，自由之思想」，以及他從儒家文化中吸取的「吾日三省吾身」。

楊振寧在讀博士階段自己獨立選擇了四個題目，都是極有意義的課題，但短時內都沒有獲得滿意結果，遇到了一些挫折。然而隨着困難一一獲得解決，對於選擇研究課題，楊振寧自信心愈來愈強。從楊－米爾斯規範場理論的建立，到楊－巴克斯特方程在物理和數學界愈來愈受到重視，他總結出「要找與現象有直接簡單關係的題目，或與物理基本結構有直接簡單關係的題目」，他還認為「把問題擴大往往會引導出好的新發展方向」，他多次以自身的經歷告誡學生「最好在領域開始時進入一個新領域」。這既是他的經驗也是他的研究風格之一。

（三）「簡潔」。克拉默斯的物理學家分類方案四種對偶分類中，還有一對是「絕對思想家」和「語言思想家」。在克拉默斯看來，玻爾（Niels Bohr）是典型的語言思想家，他把語言表達過程作為界定和修飾理念和思想的手段，文章寫好後又反反覆覆修改，重寫，重新細查，重新組織，沒完沒了。與之成為鮮明對照，「絕對思想家理念的展開、科學計劃的執行、分析和計算工作似乎在很大程度上不依賴任何語言表達，經過緊張的思考和深刻的集中後，他們的論文一氣呵成，幾乎無需修改，文筆洗練，一針見血。」狄拉克、費米、楊振寧都是明顯的例子。楊先生用「purity」形容狄拉克；用杜甫的詩句「秋水文章不染塵」形容狄拉克的文章，沒有任何渣滓，直達深處，直達宇宙的奧秘；還用高適詩句「性靈出萬象，風骨超常倫」來形容狄拉克方程和反粒子理論。楊振寧的文章、演講稿（包括 PPT 文件），甚至演講，也都如此，言簡意賅，一氣呵成，無需修改（儘管寫文章用詞有時會反覆選擇），極具參透力，毫無八股味。這樣的表達風格反映了他對美的追求和思考的清晰與深刻，內容富有直接的邏輯性。同樣，楊振寧的散文也有簡潔的風格，加上內心深處的感情，十分動人。楊振寧的〈鄧稼先〉、〈我和父親〉這兩篇文章完全可以作為現代散文的範文。

三　影響楊振寧先生品味的幾個因素

楊振寧先生曾説過，「一個做學問的人，除了學習知識外，還要有 taste……一個人要有大的成就，就要有相當清楚的 taste。」「我在西南聯大七年，對我一生最重要的影響，是我對整個物理學的判斷，已有我的 taste。」[11] 而「一個人在剛接觸物理學的時候，他所接觸的方向及其思考方法，與他自己過去的訓練和他的個性結合在一起，會造成一個英文叫做 taste。」為了更好理解楊振寧先生的育人理念，看看影響楊先生的物理 taste 的幾個因素：個性，過去的訓練，特別是剛接觸物理時的方向及其思考方法，是饒有興趣的。

（一）個性。1928 年，六歲的楊振寧在海灘撿貝殼，「楊武之特別注意到兒子挑的貝殼常常是很精緻而且多半是極小的，顯現出不同於常人的觀察力。」[12] 楊振寧自己的回憶記載道，「清華園是很漂亮的。我跟我的小學同學們在園裏到處遊玩，幾乎每一棵樹我們都曾經爬過，每一棵草我們都曾經研究過」。從楊振寧住的清華園西院走到他上學的成志學校，通常走一趟最多六、七分鐘，而他走一趟約 20 分鐘，假如路上沒有看見「蝴蝶或者螞蟻搬家等重要事件」。這些描述可以體會出楊振寧從小的愛美之心、對細微事物的十分細緻的觀察，以及對甚麼事物都要研究的好奇心。楊振寧六歲前母親教他認識了三千多個字，為他從小喜歡閱讀、興趣廣泛、看完書後習慣給弟妹和小夥伴講故事打下了基礎。楊振寧 12 歲上初一時，看了一本名為《神秘的宇宙》的書，被書中奇妙的宇宙所吸引，回家竟對父母說「將來有一天我要拿諾貝爾獎！」1935 年，楊武之在楊振寧一張照片後面寫下「振寧似有異稟」。這些反映了楊振寧很小就具有的雄心壯志和自信心，演變到後來發展為「獨立」的風格。

（二）過去的訓練。楊武之的書架上有許多外文數學書，楊振寧雖然不能看懂細節，但經常翻看，哈代（Godfrey H. Hardy）和賴特（Edward M. Wright）的《數論》中的一些定理，斯派澤（Andreas Speiser）的《有限群倫》中許多空間群的圖形，給他留下深刻印象，帶來潛移默化的影響。楊振寧中學沒有學過物理，高二以同等學歷考取西南聯大化學系，在入學前的暑假裏他自學了物理，對此很有興趣，便轉到物理系。楊振寧在西南聯大本科時上的數學課、物理課、乃至作為通識課的中文閱讀和寫作課均由名師講授。他在本科時花了一個夏天自學惠特克（Edmond T. Whittaker）和沃森（George N. Watson）的 *A Course of Modern Analysis*，除了物理系本科生所必修的數學課和物理課，楊振寧在本科階段選修了四門研究生課程：陳省身先生講授的「微分幾何」，周培源先生講授的「流體力學」，王竹溪先生講授的「統計力學」和馬仕俊先生講授的「理論物理」。他還旁聽了許寶騄先生的「數理統計」等數學研究生課程。總的說來，楊振寧的數學和物理的根基都打得很紮實，作為一個物理系學生，他的數學基礎遠超過數學系的一般本科生。

（三）剛接觸物理時的方向及其思考方法。楊振寧很特殊也很幸運，在學術起步階段遇到吳大猷和王竹溪兩位良師，分別指引他進入到他一生具有濃厚興趣且方興未艾的物理學前沿領域。楊振寧本科畢業論文的指導教授是吳大猷，研究題目是「群論和多原子分子的振動譜」，在研究中他通過自學很好掌握了群論，體會到對稱性的美妙。楊振寧碩士導師是王竹溪教授，碩士論文題目是〈超晶格統計理論探究〉。王竹溪曾在聯大圍繞「相變」問題做過系列講座，楊振寧都積極去聽了，雖然似懂非懂但印象深刻感覺「很妙」。王先生數學功底很深，教學十分認真，學生中流傳的一條重要經驗是「誰要想學習理論物理學，一個最有效的辦法是借閱王竹溪教授的筆記本看」。王竹溪先生很重視數學論證和物理規律研究的結合，他的 taste 與楊振寧正在形成的 taste 十分相合。吳先生指引他進入物理學中對稱原理領域，王先生把他帶入統計力學領域，楊振寧一生最重要的研究是圍繞對稱原理和統計物理展開的，這是與他對數學之美的欣賞和對物理之美的追求相洽的，可以說西南聯大七年為楊振寧未來的學術騰飛奠定了難得的極好的學術基礎。

楊先生對物理學的 taste 基本上是在 1938–1944 年在昆明當學生時形成的。在那七年中，他學會了欣賞愛因斯坦、狄拉克和費米的工作，即具有把一個物理概念，一種理論結構，或一個物理現象的本質提煉出來的能力，並且都能夠準確地把握住其精髓，雖然這些是楊振寧從他們的文章中猜想到的。這種 taste 對後來楊振寧形成自己的 (D+E+F)/3 的風格有決定性的作用。

四　楊振寧先生對於培育傑出人才的理念

美國諾貝爾物理獎獲得者拉比（Isidor I. Rabi）說過：

> *People of my generation went abroad, mostly to Germany, and learned not the subject, but the taste for it, the style, the quality, the tradition. We knew the libretto, but we had to learn the music.*

1920 年代德國是引領量子力學發展的全球物理研究的中心，拉比到德國留學不僅學知識，更要學會欣賞、體驗和培養「品味」、「風格」、「品質」、「傳統」等無形的東西。楊振寧 2003 年回到清華，為中國培育傑出人才是他回歸後最看重的一項使命，正如他在回歸抒懷的《歸根》詩中所寫，「學子淩雲志，我當指路松」。這裏講的「指路松」，不僅是傳授知識，更重要的是把他 80 年的教書研究經驗，傳給年輕的學子，指導他們形成自己的物理品味和學術風格。

1. 對比中美教育，為中國傑出人才成長指引道路

楊振寧在中國大學接受了系統的嚴格的本科和碩士階段的學習訓練，又到芝加哥大學跟隨費米、泰勒 (Edward Teller)、艾里遜 (Samuel K. Allison) 等名師攻讀博士學位，獲得中美兩國教育之長，又避免兩國教育之短。楊先生既熟悉中國教育，又非常了解美國教育的理念，是一位有自己獨特理念和深刻思想的教育家。

1999 年初在香港舉行的一次大學校長論壇上，楊振寧先生比較了中美兩個國家教育制度下學生的一般特點，各自的優缺點，如下表所示。

中國教育	美國教育
Solidly drilled 嚴格堅實的訓練	Spottily trained 不規範的訓練
Comparatively narrow focused 興趣集中於較窄的領域	Jump around with wide interest 隨心涉足寬闊領域，興趣廣泛
Modest & Quiet 謙虛和循規蹈矩	Arrogant & Exuberant 自大和充滿活力
Timid & Diffident 小心謹慎，缺乏自信	Bold & Confident 勇敢，自信
Passive 相對被動	Aggressive 主動進攻

有意思的是，上述中美教育的優缺點，並不是絕對的，而是相對的，因人而異。楊先生指出，中國的嚴格堅實訓練模式對於七、八十分的學生比較好，因為基礎打得比較紮實；而美國的不規範的訓練模式對九十分以

上的學生更有利，因為這些優秀學生得到更多的自主空間，能隨心涉足寬闊領域，培養廣泛興趣。

2011 年，在中國物理學會第 10 屆物理教學委員會第一次會議上，楊先生發表了如下簡潔且深刻的演講：

> 由於深及歷史和文化的原因，關於教育的哲學，中美之間存在巨大的差異。單詞「Educate」係從一個含義為「養育」、「撫育」的拉丁文單詞衍生而來。反觀漢語中，「教育」是兩個漢字，「育」字的含義為「撫育」，它之前的「教」字的含義是「教導」。在中國的教育哲學中，教導和養育至少同等重要。教育一詞，中美二者之異，含義非凡。

> 我想這一巨大的差異還沒有被教育家、教育者和教授們所充分分析。我們這些與會者，物理教師們，一定會觀察到在教育學生方面，中美之間的這一差別。相信這是一個非常重要的課題，理由當然不止一個。我想這次會議可能會給予這個差別一個較好的分析，特別是在物理教師的培養方面。

對此我的體會是，美國的教育哲學更多意義上是「放養」，給學生比較多的自由空間，差生幾乎沒學到甚麼，而天才學生不受影響甚至發展得更好；而在中文裏，「教」「育」二字都是會意字，「教」字從「攴」從「孝」，「攴」是形部，「孝」是聲部。「攴」的篆體字形是用手持杖或執鞭。從漢字造字之初就說明，「教」帶點強制訓導和機械灌輸的含義，「養不教」是「父之過」，「教不嚴」是「師之惰」。

在楊先生教育思想指引下，這些年來，我們對優秀學生進行因材施教的理念有所轉變。我們傳統的因材施教是學生愈優秀，愈要讓他們「多學一點、學深一點、學早一點」；但是，對於特別優秀的學生，到底教師「多教一點，教深一點，早教一點」，即教師主導下的學生「多學一點，學深一點，早學一點」，還是給優秀學生一個更寬鬆的獲取知識的自主空間，讓他們自己主動地去獲取自己感興趣的知識，主動地多思考、提出、研究、

解決自己感興趣的問題？這些年來，我們的清華學堂物理班選擇的是：愈優秀的同學，給予的自主空間愈大，減少規定動作，增加自選動作。

楊先生還指出，費米是一位標準的儒家君子，永遠可靠和可信，腳踏實地，從不嘩眾取寵，但有這種品格的物理學家在歐美鳳毛麟角；然而，絕大多數成功的歐美物理學家非常 aggressive，做事渴望取勝，為勝利甚至有時可以不擇手段，如奧本海默（J. Robert Oppenheimer）、泰勒、費曼（Richard Feynman）、庫恩（Thomas Kuhn）等。楊先生提出，歐美多數物理學家這種 aggressive 性格跟他們的學術成就到底有沒有關係？這是值得研究的，雖然楊先生自己並不贊成這種做人方式，更喜歡費米、周光召、米爾斯這類具有君子風度的物理學家。我曾在一篇文章中把楊先生的這個想法稱之為「楊振寧猜想」[13]，這個問題至今還沒有答案，但關係到中國一流傑出人才的培育，值得我們進一步探討。

2.「滲透式」學習方式

楊先生在清華多次強調大學生要學會一種「滲透性」的學習方法，2004 年他在給清華物理系一年級本科生上普通物理課程也在課堂上多次鼓勵同學學會這種學習方式。我們通常在學校裏的學習，是一個知識點、一個知識點地循序漸進學習，一門課、一門課地上，一本書、一本書地學。然而還有一種學習方式，叫滲透式學習。所謂「滲透式」學習是，遇到不懂的內容，通過自己查文獻資料、與人討論，經過似懂非懂的階段而有了初步理解，而後就繼續往下走。一開始不懂的點很多，通過這樣的反覆從不懂到慢慢弄懂的過程，不懂的地方逐步減少，掌握的知識點逐步從點到線、再到面，慢慢地就全面掌握了一門沒有在課上學過的知識，這就是對人一生有益、快速高效的「滲透式」的學習方法。對優秀的大學生和研究生來說，特別是將來離開學校獨立工作時，許多知識的獲取並不是通過循序漸進、系統的學習得到的，「滲透式」學習往往成為獲得新知識的主要途徑。清華物理系 1998 年成立基礎科學班，旨在為楊先生的高研中心輸送一部分有潛質的優秀本科畢業生。基礎科學班專門設立了一門名

叫「Seminar」的研究型課程，這門課的做法是，從大三開始，讓同學選擇一位研究導師，參加其研究組活動，這樣延續三個學期，中間可以更換導師。這門課的目的並不是要學生早出成果，而是要他們掌握這種「滲透式」的學習方法，體會科研的過程和樂趣，如果能發現自己感興趣的領域那就更好。我認為，每一個清華學生，都應該逐步掌握這種「滲透式」的學習方法，這是會影響一個人的一輩子的學習，非常重要。

3. 怎樣選擇未來的研究領域

大學階段形成自己的 taste，關鍵點是剛接觸物理時的方向及其思考方法，而且剛接觸物理時的方向往往又持續影響到自己未來的研究領域。一個有才能的年輕科學家，未來能否取得較大的成就，與選擇的領域至關重要。楊振寧先生這些年來對清華研究生、清華物理系本科生、清華學堂班學生幾次三番根據自己的經驗做演講，重點是告訴同學如何選擇未來的研究領域。楊先生的部分講演內容曾經發表在《物理》雜誌上，題為〈我的學習與研究經歷〉[14]。文章中談到他對研究生的十點建議——（1）一方面直覺非常重要，可是另一方面又要及時吸取新的觀念修正自己的直覺；（2）和同學討論是極好的真正學習的機會；（3）博士生為找題目沮喪是極普遍的現象；（4）最好在領域開始時進入一個新領域；（5）興趣 → 準備工作 → 突破口；（6）物理中的難題，往往不能求一舉完全解決；（7）和別人討論往往是十分有用的研究方法；（8）永遠不要把「不驗自明」定律視為是必然的；（9）把問題擴大往往會引導出好的新發展方向；（10）一個研究生最好不要進入粥少僧多的領域。第（3）、（4）、（9）、（10）都與選擇領域有關，都是十分寶貴的指導。

2000 年 1 月我離開中科院半導體所來到清華大學高等研究中心擔任教授。在半導體所，我和黃昆先生在同一辦公室研究工作達 15 年之久，無拘無束，幾乎每天都和他討論問題，有幸成為世上受他教誨最多的一個人。從西南聯大開始，儘管楊振寧先生和黃昆先生的品味和風格不盡相

同，他們是心有靈犀相通的多年好朋友（見本書頁 36 中圖）。黃昆內心不認為許多諾貝獎獲得者是天才，但他最佩服楊振寧，認為他是天才，一位最正常的天才。21 年來，楊振寧先生待我如學生如子侄如忘年之交，我們常一起吃飯聊天。聽楊先生談物理上的人和事，真是一種享受。我在清華物理系曾擔任的系主任和現在的學堂物理班首席教授的工作，都得到楊先生的大力支持，我個人也得到楊先生無微不至的關懷。楊先生從人生的起點畫了一個圓又回到起點；而我從黃先生的身邊到楊先生的身邊，似乎從來沒有動過窩。

高山仰止，景行行止。祝楊振寧先生，何止期頤，相期以茶！

1　弗里曼‧戴森（Freeman Dyson）著，楊振玉、范世藩譯：〈保守的革命者〉，《物理》，2021，50(9)，頁 595–597。

2　施郁：〈物理學之美：楊振寧的 13 項重要科學貢獻〉，《物理》，2014，43(01)，頁 57–62。

3　楊振寧著、張奠宙編：《楊振寧文集》（上海：華東師範大學出版社，1998）。

4　楊振寧：《讀書教學再十年》（台北：時報出版社，1995）。

5　德累斯頓（Max Dresden）：〈試論物理學中的風格和品味〉，載丘成桐、劉兆玄編，甘幼玶譯：《楊振寧 —— 二十世紀一位偉大的物理學家》（廣西：廣西師範大學出版社，1993）。

6　見註 5。

7　見註 5。

8　見註 5。

9　見註 1。

10　楊建鄴：《楊振寧傳》（北京：三聯書店，2011）。

11　見註 3。

12　楊振平文，見註 3，頁 881。

13　朱邦芬：〈一位理論物理學大師人生的第二個春天 —— 讀楊振寧先生 *Selected Papers II with Commentaries* 有感〉，《物理》，2014，43(04)，頁 276–280。

14　楊振寧：〈我的學習與研究經歷〉，《物理》，2012，41(01)，頁 1–8。

圖片來源

　　本書自封面以迄 46 頁所載照片來源如下，編輯委員會對相關機構與個人謹此致以深切謝忱。

1. 清華大學：本書封面右上角（校門）圖像，下方（楊先生演說及楊－米爾斯方程）照片及封底右上角（科學館）圖像；頁 13 上，頁 20 左下，頁 24 左中，頁 33-36（除頁 34 上），頁 40（除左上），頁 41-43，頁 45-46。

2. 香港中文大學：(a) 本書封面左上角（校門）及封底左上角（科學館）圖像；(b) 楊振寧學術資料館所保存的楊先生個人收藏：本書封面左下方（方程），頁 iv-v，頁 3-32（除頁 13 上，頁 20 左下，頁 24 左中等三照片），頁 34 上，頁 37-38，頁 39 上及中，頁 40 左上；(c)「楊教授九秩榮慶」光碟：頁 39 下，頁 44。

3. 下列機構與個人為上述大學提供了下列照片：CalTech：頁 9 右下；Time Life Books：頁 11 左下；中國科學院理論物理研究所：頁 19 下；人物雜誌社高遠：頁 3；陳方正：頁 28 中。

自 47 頁起所有照片、圖像、圖解皆由各相關作者提供，或如其註釋申明。